U0330758

北京地铁16号线
工程设计实践与创新
——首都第一条8A编组地铁

孙成良 高辛财 等著

中国建筑工业出版社

图书在版编目(CIP)数据

北京地铁 16 号线工程设计实践与创新：首都第一条 8
A 编组地铁／孙成良等著．—北京：中国建筑工业出版
社，2020.2
ISBN 978-7-112-24679-3

Ⅰ．①北…　Ⅱ．①孙…　Ⅲ．①地下铁道－建筑设计－
研究－北京　Ⅳ．①U231

中国版本图书馆 CIP 数据核字（2020）第 016592 号

责任编辑：付　娇　兰丽婷
责任校对：芦欣甜

北京地铁16号线工程设计实践与创新
——首都第一条8A编组地铁
孙成良　高辛财　等著

*

中国建筑工业出版社出版、发行（北京海淀三里河路 9 号）
各地新华书店、建筑书店经销
北京富诚彩色印刷有限公司印刷
*

开本：880 毫米 ×1230 毫米　1/16　印张：$27\frac{1}{4}$　字数：713 千字
2020 年 11 月第一版　2020 年 11 月第一次印刷
定价：298.00 元
ISBN 978-7-112-24679-3
　　　　　（35164）

撰写委员会

主编单位：北京市市政工程设计研究总院有限公司

北京市基础设施投资有限公司

北京城市快轨建设管理有限公司

策　　划：于　增　何孝贵　包琦玮　冯燕宁

主　　编：孙成良　高辛财

主　　审：沈建文　王　宁

编　　委：王燕凯　余　乐　孙河川　孙延焕　陈　鹤　白智强

周秀普　张怡丽　张春旺　卢桂英　欧阳康淼　刘静文

覃铭然　谢亚勇　谢　洁　王京峰　郤向光　张　银

冀　程　王雪松　李　科　黄　静　李永洁　曲　钢

张振营　赵兴华　曾广坤　楚刘辉　李志佳　陈施诗

审　　定：惠丽萍　李　雁　赵新华　周　牧　王进民　郭建平

郭晓蒙

序

北京是我国最早建设地铁的城市，从1956年成立地下铁道筹建处算起，北京地铁已经走过了60多年的不平凡历程。60多年来，北京地铁从无到有、从单一线路到网络化运营、从单一车辆制式到不同车辆制式、从独立的交通工具到融入城市建设，地铁的功能已经从主要为了"备战"、兼顾城市交通变为最重要的城市公共交通方式。

北京地铁的发展离不开几代地铁人的艰苦努力和无私奉献，改革开放以来，特别是新世纪以来，北京地铁进入了一个高速发展时期。越来越多的单位进入地铁建设领域，从事地铁建设的人员也越来越多。他们以老一辈地铁人为榜样，用自己的智慧和汗水，为我国的地铁发展作出了巨大的贡献。

地铁16号线是北京城市轨道交通线网中的南北干线，也是首都第一条8A编组地铁，线路全长近50km、地下车站29座，线路经过海淀、西城及丰台区，工程建设条件极其复杂。为将16号线建设成为北京地铁精品工程，设计团队开展了大量研究和尝试：研究采取5人/m²的车厢立席人员密度标准确定系统运能，便于应对客流预测风险以及降低车厢拥挤度，提高服务水平；实现了30对/h折返能力，提高了发车频次，缩短了乘客候车时间，为远期客流增长提供技术保障。研究确定了车站建筑总体布局、屏蔽门通风系统制式以及内径5.8m盾构区间断面等北京8A地铁线路设计标准，编制了相应北京市通用图集并推广应用。国内首次在全线地铁车站内采用棚顶综合管廊设计和无吊顶装修，顶部灯带、广播、摄像头、导向牌体同综合横担整合，避免"吊杆森林"，站厅净空增高1.0m，减少运营维护，经久耐用。研究应用了初支联拱二衬独立式暗挖地铁区间结构与施工方法，成功解决了地铁停车线、出入段线等大断面暗挖区间诸多难题，降低了工程风险、减少了工程投资、提高了工程质量。系统研究、全面实践了单层导洞大直径中桩暗挖车站构筑技术，减少施工对周围环境影响，缩短降水周期，为暗挖车站实现少降水或不降水施工奠定了基础，节约了宝贵的地下水资源。积极推进地铁沿线建设用地地上、地下空间多功能立体开发和综合利用，提高空间利用效率和节约集约用地水平，实现了"看不见的车辆基地，看得见的城市景观"。

地铁16号线全线建成后，势必加密北京中西部城市轨道交通网络，高效连通海淀北部研发服务及高新技术集聚区、中关村西区、三里河政务区、丽泽商务区、丰台火车站枢纽、丰台科技园区等重要城市功能区，有效缓解中心城区交通压力，加强海淀山后地区、丰台区与中心城区的联系，为其提供交通支持并完善综合交通体系，优化城市功能布局，促进区域发展建设，提升首都城市品质和人民生活质量，推动城市经济和社会发展。

　　本书共分 9 章将北京地铁 16 号线建设团队近 10 年的辛勤劳动凝结成册，既有创新成果，也有思考与探讨，内容丰富，相信地铁建设领域每一位设计、施工、管理及研究人员读后都将受益匪浅。近期，国家提出了"交通强国"发展战略，新时代对交通发展提出了更高的要求，我希望北京地铁 16 号线建设团队成员紧紧把握难得的历史机遇，积极投入国内外地铁市场，不断创新，再铸辉煌。

中国工程院院士 施仲衡

2019 年 12 月 23 日

前　言

目前，我国已成为世界上城市轨道交通建设速度最快，开通城市最多，运营里程最长的国家。截至 2019 年 10 月底，我国内地已有 39 个城市开通城市轨道交通，总里程超过 5800km。北京是我国第一个开通地铁的城市，第一条线路于 1953 年 9 月 28 日开始筹划，1965 年 7 月 1 日开工建设，1969 年 10 月 1 日建成通车，1971 年 1 月 15 日正式向公众运营。进入 21 世纪以来，北京迎来了城市轨道交通发展高峰，作为首都城市轨道交通建设大军中的一员，我们有幸参与了北京城市轨道交通线网规划研究，感受到了北京城市轨道交通建设规划调整在引导优化城市空间布局中的重要作用，经历了北京城市轨道交通制式多样化发展和运营模式调整带来的变化，为城市轨道交通建设攻坚克难贡献了自己的力量。截至 2019 年底，北京城市轨道交通开通运营里程近 700km，激励着首都城市轨道交通建设者们勇往直前、不断创新。

北京地铁 16 号线工程（以下简称"地铁 16 号线"）是首都第一条 8A 编组地铁，线路均为地下线，全长 49.83km，共设置车站 29 座，其中换乘站 12 座。线路经过海淀、西城、丰台等人口、建筑密集的北京西部中心城区，穿越莲花河、永定河、京密引水渠等多条河流，线路位于富水卵石地层，多次下穿既有运营轨道交通线路、铁路、房屋、桥梁、城市主干道以及重大市政管线，工程建设环境复杂，实施难度大。地铁 16 号线高水平的建设和高品质的开通，在推进城市轨道交通场站与周边用地一体化规划建设、缓解城市交通拥堵、改善城市居民生活品质、提升人民群众获得感与幸福感等方面将发挥重大作用，地铁 16 号线的建设、设计、施工、运营等单位均为此呕心沥血。

本书分为 9 章，真实记录了 16 号线全体设计团队的辛勤劳动成果和技术结晶，对地铁 16 号线从设计理念提出、设计标准研究、设计方案落地到工程建设实践以及设计总体总包管理等全过程进行总结分析，从线路走向、敷设方式、行车组织、站点设置、换乘方案、车辆基地综合利用、运营效果、施工方法、服务水平、运营安全、绿色建造、节能环保、经济高效、经久耐用等多角度进行凝练，体现了人性化设计、一体化设计及信息化设计的时代气息，可供从事城市轨道交通工程建设、设计、施工、运营的工程技术人员和高等院校相关专业的师生借鉴。

本书在编写过程中得到了 16 号线参建团队的支持，行业和公司领导、专家、同事的指导和帮助，对他们的辛苦劳动和默默付出表示诚挚的感谢。在此，谨对参与本书各章节初稿撰写人进行说明。

参与本书各章节初稿撰写人员清单

章次	初稿撰写人员
1、2	高辛财、王京峰、冀程、李科、李永洁
3	王京峰、邢爱东
4	冀程、朱云飞、谢晓波、崇志国、赵越、胡晓娟、聂鑫、李杨、李志阳
5	高辛财、邹彪、付秀勇、吕亮、范祚文、杜博、段苒、李凭雨、程科、车睿杰、鲍凯、刘力
6	李科、苌华强、翁红、谢洁、李青、郝瑞庭、穆潇、王森、齐卫阳、伍维瑾、康克农、聂金锋、董哲、朱亚东、申樟虹、张艳军、戴春阳、赵兴海
7	卢桂英、申樟虹、顾伟、贺月元、全晓、李晶、刘金栓、李妙迪、戴春阳、张艳军、李科
8	李永洁、赵倩、丁玲玲、冀程、邹彪、王京峰、苌华强、申樟虹、沈小雨
9	谢洁、段苒、李妙迪、李庚

　　本书虽然经过编委会多次审阅、反复修改，力求精益求精，但书中难免有不妥之处，恳请读者指正。

作　者

2019 年 12 月于北京

目　　录

CHAPTER

第1章 概 论

1.1 概况

1.1.1 线网位置

为完善和提升城市交通功能，缓解中心城区交通拥堵状况，促进新城发展，完善既有网络运营功能，促进公交出行，国家发展和改革委员会于2012年11月批准了北京市城市轨道交通近期建设规划调整（2007～2016年），包含16号线、8号线三期、海淀山后线、新机场线、6号线西延、燕房线6个项目，其中16号线和海淀山后线建成后贯通运营。在工程可行性研究报告阶段，16号线和海淀山后线作为两个项目获得批复；在初步设计阶段，原16号线和海淀山后线合并为北京地铁16号线工程并获得批复。

16号线位于北京中心城的西部，线路北部填补海淀山后地区城市轨道交通服务的空白，经过西苑、中关村西区，在西二环至西三环之间的三里河路与多条东西向线路换乘，服务丽泽商务区、丰台火车站后向西，填补榆树庄以及宛平地区的城市轨道交通服务空白，其在北京城市轨道交通2015年线网中的位置如图1.1-1所示。

图1.1-1　16号线在北京城市轨道交通2015年线网位置示意图

[图片来源：北京市城市轨道交通近期建设规划调整方案（2007~2016年）]

1.1.2　工程概况

　　北京地铁 16 号线起自六环外北安河，在北清路西端设置北安河站，之后沿北清路自西向东，转入永丰路、圆明园西路至西苑交通枢纽；沿万泉河路向南，下穿海淀公园后向东，经四环路万泉河桥后转向南至苏州街，沿苏州街、西三环北路至紫竹桥北侧折向东，下穿紫竹院公园、动物园后，转入三里河路向南至木樨地桥，沿莲花河东、西侧路，下穿丽泽商务区的核心区，向西进入丰台火车站，之后转入万寿路南延与 9 号线并行一站后，转入富丰路，至榆树庄东路转向北，沿刘庄子路转向西，下穿铁路和京港澳高速公路至终点宛平城（图 1.1-2）。在六环路外北清路南侧设车辆段一处。在丰台榆树庄设停车场一处，在丽泽商务区站设置 16 号线与 14 号线的联络线。

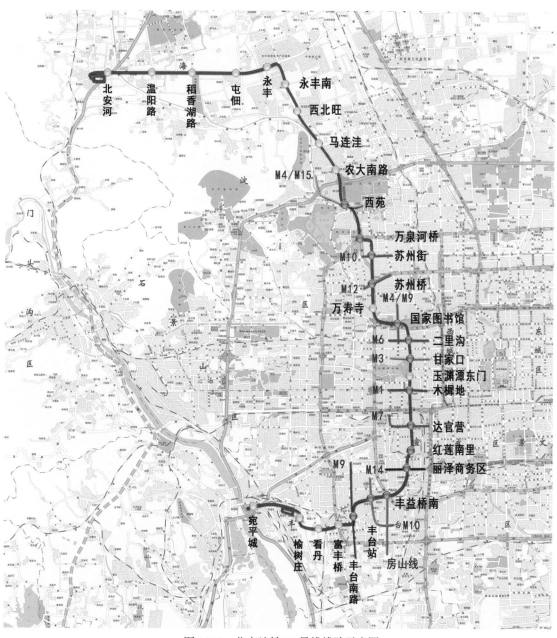

图 1.1-2　北京地铁 16 号线线路示意图

16号线线路全长49.83km，全部为地下线，共设车站29座（表1.1-1），其中换乘车站12座，平均站间距1.743km。线路平面曲线半径≤350m的曲线共8处，总长4.21km；线路纵坡≥20‰的坡段共8处，总长3.96m。

16 号线车站概况表
表 1.1-1

编号	站名	站台宽度（m）	车站形式	换乘方式	换乘线路	配线	总建筑面积（m²）
01	北安河站	12	地下两层岛式	—	—	出入段线	20626
02	温阳路站	12	地下两层岛式	—	—	—	16332
03	稻香湖路站	12	地下两层岛式	—	—	—	15819
04	屯佃站	12	地下两层岛式	—	—	—	15220
05	永丰站	12	地下两层岛式	—	—	停车线	18234
06	永丰南站	12	地下两层岛式	—	—	—	15677
07	西北旺站	12	地下两层岛式	—	—	—	16825
08	马连洼站	12	地下两层岛式	—	—	停车线	18050
09	农大南路站	12	地下两层岛式	—	—	—	19355
10	西苑站	14	地下三层岛式	平行通道换乘	M4、M15	—	20077
11	万泉河桥站	11	地下两层岛式	—	—	—	19840
12	苏州街站	14	两端地下两层、中间单层岛式	十字通道换乘	M10	停车线	26184
13	苏州桥站	19.15	暗挖两层叠落侧式车站	T 形通道换乘	M12	—	20681
14	万寿寺站	12	地下三层岛式	—	—	—	19295
15	国家图书馆站	14	地下三层岛式	L 形通道换乘	M4、M9	—	22122
16	二里沟站	9.83+9.83	两端地下两层、中间单层侧式	十字通道换乘	M6	—	36781
17	甘家口站	14	地下两层岛式	十字通道换乘	M3	停车线	16880
18	玉渊潭东门站	12	地下两层岛式	—	—	停车线	16468
19	木樨地站	14	地下四层岛式	远期换乘	M1、R1	—	23970
20	达官营站	14	地下两层岛式	L 形通道 + 换乘厅	M7	—	21878
21	红莲南里站	13	地下两层岛式	—	—	—	17072
22	丽泽商务区站	16	地下三层岛式	十字节点换乘	M14	联络线	24701
23	丰益桥南站	14	地下两层岛式	T 形通道换乘	房山线	—	19330
24	丰台站	20	地下两层岛式	L 形通道换乘	M10	停车线	27750
25	丰台南路站	12	地下三层岛式	平行换乘	M9	—	25183
26	富丰桥站	12	地下两层岛式	—	—	—	19300
27	看丹站	12	地下两层岛式	—	—	—	16905
28	榆树庄站	22.1+9	地下单层侧式、局部两层	—	—	出入段线	23740
29	宛平城站	12	地下两层岛式	—	—	站前单渡线、站后交叉渡线	18055

1.1.3　沿线概况

16 号线沿线经过海淀区、西城区、丰台区，沿线重要功能区及枢纽有：北部研发服务及高新技术集聚区、西苑组团、中关村西区、三里河政务区、红莲居住区、丽泽商务区、丰台火车站、丰台科技园等。

北部研发服务及高新技术集聚区：位于海淀北部地区，规划发展定位是中关村国家自主创新示范区中核心区的重要组成部分，是具有全球影响力的科技创新基地、城乡统筹发展的典范地区和生态环境一流的城市发展新区；沿北清路规划布置了 3 个以研发和高科技产业发展为主的产业功能组团，约 40km^2，规划建筑面积 3124 万 m^2。

西苑组团：以居住和教育科研为主；规划控制居住人口规模约为 10 万人，规划就业岗位约为 6 万人。

中关村西区：中关村高科技园区核心的重要组成部分，以高新技术商贸及服务功能为主，以科贸、电子为特色的商业街区；总用地面积 0.94km^2，总建筑面积 156 万 m^2，规划居住人口约 0.8 万人，规划就业岗位约 3.9 万个。

三里河政务区：甘家口是行政办公、商业金融、居住及配套设施等的混合功能区；用地面积约 180hm^2，规划建筑规模约 290 万 m^2，规划就业岗位 3 万人，居住人口约 4 万人。

红莲居住区：规划以居住和服务功能为主；规划用地面积约 250hm^2，规划居住人口约 9 万人，规划就业岗位约 6 万个。

丽泽商务区：地处西二环与西三环路之间，以丽泽路为主线，东起菜户营桥，西至丽泽桥，南起丰草河，北至红莲南路；2008 年 4 月，北京市政府正式发布《关于促进首都金融业发展的意见》，提出了"一主一副三新四后台"的金融业空间布局，丽泽商务区即为"三新"之一，作为新兴金融功能区，将建设成为首都金融业发展的新空间，将丽泽商务区作为新兴金融功能区，充分利用丽泽商务区优越的地理区位和交通条件，集中成片可开发利用的土地资源，为首都金融产业的发展提供新的战略性承载空间；丽泽商务区面积约 2.79km^2；外围规划范围约 8.09km^2，用地以商业金融及相关配套设施为主；丽泽商务区范围内总建筑规模约 700 万 m^2（图 1.1-3）。

丰台火车站：北京重要的对外交通枢纽，规划为综合性交通枢纽，计划安排京石城际、京广客专始发终到列车以及京广、丰沙、京原、京九、京沪线列车始发终到与通过作业；根据铁路部门提供的客站规划情况，2025 年、2035 年丰台火车站旅客发送量分别为 6206 万人次、7207 万人次，最高聚集 1.4 万人次。丰台火车站周边交通状况较差，受地理位置的限制，周边道路网无法满足丰台火车站的交通需求。因此需要大运量的城市轨道交通引入丰台火车站，16 号线调整至丰台火车站，与 10 号线共同服务丰台火车站，10 号线位于丰台火车站的东南侧，16 号线穿越丰台火车站的中心区，如图 1.1-4 所示。两条城市轨道交通线路需要承担丰台站 50% 的出行客流。

丰台科技园：具备了相应的规模，城市环境、市政设施建设较好，是高科技商务中心；就业岗位约 6.8 万个（图 1.1-5）。

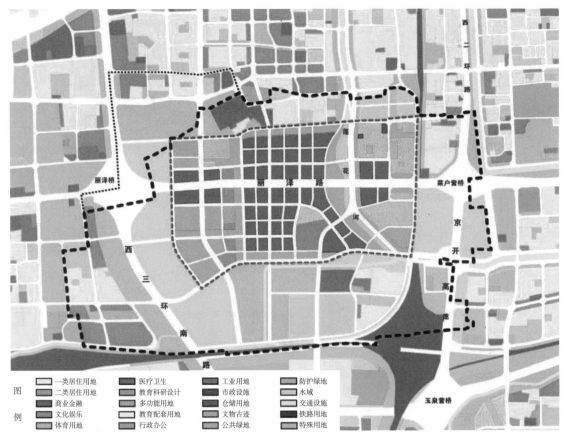

图例

一类居住用地	医疗卫生	工业用地	防护绿地
二类居住用地	教育科研设计	市政设施	水域
商业金融	多功能用地	仓储用地	交通设施
文化娱乐	教育配套用地	文物古迹	铁路用地
体育用地	行政办公	公共绿地	特殊用地

图 1.1-3　丽泽商务区范围及用地规划示意图

（图片来源：丽泽金融商务区门户网站）

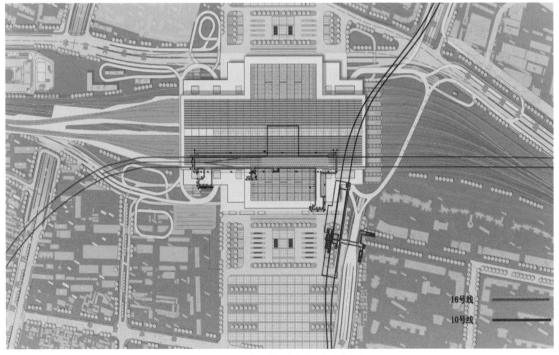

图 1.1-4　丰台站周边交通示意图

（图片来源：中国铁路设计集团）

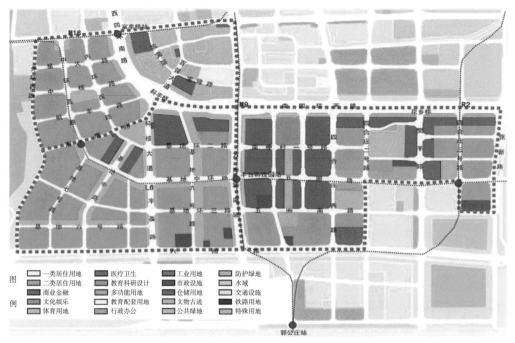

图 1.1-5　丰台科技园范围及用地规划示意图
（图片来源：中关村科技园区丰台园管理委员会土地推介网站）

1.1.4　功能定位

（1）16 号线为城市轨道交通线网中的南北向干线线路，在构筑基本网络结构的同时，补充并完善整个城市轨道交通网络，缓解中心城区道路交通的压力。

（2）16 号线串起北部研发服务及高新技术集聚区、中关村西区、丽泽商务区、丰台科技园区等重要城市功能区，为其提供交通支持，促进其开发建设。

（3）16 号线为丰台火车站提供交通支持，实现城市内部交通和对外交通有机衔接，方便客流集聚和疏解，促进城市交通一体化，完善城市综合交通体系。

1.2　主要技术标准

1.2.1　线路

（1）线路平面的最小曲线半径：

正线：一般情况 350m，困难情况 300m。

辅助线：一般情况 250m，困难情况 150m。

（2）区间正线线路的最大坡度：地下线为 30‰；联络线及车辆段出入段线为 35‰。

（3）区间正线线路的最小坡度：3‰。

（4）地下车站站台计算长度段线路应设在一个纵坡上，坡度为 2‰。采取充分排水措施时采用平坡。

1.2.2　行车组织

（1）列车编组：初、近、远期采用标准 A 型车，6 动 2 拖 8 辆编组配置。

（2）折返能力：30 对 /h。

（3）车厢立席人员密度：5 人 /m²。

1.2.3　车辆及限界

（1）车辆轴重不大于 17t。

（2）列车最高运行速度：80km/h。

（3）站台边缘至线路中心线水平距离：1600mm。

（4）站台面至轨面垂直距离：1080mm。

（5）安全门至线路中心线距离：1625mm。

（6）全线正线在行车方向左侧设置人行平台，平台面至轨面距离 900mm，平台边缘至设备限界距离不小于 50mm。

（7）盾构法隧道建筑限界分为两种：①建筑限界直径为 5200mm，一般段道床结构高度 740mm，减振地段道床结构高度 800mm；②建筑限界直径 5600mm，道床结构高度统一为 840mm。

（8）矩形隧道建筑限界：线路中心线至行车方向右侧墙距离 2200mm，至行车方向左侧墙距离 2400mm，轨面以上高度 4550mm。

（9）单线马蹄形隧道建筑限界最大宽度为 5000mm，轨面以上最大高度为 4500mm，一般段道床结构高度 650mm，特殊减振地段道床结构高度 860mm。

（10）隔断门建筑限界：门框边缘至线路中心线距离 2100mm，满足车辆在人防门处停车行人通过条件，轨面至门框上梁下缘距离 4500mm。

（11）区间联络通道地面至轨面距离 400mm。

1.2.4　轨道

（1）钢轨：正线、辅助线及车辆段试车线采用 60kg/m，车场线采用 50kg/m 钢轨。

（2）扣件：弹性分开式扣件。

（3）道床：正线及正线范围内的辅助线、出入段线采用钢筋混凝土长枕式整体道床；车场库外线采用混凝土枕碎石道床，车场库内线采用整体道床。

1.2.5　车站建筑

（1）标准两层车站长度为 265m，三层车站长度为 210m。

（2）标准站站台层层高为 5.25m，明挖车站站厅层地面装修面至顶板底面高度不小于 4.9m，暗挖车站站厅层地面装修面至顶纵梁底面高度不小于 4.5m。

（3）标准站站厅至站台共设置 4 部上行扶梯、2 部下行扶梯、2 部楼梯及 1 部垂直电梯；4 组楼扶梯以有效站台中心线为中心对称布置，外侧靠近非付费区的 2 组为双扶梯，中间 2 组为一楼一扶组合梯，中部设置 1 部垂直电梯。

1.2.6　结构与防水

（1）主体结构工程设计使用年限为 100 年。

（2）结构抗震设防分类为乙类，抗震设防烈度为 8 度。

（3）结构中承重构件耐火等级为一级。

（4）地下车站及人行通道结构防水等级为一级，区间隧道结构防水等级为二级。

1.2.7　供电

（1）中压供电网络采用双环网供电方式；外电源等级采用 10kV 电压制式。

（2）牵引制式采用 DC1500V 电压，牵引网采用 DC1500V 接触网，其中车辆段地面区段采用架空柔性接触网，地下工程采用架空刚性接触网。

（3）低压动力照明配电电压采用 220/380V，配电系统采用 TN-S 系统接地型式。

1.2.8　通信

（1）专用通信系统在小营二中心设置控制中心，同时考虑与 TCC 互联；在车辆段设置备用控制中心。

（2）通信系统设备信息安全等级定为 2 级。

1.2.9　信号

（1）信号系统应满足初期行车间隔 3min、近期行车间隔 3min、远期行车间隔 2.5min 的行车组织要求，并预留 2min 行车间隔的能力。

（2）正线采用基于无线通信传输技术的移动闭塞列车自动控制系统，并具有点式 ATP/ATO 后备运行模式；车辆段配置独立的 ZC 设备，具备 CBTC 级别下的 ATP/ATO 功能。

（3）信号系统设备信息安全等级定为 3 级。

1.2.10　通风空调

（1）地下车站空调系统制式采用屏蔽门式空调系统。

（2）区间隧道通风系统在正常运营时充分利用隧道活塞风进行通风换气，事故工况下进行机械通风；区间隧道内夏季最高温度不高于 40℃；车站端部设置单端双活塞风井，对于城市中心区车站或与规划部门协调确有困难车站设置单端单活塞风井。

（3）通风空调系统按远期预测的客流量和最大通过能力进行设计，并按远期预留2min行车间隔的运营能力进行预留。

（4）车站站厅空气计算温度为29℃，站台的空气计算温度为27℃，相对湿度控制在40%~70%。

（5）车站出入口长度大于60m时设置降温措施。

（6）车站空调系统冷源采用水冷冷水机组；冷冻水供/回水温度为7/12℃，冷却水供/回水温度为32/37℃；当设备管理用房空调系统冷量占单台冷水机组冷量的30%以上时，采用2台冷水机组配置；当设备管理用房空调系统总冷量不足单台冷水机组容量的30%时，采用"两大一小"的冷水机组配置。

1.2.11　给水排水及消防

（1）车站给水水源均使用城市饮用水，采用生产、生活用水和消防用水相互独立的给水系统。

（2）露天出入口、敞口风亭及洞口排雨水量按北京市50年一遇的暴雨强度计算确定，雨水集流时间为5min。

（3）按照全线同一时间内发生一处火灾设计。

（4）车站的重要设备用电房间设置IG541自动灭火系统，地下区间变电所设置气溶胶自动灭火装置。

1.2.12　综合监控系统

（1）综合监控系统对闭路电视系统（CCTV）、广播系统（PA）、站台门（PSD）、乘客信息显示系统（PIS）等进行界面集成，并与火灾自动报警系统（FAS）、门禁系统、信号系统（ATS）、自动售检票系统（AFC）、时钟系统（CLK）、集中告警系统（TEL-ALM）及办公自动化系统（OA）等进行互联，以获取必要的信息，实现相应的互动功能。

（2）综合监控系统采用统一的软件开发平台，统一的数据库平台，应用软件采用模块化结构，使用统一的人机界面，系统易于扩充。

（3）综合监控系统采用两级管理、三级控制的分层分布式结构，两级管理分别是中央级和车站级，三级控制分别是中央级、车站级和现场级。

（4）系统设置控制中心和备用控制中心，控制中心设置在小营二中心，备用控制中心与车辆基地综合监控系统合建。

（5）综合监控系统设备信息安全等级定为2级。

1.2.13　火灾自动报警系统

（1）火灾自动报警系统分别在中心级、车站级与综合监控进行互联。

（2）火灾自动报警系统设计能力按全线同一时间内发生一次火灾考虑。

（3）车站管辖范围包括车站及相邻半个区间的消防设备。

（4）对于平时用于送、排风，火灾时执行防排烟任务的车站通风空调系统共用设备，由 BAS 控制，火灾时 FAS 向 BAS 发出火灾模式指令。专用排烟风机、消防泵等火灾专用设备由 FAS 进行控制。

（5）消防水泵、防烟和排烟风机的控制设备当采用总线编码模块控制时，在消防控制室设置手动直接控制装置。紧急手动直接控制装置由综合监控系统 IBP 盘统一实现。

（6）气体自动灭火系统采用硬线或通信接口纳入车站 FAS 进行监视。

1.2.14　自动售检票系统

（1）采用非接触式 IC 卡 AFC 系统，并实行联乘票价制。

（2）AFC 系统按远期超高峰小时客流设计，车站设备按近期超高峰小时客流配置，并预留远期设备的安装条件。

（3）换乘车站 AFC 系统 SC 的设置：客流不能分开的车站由先建线路设置一套 SC 系统；客流能分开的车站，两线各设置一套 SC 系统。

（4）AFC 系统设备信息安全等级定为 2 级。

1.2.15　电扶梯

（1）电梯系统设备应满足每天连续运行 20h，每周连续运行 140h，每年连续运行 365 天的要求。

（2）自动扶梯采用公共交通型重载自动扶梯。

（3）电梯采用无机房曳引电梯。

1.2.16　站台门

（1）站台门系统的总体布置满足 A 型列车、8 辆编组、5 门 / 车、±300mm 停车精度的要求。

（2）站台门滑动门的开、关频率应满足列车最小行车间隔的要求，并应具有每年按地铁运营时间要求连续 365d 运行的能力。

（3）站台门系统无故障使用次数应≥ 100 万次，系统使用寿命应不低于 30 年。

（4）站台门在车站站台边缘以有效站台中心线为中心向站台两端纵向对称布置，首末列车司机室开门应位于端门以外。

（5）站台门的门体总高度为 3000mm。

1.3 设计创新

设计是地铁工程建设过程中最重要的环节，设计方案不但影响工程建设的质量、可实施性及经济性，而且决定工程建成后运营效果。在总结北京地铁设计、建设及运营经验的基础上，16号线设计团队秉承"以人为本"的核心理念，在系统运能设计、人性化设计、城市化设计、绿色设计及信息化设计等5方面进行了全新探索。

1.3.1 系统运能设计定位高标准

（1）通过采用8A编组列车，并设计30对/h的折返能力，使得16号线系统运能达到6.4万人次，满足远期客流需求，为目前国内最大运能的地铁系统。

（2）通过行车交路设计，为丰台火车站铁路枢纽客流提供针对性服务，便于枢纽客流疏解，实现全线各个区段相对均衡服务。

（3）适当降低车厢立席人员密度，确定5人/m²的标准，提高乘客舒适度。

1.3.2 人性化设计体现"以人为本"理念

1.3.2.1 导向标识等乘客公用设施完善

导向标识系统完善到位。站内悬挂导向标识牌体，并设置地面导向、站位周边及内部平面布置图示，便捷引导乘客站内选择去向；出入口站前广场设置落地大综合导向信息牌，且出入口周边300m、500m处分别设有地铁车站出入口方向、距离指示标牌，对站点周边"最后一公里"的步行等慢行系统形成完整的导向指引。

标准站站厅到站台设置4组楼扶梯，其中两端为2组上下行扶梯、中间为2组上行扶梯+楼梯，出入口均实现上下行扶梯+楼梯的功能，且上下行扶梯尽量分设楼梯两侧，通过车站出入口楼扶梯、站厅至站台楼扶梯布置以及站厅公共区错开布设安检机、进出站闸机，优化车站客流流线，让进出站客流通行顺畅不交叉，提升乘客进出站乘车便捷性与舒适度；且车站中部的进站闸机均采用双向闸机，灵活应对突发疏散情况。

出入口站前广场与人行道接驳结合绿化进行人流疏导，并设置防撞柱防止车辆进入广场，提供安全可靠的乘客集散空间。

1.3.2.2 换乘便捷

换乘站两线站厅尽量平层联系，避免"翻山越岭"；换乘通道尽量顺直，避免走"迷宫"，双向换乘通道宽度不小于10m，单向换乘通道宽度不小于6m。既有线换乘站进行客流仿真模拟验证、多点接入、增加方厅、加高和加宽换乘通道，营造舒适换乘空间；在建线换乘站同步设计、同期施工；规划线换乘站同期设计、预留换乘条件。

苏州街站是16号线与既有10号线岛侧换乘的车站，4个象限均采取"F"形换乘通道，相当于既有线站台每象限均增加一条6m宽侧站台，分散换乘客流压力，便捷实现厅台换乘。国家图书馆站是16号线与既有4号、9号线换乘的车站，换乘通道长度达到180m，通道宽度做到 12m，同时设置双向自动步道，方便三线乘客快速便捷换乘。达官营站是 16 号线与既有 7 号线换乘的车站，两线呈 L 形，在 L 形节点处增加"换乘方厅"，空间上拉近两站距离，营造舒适的换乘空间。

1.3.2.3　站内空间体验舒适

标准站站厅层公共区长度达 125m，站台层公共区的侧站台宽度均不小于 3m，同时两端设备用房占用有效站台范围不大于半节车厢，提供舒适的进出站及候车空间。站厅至站台的无障碍电梯采用透明井道、透明轿箱，尽量敞开站台层楼扶梯下三角空间，让站厅和站台更通透。通过采用"无吊顶装修"，站厅公共区中跨、墙面、柱面的设备终端整合设置，抬高导向牌体吊挂高度至 2.8m，并精简导向牌体数量，站厅层公共空间加高 1m，空间高大通透，布置整齐划一。

车站主体与出入口通道相接位置有大量管线从车站顶部的管线桥架进入出入口通道顶部，采取结构抬高的方法预留设备管线翻越空间，避免管线凸出到主体与出入口通道相接门套上方的公共空间，以达到更好的视觉效果。

1.3.2.4　站内公共服务设施以乘客至上

站内公共区卫生间设置在站台层一端，设计时考虑增加男女卫生间厕位数量，避免乘车高峰时期乘客上厕所排队拥堵至侧站台的状况发生。卫生间采用航空港的设计理念，入口不设门，环保、卫生。男女卫生间之间设置内走道净宽不小于 2.4m，门洞开口朝向内走道，并用颜色墙区分男女卫生间，活泼、实用。站内设有自动售卖机、银行 ATM 机等服务设施。

1.3.2.5　无障碍设计关怀备至

站厅至站台的无障碍电梯采用 1.6t 大运量垂直电梯。在站厅付费区通向站外无障碍电梯口路径上的进、出站闸机至少布置 1 部宽闸机，便于轮椅通行。每站至少设置 1 处无障碍电梯口，尽量同出入口合建，共用一个进出站地面亭门厅，方便轮椅乘客找寻、使用及运营管理。

站厅公共区的自动售票机采用内嵌布置，其操作界面及控制按钮均按照人机工程学进行设计，显示界面设置角度，操作按钮的位置、投币口及取票口的位置均能满足轮椅乘客的使用要求。客服中心创新设计"Z"形售票台，即在原有窗口外的下方增设一层 80cm 高台面，方便临时放置个人物品和小孩、乘轮椅乘客使用，并在"Z"形台面上设置半圆凹槽，方便放置盲杖、拐杖和雨伞等。乘车等候区域设置通长盲道，每节车厢均设置行动不便者专用座椅及轮椅停放区。

无障碍卫生间设置在站台层一端，充分考虑轮椅乘客的使用便捷性，设置推拉门；坐厕旁扶手为可上下旋转式，扶手均设置防滑模块，另一侧设置呼叫按钮；洗手盆墙面镜子倾斜角度放置，并设有母婴整理台。

1.3.2.6　管理维护条件便利

结合运营管理服务和使用要求，在各站适度设置接待室、服务中心；在站区车站设置站长室及值班、会议、休息等运营人员常用空间。

为使站务员及时监控列车进出站台、客流量及乘客上下车的安全情况，在换乘站以及首末车站等大客流车站的站台设置监察亭，站务人员能利用监察亭内视频监控与广播通信设备及时引导乘客上下车，并第一时间对站台紧急事件进行处理，提高紧急情况下的反应速度。

优化门禁系统，在车控室靠近车控室侧设置设备区与公共区分隔门的开门按钮，方便运营人员进入设备区。在票亭内靠近栅栏门一侧立柱上安装栅栏门开门按钮，为运营人员快速通过提供方便。IBP 盘采用标准化设计，简化盘面和电路设计，统一盘面上元器件的外形、规格和颜色，方便运营人员观察与操作，提高操作可靠性、降低操作风险。区间动力电缆布置在人行平台下方，并将检修电源箱布置在行车方向右侧，方便日常使用和检修。

建设了国内首个以 8A 编组车辆为基础的综合性培训中心，通过展板与实物相结合的方式进行全面培训，方便运营维护人员的培训与实操。

1.3.3 城市融合设计突出"一体化"特色

1.3.3.1 功能一体化

结合城市规划和综合交通体系规划，集约高效进行地铁沿线土地、空间等统筹利用，发挥地铁对城市交通运输发展的支撑引导作用。北安河车辆段、榆树庄停车场均实现盖上一体化综合开发利用，以"TOD 引导城市发展"为媒介，整合周边用地资源，结合周边区域城市设计，提供城市更新思维导向，采用消隐与融合的设计理念，建成看不见的车辆段和停车场。全线一体化设计车站比例达 70%，推进车站周边建设用地地上、地下空间多功能综合立体开发和复合利用，全面梳理一体化功能定位，系统统筹一体化同步设计，让车站公共区、出入口和周边地块无缝衔接，实现地铁车站一体化同步建设或预留建设条件，车站风亭、冷却塔也同地块一体化开发建筑相结合，净化地面空间。

1.3.3.2 交通一体化

强化地铁与其他交通方式接驳融合，丽泽商务区站同城市航站楼及在建地铁 14 号线、规划地铁 11 号线及新机场线衔接，丰台火车站同铁路枢纽及既有地铁 10 号线衔接，西苑站同交通枢纽、既有地铁 4 号线、规划地铁 15 号线衔接，实现方便、高效换乘。北安河站和屯佃站设置 P+R 停车场，优化同地铁线路走向叠合的既有公交线路停靠、在车站站口附近 50~100m 增设或调整公交站点，车站各出入口均设置有非机动车停车场或公租自行车、共享单车等公共停车区域；实现地铁和其他各种交通方式的快速接驳。

1.3.3.3 景观一体化

为保证城市道路整体绿化景观的连续性、消隐风亭等大体量建筑，车站出入口、敞口风亭四周地铁用地范围内均留有绿化种植条件。出入口地面亭采用"清水混凝土 + 玻璃"，风格简洁、自然通透；出入口周边种植低矮灌木，对地面亭形成映衬，与城市环境融合度高。距地 1m 高的敞口风亭四周用至少 3m 宽的绿带围合，最内侧先以一圈带刺绿植形成天然防护，避免人员靠近敞口风亭口部发生危险，由内向外分 3 层高低错落、层次分明、颜色丰富的植物过渡，同时结合景观微地形的设计手法，前景配置赏花灌木和小乔木，完全将敞口风亭消隐在周围的自然环境之中。

车站非机动车停车场取消车棚，改用 4m×4m 的树阵绿化布置，既起到了遮风避雨的"雨棚"效果，又丰富了地铁站口周边绿化景观。选取和地铁沿线城市景观基本一致的绿植树种，融入景观设计理念，让非机动车停车场等地铁设施掩映在一片绿色之中。

1.3.4 绿色设计坚持环保节约方向

1.3.4.1 节地

标准车站长度为 265m，标准岛式车站站台宽度为 12m，标准车站总建筑面积力争控制在 1.65 万 m^2，明挖车站顶板覆土约 3.5m，严格控制车站开挖土方量及地下空间占用体量。

车站出入口标准直出口外轮廓尺寸统一为 16.8m（长）×7.3m（宽）×4.5m（高），标准侧出口外轮廓尺寸统一为 20.8m（长）×7.3m（宽）×4.5m（高），出入口地面亭尺寸统一规整；同北京已通车地铁站口相比，出入口占地面积减小约 20%。明挖站无障碍电梯口和出入口尽量整合、减少地面建筑数量，安全出口宜采用单跑出地面的小体量建筑。车站风亭尽可能采用敞口低风亭，降低风亭体量高度，分散消隐在周边绿化中；同高风亭相比，地面建筑面积减少约 50%。

车辆基地集约利用土地，北京首次实现联检库和咽喉区全覆盖综合利用，并通过站场、工艺、建筑多专业优化，实现单体建筑功能整合，国内 A 型单车平均用地指标最低，仅 745m^2，最大程度体现节约用地的综合发展理念。

1.3.4.2 节能

选用高效节能车辆，列车采用微机控制自动驾驶 ATO 曲线，根据线路的坡道、弯道及列车载重等情况，自动调整行驶速度，控制惰行点使列车一直处于最佳运行状态，以使减少电耗，达到节能目的。

引领北京 8A 编组线路地下车站采用屏蔽门通风空调系统制式，较采用闭式通风空调系统夏季运行节能约 30%，全年运行节能约 23%。

全线应用中压逆变型再生电能吸收装置，再生电能反馈平均比例约 8%，每套装置平均每天节约 700 度电，每年节省电费约 22 万，节能效果明显。

全线区间以及车站设备区走廊、站厅和站台公共区范围全部采用 LED 灯，与普通荧光灯相比，节电 35% 以上。

全线各种机电设备采用优质高效节能型设备，均达到节能二级及以上标准。

车辆基地职工浴室的生活热水均采用太阳能强制循环间接加热系统制备。

1.3.4.3 节水

系统研究、全面实践了单层导洞大直径中桩暗挖车站技术，创新发展了暗挖车站结构体系及施工方法，显著减少施工对周围环境影响，缩短施工降水周期，并开创暗挖车站止水施工先河，节约宝贵的地下水资源。

全线使用内壁光滑的供水管材，以减少管道沿程水头损失，使用低阻耗阀门和倒流防止器等，以减少管道局部水头损失。管道水力损失降低后，相应可减少水泵供水压力，并以此降低供水能耗。

全线各种卫生器具均采用节水型卫生器具，并采用供水的三级水表计量，如通常淋浴喷头每分钟喷水 20L 左右，而节水型喷头每分钟仅喷水 9L 左右，节约了 50% 以上水量。

车辆基地设有综合水处理站，生活污水采用好氧生物及 MBR 膜过滤处理技术，水质达到中水标准后用于冲厕、清洗车辆、浇洒道路及浇灌绿化等；同时设有雨水调蓄设施，将收集到的雨水简单处理后进行低质低用，减少外排雨水流量，实现雨水资源化管理。

1.3.4.4 节材

开创性确定了北京地铁 A 型车线路的盾构区间内径由 5.4m 调整为 5.8m，提高了建设与运营服务水平，同时也为后续盾构区间加固改造预留了必要的条件。

研发了暗挖施工通道和吊装井结合的侧向盾构始发掘进施工方法，率先在马连洼站—农大南路站区间实现侧向盾构始发与接收，扩大了盾构施工区间范围。

全线盾构始发与接收端围护结构应用可切割玻璃纤维筋混凝土技术，经实践检验，编制北京地方标准并颁布实施。

地铁区间首次应用横向可调、纵向 2.4m 长、轻质高强疏散平台板，比 1.2m 长平台板重约 30kg，安装数量减少 1 倍，安装效率显著提高。

暗挖工程采用高分子自粘胶膜防水卷材，做到防水与结构融为一体，避免结构渗漏及串水。

国内第一次在全线车站公共区采用棚顶综合管廊设计，实现了无吊顶、裸露管线及结构的装修风格，避免过度装饰、节约减材、易于运营维护检修。

车站出入口地面亭延续站内装修风格，采用"清水混凝土 + 玻璃"材质的框架结构风格，减少外装饰，简洁大方、自然通透、绿色环保、经久耐用。

1.3.4.5 减振降噪

全线中等级减振地段采用了 J-2 型预应力弹性混凝土长轨枕道床技术，并配合使用有螺栓的 W 形弹条系统，减振效果达到 8~10dB；同时解决了扣件类减振技术可能产生的钢轨异常波磨的难题。

全线采用小风量、低风压、声学性能优良、噪声级低的风机及超低噪声或静音型冷却塔。

车辆基地开创性采用了隔离式减振垫整体道床结构、无缝线路技术作为库内线减振方案，确保车辆基地上盖开发减振控制达到居民文教区标准。

1.3.5 信息化设计实现智能化与可靠性目标

全数字高清视频监控系统采用全数字化的图像平台和全数字 IP 组网架构，具备 IP 化优点，实现视频监控的数字化与智能化。

通信系统采用 PTN 双平面技术，提供了更加适合于 IP 业务特性的"柔性"传输管道，实现传输级别的业务保护和恢复，具有高可用性和可靠性。

车站级 BAS 系统的 PLC 之间以及 PLC 与现场控制 I/O 模块间均采用工业以太网，具有实现远程访问与远程诊断、不同的传输介质可以灵活组合、网络速度快、数据可达性强的优点。

信号系统各子系统通过数据通信子系统构成闭环系统，实现地面控制与车上控制结合、本地控制与中央控制结合。

CHAPTER

第 2 章　创新设计理念

2.1　创新设计理念提出

地铁工程涉及专业众多、工程建设环境复杂、建设周期较长，工程设计方案的优劣和工程设计水平的高低对工程建设的难易程度起着至关重要的作用，同时也影响着工程建成后的运营服务水平。北京地铁 16 号线工程作为北京第一条采用 8 辆编组 A 型车的地铁线路，在总结以往工程设计经验教训的基础上，"如何高品质的完成工程设计，为工程建设夯实基础，充分体现'以人为本'的服务理念"已成为设计团队不得不深入思考的首要问题。设计团队本着将 16 号线打造成北京地铁精品工程的决心，提出了"高服务水平定标准、标准化设计增高效、精细化设计控投资、研究型设计解难题、城市化设计铸精品"的创新设计理念，指导16 号线工程的全过程设计，一切从工程实际出发，多站在城市的角度、乘客的角度以及运营的角度思考问题，寻找解决方案，不断完善设计，循序渐进地做到精品设计。

2.2　创新设计理念内涵

2.2.1　高服务水平定标准

地铁建设的目的是将大量有出行需要的乘客从出发站准时运送到目的站，并为他们提供安全、便利、舒适、快捷的乘车和候车环境。在地铁运营过程中，地铁系统服务的对象是乘客，地铁运行参与的主体除了乘客以外还有维持地铁正常运转的运营管理人员。地铁工程设计过程也是通过设计经济合理的土建设施，配合先进、可靠、经济的设备系统以及成熟的运营管理手段，实现运送乘客的目的。

从地铁服务的构成来看，面向乘客的服务主要有列车服务、车站服务和设备服务三部分，而面向地铁运营人员的服务主要有工作环境以及工作强度（图 2.2-1）。

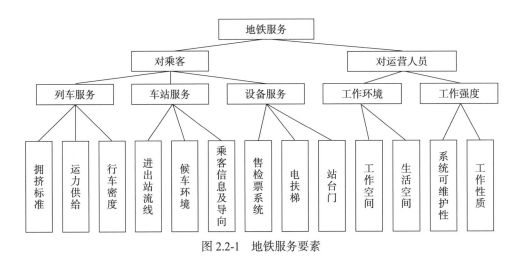

图 2.2-1　地铁服务要素

16 号线设计在总结北京地铁的运营经验基础上，通过调研国内外先进城市地铁发展轨迹以及地铁运营经验，提出 16 号线高水平服务的设计标准。

2.2.1.1 拥挤标准

16 号线设计时，国家地铁设计规范中明确车厢立席人员密度标准为 6 人 /m²，北京地铁设计的地方标准尚未发布。设计团队通过调研日本、美国以及欧洲等国家地铁车厢拥挤度情况，并结合北京地铁运营经验进行分析，16 号线若采用 6 人 /m² 的车厢立席人员密度标准将导致地铁系统运能设计余量偏低，车厢内过度拥挤，对乘客乘车舒适性影响较大，对提高公共交通出行比例、降低城市道路拥堵情况不利，已经不能满足北京城市未来发展的需要。经综合分析，16 号线按照 5 人 /m² 的车厢立席人员密度标准确定系统能力，便于应对客流预测风险以及降低车厢拥挤度，提高服务水平。北京市地标《城市轨道交通工程设计规范》DB 11/995—2013 于 2013 年 6 月发布，明确车厢立席人员密度标准为 4.5~5 人 /m²；修订后的国标《地铁设计规范》GB 50157—2013 于 2013 年 8 月发布，明确车厢立席人员密度标准为 5~6 人 /m²，进一步表明 16 号线设计采用车厢立席人员密度标准较合理。

2.2.1.2 运力供给

在确定车厢立席人员密度标准后，通过选择 A 型车以及增加列车至 8 辆编组，按照 30 对 /h 开行，保证系统能力达到 6.4 万人次，为远期客流增长提供运能保障。

2.2.1.3 行车密度

行车密度是衡量地铁服务水平高低的重要指标。不同时段合理的行车密度可减缓乘客候车时的焦虑心情，在高峰时段，较高的行车密度也可以降低乘客抢时间上车的情况，为运营安全提供了技术保障。因此，在高峰时段，16 号线确定初期和远期发车间隔分别为 3min 和 2min，可基本上消除乘客等待时间；在非高峰时段，16 号线可根据客流情况确定发车间隔为 4~6min。

2.2.1.4 进出站流线

通过分析每一座车站周边的客流来源情况，合理确定站位以及出入口，方便乘客进出车站，减少乘客在地面横穿道路以及额外绕行等情况。乘客进入车站后，通过合理的流线设计，避免客流在站内的交织，减少乘客在站内的绕行距离。换乘站通过设置合理的换乘方式，避免再次出现"围栏式"的换乘组织情况。

2.2.1.5 候车环境

乘客候车时间比较短，不需要提供过多的座椅。为了避免列车进出站过程中产生的气流及隧道内的灰尘进入车站公共区域，对乘客的候车环境产生影响，16 号线采用了屏蔽门通风空调系统。通风空调系统对车站内部的温度、湿度、空气质量进行调节，保证乘客及工作人员的健康和舒适。

2.2.1.6 乘客信息及导向

在正常情况下，乘客信息系统需由中心级 PIS 实时发布列车运营信息、政府公告、出行参考、广告等实时多媒体信息，满足乘客使用要求。在火灾、阻塞、突发事件等情况下，乘客信息系统需调整提供辅助疏散指示信息，满足乘客疏散要求。在降级模式下，乘客信息系统需发挥车站PIS接管中心级PIS功能，在显示屏上发布各种运营相关信息，满足运营要求。乘客信息系统中显示终端需设置在出入口、站厅、站台、换乘通道、车厢内部等乘客流线位置，方便乘客获取出行所需各种信息。

导向系统需以清晰醒目指引乘客为第一目标，同时为确保车站整体空间效果更加通畅开阔，需对设置数量、吊杆数量等方面进行严格控制，并向乘客提供更规范、简洁、醒目及有效的乘客导向服务信息。

2.2.1.7　售检票系统

售检票系统以设备可靠、功能全面、系统稳定、人性化服务为设计宗旨。每组自动检票机处均设置宽通道闸机，方便乘轮椅人士及携带大件行李的乘客通行；检票机增加二维码模块，支持非接触式IC卡、手机NFC和二维码多种支付方式；车站设置紧急按钮控制盒，设置一键关站模式，简化关站模式操作流程，提高运营管理效率；客服中心设置"Z"形售票台，充分考虑小孩、乘轮椅乘客的购票需求。

2.2.1.8　电扶梯

车站标准出入口采用上下行扶梯分设两侧、中间为楼梯的布置形式，方便乘客进出站；当出入口地面条件困难且提升高度<10m时，可采用上行扶梯和楼梯的布置形式；当出入口提升高度超13m、一次提升至地面时可采用上下行扶梯设在一侧、楼梯设在另一侧的布置形式，方便消火栓的正常使用。四环以外车站至少设置1个无障碍电梯口，四环以内车站宜设置2个无障碍电梯口，通常在路口对角线布设。

标准车站站厅至站台的垂直交通采用4组楼扶梯及1部垂直电梯的布置方式，4组楼扶梯以有效站台中心线为中心对称布置，外侧靠近非付费区的两组为双扶梯，中间两组为一楼一扶组合梯，车站中部设置一部垂直电梯，方便乘客快速进出站台。

2.2.1.9　站台门

站台门采用封闭站台门系统，将站台公共区与行车隧道隔开，减少了列车行驶噪声和活塞风对站台候车乘客的影响，提高了车站公共区空气质量及乘客乘车环境的舒适性。站台门系统的平均无故障运行周期不低于60万个周期，减少站台门故障对乘客乘降列车的影响。滑动门关门的最后100mm行程动能不高于1J，并具备探测厚度5mm、宽度40mm硬障碍物的能力，在探测到障碍物时可以重新打开，保证乘客安全。

2.2.1.10　服务运营管理人员

地铁运营管理人员也是地铁设计的服务对象之一，设计需考虑各工种的工作环境，为工作人员提供相对舒适的工作空间，在保证工作效率的同时，也可为乘客提供更好的服务，尤其需为司机提供便捷的轮乘和候乘地点与空间，为车站工作人员提供适宜的办公和值守环境，为设备设施的维修维护人员提供便于取放工具及备品备件的房间和设施。同时为运营人员提供生活空间与设施，便于夜间值班以及休息、用餐的空间和必要的设备。

在运营管理模式以及设备功能设置方面，保证运营管理人员的工作性质以服务和监督为主，尽量利用设备系统的自动化和自助服务完成对设备的运营和乘客服务。设计方案和设备选型尽量降低维护维修工作量，以例行保养和更换为主。

2.2.2 标准化设计增高效

北京地铁经过 2000 ~ 2010 年近 10 年的高速建设，地铁运营需要面对大跨度网络运营、大客流常态管理的新形势，社会公众对运营服务水平与能力、乘客体验与需求有了更高期望，运维管理人员对设备设施设置的统一性与标准性、操作安全性和便捷性、管理的智能性与数据性等提出了更细致的要求。

16 号线设计团队有责任和义务通过总结、归纳、吸收以前地铁线路建设的经验教训，把标准化设计理念进行到底，不仅让设计、施工更加高效和统一，也使得运营管理更易标准和精细，甚至让乘客体验更加便捷和人性化。

16 号线的标准化设计体系涉及地铁工程参建各方，应在设计管理中切实起到事前指导、过程指引、事后总结的作用，将设计管理引向精细化、统一化、可持续化方向发展。通过标准化设计，让地铁技术标准更加精致、精细、精准，使地铁庞杂系统有机统一起来，进一步提升服务质量、保障运营安全、强化公众体验。

2.2.2.1 标准化设计管理体系建立

我国地铁工程建设发展过程中，在标准化设计理念提出的早期，形成了以"初步设计总体技术要求""施工图设计总体技术要求"为依托的标准化设计指导性文件。随后，设备系统因专业接口多，供货商供货量大、周期长，设计、供货商、施工、监理、建设单位间管理与责任交叉严重，为避免设备质量管控及设计目标实现出现偏差，"设备系统技术规格书"作为标准化设计文件逐步丰富完善。随地铁项目建设的快速发展，线路里程越来越长，分段开通的普遍性等特点凸显，仅通过标准化设计起到"事前指导"的作用已不能满足设计管理的需求。过程指引、事后总结、求同存异的新需求对标准化设计提出了更高的要求，因此，16 号线在原标准化设计的基础上，增加标准化管理措施，逐步完善形成了标准化设计管理体系。

16 号线标准化设计管理体系建设以事前指导、过程指引、事后总结、求同存异为核心理念，将总体组对技术标准制定和总包组对技术标准的执行考核作用相结合，避免重技术轻管理、重部署轻落实。同时，16 号线标准化设计管理体系引入偏差反馈机制，在规划条件调整、国家新标准颁布及分段开通要求等外部环境影响下，对所制定的标准化设计管理文件进行核对升级，确保其时效性、先进性和指导性。

16 号线标准化设计管理体系旨在让 16 号线建设更加标准化、精细化、模块化，提高设计效率、强化设计质量、打造精品工程，提高乘客服务水平、利于集约化运营，最终实现"16 号线成为北京新一轮地铁建设标杆及推广示范线"的建设目标，具体要求如下：

（1）实现全设计阶段标准化设计管理

在传统标准化设计管理的基础上，设备系统设计单位在厂验、进场验收、调试及联调阶段需核查为实现设计理念、设计意图等涉及的相关内容，并将其纳入标准化管理体系；将竣工验收后的设计"回头看"经验总结成果纳入标准化设计管理体系文件中，为后续工作设计提供基础性依据。

（2）实现全覆盖面的标准化设计管理

设计始终关注地铁工程建设关键环节与重大问题，将运营单位、施工单位、监理单位及建设单位对设计方案的合理需求与要求纳入标准化设计管理体系中。

（3）实现标准化设计文件落地生根

再好的标准化设计文件若被束之高阁，其对设计也起不到任何作用，实际项目中受设计人员调整、设计周期长的特点影响，经常发生设计标准未落实到设计成果里的情况，为避免这种现象，需对标准化设计的执行进行督导，分专业定期交流应用心得体会。在设计过程中遇到规范调整以及相关政府部门对运营服务管理提出新要求等情况，应及时补充修正标准化设计文件，调整设计偏差，减少返工，提高设计效率，确保时效性。

2.2.2.2 标准化设计文件应用增效

为实现标准化设计管理体系的目标，设计总体组针对16号线8A编组特点，通过各阶段专项研究确定了合理的车站规模、楼扶梯设置方案与数量、装修风格、环控方案、供电制式等一系列设计标准和原则，形成了北京地铁16号线工程初步设计、施工图设计总体技术要求及各类通用图，作为标准化设计文件下发设计团队执行。

（1）标准车站公共区布置通用图

为提高设计管理和运营服务水平，通过对8A编组车站建筑布局的研究和总结，16号线设计总体组编制了《标准车站公共区布置通用图（8A编组地下12米岛式车站）》，明确合理公共区标准布置，并对公共区内相应的服务设施给出相应设计原则及标准图，便于设计参考与引用。

本通用图涉及站台层横向和纵向柱网间距标准、侧站台宽度标准、设备管理用房深入有效站台范围标准、楼扶梯下三角房做法标准、防烟分区标准、检修人孔设置标准、站厅层公共区长度标准、安检设备与售检票机设置标准、车站主体与出入口接口做法标准、楼扶梯标准详图等一系列标准化设计内容。

16号线设计团队在严格执行此标准的基础上，结合各站实际情况，对非标准规定范围内容进行差异化设计，从而实现了统一标准和创新特色的有机融合。

（2）棚顶综合管廊设计技术要求

为提升站内人员的舒适性，尽量做到站内设施免维修（或少维修），16号线设计取消了站内装修吊顶，采取棚顶综合管廊技术，明确统一规划站内管线路由与排布、减少吊杆森林、整合末端设备、结构预留线管与接线盒以及"无吊顶"装修技术要求。

在构建"五位一体"管理理念、空间规划理念、管线整合排布理念、精细化设计理念、产品工业化理念的基础上，16号线设计总体组编制了"车站管线综合设计施工安装管理办法"标准化文件，在设计层面真正起到了管线空间规划、管线交叉评判、指导各专业设计确定专业管线路由的作用，避免站内专业线槽、管线安装过程中出现冲突、打架及检修空间不足的问题。

（3）车站出入口地面亭标准化设计

由于16号线标准车站需设置的地面附属建筑约15个，数量多且分布零散，因此车站出入口地面亭开展了标准化设计，出入口地面亭尺寸统一，体量规整，节省占地，方便施工。

1）16号线出入口地面亭外观轮廓、基础和柱网等内容尺寸统一，结构柱提前在地面基础上做预留；标准化设计提高了设计效率，减少了地上地下接口多、易出错的问题；结构梁板柱等构件尺寸统一，也加快了现场施工进度。

2）标准直出口外轮廓尺寸统一为 16.8m（长）×7.3m（宽）×4.5m（高），标准侧出口设置两扶一楼，外轮廓尺寸统一为 20.8m（长）×7.3m（宽）×4.5m（高），比北京地铁已通车线路车站出入口减小占地面积约 20%。

3）地下结构基础和出地面结构基础内边线取齐，减小地面亭的占地面积。

4）出入口地面亭后背室外排烟风室的体量和标准口一致，不再加长，比以往此类地铁出入口节省占地面积。

2.2.2.3 标准化管理体系推进设计

（1）16号线首开段设计"回头看"

16号线首开段通车后，结合试运营情况，16号线建设团队开展了16号线首开段"回头看"工作，强化了总体总包组及设计单位的设计管理标准化作用，研讨编制了《北京地铁16号线首开回头看——设计篇》，由"防静电地板设备房间管线综合设计管理工作""票亭内管线综合设计及施工管理办法""区间管线综合设计施工管控重点""车站管线综合施工工序建议""关于各个施工阶段测量基准点的使用要求""设计接口在图纸中的控制管理""精细化设计管理关键"等专项标准化设计管理文件构成。通过16号线首开段设计回头看，更加强化了标准化设计的设计深度、管理流程、落实检查机制等。通过该系列文件完善了16号线标准化设计管理体系，充实了标准化设计管理工作内容，提高了16号线南段设计效率、减少了接口冲突与矛盾，为实现"16号线成为北京新一轮地铁建设标杆及推广示范线"的建设目标奠定了坚实基础。

（2）16号线南段设计样板站制度

为落实16号线首开段设计回头看工作成果，进一步提高设计质量，减少专业接口间的缺漏，明确了16号线南段设计样板站制度；设计样板站实施推进采用四级审查制，即设计自审，专业间联审，总体组会审，建设、施工、监理联合审查。

1）设计自审

各专业设计人员针对16号线首开段各专业的设计总结以及施工单位提出的合理化建议，逐条列出并核对落实情况。对已落实内容应标明落实方案及其在图纸中的位置，对不能执行的内容应说明原因。

2）专业间联审

为确保专业间接口配合效果，各专业针对所审查图纸核查专业接口是否落实、设备管线间是否冲突、孔洞位置是否相互影响、本专业优化方案是否对其他专业有影响等。各专业针对审查图纸提出审查意见及修改建议，被审查专业逐条核对落实。

3）总体组会审

在各专业间联审后，总体组组织召开专业间会审，被审查专业根据专业间审查意见进行汇报，总体组对被审查图纸进行现场逐区域审查。

4）建设、施工、监理联合审查

完成总体组会审后的图纸提交建设单位，由建设单位组织召开建设、设计、施工及监理四方联合审查会，确认图纸满足施工需求和后期计量支付的审查。

经过四级审查后，设计总体组牵头，样板站各专业设计根据审查意见逐专业形成《16号线首开段×××专业设计经验总结执行标准与方案》和样板站施工图纸。设计总体组针对审查意见形成《16号线南段各专业设计重点自审要点》。

设计样板站各专业梳理完成后，设计总体组组织召开该专业的全线各站设计人员参加的宣贯会，将梳理的问题、制定的标准、设计人员自审要点等进行宣贯。各车站设计人，根据宣贯内容落实到后续车站设计中。设计样板站制度的推行大大减少了后续各专业设计的缺漏，统一了设计标准，提高了设计效率。

2.2.3　精细化设计控投资

投资控制是个系统工程，从前期规划到竣工决算，贯穿于项目全过程；从征地拆迁、管线迁改、绿化赔偿、交通导改、三通一平等工程建设其他费用到土建、设备系统等工程费用直至车辆购置费、建设期贷款利息以及铺底流动资金等专项费用，涉及工程设计各专业与工程建设各环节。

同北京以往地铁工程相比，16号线车站规模有所增加，区间限界尺寸略有调整，线路经过地区工程地质条件复杂，施工条件紧张，全线暗挖施工车站约占45%，车辆段与停车场均需大面积征地拆迁，且16号线融资模式为PPP模式。因此，为合理确定16号线工程投资，严格控制投资不合理变化从而提高投资效率，设计总体组精心组织，从车站建筑规模、结构施工方案、设备选型、征地拆迁、概算编制原则等全方位各阶段进行精细化设计，且将上一阶段批复投资作为下一阶段投资控制的红线。

2.2.3.1　优化线路方案，控制前期费用

根据以往北京地铁建设经验，征地拆迁费用占总投资比例较高，且不容易控制，因此有效控制投资，必须加强前期工作，设计单位与建设单位一起配合，并争取产权单位的支持，严控前期费用。通过线路方案优化，进行各工程技术经济方案比选，严格控制征地拆迁及管线改移数量，降低工程造价。16号线车站、区间涉及征地和拆迁数量较少，主要集中在北安河车辆段及榆树庄停车场。

2.2.3.2　控制车站规模，优化施工方案

车站土建工程在工程费中所占比例最大，本工程约35%。因此，严控车站规模、合理选择土建工程施工方法是投资控制的重要环节，采用价值工程理论对可能的方案进行充分的比较分析，综合比较工程费与"拆改移"前期费用，按经济合理的原则确定车站建筑方案及施

工方案，合理确定工程规模。全线车站建筑面积在可研阶段为 56.5 万 m²，在初步设计阶段（不含新增的看丹站）为 57.3 万 m²，在施工图设计阶段为 58.7 万 m²，各设计阶段车站建筑规模基本相当，有效地控制了土建实施规模。同时，选择土建工程最优施工方法，通过多方案比较优化土建工程量，如优化暗挖车站施工导洞数量、明挖车站施工围护结构方案以及大断面暗挖区间开挖工艺，提高盾构区间比例，优化盾构区间端头加固及联络通道加固措施。经对土建工程建筑规模及施工方法的全面把控，有效控制了土建工程投资。

2.2.3.3 严控设备系统标准，落实合理运营需求

轨道及各设备系统可研阶段批复投资估算与初步设计阶段批复设计概算相比，投资相差比例不足 3%，设计阶段重点深化研究各设备系统技术可行性及经济合理性，采取的主要措施如下：

（1）初步设计阶段严控标准和落实需求

在初步设计阶段，严格把控设备专业的设计标准。通过总结以往工程的经验教训，并针对运营需求与运营单位充分沟通，将关键标准落实在"初步设计总体技术要求"中。

通过编制设备系统接口文件，全面梳理设备专业功能接口、接口位置，并形成"设备专业接口配合表"，避免设备系统间的功能重复、缺失，避免后期因设备间接口不交圈导致工程费用增长。

（2）在各专业的设备技术规格书中，对相关联的每个设备接口进行签字确认，明确接口责任，严格控制各设备系统间的接口。

（3）施工图设计阶段严控图纸质量和变更

施工图阶段严格按照限额设计标准进行设计，确保不突破设计限额标准，设备系统在实施前进行全面接口测试，及早发现接口问题，避免现场安装后产生变更。

2.2.3.4 统一概算编制原则，对比分析把控投资

16 号线工程由多家工点设计单位完成，工点设计单位分别编制其设计范围内的概算。为合理确定工程投资，16 号线总体组统一了全线概算编制原则（包括概算编制范围、取费依据、工料机及设备价格、工程建设其他费、预备费、专项费用以及需要统一的工程量计算规则），汇总全线土建工程主要工程数量，分别按不同的工法及断面形式进行对比分析，找出重大差异，并根据工程具体情况进行调整，通过对北京已完工程以及在建工程的各阶段数据进行综合比较，对设计方案的合理性进行综合分析，从而提出进一步研究方案优化的可能性及可行性。

2.2.4 研究型设计解难题

16 号线全部为地下线，线路穿越城市中心区，沿途相交或邻近的既有地铁线路、市政桥梁、铁路、南水北调隧道、国家重点文物、高层建筑等重大工程均未预留地铁建设条件。16 号线设计团队采取"调研学习—思考探索—科研攻关—实践检验—总结完善"的方法解决工程建设过程中遇到的各种技术难题。

2.2.4.1 调研学习促提高

若没见过 8A 编组地铁车站，没体验过 8A 编组线路运营，没交流过 8A 编组线路设计、建设及运营经验教训，仅依靠书本上学到的理论方法、规范中具体要求以及大量 6B 或 8B 编组地铁线路建造运营经验，设计团队很难合理确定北京地铁 16 号线设计标准以及高效完成总体设计。设计团队经过 8A 编组线路设计知识储备和完成总体设计方案雏形后，奔赴上海、香港等城市进行 8A 编组地铁车站调研，不仅感受到了 8A 地铁车站楼扶梯等设施布置的合理方式，同时也感受到了地铁沿线物业开发的便利及城市一体化的景观，同既有 8A 编组地铁设计单位、建设单位及运营单位进行各种专题交流学习，消除了设计疑虑，开阔了设计思路。

通过调研学习，从技术体系和实地观摩两个方面基本了解了 8A 编组标准车站的建筑规模、站厅站台空间尺度、公共区布置方式，改善多线换乘条件的方法，站内设施人性化设计细节，站外出入口设置的便利性及城市景观一体化设计方式，叠落车站同台换乘的便捷以及叠落区间建设的难度与代价，系统节能方向及做法，系统实现 30 对 /h 折返能力的技术条件以及长大线路运营救援模式，设计团队对 8A 编组线路建造及运营有了全新立体式认识，为建立一套完整的适合北京地铁 16 号线的 8A 编组技术标准体系奠定了基础。

2.2.4.2 思考探索无止境

地铁工程设计涉及 30 多个专业，16 号线工程参建单位众多，开拓者独辟蹊径、保守者因循守旧、探索者勇攀高峰、执着者勇往直前。16 号线要建成一条什么样的 8A 线路，引领北京地铁 8A 线网的建设，满足国际大都市人们绿色出行的要求，需要开拓者结合北京城市特点、16 号线的线路布局及调研学习 8A 线路的经验教训提出清晰宏伟的 16 号线设计目标与建设标准，需要探索者根据目前的理论方法、技术水平及发展方向明确 16 号线设计目标与建设标准的实现途径与设计建造方法，需要执着者按照开拓者提出的建设目标、探索者明确的设计建造方法深化各种具体设计方案及其建成运营效果，更需要保守者提醒深化方案过程中高度关注工程实施风险、工期风险、资金风险及环境风险，"四者"相辅相成、深入思考、共同探索、缺一不可。

通过设计团队共同思考探索，确定了 49.83km 的 16 号线全部采用地下线的敷设方式；A 型车车厢立席人员密度标准按 5 人 $/m^2$ 标准设计以提供舒适的乘车环境；初、近、远期列车均为 8 辆编组；系统设计能力满足远期 2min 行车间隔的运营要求；线路按"高站位、低区间"坡形设计，出站不必全部满足动力坡的要求，降低工程实施难度；列车司机室端部设紧急疏散门、区间联络通道地面距离轨道面 400mm，方便紧急状态下乘客逃生；做好车站空间规划、采用棚顶综合管廊、实现无吊顶装修、释放站内空间；暗挖结构采用高分子自粘胶膜卷材防水，提高防水效果；盾构区间管片内弧侧接缝及手孔无需嵌缝封堵，规避其脱落对列车运营安全的影响；中级减振地段采用弹性长枕道床系统，达到减振效果的基础上抑制钢轨波磨；中压逆变型再生制动能量装置首次实现在 8A 编组车站中的全面应用，实现能源综合利用，稳定直流系统牵引网压；北京首次采用全高清 1080P 摄像机视频监控系统，实现视频监控全覆盖；采用双平面 PTN 传输系统，实现更大传输带宽。

通过 16 号线建设团队思想不断碰撞、理念不断更新、需求不断完善，共同确定了 16 号线上述设计标准及百年运营服务水平。16 号线实现高标准设计与全功能开通后，力争成为北京地铁 8A 编组技术推广示范线，起到引领北京地铁新一轮建设的标杆作用。

2.2.4.3 科研攻关克难题

根据 16 号线设计阶段遇到的技术难题不同，采取有针对性的专题研究、科研立项及工程试验进行技术攻关，扫平工程设计和工程实施中可能碰到的各种"绊脚石"，为 16 号线工程顺利建设保驾护航。

（1）16 号线区间下穿全国重点文物保护单位清农事试验场旧址专题研究

国家文物属于不可再生资源，采取技术措施减小工程实施与运营对文物的影响，加强对国家文物的保护也是设计团队肩负的重要责任。经深入研究分析，为满足北京地铁线网布局，实现 16 号线与 4 号、9 号线国家图馆站换乘，且综合考虑工程实施难度和代价，16 号线线路无法避让全国重点文物保护单位清农事试验场旧址。因此，建设单位、设计单位、文保单位及科研高校联合对 16 号线国家图书馆站—二里沟站区间下穿清农事试验场旧址文物评估及保护方案进行了专项研究。

首先进行了文物保护建筑现状结构检测，然后研究确定 16 号线区间振源荷载，通过多种方案比较分析后，确定采用现场实测工程地质、曲线半径、埋深及运营速度类似的北京地铁 10 号线（6B 编组）芍药居站—太阳宫站区间隧道壁的振动数据，再依据 8A 编组和 6B 编组地铁列车的区别，经过理论方法对实测数据进行修正，确定 16 号线区间振源荷载。最后采用三维数值模拟方法分析振动在地层中传播情况及对文物保护建筑的影响，提出文物保护建筑振动控制标准。通过现场测试文物保护建筑柱顶、柱脚、柱下台基旁地表垂直方向和水平方向振动速度规律，发现其同数值模拟分析规律基本一致，进而验证了数值模拟分析结果的可靠性和确定控制标准方法的合理性。

根据不同线路区间方案的模拟数值分析结果，按避免文物保护建筑位于水平振动放大区的原则确定该区间线路平面方案，按区间覆土大于 3 倍开挖洞径的标准确定区间线路纵断方案。根据环评报告要求，轨道减振措施方案采用钢弹簧浮置板减振系统，最大限度控制地铁运营对文物保护建筑的影响。

综合研究分析确定区间采取浅埋暗挖法施工，根据工程类比和理论分析，区间下穿文物保护建筑段设置临时仰拱，减小每次开挖支护范围，拱顶和侧壁采用深孔注浆超前加固措施，参考区间下穿既有地铁运营线路 3mm 的沉降控制标准进行施工管理和风险控制，做好动态监测，同时提前做好工程应急预案和文物加固保护预案，确保文物建筑安全。

16 号线国家图书馆站—二里沟站区间下穿清农事试验场旧址线路方案、文物评估保护方案及风险工程专项设计经过多次专家论证评审，经国家文物局批复和北京市文物局核准后实施。目前，区间结构已施工完成，尚未进行铺轨，文物保护建筑沉降和变形在设计控制标准范围内，满足文物保护要求。

（2）A 型车盾构区间合理断面尺寸专题研究

16 号线作为北京地铁 A 型车网中的第一条线路，从规划、可研、设计、施工及运营等多角度提前研究 B 型车采用的内径 5.4m 的盾构是否仍满足 A 型车各种状态下的运行情况及高标准运营服务水平，意义重大。

设计团队结合北京地区的工程地质和水文地质条件，从建筑限界、结构受力、结构变形及后期沉降、施工偏差及是否预留二衬空间等方面通过广泛调研、理论计算分析、专家论证及行业征求意见等方式进行了深入研究，确定最高运行速度为100km/h的A型车线路盾构区间采用管片内径5.8m、管片厚度300mm的断面形式合理可行，为盾构区间应对后期运营过程中的偶然事件以及周围条件改变的影响提供了条件，确保盾构区间隧道的安全使用达到100年；满足了近期困难条件下设置纵向疏散平台的宽度要求、又缓解既有隧道断面在特殊情况下的限界紧张问题；同时减小行车速度提高对行车阻力及隧道内压力变化的影响、提高了运营服务水平。

根据车辆选型、接触网安装、减振要求及轨道结构设计、疏散平台设置、管线综合布置及盾构施工偏差情况，完成了盾构区间断面限界及各种设备布置图。同时根据16号线工程盾构机需求，从盾构机采购、管片模具制造、管片生产加工以及工程投资变化等角度，论证了16号线盾构区间调整为管片内径为5.8m、管片厚度为300mm的断面形式可实施性较强，有利于盾构工程行业可持续发展。

目前，北京、广州、济南等城市A型车地铁线路盾构区间均采用管片内径为5.8m、管片厚度为300mm的断面型式，解决了困难地段地铁区间建设难题，确保了全线建成后的运营服务水平，同时也为后续盾构区间加固改造预留了必要的条件。

（3）暗挖工程止水技术专题研究

由于16号线大部分区段位于北京西部中心城区，为缓解交通拥堵、减少管线改移、减小占地拆迁等前期工作，12座车站及停车线区间、渡线区间及部分区间风道确定采用暗挖法施工，但为降低暗挖施工风险，多采用降水施工。

北京市人民政府2012年7月1日下发的《北京市节约用水办法》明确要求新建项目应采取措施、限制施工降水。为响应政府号召，建设单位、设计单位、施工单位及科研高校成立联合团队，从调整设计理念开始，对暗挖工程地下水控制理论、机械工艺、施工方法及措施等各项技术进行了综合研究，经过科研攻关，研发了复杂环境砂卵石地层单层导洞大直径中桩暗挖车站成套技术，并在8座暗挖车站中成功应用，且在万泉河桥站成功实施了洞内超高压旋喷止水技术，同传统洞桩法暗挖相比，缩短了降水周期、节约了大量的地下水资源。设计对暗挖区间通过调整线路埋深，必要时采用人字坡、"W"形线路减少区间进入地下水的范围，减少地下水抽排，同时研发了"设置临时仰拱、盆式注浆"止水方法，即从上半断面竖向注浆形成周圈止水帷幕、纵向分段形成竖向止水帷幕，在部分区间进行了试验应用，同全断面注浆止水方法相比，节约了地下水资源、减少了工程投资、加快了施工速度。

根据财政部、税务总局、水利部印发的《扩大水资源税改革试点实施办法》（财税〔2017〕80号）要求，北京市人民政府2017年12月19日制定印发了《北京市水资源税改革试点实施办法》，抽排每立方米地下水需要上交4.32元水资源税，通过税收杠杆抑制地下水抽排，促进暗挖工程止水技术研发，推动技术进步和发展，节约水资源，保护生态环境。

因此，16号线根据工程实施进展，在丰台南路站—宛平城站区段4个暗挖区间推广应用了"设置临时仰拱、盆式注浆"止水方法，同时在单层导洞大直径中桩暗挖车站技术应用的基础上，对洞内帷幕止水（旋喷桩、搅拌桩、注浆等）、结构止水（地下连续墙、管幕和咬合桩法等）及冻结止水三大技术体系重新进行了专项研究，通过专家评审后，在富丰桥站实施了桩间注浆和基底施做旋喷桩封底相结合的暗挖车站止水技术，车站主体已施工完成，基本未见渗漏点，止水效果较好；在看丹站分段实施了洞内地下连续墙和咬合桩止水技术，从施工难度、工期、投资、止水效果及渗漏点处理等多角度对比验证哪种结构止水体系综合优势更明显，便于在北京后续暗挖车站工程中推广应用，降低工程风险、控制工程投资。

2.2.4.4　实践检验出真知

16 号线各项创新技术在工程建设过程中经实践检验、不断改进，通过首开段通车试运营的检验，得到了政府领导、行业同仁、首都乘客及普通百姓的认可，下面列举部分典型技术进行说明。

16 号线北安河站站后折返线通过采用 12 号道岔、提高列车过岔速度以及适当的线路与信号布置，理论计算和现场实测结果均满足 16 号线远期预留 2min 发车间隔的设计能力。

通过实测计算分析，同闭式通风空调系统相比，16 号线采用屏蔽门通风空调系统后夏季运行节能约 30%，全年运行节能约 23%，单站每年运营费用节省约 40 万元；同时提供了舒适的乘车环境，改善了车厢内部空气质量；风道布置更加灵活，适用不同车站外部条件，综合优势明显。

16 号线需采用减振的线路约占 65%，通过专题研究，中级减振措施确定为弹性长枕道床，16 号线现场实测减振效果为 8~10dB，实现了中等减振道床的设计目标。

16 号线车站全面采用棚顶综合管廊和无吊顶装修设计，车站中跨吊灯设计至关重要。通过各视角效果图展示，确定吊灯造型、尺度大小及吊挂方式与高度后，还需要现场样品试挂，重新审视，提出改进意见，达到最优效果后再批量生产。如西苑站原吊灯外径尺寸为 1.5m，白色灯片底边齐平，通过试挂后吊灯外径尺寸调整为 1.65m，白色灯片形成高低错落感，最终效果与车站整体风格更为融洽，起到了画龙点睛的作用（图 2.2-2、图 2.2-3）。

图 2.2-2　西苑站试挂吊灯

图 2.2-3　西苑站最终吊灯

2.2.4.5 总结完善建标准

在总结以往工程经验的基础上，通过攻坚克难、技术创新及工程实践，经过参建各方共同努力，建成了北京首条 8A 编组地铁精品。16 号线部分技术成果经过实践检验，总结与完善，形成了指导北京后续地铁工程设计的《矿山法初期支护结构构造》《钢筋混凝土盾构管片衬砌环结构构造（内径 5.8m、环宽 1.2m、壁厚 0.3m)》《地下车站附属建筑设计通用图集（一）（出入口、无障碍电梯口、安全出口）》及《标准车站公共区布置图（一）（8A 编组地下 12 米岛式车站)》《弹性长枕》等北京市工程建设地方标准；依托 16 号线完成的科研成果经过凝练提升，将安全可靠的设计方法、切合实际的编制办法及行之有效的构造做法等内容纳入《盾构始发与接收切割玻璃纤维筋混凝土围护结构技术规程》《轨道交通地下工程防水技术规程》《北京市轨道交通站点一体化设计编制标准》《北京市建设工程计价依据——2016 概算定额》（城市轨道交通工程）及《城市轨道交通工程概算编制办法》等国家、北京市地方标准规范中，为地铁工程建设作出了贡献。

2.2.5 城市化设计铸精品

2.2.5.1 地铁沿线地上地下空间综合开发利用

16 号线是目前北京地铁线路中车站一体化设计比例最高的建成线路，全线一体化设计车站达 70%。16 号线积极推进地铁沿线建设用地地上地下空间多功能综合立体开发和综合利用，提高空间利用效率和节约集约用地水平。全线系统统筹一体化设计，按照规划主管部门要求对 16 号线全线车站进行一体化梳理，落实一体化方案定位，实现地铁一体化的同步设计、同步建设或预留。16 号线分区域有针对性地确定一体化设计理念，主要分为以下 3 种类型：

（1）TOD 带动区域发展

结合城市建设，在规划的区域商业中心处，车站周边有大范围绿化隔离带，利用地下空间开发实现地铁与开发地块的无缝衔接，通过轨道站点提升城市品质，突出站位周边的城市职能，带动区域整体发展，如中关村开发区核心组团建设中的稻香湖路站一体化设计。

（2）拆迁还建区域一体化

在城市建成度高、建筑密度大、车站周边用地紧张、附属设施无处落地的情况下，利用周边老旧小区拆迁进行棚户区改造，通过拆迁还建，反哺地铁建设，实现社会效益和经济效益的双赢。建地铁的同时改造城市，将地铁出入口、风亭、设备用房等与地块一体化结合，融于建筑物内部，净化地面景观。实现土地集约利用，增加商业配套设施，满足生活需求；塑造城市公共空间，增加绿地公园，改善休闲环境；补充地区公共服务配套设施，提升区域品质，如中关村建成区城市更新改造中的苏州街站一体化设计。

（3）以 TOD 为导向的车辆基地开发建设

城市未建成区有大量待开发的土地，可采用以公共交通为导向的发展模式进行开发建设，如 TOD 理念下的北安河车辆段上盖开发设计。

北安河车辆段位于 16 号线北端起点，北六环外西山脚下，周边多为农田和村庄。北安河车辆段上盖开发核心理念为 TOD 引导城市发展，通过车辆段开发，完善城市功能，提升区域品质。根据城市规划的要求，车辆段上盖适度开发，配套有居住区。项目紧邻西山，利用先天优势，打造具有文化特质的山后产业园：集居住、旅游、休闲、文化、办公为一体。采用消隐与融合的设计理念，建成看不见的车辆段，消除了侧壁效应，避免阻断切割区域交通的联系，弥补自然、人文和创新基地之间的产业缺失。

2.2.5.2　地面建筑精心设计巧妙融入城市景观

16号线起点位于风景美丽的西山脚下，沿线途经北边"绿化景观大道"北清路、海淀公园、西城三里河政务区、钓鱼台国宾馆东侧银杏景观道、玉渊潭公园东门，终点位于文物保护区宛平城雕塑园，沿线有美丽的自然人文景观环境。设计坚持创新、勇于突破，充分考虑地铁实施和城市环境的关系，实现人与自然的和谐共生，采用城市设计和景观设计理念，巧借周边环境，把地铁出入口、风亭等结合环境统筹设计，融入城市和山水环境之中。

（1）绿植环绕的敞口风亭

16号线高度重视出入口、风亭及其周边的绿化景观设计，让地铁和周边环境自然地融为一体，为城市增添色彩。全线周边有绿地条件和敏感建筑地段均设置为敞口风亭，敞口风亭占到了全线风亭的60%以上，形成全线一大特色。

16号线线路所在的北清路是北京五环北部一条东西贯通的城市主干道，也是一条直通西山脚下步移景异的"绿化景观大道"，道路北侧预留100m宽绿化带，绿化率高，现状景观极佳。而一般地铁风亭的体量庞大，距离人行步道过近，影响街道的景观连续性。北清路沿途5座地铁车站的风亭设计原则上不能对原有景观造成破坏，消减体量，弱化视觉效果，同时要与周边环境融合。经研究分析确定采用距地1m高的敞口低矮风亭，风亭四周至少设置3m宽的绿带围合，按功能分区选择不同的绿化方案，最内侧先以一圈带刺绿植形成天然防护，避免人员靠近敞口风亭口部发生危险，由内向外分3层选用高低错落、层次分明、颜色丰富的植物进行过渡，同时结合景观微地形的设计手法，前景配置赏花灌木和小乔木，完全将敞口风亭消隐在周围的自然环境之中，消除既有地铁站风亭大体量建筑对城市带来的负面影响。

（2）绿树掩映的非机动车停车场

16号线每座车站出入口均设有站前广场、非机动车停车场。非机动车停车场也相当于地铁地面设施的一个城市小品。既有通车线地铁多采用设置彩钢板等车棚形式，和城市景观融合差，也容易对周边居住环境造成光污染。16号线取消了车棚，改用4m×4m的树阵绿化布置，种植栾树、白蜡、悬铃木等适宜北方生长，不易生虫、不滴油、不会过快长大的树种，既起到了遮风避雨的"雨棚"效果，又丰富了地铁站口周边绿化景观，使非机动车停车场等地铁设施掩映在一片绿色之中，有力改善了城市景观。

（3）环境交融的清水混凝土出入口

出入口是地铁车站交通功能的必须要素，处于城市及道路的显要位置，社会关注度较高。16号线地铁出入口方案设计之初就统一思想，提出了以下设计理念：

1）符合北京城市整体空间环境效果，与城市景观和谐共生。

2）造型不宜突出夸张，风格应尽量简洁大方、传统朴实，易与城市环境融合。

3）绿色环保，耐久性好，避免过度装饰，自然通透，减少维护。

4）全线出入口风格、造型、体量统一，具有标识性。

5）通过绿植点缀，对出入口地面亭及其周边起到美化作用。

目前16号线出入口采用"清水混凝土＋玻璃"的建筑材质和设计风格，整座地面亭以清水混凝土结构裸露表皮直接作为建筑表皮，延续站内展示结构的装修风格，体现了结构的张力和美感，同时嵌设大面积玻璃使地面亭自然通透，和周边环境高度协调。地面亭内部整合导向牌体，将一般设在出入口内的通告等牌体集中为两个落地大综合牌设在站前广场，地面亭内部空间完全通透。标准化设计使全线出入口体量统一，出入口带室外排烟风室的地面亭通过优化设计体量并未增加。为了保证城市道路整体绿化景观的连续性，车站出入口四周的地铁用地范围内均留有了绿化种植条件，出入口周边种植低矮灌木，对地面亭形成映衬，与城市环境融合度高，极大地提升了地铁景观价值。

在车站周边有绿地条件的，设置敞口安全出口或单跑直出形式的安全出口，降低其地面体量存在感，和绿化环境融合。

CHAPTER

第 3 章　线路与行车组织设计回顾

3.1 线路

3.1.1 北五环路外线路敷设方式的确定

16号线实施的线路全部为地下方式敷设，但在设计阶段，对于中心城以外的线路，尤其是五环路以外的线路是否采用高架方式敷设节约投资，也有争论，针对线路经过的城市现况以及规划，从沿线的工程条件、环境影响、工程投资等方面对敷设方式进行了深入的比选论证，完成了肖家河桥以南入地方案、农大南站站北侧入地方案、马连洼站北侧入地方案、永丰南站南侧入地方案、永丰站以西入地方案以及全地下方案的综合化选，认为采用高架敷设的方式与山后地区高科技远期的功能定位不符，车站与周边用地一体化结合困难，确定本段线路全部采用地下方式敷设。北安河至西苑段于2016年建成并先期运营。虽然该段线路由高架改为地下方式敷设增加了部分投资，但从建成的效果看，确实对于山后地区的城市风貌影响最小，温阳路站、稻香湖路站也预留了与周边建设用地一体化开发的条件，可以更好地为城市服务。

3.1.2 满足线路功能，不得已下穿既有建筑

3.1.2.1 线路下穿清农事试验场文物

在轨道交通线网中，9号线端点设置在国家图书馆站与4号线换乘，4号线在国家图书馆相邻区间车厢内满载率已经很大，9号线与4号线的换乘客流给4号线造成较大的客流压力。16号线与4号线北段以及9号线走向大体一致，在国家图书馆站与4号、9号线换乘可以有效缓解国家图书馆站的换乘客流压力，平衡线网客流。预测本站的换乘客流远期将达到3.2万人/小时。所以作为线网中最为重要的节点，16号线在国家图书馆站与4号、9号线形成较为便捷的换乘关系是必要的（图3.1-1）。

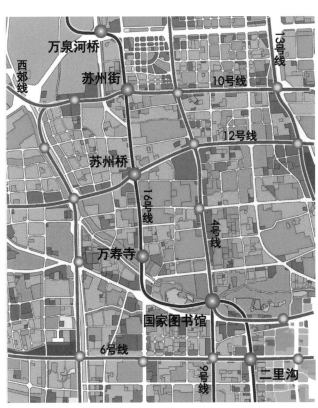

图3.1-1　16号线国家图书馆段线网关系示意图

根据线网规划，16号线是中心城区的干线线路，沿西三环北路—三里河路是16号线服务中关村、三里河政务区以及丽泽商务区的合理可行的路由，而国家图书馆站是本线实现规划功能的重要换乘节点。所以为了实

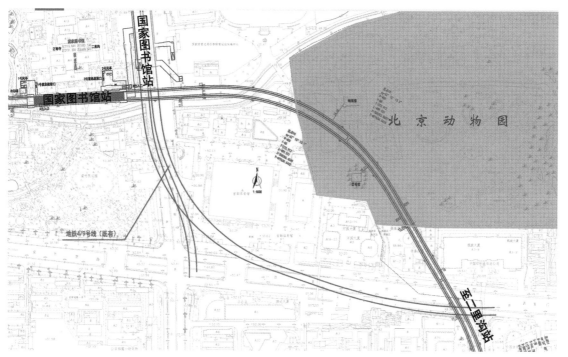

图 3.1-2　线路下穿动物园清农事试验场旧址示意图

现两线便捷的换乘，确保 16 号线线网功能，下穿紫竹院公园和动物园是线路唯一的选择（图 3.1-2）。

　　线路下穿动物园的西北部分，为第六批全国重点文物保护单位（2006 年）清农事试验场旧址。其中畅观楼、鬯春堂以及宋教仁纪念塔等建筑是线路下穿试验场影响范围附近的地面建筑物。

　　畅观楼于光绪三十四年 (1908 年) 初，作为清末皇室郊外行宫，由法国设计师设计建成，建筑为欧式风格。其主体结构为砖木结构，砂浆砌筑砖墙，一层为砖石地面（台明），二层采用木枋、木楼板，最上木屋架直接落于砖墙之上（图 3.1-3）。

图 3.1-3　现状畅观楼正面、西侧图

　　畅观楼建筑精巧别致，是北京地区保存完好、为数不多的近现代巴洛克折衷式建筑的典型代表。自初建以来，历经多次维修，然而其主体结构、屋架、外墙面装饰等一直未曾改变，很好地保持了清末建筑的历史原貌。

　　鬯春堂位于畅观楼南侧 140m，是一座完全中式的园林建筑，为清乾隆时期乐善园建筑

（a）鬯春堂南面　　　　　　　　　　　　（b）宋教仁纪念塔

图 3.1-4　鬯春堂及宋教仁纪念碑遗址

遗存。面阔五间、进深三间，周围廊，歇山三卷棚布瓦屋面。1990 年初不慎失火，鬯春堂部分烧毁，后经修复成原貌（图 3.1-4）。

1916 年 6 月，为纪念宋教仁，在宋教仁住过的鬯春堂北面建立了一座 2m 高的"宋教仁纪念塔"，纪念塔在"文化大革命"期间被造反派毁掉，只剩下一座低矮的塔基（图 3.1-5）。

地铁最初的设计思路是将线路布置在鬯春堂和畅观楼之间，避免线路下穿任何的文物本体。本段线路采用暗挖法施工，结构边距离畅观楼约 34m，距离鬯春堂约 18m，结构埋深约 20m（图 3.1-5）。

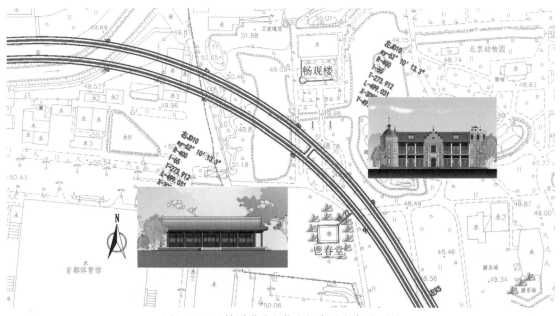

图 3.1-5　地铁隧道从文物之间穿过方案平面图

根据专家咨询意见，考虑到畅观楼为清末的古建筑，砖石结构，而鬯春堂为 20 世纪 90 年代修复的木结构，单层建筑，从既有的地铁对古建筑影响来看，此类建筑受到地铁运行振动的影响较小。根据数值模拟分析，线路正下穿，无论是施工阶段的不均匀沉降控制还是运营期间的振动影响，均小于侧面近距离穿过方案，所以最终将线路确定为正穿鬯春堂，而距离畅观楼最小距离约 64m，距宋教仁纪念塔遗址约 27m，地铁区间的埋深约 21m，尽最大可能避让了重点文物（图 3.1-6）。

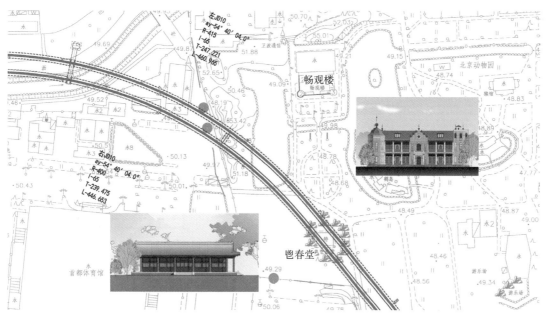

图 3.1-6　地铁隧道正下穿邑春堂方案平面图

3.1.2.2　下穿左岸工社大厦

　　西苑至苏州街段初期的线路过西苑之后沿万泉河高架桥的西侧向南，斜穿畅春园公园，下穿海淀体育馆转入颐和园路，下穿海淀桥后进入苏州街，在海淀桥下设置车站，服务中关村西北部，在苏州街站设置与 10 号线换乘站。线路距离北京大学当时正在建设的实验楼约 200m，该在建高精密仪器楼设置在北京大学原校医院位置，北京大学认为是可以避免 4 号线影响的燕园校区内的唯一可行选址。该位置距离 4 号线中关村大街段线路 750m，距离圆明园段线路 850m。北京大学认为 16 号线距离实验楼 200m 无法满足其精密仪器的使用要求，无法正常开展科研工作，将严重影响北京大学实现创建世界一流大学的进程。北京大学向北京市政府及教育部等请求协调 16 号线改线，要求线路距在建精密仪器楼直线距离大于 650m，才可满足精密仪器的正常使用。

　　为了解决北京大学精密仪器楼的振动问题，设计在保证线路与既有的 10 号线在苏州街站换乘，并与苏州街以南段贯通运营的前提下进行了调整。

　　线路出西苑站后下穿 4 号线，沿万泉河路向南，下穿海淀乡政府后进入海淀公园，在海淀公园内折向东，在万泉河桥设置万泉河桥站，线路在四环路北侧向东，然后拐向南，下穿左岸工社大厦后进入苏州街，沿苏州街向南与 10 号线苏州街站换乘。线路在万泉河桥站两侧分别采用 330m、350m 半径曲线，曲线长度分别达到了 806m 和 630m。这对运营期间的舒适度、轮轨磨耗等都有一定的影响，但调整方案满足了北京大学的要求，同时对线网关系影响较小（图 3.1-7）。

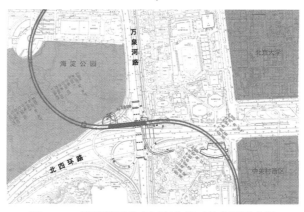

图 3.1-7　线路避开北大下穿左岸工社大厦示意图

调整方案中车站数量不变，西苑站以及苏州街站站位不变。原海淀桥站移至万泉河桥下四环路北侧，改为万泉河桥站。

区间右线下穿建筑长度约74m，左线下穿长度约57m。区间隧道盾构下穿左岸工社，隧道覆土约26m，隧道顶距离大厦筏板基础底约约13m，穿越地层为卵石层，位于地下水位以下（图3.1-8）。

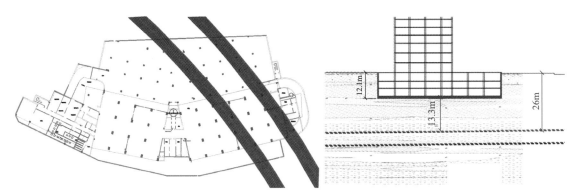

图3.1-8　区间与左岸工社关系平剖面示意图

根据数值模拟分析，穿越产生的大厦附加沉降、倾斜可以满足规范沉降、倾斜要求，而施工也基本验证了分析的结果。通过采用刚弹簧浮置板道床，最大程度降低了地铁运营对于建筑使用的影响。

3.1.3　线路服务车站功能——重点区段线站位方案研究

3.1.3.1　丽泽段方案

16号线在丽泽段的线路调整，是地铁车站服务城市功能的典型案例（图3.1-9）。

丽泽段原方案沿莲花河敷设，在与丽泽路相交路口设三路居站。2010年初，北京市政府召开专题会，研究关于丽泽商务区规划综合方案。

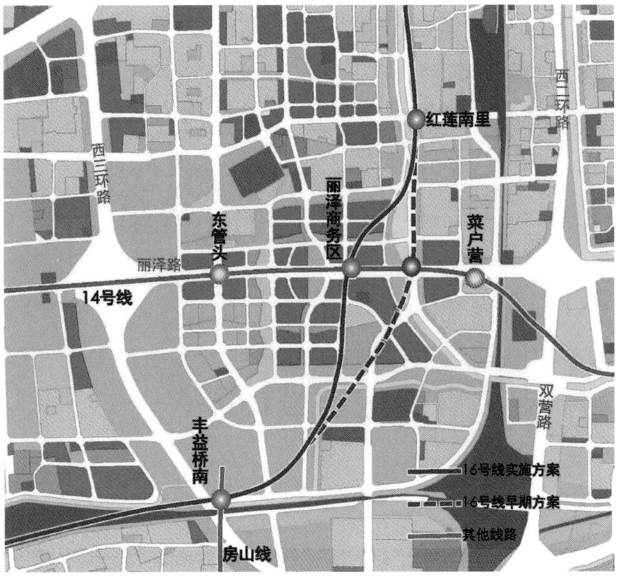

根据会议精神和规划调整，为更好地服务于丽泽商务区，将原三路居站西移约300m，设置于商务区的中心，并与14号线换乘，后续随丽泽商务区的功能进一步加强以及轨道线网的调整，2018年又引入规划11号线和新机场线，并在此规划城市航站楼。

线路调整后会下穿北侧规划的商业用地，需要在规划上做好预留，避免后期商业地块建设对地铁运营产生影响，在有条件的地块，也探索地铁与周边建筑同时建设，例如丽泽商务

图3.1-9　16号线服务丽泽商务区核心区示意图

区站西南角商业用地，16 号线与 14 号线联络线下穿地块，通过与地块开发商的密切配合，实现了地铁与楼宇的同时设计、同时施工，有效提高了地下空间的利用率。

3.1.3.2　二里沟站加站

6 号线在规划设计时遵循的是快线的设计理念，试图将站间距加大，在三里河路上并没有设置车站。16 号线路由稳定后，6 号线及时调整方案，在二里沟增加了与 16 号线换乘车站。

6 号线设计时，在二里沟未设置车站，轨面埋深达到了 26m，而 16 号线在国家图书馆至二里沟区间需要下穿清农事试验场文物以及 4 号线区间，轨面埋深达到 30m，如果下穿 6 号线，则二里沟站埋深过大，乘客进出站提升高度过高，不利于提高服务水平，车站进入承压水，施工难度也大大增加。综合考虑车站服务及施工，将 16 号线设计为上跨 6 号线，区间采用 28.5‰的全线最大坡度。另外，3 号线受到相邻的 9 号线白堆子站预留结构的影响，在甘家口站只能上跨 16 号线，导致 16 号线二里沟至甘家口区间采用 18.4‰的单面坡，下行方向列车需要区间制动，而上行方向车站上坡，也不利于车辆加速。虽然线路设计对于行车有一定的不利因素，但是在二里沟站设置了与 6 号线换乘的车站，对于完善轨道线网结构，增加可达性并保持车站良好的服务水平是有利的（图 3.1-10）。

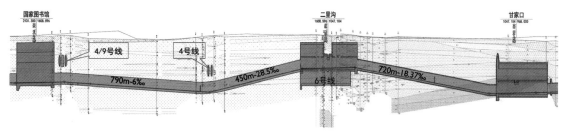

图 3.1-10　国家图书馆站至甘家口站纵断面

3.1.4　结合工程条件，选择技术经济最优线路方案

16 号线经过城市中心区，在规划方案批复后，线路经过的路径基本上是唯一的，仅在局部有线路方案的比选，设计从工程条件、投资与环境影响等多维度进行综合比较，在保证工程可实施性的基础上选择技术经济合理的方案。

3.1.4.1　紫竹院段线路方案比选

本段线路在万寿寺至国家图书馆之间，有两个比选方案，其中广源闸方案线路相对顺直，曲线比例较低，线路也更短，但是线路没有沿道路布置，且临近有多处文物，工程对于环境的影响较大。紫竹桥方案基本沿交通走廊布置，下穿紫竹院公园部分主要是湖面和绿地，不涉及文物保护，工程可实施性更好，但是线路展长且曲线比例大，对于日常行车影响稍大（图 3.1-11）。

（1）广源闸方案

线路出站后从万寿寺西侧下穿西三环跨河桥（南长河），沿南长河边行进后，下穿紫竹院公园，到达国家图书馆站。线路距离万寿寺、广源闸及福荫紫竹院文物较近。

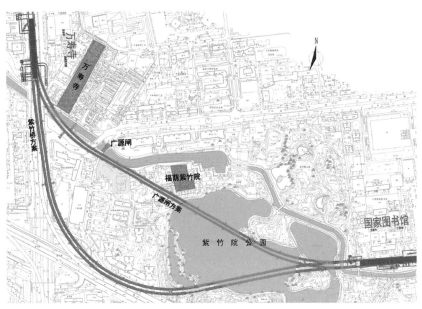

图 3.1-11　紫竹院段线路方案示意图

地铁结构边线距离万寿寺房角最小距离 2.7m，轨顶埋深约 27.5m；地铁结构边线距广源闸角 1.6m，轨顶埋深约 35m；距离福荫紫竹院房角最小距离 6.7m，轨顶埋深约 30m。同时下穿多处紫竹院公园业务配套用平房。

万寿寺是国家级文保单位，地铁结构距离其建筑只有 2.7m，对于文物保护非常不利，在线路选线过程中也咨询了有关专家和管理机构的意见，认为地铁施工和运营对于万寿寺的建筑会有较大影响，需要进行专题评估并采取相应保护加固措施。

广源闸作为大运河北京段的一部分，也是全国重点文物保护单位，区间结构距离其1.6m，对于广源闸保护也有一定影响。

福荫紫竹院是一处区级文物，大部分建筑是在 2010 年以后修缮重建的，建筑质量较好，对于地铁线路的影响较小。

总的来说，本方案线路较短，曲线长度较紫竹桥方案短约 280m，线路较为顺直，行车条件较好，但涉及文物较多，对于文物保护有一定影响。

（2）紫竹桥方案

由于广源闸方案的环境问题较大，故提出线路沿交通走廊布置的紫竹桥方案。线路出万寿寺站后沿西三环向南至紫竹桥向东，下穿紫竹院公园湖后至国家图书馆站，线路调整后与万寿寺距离增加至约 21m，与福荫紫竹院等文保单位距离均超过 280m，无论施工和运营期，均不会产生影响。

调整后线路长度展长 280m，采用半径为 400m 和 500m 两组曲线，曲线长度达到 898m，在限速的同时会产生一定的列车磨损，但对于两处国家级文保单位以及一处区级文保单位基本没有影响。

从环境友好以及工程可实施性角度考虑，同时增加投资相对不大，最终采用紫竹桥方案。

3.1.4.2　苏州桥叠落区间

叠落区间在国内的地铁设计中已经有较为广泛的应用，通常是受到车站及区间周边场地条件的限制或者为了获得与其他线路同台换乘的便利条件，将区间及车站设置为左右线上下布置的方式。16 号线在苏州桥站采用左右线上下叠落的方式布置，主要受到车站周边桥桩、管线、建筑退红线等的影响。

苏州桥站位于三环路苏州桥，和 12 号线换乘。站位附近市政管线较多，控制性地下管线主要有：站位东侧辅路下有沟内底埋深 11m 的 3600mm×2500mm 热力沟、沟内底埋深 7m 的 $D1550$ 雨水、沟内底埋深 7m 的 $D1200$ 雨水以及管顶埋深 2.2m 的 $DN500$ 中压燃气等。站位西侧辅路下有沟内底埋深 4m 的 2600mm×2000mm 雨水方沟、管顶埋深 1.06m 的 $DN500$ 高压燃气、管顶埋深 0.5m 的 $DN1000$ 上水，还有一些埋深浅管径小的电力、电信等管线，详见图 3.1-12。

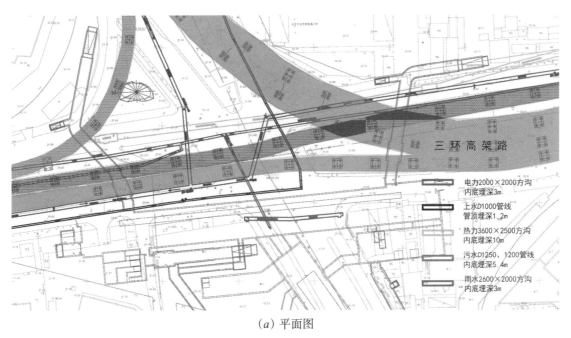

（a）平面图

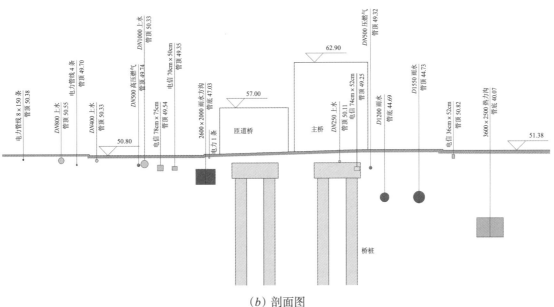

（b）剖面图

图 3.1-12　苏州桥地区地下管线及构筑物平、剖面示意图（单位：mm）

三环路桥桩距离已经建成的武警总部大楼以及北京电视台等建筑最近只有16m左右，并且三环路桥桩并不完全位于一条直线上，地铁可使用的空间有限。经过多方案比选，车站设置在三环路西侧只能采用叠落的方式布置。

除市政管线外，苏州桥东侧有两条匝道桥，桥桩密布，12号线在苏州桥东侧受到三环主路及东北向匝道桥的影响，设置车站的难度很大，结合客流及工程条件，12号线设置在苏州桥西侧的长春桥路更加合理，工程难度更低。对于16号线苏州桥的方案，也比较了分离岛式方案，通过采用分离岛式方案避开苏州桥桥桩从工程上基本可行，但是车站距离苏州桥桥桩只有4m左右，对于桥梁影响较大，受到热力管线的影响，分离岛式车站的轨面高程相比叠落方式反而增加约3m。更为重要的是，由于12号线设置在桥西侧的长春桥路上，如果采用分离岛式车站，上行方向的乘客与12号线的换乘距离达到150m左右，相比叠落车站增加约60m（图3.1-13、图3.1-14）。

综合车站的换乘条件与施工条件，车站推荐采用了左右线上下叠落的布置方案（图3.1-15、图3.1-16），右线采用23‰的上坡，左线受制于苏州街南侧的停车线，采用2‰的坡度实现左右线叠置。将右线设置为较大坡度的上坡来实现区间叠置，虽然对于下行方向的列车加速有一定的影响，区间运行时间增加5s左右，但是避免了有害坡度，降低了车辆和轨道的磨耗。

3.1.4.3 榆树庄站出入段线方案

榆树庄站位于规划榆树庄东路与看丹路路口南侧，榆树庄公园西门，距离榆树庄停车场约860m。榆树庄站为榆树庄停车场的接轨站，由于榆树庄站为中间站，出入段线需要同时

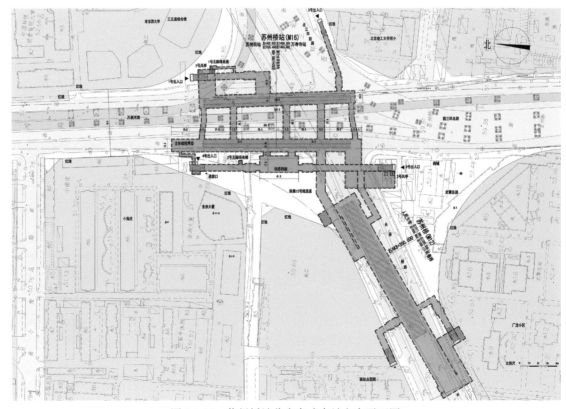

图3.1-13　苏州桥站分离岛式车站方案平面图

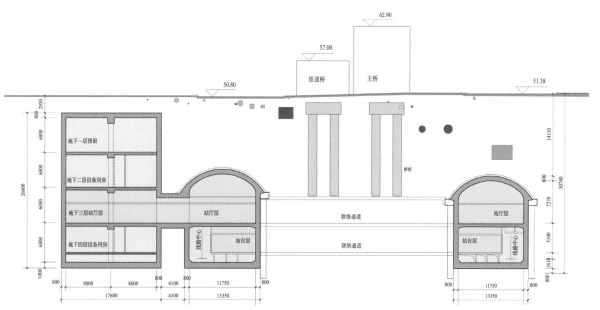

图 3.1-14　苏州桥站分离岛式车站方案横断面图（单位：mm）

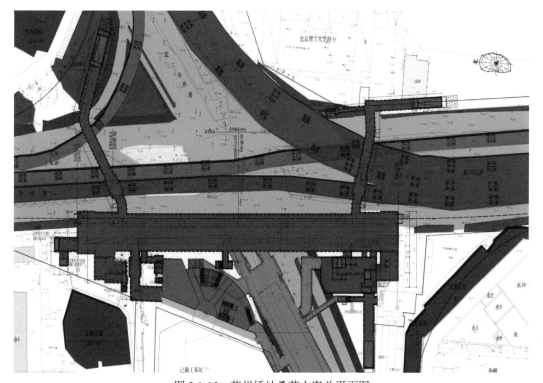

图 3.1-15　苏州桥站叠落方案总平面图

满足上下行方向发车的需要。一般来说，榆树庄站采用双岛四线或者双岛三线，这样最有利于双向收发车的行车组织，但由于榆树庄站受到线路条件的限制已经进入曲线，线路条件无法满足设置双岛四线或者三线的需要，只能采用站后接轨出入段线的方案，出入段线坡度达到35‰（图 3.1-17）。

第 3 章
线路与
行车组
织设计
回顾

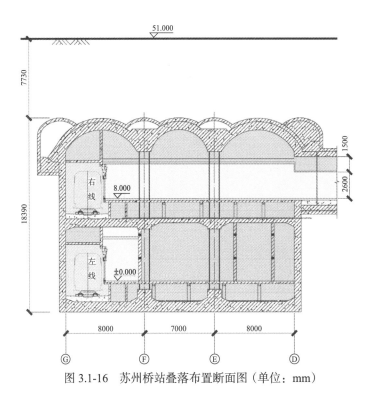

图 3.1-16 苏州桥站叠落布置断面图（单位：mm）

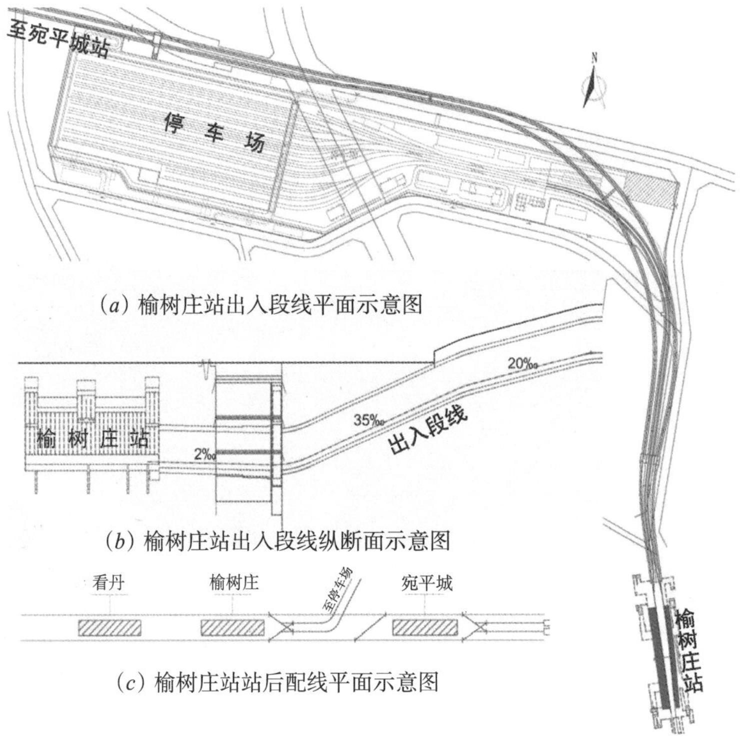

（a）榆树庄站出入段线平面示意图

（b）榆树庄站出入段线纵断面示意图

（c）榆树庄站站后配线平面示意图

图 3.1-17 榆树庄出入段线平纵断面示意图

　　由于出入段线坡度达到了 35‰，上线列车在此进行一度停车的条件较差，出入段线与正线之间也缺乏设置安全线的条件，所以列车上线运营时需要避免在出入段线上一度停车，通过信号指挥列车自车辆转换段一次进入榆树庄站站台。列车按照 45km/h 的速度（过岔 35km/h），进入站台的走行时间约为 100s，满足远期行车密度下加车的需要。

向宛平城站方向加车安排在早班车时段，列车进入下行站台停车，转换驾驶端后行驶至宛平城站投入运营。待北安河车辆段发出的下行方向列车运行至榆树庄站后不再自榆树庄停车场发出下行方向列车，而只发出上行方向列车。中间非高峰时段回榆树庄停车场的列车不再运行至宛平城站，在榆树庄站直接回段，晚班车自宛平城站空驶至榆树庄站，利用上行站台转换驾驶端回段。

榆树庄站的出入段线受到线路条件及停车场选址的限制，通过行车组织和信号的功能设置，在保证行车安全的前提下满足了基本的行车功能需要。

3.1.4.4　宛平城站预留延伸条件

地铁设计中一般都保留线路继续延伸的条件，保证线网的可扩展性，为远期城市发展预留一定的弹性空间。当然也有一些线路，例如16号线北安河站，线路继续延伸则进入西山无人区，没有延伸的必要。

线路预留延伸条件，一般有预留正线延伸和预留支线接轨条件两种方式，宛平城站端的线路继续延伸将穿过永定河进入丰台河西地区，在宛平设置支线的必要性不大，所以宛平城站预留正线延伸。一般来说，采用侧式车站的区间预留最为简单，可以直接利用折返线延伸，但是车站规模较大，在客流潮汐特征明显时车站设施利用不均衡。宛平城站位于五环路内侧，客流有明显的潮汐现象，采用岛式车站更为有利。为满足线路延伸及折返的功能需要，同时降低预留工程量，推荐采用站后双折返线的方式，既可以满足远期线路延伸的需要，同时中间的折返线可以兼做远期延伸后的故障停车线或者小交路折返使用。

为了尽量减小工程预留量，线路将预留正线与折返线的线间距尽量拉开，为远期延伸工程预留足够的实施空间，一可以降低折返线工程的施工难度，二可以降低预留工程量，减少初期投资（图3.1-18）。

第 3 章
线路与
行车组
织设计
回顾

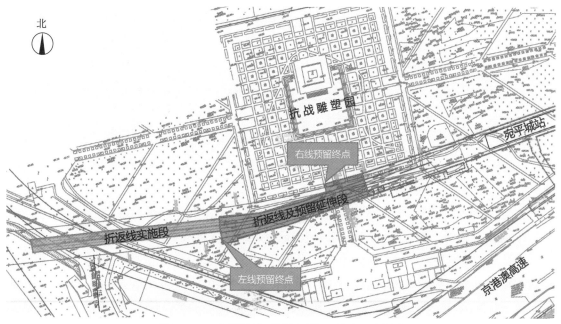

图 3.1-18　宛平城站后预留延伸工程平面示意图

3.1.5 结合工程实施及行车，优化线路纵断面设计

3.1.5.1 16号线纵断面设计原则

（1）地下线路纵断面选线应综合考虑地质条件、地下水位、施工方法、结构形式、城市市政设施及构筑物的关系。根据北京水文地质条件，其结构应尽量避开不良地层。

（2）地下线的线路纵断面在盾构、暗挖法施工地段，应尽量按"高站位、低区间"的坡形进行设计，变坡点尽量靠近站台端部，但不强调必须形成进出车站的动力节能坡，以免增加区间排水泵站，排水泵站尽量与区间风井结合设置。

（3）根据沿线地质情况，隧道尽量浅埋，以减少地下水对施工的影响。

（4）线路纵断面设计要充分考虑沿线现状及规划的道路、铁路、河流、立交桥、管线及大型建筑物桩基础等因素的影响，合理确定线路埋深和敷设方式。

（5）对线路纵断面进行合理的设计，在有条件的地段设置节能坡，节省电能消耗。

（6）结合牵引计算，在区间尽量避免设置有害坡度，在有条件地段尽量结合行车速度设置平衡坡度。

3.1.5.2 16号线纵断面设计案例

（1）丰台南路站至富丰桥站区间

丰台南路站至富丰桥站区间纵断面设计按照"高站位、低区间"的理念设计，将变坡点设置在靠近车站端部，目的是获得更好的节能效果。同时，由于丰台南路站与9号线平行换乘，在车站南端设置较大的坡道，有利于在保证区间立交的同时，提高16号线的轨面高程，减小乘客换乘的提升高度。

16号线丰台南路站位于既有9号线东侧，线路至富丰桥站需要下穿9号线区间（图3.1-19）。

线路出丰台南路站后以25‰坡度下穿9号线区间，坡段长度控制在200m，通过降低进入坡段的速度来保证下行方向不产生制动。线路至区间低点后以10‰的均衡坡度上坡至富丰桥。采用25‰坡度，有利于按照高车站、低区间的方式行车，减少列车制动，节约牵引能耗（图3.1-20）。

（2）丰台站至丰台南路站区间

丰台站至丰台南路站区间受到沿线建成建筑的影响，与9号线并行段线间距只能设置为9m，采用暗挖法施工，施工方法受到地下水的影响较大。

在初步设计阶段，由于勘察地下水位较低，区间采用V形坡，停车线与正线采用相同的坡度，线路至停车线端点后以上坡形式进入丰台南路站，整个区间的坡度较缓，没有有害坡度，对于行车组织较为有利（图3.1-21）。

在施工图设计阶段，丰台站附近的地下水位有明显的上升，丰水期的水位较原初勘抬升3~4m，加上北京对于施工降水的限制，使得原进入地下水为0.5~1m的区间施工难度大大增加，另外周边施工场地紧张，导致原设计纵断可实施性较差。施工图设计阶段对该区间的纵断面进行了调整，线路出丰台站后正线以24‰的坡度尽快向上脱离地下水位，坡长310m，然后以3‰和6‰的组合坡段进入丰台南路站。丰台站西侧的停车线由于末端位于正线的曲线段，无法与正线设置联系渡线，所以停车线设置独立的隧道，虽然其通风需要进行单独的

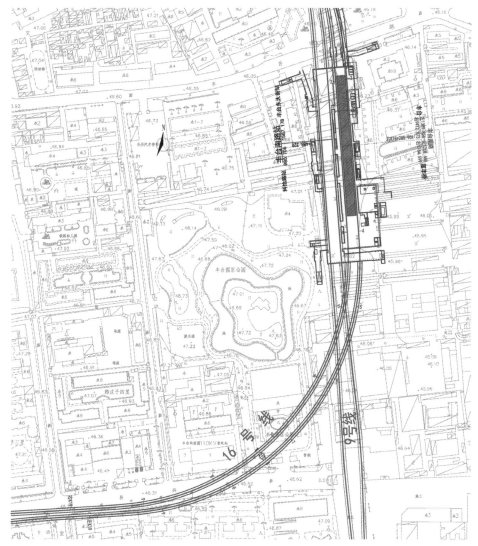

图 3.1-19　丰台南路站至富丰桥站区间与 9 号线平面关系

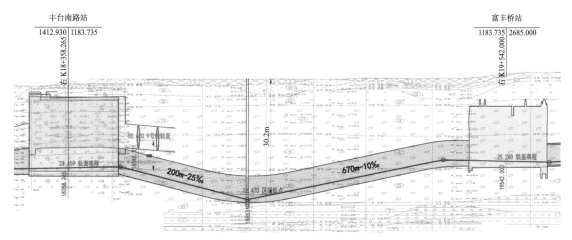

图 3.1-20　丰台南路站至富丰桥站区间纵断面示意图

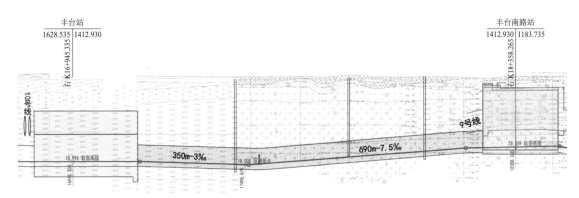

图 3.1-21　丰台站至丰台南路站区间纵断面示意图

设计，但是独立隧道的工程投资相较于大断面有较大的降低，对于降低施工风险、减小工程投资是有利的（图 3.1-22、图 3.1-23）。

虽然高区间低车站的设计对于行车不利，但是有利于减小隧道埋深、降低地下水影响、降低工程投资、保证工程的可实施性。

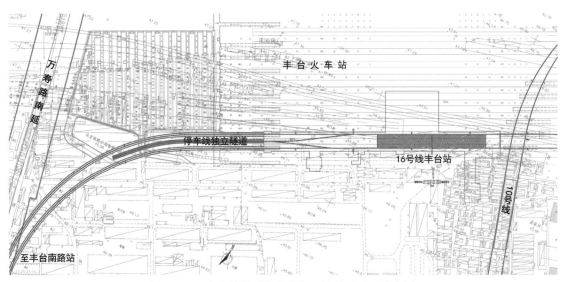

图 3.1-22　丰台站站后停车线与正线关系平面示意图

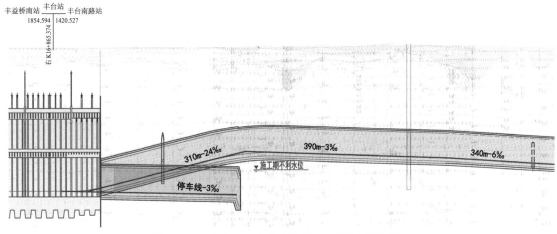

图 3.1-23　丰台站至丰台南路站区间纵断面示意图

（3）北安河站至温阳路站区间与油气管的关系

北安河站至温阳路站区间下穿京密引水渠及六环路，六环路走廊是北京重要的油气供给走廊，在本段六环路内侧有两条重要的石油管道和高压燃气管道，压力分别为10MPa和4MPa。由于该管道均为拉管施工，具体埋深缺乏准确的资料，现有的地面探测手段也很难探测其准确的位置和深度。管道的建设单位提供了管道的埋深范围，施工现场也采用挖探的方式进行具体位置和高程的探测，但是由于缺乏资料，深度较大，现场只挖探到一根管线。受到京密引水渠的影响，16号线隧道无法上跨油气管线，根据管线施工单位提供的深度范围，将16号线隧道尽量远离管线位置，保证理论上区间结构与油气管线距离达到1倍地铁区间洞径。区间的最大坡度达到了28‰，其他的坡段也分别达到了19.5‰和15‰（图3.1-24）。

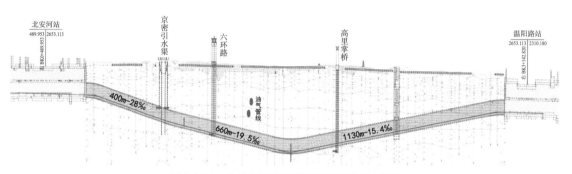

图3.1-24　北安河至温阳路区间纵断面示意图

本区间虽然符合"高车站、低区间"的设计理念，但是区间坡度过大，坡长也较长，导致区间产生较长的有害坡段，区间风井的基坑深度也达到了30m。因受制于重要的油气生命线，区间也只能下穿，必然产生较大的坡度。设计结合牵引计算，将北安河出站后的第一个坡段设置为28‰，有利于出站加速，温阳路进站的坡段综合考虑行车及区间风井的开挖深度，采用15‰的单一坡段。

3.1.6　思考与探讨

3.1.6.1　线路与城市规划结合至关重要

轨道交通作为城市交通的骨干，应该服从城市总体规划，服务重点的功能区与综合交通枢纽。在城市的功能区内，地铁车站应该与建筑功能以及交通组织等统一设计，尽最大可能方便功能区内的乘客利用地铁出行。规划的综合交通枢纽，也必须满足各种交通方式有机配合，顺畅换乘。

16号线在规划调整中有意识地结合城市规划来布置车站。例如前述的丽泽商务区站的调整，将车站与区域建设强度最高的中心地区相结合，与14号线以及后来增加的新机场线城市航站楼、11号线形成换乘，打造丽泽商务区绝对的功能中心，通过多方向的轨道线路服务，也提升丽泽商务区的区位优势，促进功能区的开发建设。16号线原规划线路并不服务国铁丰台站，丰台站只有10号线服务，将16号线引入丰台站枢纽后大大增强了枢纽的可达性，弥补了丰台站周边道路交通不足的短板，通过16号线在线网中的串联，也大大提升了丰台站轨道交通的服务半径。海淀山后的永丰、翠湖科技园等是中关村山后园区的核心地区，通过16号线的服务，使得山后地区与中心城特别是中关村地区的联系不再受到圆明园西路单一通道交通拥堵的影响，有利于促进山后园区与中关村的协同发展。

3.1.6.2 线路方案应注意工程的可实施性

线路应同区间工法选择、施工技术相结合，在不影响重大功能的前提下避开不良地质，地下障碍物等，确保工程可行与经济，尽可能减小工程风险和实施难度。

16号线在北安河站至温阳路站区间下穿六环路油气管线以及丰台站至丰台南路站区间避开地下水影响区段等，充分考虑了工程可实施性的影响。虽然线路方案会对节能、线路及车辆磨耗等带来一定的影响，但是尚在可接受的范围之内，经过综合的技术经济比选，采用了施工风险较低，投资较小的设计方案。

3.2 行车组织

3.2.1 乘客需求分析

3.2.1.1 城市人口规模

地铁作为公共交通骨干，是城市最为重要的基础设施之一，其规模主要由城市人口现状、未来发展规模和分布来决定。2005年批复的《北京城市总体规划（2004年~2020年）》中，2020年北京市实际居住人口控制在1800万人左右（其中中心城控制在850万人左右）。

16号线规划时期正处于北京城市高速扩张的2010年前后，运营的地铁线路前所未有地拥挤，给运营安全造成了很大的隐患，乘客的乘坐体验普遍较差。这个时期的地铁规划开始反思城市发展与基础设施的规模问题。经过相关政府部门以及规划设计部门的论证，吸取北京既有线路的运营经验，远期的常住人口规模设定在3059万人次左右（表3.2-1），流动人口约178万人次（表3.2-2），全市就业岗位约1100万。16号线服务的海淀山后地区的建设规模猛增至2000万m²左右，巨大的需求在促进地铁规划的同时也要求地铁提供更大的运输能力。

预测未来北京市人口规模情况如表3.2-1。

北京市各规划年人口规模汇总表（单位：万人）　　　　　　　　　　表3.2-1

	2010年	2014年	2017年	2024年	2042年
户籍人口	1418	1493	1546	1669	1951
居住半年以上外来人口	612	802	884	982	1108
合计	2030	2296	2431	2651	3059

预测各时间段居住半年以下外来人口情况如表3.2-2所示。

各时间段居住半年以下外来人口规模汇总表（单位：万人）　　　　表3.2-2

时间段（年）	2009 ~ 2010	2011 ~ 2015	2016 ~ 2020	2021 ~ 2025	2026 ~ 2037
居住半年以下外来人口	135	158	166	174	178

随着北京新城建设，预计北京城六区人口不断向新城疏解，城六区人口比例逐渐下降，但是总量还呈总体上升趋势，各预测年北京中心城人口规模如表3.2-3所示，城六区人口比例及总量变化趋势如图3.2-1所示。

北京市中心城各规划年人口规模汇总表（单位：万人）　　　　表3.2-3

年限	2009 年	2014 年	2017 年	2024 年	2039 年	2042 年
城六区人口	1213	1401	1472	1573	1671	1678
城六区人口比例	61.51%	61.08%	60.56%	59.34%	55.37%	54.48%

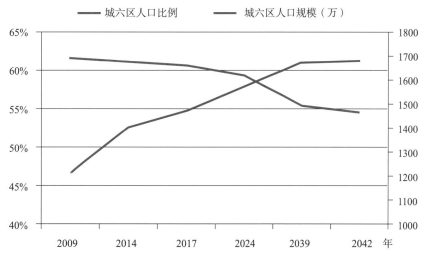

图 3.2-1　北京城六区人口比重及总量变化趋势
（图片来源：16 号线客流预测报告）

预计北京城六区就业岗位发展趋势如下：随着人口的增加就业岗位数同步增加，远期稳定在 1100 万左右（表3.2-4）。

北京市中心城各规划年就业岗位规模汇总表　　　　表3.2-4

年限（年）	2009	2014	2017	2024	2039	2042
城六区就业岗位（万）	801	924	970	1012	1075	1080

3.2.1.2 客流预测成果

客流预测汇总表 表 3.2-5

客流指标		初期	近期		远期	
		数据	数据	变化幅度	数据	变化幅度
线路区段		北安河至宛平城	北安河至宛平城		北安河至宛平城	
线路长度占全网比例（%）		4.56%	4.56%		4.17%	
全日	客流量（万人次）	136.6	152.23	15.94%	183.39	19.79%
	客流量占全网客流比例（%）	6.81%	5.75%		5.64%	
	换乘量（万人次）	50.33			73.19	
	换乘量占客流量比例（%）	36.84%			39.91%	
	客运强度（万人次/km）	3.04	3.38	15.94%	4.08	19.79%
	平均运距（km）	8.35	10.22	22.3%	12.1	23.62%
高峰小时	南向北 客流量（万人次）	10.12	10.74	8.04%	13.14	23.00%
	南向北 最大断面（万人次/h）	3.73	3.97	6.76%	4.83	22.03%
	南向北 最大断面区间	西北旺—永丰南	西北旺—永丰南		西北旺—永丰南	
	北向南 客流量（万人次）	8.92	11.17	25.57%	13.34	19.64%
	北向南 最大断面（万人次/h）	2.48	3.12	25.91%	3.66	17.36%
	北向南 最大断面区间	农大南路—西苑	万泉河桥—苏州街		农大南路—西苑	
	客流量（万人次）	19.04	21.91	16.33%	26.48	21.28%
	换乘量（万人次）	6.62			9.79	
	换乘量占客流量比例（%）	34.77%			36.97%	
	高峰系数（%）	13.94%	14.11%	0.33%	14.17%	1.25%
	方向不均衡系数	1.12	1.04	−6.67%	1.01	−2.73%
	断面不均衡系数	1.5	1.27	−15.21%	1.32	3.97%

（1）客流断面与进站客流量

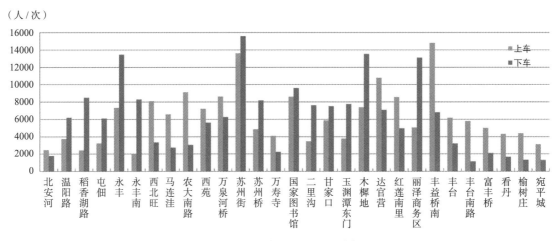

图 3.2-2 初期高峰小时车站乘降量

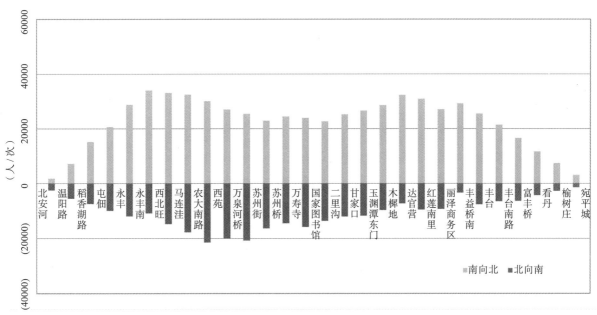

图 3.2-3　初期早高峰小时断面客流

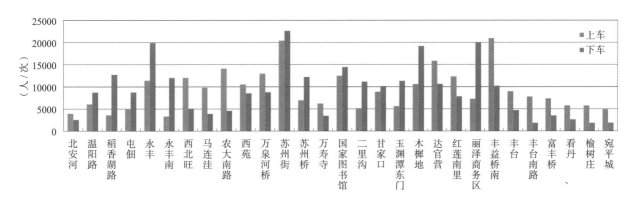

图 3.2-4　远期高峰小时车站乘降量

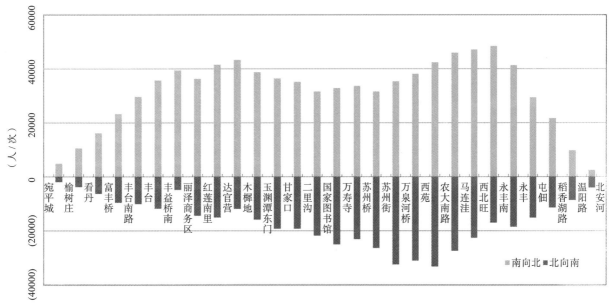

图 3.2-5　远期早高峰小时断面客流

（2）客流特征分析

1）客运量

16号线是南北向贯穿中心城的主干线路，联系了海淀山后科技园、西苑交通枢纽、中关村、三里河行政办公区、丽泽商务区、丰台科技园区总部基地等城市功能区，本线客流强度总体较高，初、近、远期客流强度分别为3.03万人次/km、3.39万人次/km、4.07万人次/km。线路建成后对于促进丽泽商务区等城市新功能区的开发建设、解决丰台火车站客流集散问题、加密中心城线网及缓解中心城区线网及换乘点的压力、支持丰台科技园总部基地建设以及加强海淀山后、中关村、丽泽商务区等城市功能区的通道联系具有重要意义。

2）早晚高峰小时系数

本线通勤客流所占比例高，早晚高峰小时客流发生较为集中，高峰小时占全天比例大于中心城地铁线路。初、近、远期早高峰小时系数分别为13.52%、14.20%、14.38%。这主要是受线路两端特别是北部海淀山后地区新产业基地开发的影响，随着开发进程加快，区域日益成熟，通勤客流会有所上升（表3.2-6）。

各预测年分方向早晚高峰系数汇总表　　　　　　　　　　　　　　表3.2-6

预测时间	早高峰小时系数	
	南向北	北向南
初期	7.46%	6.69%
近期	6.96%	7.24%
远期	7.14%	7.24%

3）方向不均衡分析

16号线高峰期间双向不均衡性不是很突出。这与南部丽泽商务区、丰台科技园区总部基地、北部海淀山后地区、中心城中关村以及三里河行政办公区等吸引大量就业相关，即两端的就业岗位在很大程度上平衡了进城与出城之间的客流不均衡性，这对车辆运营组织及充分发挥其运输效率有很大的好处（表3.2-7）。

各预测年方向不均衡性分析表　　　　　　　　　　　　　　表3.2-7

预测时期	初期	近期	远期
早高峰双方向客流量对比	1.12	1.04	1.01

4）时段分布

图3.2-6为远期客流分时段比例图，从图中可以看出，早高峰出现在7：30~8：30，晚高峰出现在17：30~18：30，早高峰两个小时（6：30~8：30）与晚高峰两个小时（17：30~19：30）的客流量占全日客流量的比例为43.41%，表明与中心城区的通勤客流交换量是客流的一个重要组成部分。

5）客流成长

图3.2-7为客流成长规律示意图，从图中可以看出，16号线客流基本呈"凸"形抛物线

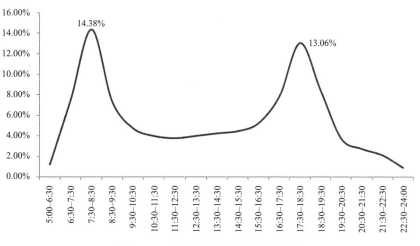

图 3.2-6　远期日客流分时段比例图

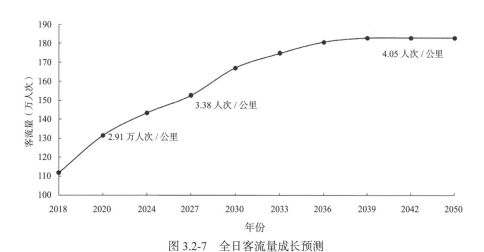

图 3.2-7　全日客流量成长预测

形式成长，在 2024 年前客流培育期，增长较快，2024 年后客流仍将增长，但趋势放缓，2034 年后，基本步入成熟期，增长幅度很小。

6）平均运距

16 号线初期、近期及远期的平均运距分别为 8.35km、10.22km 和 12.1km，分别约占线路长度的 18.53%、22.67% 和 26.87%。

各预测年限平均运距均较低，主要由于沿线范围内特别是中心城区域客流吸引点较多，造成平均运距所占线路长度比例较低。同时呈现缓慢逐步上升的趋势，这主要是受线路两端特别是海淀山后地区沿线开发进程的影响，吸引就业逐步增多。

（3）换乘客流预测

16 号线与沿线的东西向轨道线路大部分有换乘关系，共有换乘站 12 座，占车站总数的 41%。在各预测年，换乘量占总乘降量的比例均较高。对于早、晚高峰的换乘客流，呈现出换入与换出的方向不均衡性。远期全日换乘客流量占全日客流量比例为 71.53%。

（4）客流风险分析

在考虑外部环境因素的基础上，分析系统内部的地铁票价、系统服务水平、公交接驳等因素的影响，推荐按照上述影响因素的叠加来计算实际最为可能的客流量波动范围。

经过以上客流风险分析，结合北京市交通发展现状，客流量推荐值域见表3.2-8。

客流预测推荐值域 表3.2-8

测试指标			初期	远期
敏感性分析（全日客运量，单位：万人次）	常规公交的竞争与协调	高水平	148.30	—
		低水平	116.78	—
	轨道交通运营初期服务水平	发车间隔4分钟	129.13	—
		发车间隔7分钟	106.11	—
	地铁票价水平	维持现有票价	147.21	—
	中心城人口规模	增加10%	—	186.05
		减少10%	—	180.37
	沿线人口规模	增加15%	—	190.45
		减少15%	—	175.14
推荐值（单位：万人次）	全日客运量	高水平	148.30	190.45
		低水平	106.11	175.14
	高峰小时单向最大断面流量	高水平	3.84	4.94
		低水平	3.49	4.61

从风险分析可以得出如下结论：

1）不同时期的客流风险因素不同。初期客流风险主要为常规公交与地铁的竞争与协调以及服务水平、地铁与公交的比价关系方面；远期客流风险主要为沿线土地开发强度和规模。

2）为了保证地铁的客流量及运营效益，在设计过程中要注重做好地铁车站与周边常规公交的衔接和匹配。在投入运营以后，要对沿线常规公交线路进行适当的调整，以做到常规公交和地铁之间的良好匹配。从现有轨道交通线路与常规公交的衔接情况以及目前的公交和地铁运营体制来看，初期常规公交和地铁的衔接状况不容乐观，基于此，设计对于初期客流量更趋向于常规公交和地铁衔接匹配低水平状态下的客流量。

3）线路设计和运营组织过程要注意留有适当扩容余地。由风险分析看出，沿线土地开发情况是客流量重要的风险因素之一，为应对这种可能出现的风险，满足未来的居民出行需求，在线路设计和运营组织过程中要注意留有适当的扩容余地。

3.2.1.3 舒适性需求

在我国目前的发展阶段，城市公共交通的舒适性需求往往被效率取代，对于地铁的定员以及乘降作业等一般都采用机械地套用设计规范的规定。比如2003版的地铁设计规范规定车辆的定员是6人/m^2，没有区分乘客的各种不同需求，例如乘距、携带行李的比例等等。如果乘距较短，乘客会比较频繁地上下车，如果车内较为拥挤，乘客会不愿意进入远离车门的车厢中部，会造成空间使用率较低。如果车内较为宽松，可以提高乘客向内部移动的意愿。另外如果乘客携带行李的比例较大，也需要适当降低定员标准。

16号线行车组织设计对本线的客流特征进行了分析，结合北京地铁的实际运营经验，对于乘车的舒适性进行了有针对性的设计。

受乘客自身乘车习惯、携带行李、轮椅车辆占用更大空间以及停站时间短等因素的影响，通常在运输过程中车辆不能保证所有计算空间都被旅客填满。根据有关的参考资料，高峰期的定员利用系数通常为 0.70 ～ 0.95，相当于乘客车厢站立密度在 5 人 $/m^2$ 左右。发达国家城市轨道交通车厢内站立乘客标准，伦敦为 3 人 $/m^2$，在站立区面积较大时短期内可以高至 7 人 $/m^2$。巴黎设计车内站立标准为 6 人 $/m^2$。从我国现有的地铁实际情况看，一般能够达到 5 人 $/m^2$，在高峰时段，也可以达到 6 人 $/m^2$ 甚至更高。北京地铁的部分拥挤区段客流量超过定员的 20%，达到了 7.5 人 $/m^2$ 左右。但是过于拥挤的客流给行车管理带来了很多麻烦，需要投入更多人力以保证安全，停站时间更长，列车旅行速度也显著降低。随着生活水平的提高和社会文明的进步，乘客必然对出行舒适度提出更高要求，预留适当的舒适度是必要的。当城市的轨道交通网络达到一定规模时，轨道交通的可达性大大提高，此时列车内保持适度宽松的乘车环境，可以有效吸引城市内的短途的小汽车客流，尤其是上下班的通勤客流。另外，过于拥挤的车厢对于列车停站时间无法保障，可能会导致车门无法一次关闭，停站时间加长，影响后续列车进站。

根据《城市轨道交通工程项目建设标准》（建标 104—2008）第三十七条规定："当全程线路大于 35km，平均运距大于 12km 时，根据客流性质，宜适当降低车辆定员"。16 号线线路长度为 49.8km，平均运距超过了 12km。为给地铁 16 号线工程选择合理的编组，控制工程规模，为远期发展预留适当的舒适度，在选择列车编组时，按照所有区间乘客车厢站立密度不大于 5 人 $/m^2$ 进行控制。在此标准下，平均每人占用 0.4m × 0.5m 的空间，有一定的宽松度，部分乘客可以读书看报。这是全部车辆站立空间的平均标准，在车门等地区还可能会比较拥挤。

16 号线设计时地铁设计规范仍实行的是 2003 年版，定员的标准仍然为 6 人 $/m^2$ 的刚性要求。16 号线初步设计完成后，2013 年版国家标准《地铁设计规范》GB 50157—2013 颁布，车厢有效空余地板面积上站立乘客标准改为 5~6 人 $/m^2$ 的弹性标准。北京市地方标准《城市轨道交通工程设计规范》DB 11/995—2013 也将标准调整为 4.5~5 人 $/m^2$。

对于乘客舒适性，16 号线行车组织设计还考虑了全线乘客的均衡性服务。16 号线是穿过中心城的线路，客流分布从城市外围向中心城逐渐积累增加，从北京地铁 4 号线、5 号线等类似特征的线路看，客流累积会给大客流断面附近的乘客的出行造成较大影响，这部分乘客在高峰时段出行会受到大断面客流的影响，不但乘降困难，而且车内永远处于拥挤状态，经常导致等候多次车的情况，因此 16 号线设计了小交路，为丰台站以北地区的客流提供均衡化服务，避免客流在站台上长时间延误。

3.2.1.4 服务枢纽客流

16 号线服务丰台站，是北京对外联系的铁路枢纽之一。枢纽的客流需求与其他车站有所不同，在行车组织及车站设计上应有针对性地提供服务。

首先是集中到达。出城的乘客乘坐地铁到达火车站相对分散，但到京客流为集中到达。北京南站自 2018 年起，铁路到达客流已不再需要安检便可直接乘坐地铁，丰台站也采用此方式。集中到达的客流给站台以及各种设施造成了一定的压力，需要尽快将这部分乘客疏散。行车组织上需要提供充足的运力，并与铁路的列车时刻表相对应。

其次是外地乘客比例大。这部分乘客携带大型行李的比例较大，对于车站设施以及地铁的行车方向不熟悉，现场购票的比例较大。针对这些需求，需要提供更大的垂直电梯、更好的车站流线和导向、更多的自动售票机以及人工窗口。

再次，对于丰台站来说，车站周边也有较大的居住区，16号线在服务铁路枢纽客流的同时也需要服务周边的需求，车站的位置以及出入口设置、客流的进出站流线等需要考虑这些需求，避免这部分客流进出站距离过长、进出站流线与铁路枢纽客流交织。

3.2.1.5　换乘客流影响

换乘客流相对于一般车站的进出站客流特征主要是相对集中到达。如果两条线路在换乘站换乘量较大，那么集中到达的客流会给换乘设施以及车辆的运输能力造成较大的压力。也有一些换乘车站的客流相比普通车站增加并不多，虽然会集中到达，但由于客流量不大而不会给换入线路造成压力。

北京地铁运营单位在配合新线建设时非常重视换乘站的设计，对于行车组织要求停站时间按照45s甚至50s来设计。线网中换乘客流较大时，采用较长的停站时间可以有效疏散乘客，但也会显著降低旅行速度。在换乘客流量较低的车站，可适当减小停站时间。

设计上应为换乘客流提供便利的换乘条件和更大的候车空间，并在运能上提供充足的保证，满足换乘客流的需要。

3.2.2　合理选择系统规模，关注全寿命成本

3.2.2.1　车辆选型演变

地铁系统规模关系到工程投资、乘客乘坐感受以及经济效益，也会影响沿线城市发展。16号线是北京城市轨道交通系统规模的转折线路。在16号线建设以前，北京的轨道交通车辆编组经历了4辆/6辆编组B型车到8辆编组B型车的转变。北京早期通车的线路都采用了6辆编组B型车，复八线建设时采用了8B车辆的车站规模，但是由于与原1号线复兴门以西段贯通运营，实际运营仍采用了6辆编组。后续建设的八通线和13号线都采用初期4B编组、远期6B编组的方案，在通车运营后的初期基本可以满足出行需求，但是北京在2004年以后经历城市的大规模扩张，随着客流的增加，八通线与13号线先后将编组恢复为6辆编组。奥运建设周期的线路中，4号线、5号线、10号线等经过中心城区的线路也都采用了6B编组，而郊区线路，例如亦庄线、大兴线等根据预测客流量采用的是4辆编组，但是工程设计过程中根据专家及运营公司的意见统一变更为6B编组。6号线、7号线根据客流需要，采用的是8B编组。根据当前北京市已经通车线路的运营情况，B型车无论运输能力还是车内空间等方面都与北京目前的客流量不相适应。除机场线、2号线和8号线外，其他线路在高峰期间都处于严重超员状态，不但不利于转移道路交通出行，对运营安全也有很大影响。

16号线在规划阶段客流预测高峰小时最大断面为4.16万人次，推荐采用的是8B编组，但是随着沿线城市功能以及规划建设规模的调整，尤其是海淀山后地区就业岗位的大幅增加，预测高峰小时断面客流量增加至4.86万人次。鉴于预测客流有较大的增加，在16号线车辆选型过程中提出了是继续使用8B编组还是打破原来的局限，结合《北京城市轨道交通

近期建设规划调整方案（2007~2016 年）》，采用运能更大的 A 型车。

从线网资源共享的角度分析，一个城市车辆选型原则上不应过多，这既是资源共享、车辆维护、零部件通用、方便过轨的需要，也是方便线网中车辆调配使用的需要。考虑到北京地铁线网的规模较大，2020 年线网中还有超过 300km 的线路没有开工建设，这些线路如果多数采用 A 型车的话仍然可以形成一定的规模，达到资源共享、降低使用成本的要求。

16 号线沿线存在大量未开发土地，并经过中关村、丽泽商务区、丰台火车站等重要功能区，沿线也分布多个大规模居住区，本线宜提供足够的运输能力，为远期的发展提供保障。从既有的线路运营实践看，地铁车厢内乘客过于拥挤不但给正常运营带来一定的困难，也会产生其他的一些社会问题。随着生活水平的提高，人们对出行的舒适度要求也逐步提高，新规划建设的线路宜提供较为舒适的乘车环境。

从各个区间站立密度分析，8A 编组条件下远期超过 3 人 /m² 的区间只有 3 个（图 3.2-8），即使在高峰也处于非常舒适的状态，表明在现有的客流数据下，采用 8A 编组运能储备是很大的。如果采用 8B 编组，各个区间的乘客车厢站立密度也都低于 5 人 /m² 的设计标准，高于 4 人 /m² 标准的区间也只有 4 个（图 3.2-9）。所以从运能上看，A 型车和 B 型车均可以满足 16 号线的预测客流需求，但是 B 型车相对储备能力较低。考虑沿线的功能区以及可开发土地的数量，经过专家评审以及政府决策，16 号线改用 A 型车。同时，《北京城市轨道交通近期建设规划调整方案（2007~2016 年）》以及《北京城市轨道交通第二期建设规划（2015~2021 年）》的线路，除了既有线路延伸和 CBD 线，新增线路全部采用 A 型车，以应对客流的增加，避免目前北京轨道线网运营中的超载、限流等问题。

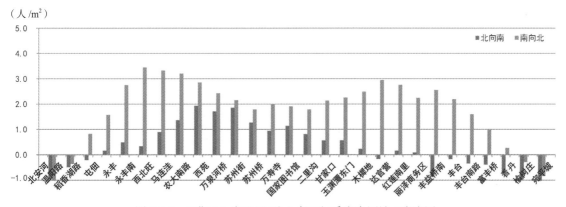

图 3.2-8　远期 8A 编组 30 对 /h 各区间乘客车厢站立密度图

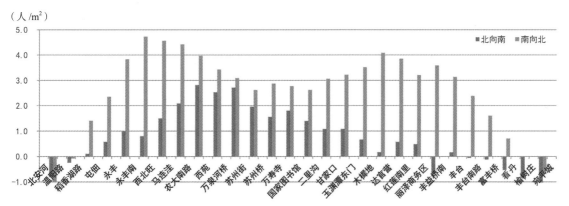

图 3.2-9　远期 8B 编组 30 对 /h 各区间乘客车厢站立密度图

3.2.2.2　编组方案

确定列车编组的主要因素有客流量和车辆选型结果以及线路的通过能力。16号线远期高峰小时最大断面客流为4.86万人次，远期采用8辆编组A型车。根据初期、近期和远期的客流预测结果，结合运能需求以及运营成本分析，对比了两种编组方案。

（1）编组方案一：初期和近期采用6辆编组，远期采用8辆编组

16号线高峰小时的最大断面客流初期为3.41万人次，近期为3.93万人次，远期为4.86万人次。初期6辆编组，发车密度24对/h，近期6辆编组，发车密度24对/h，远期8辆编组，发车密度24对/h（30对/h运能裕量过大，作为系统预留）。

初期与近期采用6辆编组，远期采用8辆编组时高峰时段乘客车厢站立密度分析见图3.2-10～图3.2-12，负值表示座席未满。

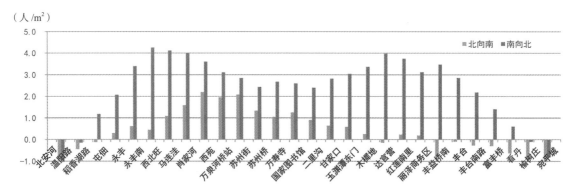

图3.2-10　初期早高峰小时各区间乘客车厢站立密度图（6A，24对/h）

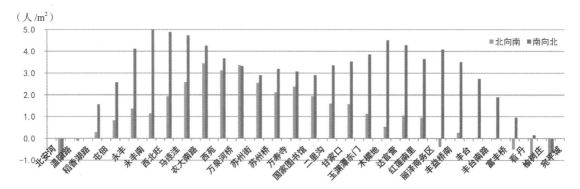

图3.2-11　近期早高峰小时各区间乘客车厢站立密度图（6A，24对/h）

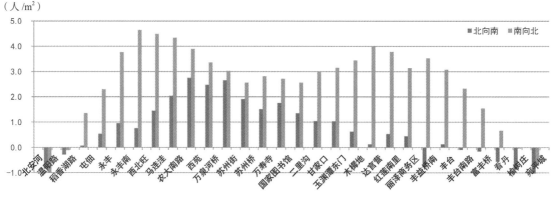

图3.2-12　远期早高峰小时各区间乘客车厢站立密度图（8A，24对/h）

此编组方案条件下，初期采用2.5min发车间隔，高峰断面乘客车厢站立密度约4.1人/m²，车内比较宽松。近期采用2.5min发车间隔，高峰小时最大断面乘客车厢站立密度为5.1人/m²，也是可以接受的。远期采用8A编组，高峰小时发车间隔2.5min，高峰小时最大断面乘客车厢站立密度为4.7人/m²。从车内站立密度分析，编组方案一初、近、远期都在良好范围内。

（2）编组方案二：初期、近期与远期均采用8辆编组

初期发车间隔3min，近期发车间隔3min，远期2.5min。

高峰小时各区间乘客车厢站立密度如图3.2-13～图3.2-15所示。

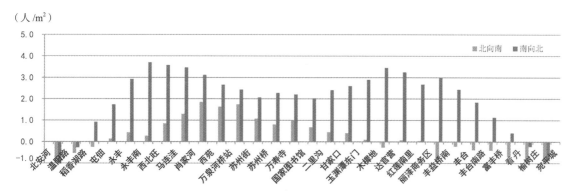

图3.2-13　初期早高峰小时各区间乘客车厢站立密度图（8A，20对/h）

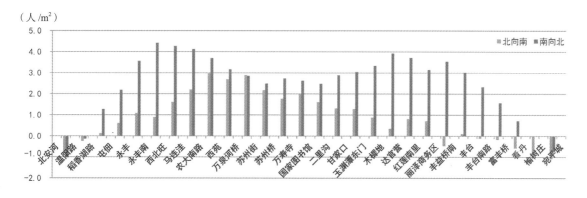

图3.2-14　近期早高峰小时各区间乘客车厢站立密度图（8A，20对/h）

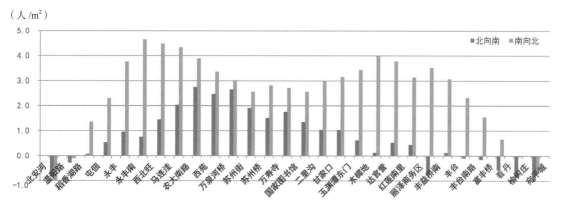

图3.2-15　远期早高峰小时各区间乘客车厢站立密度图（8A，24对/h）

为了保证与线网中的其他线行车间隔相协调，保证线路具有一定的服务水平，16号线初期采用3min发车间隔，高峰小时最大断面乘客车厢站立密度约为3.7人/m²，属于较为舒适的乘车环境。近期采用3min发车间隔仍然可以满足需要，此时乘客车厢站立密度约4.5人/m²，乘客可以读书看报、自由移动。远期采用2.5min发车间隔，乘客车厢站立密度约4.5人/m²，有一定的宽松度。

根据北京既有地铁运营线路的客流数据类比以及本线的预测数据，应对远期客流采用6A编组具有一定的风险。为应对远期客流增长的不确定性以及保证乘坐的舒适性要求，远期采用8辆编组是必要的，也是合适的。由于6辆编组完全可以满足初期和近期的客流需要，为了节省车辆购置成本以及运营成本，初期、近期可以采用6辆编组。但是由于未来客流发展情况的不确定性，尤其是山后地区存在大量未开发土地，如果在车辆寿命期中需要扩大编组，会产生新加入的车辆和原有车辆修程不匹配的问题。由于列车长度的变化也会带来屏蔽门、信号系统等的变化，这些调整都需要在保持运营的情况下完成，不但需要追加投资，也会对运营产生影响。

初期、近期和远期都采用8辆编组，可以为乘客提供比较舒适的乘车环境，从而吸引小汽车乘客转乘地铁，降低道路交通的压力。虽然就预测客流的数量来说富裕量较大，但是由于16号线可以和十余条线路换乘，乘客可以通过换乘，减轻部分临近线路的客流压力。另外，16号线经过的海淀山后地区有大量的未开发土地，经过中关村、丽泽商务区、丰台火车站等重要的城市功能区，采用较大的列车编组可以为未来发展预留必要的条件。如果初、近期客流较小，则可以利用辅助线开行小交路，从而降低部分运营成本，待客流量上升后再恢复单一交路运营。

综合比较，初近期采用6辆编组可以降低初期购车成本和运营成本，但是如果客流量增长较快时，需要在车辆寿命期对车辆进行扩编，会给车辆维修以及运营带来不小影响，扩编工作也需要增加额外的工程投资。初、近期采用8辆编组，初期的购车成本有所提高，全线需要增加约34辆车，初期8辆编组运营成本稍大，但可以根据客流规模通过灵活交路来降低部分运营成本。

推荐16号线初期、近期和远期采用8辆编组6动2拖的编组方式。这种编组方案会导致初期的购车数量较多，但是避免了车辆寿命周期内可能的编组改变，运营费用可以通过降低发车间隔来减少。

3.2.2.3　行车密度

地铁设计规范中对于行车密度的规定是远期不小于30对/h。在国内的地铁设计中系统通过能力一般都是按照最大30对/h来控制系统规模的。2003版地铁设计规范要求地铁设计"宜采用高密度、小编组组织运行，远期设计最大通过能力宜采用每小时40对列车，但不应小于30对列车"。2003版规范编制时国内地铁的行车密度还没有低于3min的运营经验，该规定也受到莫斯科地铁的影响。莫斯科地铁是目前世界上行车密度最高的系统，实际发车间隔可以达到90s左右。

"小编组、高密度"是地铁系统实现提高运营和降低建设和运营成本的不二法宝。采用较小的编组可以减小车站的规模，降低车站的土建工程投资，在非高峰时段也可以在满足发车频率的同时降低列车的走行公里数，降低运营成本，提高满载率。高发车密度则可以保证系统高峰时期的运能。以 6 辆 B 型车 6 人标准的定员来看，30 对 /h 的定员运输能力为 4.38 万人次，如果采用 40 对 /h，运能提高至 5.84 万人次，相当于 30 对 /h 的 8B 编组的运能，但是车站长度至少可以减少 40m 左右，同时非高峰时段的运营成本也可以得到控制。

实现高密度行车需要先进的信号系统保障，也需要线路条件、折返条件以及运营管理等的配合。80km/h 的地铁系统区间追踪间隔在采用 CBTC 信号时可以达到 75s 左右，但是要求停站时间不能超过 45s，如果某些车站的客流量过大，导致停站时间超过 45s，区间的追踪间隔会加大，或者需要在大客流车站设置到发线。普通的站后折返、站前折返受到道岔动作等的影响，基本上很难满足 90s 的折返能力的要求，但是在环线上，不存在折返的需要，或者折返线采用回头线的方式，折返就不会影响系统的追踪间隔，也可以采用站后、站前同时折返的方式，将折返能力提高到比较高的水平。另外，实现高密度行车还需要先进的运营管理技术，尽量缩短停站时间，保证正点率，因为在高密度行车时列车延误引起的连锁反应较行车间隔较大时要更大更久。

北京地铁在采用 6B 编组时的系统能力大都采用了 30 对 /h 的通过能力设计，在 8B 编组和 8A 编组也都强调系统的通过能力要达到 30 对 /h，但是从理论分析上看，8A 的列车长度较 6B 长 68m，站后折返时列车的走行时间相差约 12s 左右，折返能力至少可以提高 4~5 对 /h。

北京作为特大型城市，人口基数大、密度高，在干线上采用较大编组是合理和必要的，16 号线作为贯通中心城的干线，采用 8A 编组也是合理的，为应对客流增加的风险以及提高乘客舒适度都预留了较大的空间，但是未来的运营需要根据客流实际需要安排行车计划和行车交路，尽量提高车辆满载率。16 号线高峰小时的行车密度仍按照 30 对 /h 设计，为远期的发展提供必要的储备。

3.2.3 预留灵活组织行车交路条件，满足客流需求

行车交路是城市轨道交通运营设计的重要方面，不但关系到系统的规模，也关系到后期运营的服务效果以及运营成本。16 号线在行车交路设计方面注重于前面提到的需求分析，针对这些需求提供有关行车交路方面的解决方案，也为运营商后期根据客流需求采用灵活交路提供便利条件。

3.2.3.1 行车交路方案

行车交路可以分为贯通长大交路、长短交路套跑、交叉交路、互联互通交路以及分岔运营交路等多种形式，一般可以根据线路情况以及客流分布情况灵活采用。16 号线在规划上是独立的线路，没有与其他线路采用互联互通方式运营，也没有分岔运营，其交路种类也就限于自身的大小交路组织方式。

长大单一交路是指从运营线路的一端点到另一端点，开行单一运行交路。此种交路的优点是方便乘客 (不必中途换乘)、运行组织简便。其缺点是对线路运量的不均衡性适应较差，运输能力得不到充分利用。

长短交路套跑是根据运营线路客流的不均衡性，在客流较大的区段组织区段运行，称为短交路，与长交路形成套跑，可以提高车辆运输效率、减少车辆配置、降低运输成本。此种运行交路的优点是节省了运能，在运营和经济效益上比较合理，但给运营组织增加了一定的复杂性，一部分乘客需要换乘才可以到达终点，降低了服务水平，在采用时需要平衡经济效益和社会效益。北京地铁已经有多年的运营经验，运营实践中也会根据线路的条件以及客流需要，组织各种交路以适应需求。组织长短交路有两个原则，一是必须满足能力要求，在组织小交路运行后，小交路以外部分需要满足能力要求。二是清客作业满足通过能力要求，小交路折返站列车中的乘客平均人数不宜超过座席数的1.2倍。

16号线高峰小时断面呈现明显的方向不均衡性以及多峰分布特点（图3.2-3、图3.2-5）。从客流断面分析，高峰时期采用大小交路运营的合理折返点，南段为富丰桥站，北段为屯佃站。这两站客流断面满足前述的设置小交路折返点的原则。屯佃站距离线路的终点为3区间，约4km，富丰桥距离线路终点也为3区间，约6km，结合故障停车线条件以及线路条件，这两座车站都不适宜设置折返线。如果设置不与故障车停车线兼用的独立的折返线，设置小交路节约的运营成本不足以弥补增加折返线引起的投资增加以及资金成本，所以设计不再设置独立的小交路折返点，按照单一交路进行运营，但是在故障车停车线的设置上尽量靠近上述车站，以利于实际运营中如果客流特征有所变化时组织小交路折返（图3.2-16、图3.2-17）。

图3.2-16　设计初期、近期和远期高峰小时行车交路示意图

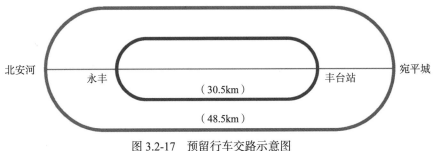

图3.2-17　预留行车交路示意图

在丰台站预留列车折返的条件，同时可以满足前述分析中丰台枢纽集中到达客流疏散的需要，也可以为丽泽商务区、马连道地区的出行提供较为均衡的服务。

3.2.3.2　双列位救援方式

地铁位于地下运行，车站乘降作业也都采用正线，不设置到发线，列车故障无法运行时必须救援，所以必须设置专用的故障车停车线。

《地铁设计规范》GB 50157 中规定，正线应每隔 5 ~ 6 座车站或 8 ~ 10km 设置停车线，其间每相隔 2 ~ 3 座车站或 3 ~ 5km 应加设渡线。停车线应具备故障车待避和临时折返功能。要求故障列车在救援状态下以 25 ~ 30km/h 运行，走行时间以不大于 20min 为目标，故障车总体退出运营的处理时间为 30min 以内。

在已经有运营线路的各个城市中，故障列车的救援方式大致一致，但是仍有一些各自的特别的规定。当列车仍可以依靠自身的动力运行时，列车进入停车线一般只需要列车故障确认时间以及与调度中心报告并排列相应的进路的时间，这个过程一般不会影响停车线的设置。过程比较复杂、时间较长的救援是故障列车无法依靠自身动力移动、需要后续列车推动的救援。一般的程序是故障车判断故障——向行车调度请求救援——行车调度通知后车准备救援——后车清客（长大区间也可能载客救援）——根据信号指令与故障车连挂——推行至前方车站清客——进入故障车停车线——车辆解钩——救援车退出故障线投入运营——系统恢复正常运行。

从上述处理程序看，除了列车的走行时间，还需要其他的沟通以及处理时间，尤其是列车进入故障车停车线以后，需要进行列车解钩操作，这通常需要司机下车进行操作。救援车退出救援投入运营也需要与调度中心沟通汇报。这些操作也都需要耗费时间，如果可以在救援过程中压缩或者取消这部分时间，则可以缩短救援作业影响正常运营的时间，或者加大停车线的设置间距。

16 号线大部分线路穿过海淀、西城、丰台的中心城区，线路限制条件较多，导致在中心城部分停车线设置难度较大。在玉渊潭东门站至丰台站段没有设置停车线的条件，丰台站虽然可以在车站西侧设置停车线，但是由于停车线末端正线部分为曲线，无法设置停车线与正线的连接道岔。根据客流特征，确需要在丰台站设置列车折返的条件，故虽然丰台站站后停车线末端无法与正线设置联络道岔，但是为了满足列车折返的救援需要，仍将停车线设置在丰台站西侧。丰台站停车线距离玉渊潭东门站约 9km，下行方向的救援距离满足规范要求。上行方向最大的救援距离为榆树庄站至玉渊潭东门站，约 14km，超过了规范要求的最大距离。为了满足救援时间的要求，将玉渊潭东门站北侧的停车线设置为两列位停车线，上行方向故障列车和救援列车可以同时进入停车线，不再需要占用正线解钩和退行时间，列车的救援时间可以满足规范要求的 30min 恢复正常运营。

3.2.3.3 辅助线设置方案

（1）配线的设置原则

为了满足全线列车在正常情况下和非正常情况下运行的需要，保证线路运营的灵活性，在线路沿线车站需要设置一定数量的渡线、折返线、停车线和联络线等。配线设置的原则如下：

1）满足折返、出入段线等日常运营作业功能需要。

2）充分考虑客流特征，为灵活组织运营提供便利条件。

3）配线设计需要考虑线路的敷设方式、工程代价以及工程条件等因素。

4）配线设计考虑全线布置的均匀性。

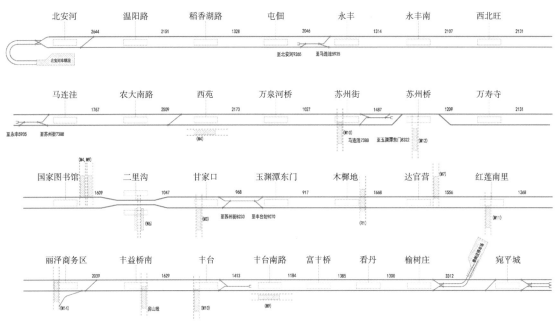

图 3.2-18　配线方案（单位：m）

（2）配线的设置方案

全线的辅助线方案见图 3.2-18。辅助线满足行车组织、故障列车处置以及临时交路的需要，辅助线设置位置工程条件易于施工。

1）折返线

根据本线交路分析结果，在北安河和宛平城设置折返线，宛平城站后预留延伸条件。为了充分利用站台宽度，满足潮汐客流的需要，北安河站采用岛式站台，12m 站台，线间距在站后变为 5m，设置 12 号交叉渡线，满足折返的需要。宛平城站采用岛式站台，主要考虑本站的客流潮汐现象也比较明显，岛式车站有利于充分利用站台宽度，缓解站台拥堵，车站规模以及设备配备数量也较少。另外，远期也考虑线路继续延伸 1～2 站，宛平城站采用岛式站台也有利于全线的运营管理。

从折返能力角度出发，采用侧式车站道岔长度较短，列车走行距离短，有利于提高折返能力，但是采用岛式车站会有利于减小车站规模，降低车站定员，并有利于应对潮汐客流，所以采用哪种方式一般综合考虑折返能力以及客流、工程量等因素，倾向于地下站采用岛式车站设置折返线，高架站考虑区间景观以及工程量等，倾向于采用侧式车站设置折返线。

设计过程中也对站前折返进行了研究比选。站前折返一般采用岛式站台，这样无论哪个股道来车，乘客都可以方便地上车。站前折返道岔布置方式一般有如图 3.2-19 所示两种。

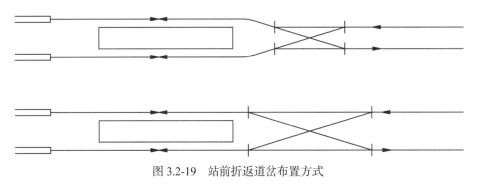

图 3.2-19　站前折返道岔布置方式

无论采用哪种布置方式，采用站前折返时列车进出站需要侧向过岔，目前地铁中常用的9号道岔以及12号道岔侧向速度较低，虽然增加的行车时间不长，但是会影响乘客的乘车感觉。另外载客状态下侧向过岔乘车舒适性也较差。不同的运营商对于站前折返的接受程度也不同，香港地铁采用站前折返的案例较多，主要是列车的空走距离短，不需要清客作业，可以节约列车配属数量等，运营成本较低。国内的运营公司则更倾向于站后折返，列车进路排列没有互相干扰，对于运营管理的要求较低。16号线采用了站后折返方式，符合北京地区运营习惯。

2）停车线

根据工程设计条件以及救援的要求，分别在永丰站、马连洼站、苏州街站、玉渊潭东门站、丰台站设置故障车停车线。

另外由于线路穿过中心城，线路条件较差，上行方向榆树庄站至玉渊潭东门站之间的救援距离超过10km。为了保证列车在故障情况下尽快恢复运营，在甘家口站至玉渊潭东门站之间设置了一线两列位的停车线，可以满足故障列车和救援列车同时停靠，减少了占用正线的解钩时间，与其他区段的救援时间相当。

丰台站西侧的存车线兼顾了故障车停车以及临时交路列车折返的功能，这在前述需求分析也已经有所论述。由于停车线末端正线为曲线，停车线的末端无法与正线连接，在运营过程中下行方向的列车救援以及列车折返不会有影响，但是上行方向列车救援无法利用该停车线，也导致救援距离超过10km，需要在甘家口站至玉渊潭东门站设置双列位停车线，满足列车救援的时间要求。本段线路埋深较大，地下水位较高，根据结构实施的意见，折返线与正线采用分离设置的方案，折返线设置独立的隧道，以降低工程风险和投资。

3）渡线

为满足工程车辆的过轨要求以及在故障状态下组织临时交路的需要，在丽泽商务区站设置单渡线。在北安河站和宛平城站前设置单渡线，满足特殊情况下的列车折返需要。在西苑站设置渡线，满足临时折返的需要。

折返站的站前单渡线是折返线的标准配置，主要目的是增加折返的可靠性，如果站后折返阻塞或者故障，可以利用站前渡线组织临时折返，维持较低水平运营。在非高峰时段，也可以利用站前渡线折返，可以降低运营成本。西苑站北侧单渡线距离车站约400m，在使用管理上有一些不便，如此设置是为了满足2016年北安河站至西苑站段的开通提供折返功能。西苑站与4号线换乘，车站位置受到换乘条件的制约比较固定，靠近车站两侧的区间无法满足设置单渡线或者折返线的线路条件。

4）出入段线

16号线共设置两处车辆基地，北部的北安河车辆基地接线路端点，在北安河站站后设双出入段线接车辆段。南部车辆基地位于榆树庄北部，在榆树庄站接出入段线。根据线路条件以及运营需要，在榆树庄站设置站后的双线出入段线。

出入段线的设置需要满足收发车能力的需要，设计需要给予检算。在设计实践中，由于城市中的停车场选址难度比较大，很多情况下出入段线的线路条件和设置方式都是受到一定限制的，但是出入段线设置原则上应满足收发车能力的需要并符合主要客流的出行方向，避免收发车作业过于复杂，造成运营组织困难，增加运营成本，也应尽量实现双方向发车的需要。北安河车辆段出入段线接入线路的起点站，运营组织顺畅。榆树庄停车场的出入段线接在线路的倒数第二站榆树庄站，榆树庄站为曲线车站，线路条件也无法设置双岛四线等常用的中间站出入段线接轨方式，只能采用站北侧设置双出入段线的方式。这种出入段线满足收发车能力的要求，但是也会造成早班车需要向宛平城站方向发车时需要占用正线换向的问题，需要从行车计划上以及运营管理上采取相应的措施。早班车发车密度较低，占用正线转向不会造成不利的影响。高峰前的加车不再占用正线向宛平城方向加车，而是直接进入上行方向向北安河方向加车，会甩宛平城站。宛平城作为端点站，高峰到来前的发车密度满足客流需求，不会造成运能不足以及站台拥挤。

5）联络线设置

根据全路网的资源共享规划，16号线与14号线在丽泽商务区站西南象限设置联络线。

3.2.4 8A 编组 30 对 /h 折返能力的实现

北京地铁 16 号线采用 8 辆 A 车编组，车辆长度 186m，远期设计通过能力 30 对 /h。由于车辆长度较长，6 辆 B 车编组时的折返线布置和道岔选型很难满足能力的要求。设计对 8A 条件下的岛式和侧式车站的站后折返进行分析，通过对折返能力的计算分析，优化折返线布置以及信号布置方式，满足折返能力的要求。

9 号道岔的侧向过岔速度限制为 35km/h，12 号道岔的侧向过岔速度可以提高至 55km/h，通过计算分析，9 号道岔的站后和站前折返方式无法满足 8A 编组 30 对 /h 的能力要求，采用 12 号道岔，列车过岔速度基本可以与其允许速度一致，采用常规的折返方式基本可以满足折返能力需要。更大号码的道岔在 80km/h 的地铁系统中极少采用，列车行驶的速度也与其允许速度不太匹配，还会导致工程投资的增加。所以无论岛式车站还是侧式车站，折返均采用 12 号道岔。

3.2.4.1 信号制式

信号技术发展经历了从模拟信号到数字信号再向无线信号发展的 3 个阶段，每个阶段都有自己的特定产品以及特定的技术条件。根据系统特点可分为 3 种类型：

（1）基于固定闭塞方式的 ATC 系统，在一些早期建成的地铁上采用，目前基本已经更新改造为移动闭塞。

（2）基于准移动闭塞方式的 ATC 系统。属于过渡阶段的系统，较少地铁系统采用。

（3）基于通信技术的移动闭塞方式的 ATC 系统。这是目前地铁系统最常采用的最为先进的系统，可以有效保证系统的通过能力。16 号线也采用基于通信技术的移动闭塞方式的 ATC 系统。

移动闭塞条件下的列车追踪运行，是通过移动闭塞的信号设备，将线路上前行车的实际位置转送给后续列车的车载设备，后续列车的车载设备根据相关的信息，计算出列车紧急制动曲线，以保证列车运行的安全。

3.2.4.2 折返能力分析

折返站的折返能力应与行车组织的要求相适应，并留有一定余量，折返能力计算如下：

（1）折返作业的项目及占用时间确定

1）站区空闲信息反应时间，按 3s 计算。当列车出清进路时，进路解锁时间为 3s。

2）进站办理进路及信号开放时间，按 13s 计算。包含：按压或自动触发进路按钮时间 3s、选路及锁闭进路含转辙机动作时间 9s，信号机开放时间 1s。

3）列车停站上下客时间。16 号线折返站为端点站，客流量较小。考虑清客作业等，停站按照与一般中间站相同的时间，按照 40s 考虑。

4）列车办理出站进路时间，按 13s 计算。包含：办理进路时间 3s、选路及锁闭进路含转辙机动作时间 9s，信号机开放时间 1s。

5）折返时驾驶室转换时间，按 12s 计算。折返时驾驶室转换时间与办理进路时间同时完成。

6）司机确认信号时间，按 3s 计算。

7）列出自站内运行至折返线以及折返线至站内停车运行时间 45s，列车自折返线进站，车尾出清 B 点时间为 31s。

（2）折返能力计算

以 12m 岛式车站站后折返为例进行分析。

在移动闭塞的信号条件下，除非停站时间较一般中间站增加很多，并且列车的速度超过 90km/h，一般来说，站后折返能力的控制因素是列车的折返间隔，即折返列车占用折返道岔及折返线的时间间隔。具体包括：列车进入折返线的时间 + 列车在折返线转换驾驶端和办理自折返线进入车站载客的时间 + 列车自折返线驶向站台出清折返道岔的时间。

根据前述计算参数，12m 岛式站台站后折返能力为：45+16+31+16=108s。可以满足 2min 折返并保证大约 10% 裕量的要求。

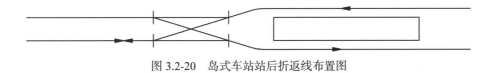

图 3.2-20　岛式车站站后折返线布置图

3.2.4.3　结论

（1）北京地铁 16 号线折返站北安河站和宛平城站借鉴了香港地铁以及北京地铁既有线的设计和运营经验，通过增大折返道岔号码，提高列车过岔速度，并选用适当的线路、信号布置，来达到设计的 30 对 /h 的通过能力要求。通过计算，目前北安河站和宛平城站的计算站后折返能力达到了 33 对 /h（108 秒），储备能力 10%，可以满足远期 30 对 /h 的设计能力要求。

（2）根据 16 号线北安河站折返能力实际测试，可以满足 30 对 /h 的设计能力，也为北京 8A 编组折返站设计提供了理论与实践参考。

3.2.5　思考与探讨

3.2.5.1　城市发展规律与轨道交通规模控制

不同城市都有自身的特征和发展规律。地铁系统作为重要的基础工程，要为城市服务百年以上，在确定轨道交通系统的规模上，要结合城市现状需求以及远期发展综合考量，尽量避免不适应城市发展的状况。

城市的发展与城市的地理位置、气候条件、区域优势、人文以及历史阶段等有关系，城市的总体规划也应该是基于上述条件，结合人口和经济发展给出科学的分析，为城市的各项基础服务设施规划提供可靠的客流依据。

北京的几版城市总体规划确定的人口、城市规模控制目标在城市发展过程中都被突破，导致轨道交通规划数量以及干线运能不足等基础设施供给不足的问题比较突出，在城市规划中应予以关注。

3.2.5.2　如何合理确定地铁线路车辆编组和行车密度

（1）什么样的线路需要选择大容量系统？

毫无疑问，在北京这样的特大城市，在轨道交通骨干线路上采用较大的列车编组是合理必要的，但是并不意味着所有的线路都有必要采用 8A 的编组，建设规模较大的车站。服务重要城市功能区，服务客流量大的铁路枢纽、经过人口密集的城市居住区等的线路在预测客流以及确定规模时应采用较大规模，保留一定的运能的裕量，为远期的需求提供弹性。另外，如果沿线经过城市未建成区，在预测客流时也应根据城市的发展预测，选择合理的系统规模。

16 号线服务中关村、丰台站、丽泽商务区等重要城市功能区，沿线也有较多的待开发土地，在规划建设阶段决策采用 8A 编组是基于北京作为世界城市以及大国首都的发展趋势做出的判断。2017 年批复的《北京城市总体规划（2016 年—2035 年）》中，北京常住人口规模控制在 2300 万人左右，相比原来的预测依据减少近 700 万。在新的发展阶段，本线的规模是否合理仍需要实践来检验。

（2）小编组高密度和大编组各自适应性如何？

小编组高密度可以有效降低建设成本和运营成本，也会降低建成区建设地铁的选线难度，但是由于区间通过能力受到一定的限制，高密度行车不能无限提高。按照目前移动闭塞信号系统以及 100km/h 的行车速度，列车的区间追踪能力为 75s 左右，最大实用通过能力40 对 /h 左右，还受到停站时间以及折返能力的影响。所以小编组高密度在客流适应性方面还是有一定的限制，客流量较大的线路无法采用小编组高密度方案。另外，小编组高密度对于车站的进出站能力以及区间的疏散救援能力也会产生一定的影响，需要根据线路条件和客流条件等进行有针对性的分析。

大编组虽然相对降低了系统的通过能力，但是由于载客量的增加，其优势是应对更大的客流。当无法通过行车密度来提高运能时就需要增加列车的编组。当然大编组会造成车站规模增加，建设成本增加，也会造成平均满载率降低，运营效率不高。

虽然对于北京这样的特大城市来说小编组高密度的适应性不强，但是对于既有的 6 辆编组的线路，提高行车密度是提升运能的有效手段，通过信号系统、供电系统以及折返条件等改造提高行车密度，可以有效提升运能。北京地铁 10 号线目前也在研究通过提高行车密度来提升运能，应对客流压力。对于中等或者大城市来说，采用小编组高密度也是一种可以选择的方式。

（3）8A 可以实现 30 对 /h，6B 是不是应该实现更高的行车密度？

根据 16 号线的工程实践，采用合适的线路和信号布置方式，采用较大号码的道岔以及有效的运营管理方式可以实现 8A 编组下 30 对 /h 的折返能力。北京运营的 6B 线路的通过能力全部也是按照 30 对 /h 来设计的，在新线建设或者既有线改造时，可以借鉴 16 号线的实践经验，适当提高系统的通过能力，以提高运能。

3.2.5.3 对于长大线路应如何组织行车

16 号线长度近 50km，远期南端仍可能向永定河以西延伸。设计过程中一度也曾想将 16 号线设计成为穿过中心城的快线，类似北京地铁线网中的 19 号线，通过加大站间距提高旅行速度，但是由于 16 号线经过地区城市功能的需要，全线的平均站间距为 1.73km。16 号线采用了时速 80km/h 列车，按照站站停的方式组织列车运行，根据客流预测结果远期发车密度为 2.5min，预留 2min 的条件。这种方式固然为远期提供充足的运能提供了保证，但是站站停的模式使全线的运行时间达到了 75min 左右，主要功能区之间的出行效率也比较低。

随着北京非首都功能疏解以及中心城地区人口规模的降低，远期本线的客流规模偏低的风险加大。设计没有预留开行快车的条件，开行快车存在一定的难度，但是仍然可以利用行车间隔较大的特点，组织部分快车。建议在长大线路的设计中尤其要注意行车组织方案的研究，尽量为快慢车组织预留条件。

CHAPTER

第4章 建筑核心技术解读

随着城市化进程的逐步加快，城市人口急剧增加，城市规模迅速扩大。居民通勤、购物等出行需求急剧增加，地铁这种运量大、高效准时的交通工具正在大中城市建设中兴起，并成为解决城市交通问题的最佳选择。在全国大城市的轨道交通发展中，随着轨道服务人口越来越多，城市干线轨道编组从 6B 到 8B 逐渐扩大到了 6A 以及 8A，做好地铁车站站内客流组织和功能布局，站外附属、一体化加强和城市景观、地块建设的融合，更好地为乘客及运营服务，成为建筑设计的重中之重。

4.1 标准制定，8A 编组标准车站总体布局研究

4.1.1 节约投资——控制 8A 编组标准车站建筑规模

4.1.1.1 研究背景

回顾北京地铁建设发展历史，地铁车辆编组经历了 6B、8B、6A 几种型式。近年来，随着地铁客流量持续增大，地铁运力随之提高，北京未来城市的骨干线都会以 8A 编组为主要的制式。16 号线作为北京市第一条 8A 编组的线路，为控制车站规模、降低工程造价，同时提高车站空间的乘客舒适度，对适合北京地铁的 8A 编组标准站的规模进行了探索研究。

4.1.1.2 建筑规模

国内可供借鉴的经验较少，经充分调研论证，结合与北京京港地铁有限公司沟通研究，确定标准车站的建筑规模如下：

（1）标准两层车站长度约为 265m，三层车站长度约为 210m。

（2）标准站站台层层高 5.25m，明挖车站站厅层装修面至顶板下皮高度不小于 4.9m、暗挖车站站厅层装修面至纵梁下皮高度不小于 4.5m（图 4.1-1）。

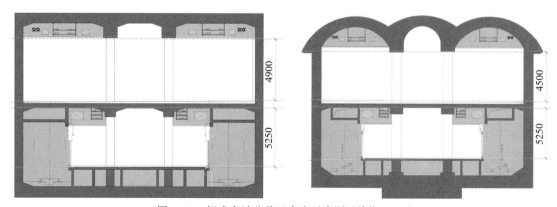

图 4.1-1 标准车站公共区高度示意图（单位：mm）

（3）标准两层车站岛式站台宽 12m，总建筑面积约 1.65 万 m²。

4.1.2 服务乘客——统一 8A 编组车站公共区布置

针对不同的服务对象，车站布局可分为公共区和设备区，其中公共区主要服务于乘客，设备区主要服务于运营人员。车站的公共区主要由站台层和站厅层组成，以下分别介绍站台层和站厅层公共区的设计要点。

4.1.2.1 站台层设计要点（图 4.1-2）

（1）横向柱网

1）设计原则

① 12m 标准站、14m 换乘站结构均采用双柱布置，体现结构对称美并且有利于装修和导向的设计。

②尽量收紧横向柱距加大侧站台宽度。

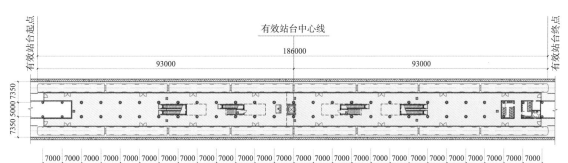

图 4.1-2　站台公共区布置图（单位：mm）

2）设计标准

①横向柱距

由于站台宽度、线路限界控制，横向柱网取决于横向中间柱距尺寸，而横向中间柱距尺寸受控于楼扶梯组合型式，以较为紧张的暗挖车站为例：

a. 梁宽（d）：中板、底板梁宽影响楼扶梯开洞的位置。根据结构验算，直径 0.8m 钢管柱采用 1.2m 宽中板梁及底板梁（梁比柱宽 0.2m）较为合理，钢管柱法兰盘在楼扶梯开洞处特殊处理。

b. 扶梯宽度（bt_1）：经调研，提升高度 5.25m 的滚轮内置扶梯宽度不大于 1.6m，扶梯洞口土建宽度采用 1.7m（含开洞处中板梁的装修宽度 0.1m）。

c. 楼梯宽度（bt_2）：单向楼梯的最小净宽为 1.8m，楼梯两侧扶手安装宽度各 0.1m，楼梯总宽度设计为 2m。

d. 装修厚度（c）：经调研，楼扶梯洞口及楼梯侧面装修厚度为 0.1m，柱子的装修厚度为 0.15m。

横向中间柱距尺寸计算公式为 $f = d + bt_1 + bt_2 + c = 1.2 + 1.7 + 2 + 0.1 = 5\text{m}$。

（2）纵向柱网

1）设计原则

①暗挖地下车站覆土一般为 6~10m，纵向柱距采用 6.5~7.5m 比较合理。

②公共区结构柱尽量避开列车车厢门。

③上行扶梯导流带宜与柱子宽度结合设计，利用柱子充当导流带。

④纵向柱跨设计需结合站厅层付费区及非付费区长度设置。

2）设计标准

暗挖标准站采用 7m 柱网；明挖车站采用 9m 和 10m 组合的柱网。

（3）侧站台宽度（图 4.1-3）

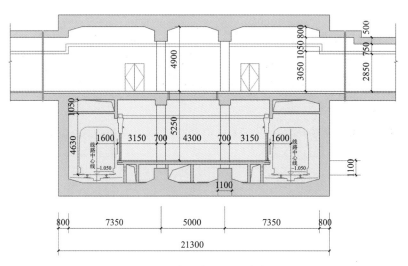

图 4.1-3　明挖车站剖面图（单位：mm）

12m 双柱站台公共区横向柱距：站台层楼扶梯两侧集合了等候上车乘客、下车出站乘客、穿行乘客等多种流线，侧站台的宽度直接影响整个车站的使用效率。北京第一轮地铁建设高潮为 2008 年奥运会以前，侧站台的土建宽约 2.5m，第二轮地铁建设高潮为奥运会以后，侧站台的土建宽约 2.8m，目前以 16 号线为代表的第三轮地铁建设高潮，侧站台土建宽约 3.1m。

1）设计标准

① 12m 双柱站台公共区横向柱距 5m。

②明挖车站柱子横向宽度 0.7m，侧站台土建总宽 3.15m；暗挖柱子直径 0.8m，侧站台土建总宽 3.1m，相比之前的侧站台宽度可增加一股穿行客流，从而有效消除楼扶梯与屏蔽门之间的 8 个堵点，提高使用效率。

2）注意事项

①楼梯总宽约 2000mm，净宽不小于 1800mm。

②预留扶梯洞口 1700mm，适应 85% 以上的扶梯的需求。

③中纵梁宽度不大于 1200mm、底纵梁在扶梯基坑处取消掰角且宽度不应侵入扶梯基坑范围。

（4）楼扶梯布置

标准车站公共区楼扶梯布置：北京目前的主干线网规划为8A制式，无相关建成实例可供参考，在调研上海、广州、香港等地的8A制式车站基础上，结合北京客流特征及运营管理方法，制定了标准站公共区楼扶梯布置组数与设置形式，提高了乘客进出站的便捷性（图4.1-4）。

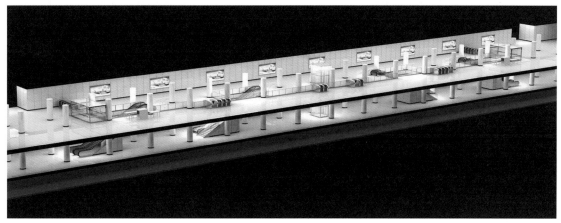

图4.1-4　公共区楼扶梯布置

1）设计标准

①站厅至站台的垂直交通采用4组楼扶梯及1部垂直电梯的布置方式。

②4组楼扶梯以有效站台中心线为中心对称布置，外侧靠近非付费区的两组为双扶梯，中间两组为一楼一扶组合梯，车站中部设置一部垂直电梯。

③车站共设置4部上行扶梯、2部下行扶梯和2部楼梯，日常状态下可满足29200人/h的进站乘客量、28460人/h的出站乘客量。

（5）大运量透明垂直电梯（图4.1-5）

既有运营线路地铁车站设置的垂直电梯荷载多为1t，核定人数13人，已经不太适用于地铁的大客流，尤其与火车枢纽站、长途公交枢纽站等接驳的车站，且站内电梯多采用混凝土井壁，影响站厅与站台的通透性。

设计标准：

1）采用1.6t大运量垂直电梯，一次可以运送21名乘客，提高使用效率。

2）采用透明井道与轿箱，使站厅、站台更通透，提高乘客使用舒适度。

3）交通枢纽站增加无障碍垂直电梯设置数量，方便有需要的乘客使用。

（6）楼扶梯下三角用房设置

既有线车站楼扶梯下三角用房的大小、功能不统一，有的三角用房设置较大，侵占站台层较多的面积，影响站台通行效率及空间感受，有的三角用房设置较小或者不设置底部的三角空间，不能很好利用且不易清洁。本研究从功能、乘客舒适度、施工难度等方面进行了分析，对三角用房的大小、功能进行了统一（图4.1-6）。

图 4.1-5　大运量无障碍垂直电梯

图 4.1-6　楼扶梯下三角用房布置图

图 4.1-7　公共区卫生间布置图

设计标准：

1）双扶梯下设置三角房，端墙高度 2.3m，用于嵌挂扶梯配电箱和消火栓箱，三角房不开门、不作为房间使用。

2）楼扶梯下设置三角房，端墙结合楼梯平台结构柱设置，避免过多占用站台层公共区空间，梯下三角房内设置扶梯配电箱及升降平台车；消火栓箱嵌挂在扶梯三角房端墙。

（7）公共区卫生间布置

既有运营车站对公共区卫生间重视度不够，公共区卫生间厕位设置数量少，男女厕所大便器比例不合理，服务水平较低。目前研究增加厕位数量并调整男女厕所大便器数量比例，以减少高峰期排队，提高乘客服务水平（图 4.1-7）。

1）设计标准

①公共区卫生间设置在站台层设备区大端。

②增加男女卫生间厕位数量。标准站：男卫生间大便器 3 ~ 4 个、小便器 3 ~ 4 个；女卫生间厕位不少于 6 个。换乘站：男卫生间洁具数量不小于 4+4 个；女卫生间厕位不少于 8 个。大型枢纽换乘站：男卫生间洁具数量不小于 5+5 个；女卫生间侧位不少于 10 个。

③用颜色墙区分男女卫生间，活泼、实用。男女卫生间洗手池数量分别不少于 3 个。

④采用航空港的设计理念，入口不设门，环保、卫生。

⑤男女卫生间之间设置的内走道净宽不小于 2400mm，卫生间门口朝向内走道。

2）注意事项

厕所洁具需做视线遮挡分析并注意厕所通风换气的质量。

4.1.2.2 站厅层设计要点（图 4.1-8）

（1）公共区长度

1）设计原则

站厅公共区两端非付费区的纵向长度应根据车站客流、主导客流行为特征和服务区域环境功能定位配置的通行、服务设施合理确定，其纵向长度不宜小于 16m，自动扶梯扶手带转向端距前面障碍物的距离不应小于 6m。

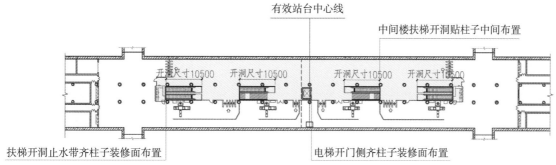

图 4.1-8 站厅公共区布置图（单位：mm）

2）设计标准

站厅层公共区长度为 124.6m，两端非付费区设计为 3 跨，总长度为 19.9m；中间付费区设计为 12 跨，长度为 84.8m。

3）注意事项

对于有其他特殊需求的车站，应根据主导客流的行为特征和车站服务区域的环境功能定位，酌情加大站厅非付费区纵向长度。

（2）自动售票机内嵌

既有运营车站自动售票机多独立设置在站厅层，且放置位置不统一，不容易辨别和使用，16 号线采用内嵌布置，既美观又能保证工作人员换取票卡或者钱币时的安全（图 4.1-9）。

设计标准：

1）设备区大端自动售票机设置在综控室两侧，小端设置在便民用房之外的两跨。

图 4.1-9　内嵌式自动售票机

2）内嵌后自动售票机柜后净距 1.4m，以满足检修换票及嵌挂控制箱。

3）内嵌机房内设置排风扇以保证通风散热。

（3）安检设施

公安部门要求在站厅设置安检机、公安岗亭以增加运营安全的可靠性，但公安岗亭设置位置无统一的规定，设置的大小、功能、型式也无具体要求，为适应安防的需求且不影响乘客正常进出，16 号线对公安岗亭进行了产品化设计。

设计标准：

1）车站设置 4 台安检机，近期使用 2 台，预留 2 台。

2）位置：在站厅非付费区通道有效站台中心线处靠侧墙设置，能直接观看到两端安检以及进站闸机的情况。

3）尺寸：2m（长）×1.5m（宽）×2.5m（高）。

（4）闸机布置方式

1）设计原则

进站自动检票机内侧距步行楼梯第一级踏步最小距离 4m，距自动扶梯扶手带转向处最小距离 5m，进站自动检票机外侧距平行设置售票机的最小距离为 5m，出站自动检票机内侧距步行楼梯第一级踏步最小距离为 5m，距自动扶梯扶手带转向处最小距离 6m，相对布置的自动检票机之间最小距离为 10m，出站检票机外侧离出入口通道边缘最小距离为 5m。

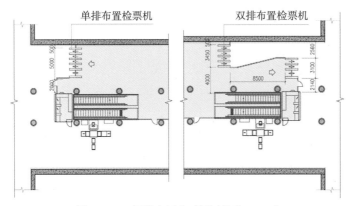

图 4.1-10　闸机布置方式图（单位：mm）

2）设计标准

①进站闸机宜沿车站纵向布置，无障碍垂直电梯侧设置宽通道闸机。

②出站闸机数量≤ 10 台，建议两端均采用自动检票机单排布置方式，出站闸机数量＞ 10 台，建议两端均采用自动检票机双排布置方式（图 4.1-10）。

（5）疏散门及栏杆布置

1）设计原则

栅栏的栏杆高度不应低于1.1m，栅栏上应设置向疏散门方向开启的平开栅栏门，栅栏门的净宽不应低于1.1m。供特种履带式消防车进入付费区的栅栏门数量不应少于1个，其净宽不应小于1.55m。

2）设计标准

①分区栏杆共设6扇疏散门，其中2扇1.1m净宽栅栏门设置于双扶梯旁，2扇1.1m净宽栅栏门设置于出站闸机旁。2扇1.8m净宽栅栏门设置于楼梯旁，供特种履带式消防车进入付费区。

②进站闸机处分区栏杆靠近付费区布置，以加大乘客进出安检设施的区域。

（6）楼扶梯洞口布置

1）设计标准

①站厅至站台的垂直交通采用4组楼扶梯及1部垂直电梯的布置方式。

②4组楼扶梯以有效站台中心线为中心对称布置，外侧靠近非付费区的两组为双扶梯，中间两组为一楼一扶组合梯，车站中部设置1部垂直电梯。

2）注意事项

①站厅层靠近两端非付费区的双扶梯栏杆应与装修后的柱子平齐，并与乘客服务中心贴邻布置。

②扶梯贴开洞边布置，防止一台扶梯检修时影响另一台扶梯运营。

③当采用滚轮内置扶梯时，设备尺寸为1.6m，扶梯洞口土建宽度为1.7m（含开洞处中板梁的装修厚度）。当采用滚轮外置扶梯时，扶梯设备尺寸为1.7m，扶梯洞口土建宽度调整为1.80m（含开洞处中板梁的装修厚度）。

④扶梯上下工作点到扶梯基坑的距离以设备实际选型为准。

⑤站台层挡烟垂壁距楼扶梯起坡点约500mm，以满足排烟风速要求。

⑥扶梯上下工作点到扶梯基坑的距离以设备实际选型为准。

⑦扶梯上方洞口梁为暗梁或上反梁。

⑧扶梯吊钩预埋型式结合具体装修方案设置。

⑨扶梯实际提升高度需根据车站纵坡进行计算，排产前需实际测量。

⑩楼梯第一级踏步与扶梯下工作点平齐。

（7）剖面布置要点

1）设计原则

站台公共区内任意一点到安全出口的最大距离不得大于50m。出入口净宽4.2m、4.8m时，吊顶高度不应低于2.6m；出入口净宽5.5m时，吊顶高度不应低于2.7m。

2）设计标准

①车站在非付费区中间柱跨对称布置4个出入口通道，满足站厅公共区任意一点到出入口的最大距离不大于60m。

②出入口通道结构宽度为5.3m。

③出入口结构顶板需高于主体吊顶上沿500mm，便于桥架及管线从主体向出入口通道敷设。

4.1.3 便捷出行——践行车站建筑人性化、无障碍设计

4.1.3.1 无障碍出入口设置

（1）设计原则

车站出入口至少在2个主客流方向设置无障碍电梯，当车站跨路口设置时，出入口无障碍电梯宜对角布置。个别车站满足不了要求，但应尽量保证四环以内车站满足以上原则。

（2）设计标准

1）明挖车站无障碍垂直电梯口与出入口合建

明挖车站的无障碍垂直电梯口与出入口整合，两者共用进出厅，方便特殊乘客使用和运营服务（图4.1-11）。

图4.1-11　出入口与无障碍出入口合建

2）门厅

为满足挡风遮雨的需求及保证无障碍出入口地面亭的通透性，单独设置的无障碍垂直电梯门前顶部设置透明雨篷，两侧设置透明玻璃栏板，形成不小于1.8m²的空间，方便乘客等候使用。

3）坡道及扶手

无障碍垂直电梯室外平台和地面之间设置无障碍坡道，坡道栏杆扶手末端形成向下的弧形弯头，以满足相关要求。

4）呼叫按钮

结合盲道布置，无障碍出入口正立面右侧设置电梯控制及呼叫按钮，方便使用。

4.1.3.2 售检票设施

（1）人工售补票

每个售票窗口均采用高低两层售票平台，高台面距地面0.95m，便于正常乘客使用，低台面距地面0.8m，便于乘坐轮椅乘客购票使用。在不增加售票窗口数量的情况下，为残疾乘客提供与普通乘客一样的售票服务水平（图4.1-12）。

（2）自动售票环节

自动售票机的操作界面及控制按钮均按照人体工程学进行设计，显示界面设置角度、操作按钮的位置、投币口及取票口的位置均能满足轮椅乘客的使用要求（图4.1-13）。

图4.1-12　票亭高低两层售票平台　　　　　　图4.1-13　TVM外观模块

（3）检票环节

为了便于乘坐轮椅的乘客顺利检票，将宽通道检票机设置在最短客流流线上，且分别在进站检票机群和出站检票机群中独立设置。出站宽通道检票机临近售补票亭设置，便于售票员观察并协助乘坐轮椅乘客通过检票机。

4.1.3.3 无障碍卫生间（图4.1-14）

（1）无障碍卫生间设置推拉门。

图4.1-14　无障碍卫生间推拉门及内部布置

（2）坐厕旁扶手设置为可上下旋转式，另一侧设置呼叫按钮，方便乘客使用。

（3）无障碍扶手均设置防滑模块。

（4）镜子向下倾斜角度设置，方便坐在轮椅上使用。

4.1.3.4 其他设施

（1）通过地面垂直电梯进入车站的出入口通道，路径上设置无障碍坡道、无障碍扶手、无障碍电梯（有提示盲道）等设施。

（2）视觉障碍乘客可通过楼梯进入车站，楼梯设有提示盲道且扶手首末端头均有盲文。

（3）客服中心的售票、补票处都铺有盲道到达。

（4）站内采用透明井壁、透明轿厢、1.6t 的大容量垂直电梯。

（5）端头墙面设置导向提示及墙面求助电话。

（6）乘车等候区域设置通长盲道，每节车厢均设置有行动不便者专用座椅及轮椅停放区。轮椅停放区设置原则为每节车厢设置 2 处，分别为车厢对角两端设置，行动不便者专用座椅设置原则为每排座椅设置 1 个（图 4.1-15）。

图 4.1-15　轮椅停放区照片

4.1.4　提高效率——实践效果

地铁 16 号线是北京西部的城市轨道交通干线，也是北京市第一条 8A 编组的地铁线，针对 8A 编组列车载客量大、车站规模大的总体特点，以"为乘客服务、为运营服务"为出发点，对地铁车站建筑设计提出了一些设计标准。通过对 8A 地铁编组车站建筑布置的研究和总结，能为乘客的便捷出行、舒适候车提供便利条件，对公共服务设施的有效利用打下良好基础；同时也为运营提供了模块化服务，为高效率、集约化运营奠定了坚实的基础。部分研究成果已在北京后续地铁 12 号线、17 号线、19 号线等车站中推广使用。

4.2 释放空间，"无吊顶"装修彰显京廊古韵

4.2.1 "破茧成蝶"——有吊顶、无吊顶，思路变迁历程

2016 年初，全国有 27 个城市开通地铁，截至 2018 年 10 月，中国已开通地铁的城市有 36 座。中国的地铁建设能够在近 20 年内快速发展，很大程度上得益于标准化设计模式和标准化建设模式的不断实践，但标准化也造成了车站空间形式的过分单一。室内空间构成形式和用材形式被作为标准的优点是保证所有地铁车站室内设计基本合理，但某种程度上限制了空间上的创新。地铁的公共空间多为"通道＋站厅＋站台"的空间组合。完成装修后一般情况下，通道是一条约 6m 宽、2.6m 高的带状空间；站厅是约 20m 宽、90m 长、3.2m 高的一个方盒子；站台是一个 120 ～ 180m 长、12 ～ 14m 宽、3m 高，并且被楼梯切分多段的零碎空间。地铁车站基于功能和消防的需求，可选用材料非常少。由于地下公共工程技术原因，地铁站的设备大且多，随着车站功能需求不断增加，不同专业相互了解、理解的程度不够，导致大量地铁站的室内空间效果受限于大面积吊顶，设备吊杆林立，净空偏低。北京地铁自 2005 年引入装修概念，开始对全线车站空间有了深层次的关注与要求，在设计理念上大致经历了 3 个阶段：

第一阶段（2005~2008 年）。5 号线、奥运支线、机场线等。设计理念："一站一景"；设计手法：采用大量异形设计；装修效果：个性鲜明。

第二阶段（2009~2015 年）。4、6、7、8、9、14、15 号线等。设计理念："一线一景"；设计手法：装修材料模块化，注重后期检修与维护；装修效果：简洁明快；艺术品设计：贴合车站周边环境，且设置艺术品的车站占全线 1/3。

第三阶段（2016 年至今）。16 号线。设计理念：简约风格，绿色地铁，便于运营维护；设计手法：设备管线深度整合、直接作为装修表皮；装修效果：空间通透、整洁；艺术品设计：重点车站设置艺术品。

早在北京地铁 15 号线西段的设计过程中，设计团队已经对提高车站净空进行了初步尝试；期间选择了两座车站站台，以空间构筑需求为出发点，对管线、设备终端进行整合，改变了以往"一刀切"的设计模式，使得车站净空得到较大提升，车站设备终端集中布置，减少凌乱吊杆，最终车站空间基本实现了预想效果。在此过程中逐渐形成共识：地铁车站室内功能性强、设备复杂且多样，乘客对车站空间环境的期待逐步提高，以室内设计在建筑空间基础上的整体构筑方案为目标，将土建、设备、装修紧密配合才能创造较好的空间效果。

北京地铁 16 号线的设计是在前期尝试基础上的继续提升。设计团队首先在国内进行大量考察，裸露管线的设计与土建及装修的结合技术尚有较大的提升空间，同时从室内建筑空

间构建和最终细节品质的角度，针对相关问题逐一思考对策：设计团队拓展思路，研究取消吊顶的可实施性，为车站释放更多空间；利用设备管线作为装修表皮，站厅公共空间加高1m，空间通透、整洁大方，同时提升了运营期间检修与维护的便利性，解决了"还原建筑本体与美化建筑本体"的矛盾点，对各种影响美观的裸露管线及结构提出诸多创新思路，最终实现了耐看易维护的"无吊顶"舒适空间。

4.2.2 "高屋建瓴"——空间规划先行，还原建筑本体

地铁车站室内设计是地铁工程设计的最后一道工序，往往被理解为仅是在给工程"搽脂抹粉"，但实际上我们应利用室内设计主动营造空间，而不是被动修饰或弥补空间不足，室内界面"空间规划"应贯穿整个车站工程设计的全生命周期。设计着眼点应回归到对乘客的空间感受和车站的空间形式、尺度比例、造型节点、色彩构成、灯光照明等客观因素的理性思考。16号线首通段在设计过程中，通过颇具前瞻性的车站室内界面"空间规划"，使得车站的空间尺度得到最大化的利用，同时在各种设备终端整合方面提出了创新性的解决方案，为轨道交通行业带来了新的思维角度。

4.2.2.1 地铁车站"空间规划"指导思想的形成

设计团队通过不断反思和创新突破，逐渐形成并不断完善了地铁车站"空间规划"的指导思想。"空间规划"主要指在地铁车站室内尺度一定的情况下，为了实现空间的最佳配置，以室内设计概念为主导，土建、设备、室内等各专业互动设计，共同提出的具有整体性、前瞻性、指导性的空间整合方案。这种思路源于国内地铁车站建设时间紧、室内空间局限性大、专业配合多、品质追求高的特征。实践证明，这是地铁车站室内设计过程中极富实际意义的工作方法。

4.2.2.2 地铁车站"空间规划"的意义

（1）通过"空间规划"达到空间的优化配置，为室内创造更佳的空间条件

空间尺度是实现室内效果的前提和基本条件。国内一般地铁车站的站型和尺度相似，在建筑平面一定的前提下，影响地铁车站尺度的因素主要有层高、结构梁高、设备管线尺度等。在保证满足功能的前提下，根据室内设计的空间效果需求，将公共区的设备管线"腾挪躲闪和紧凑贴合"，使公共活动区域获得了更大的空间尺度，尤其能使空间的高度获得较大的提升。

（2）"空间规划"为地铁车站实施绿色、节约型装修提供了保证

实施绿色、节约型装修是行业发展的主旋律。取消不必要的装修或简化繁琐、过度的装修，最终使空间好用，减少浪费，降低运营和维护的成本。

（3）能够将建设、运营的构想更切实地反映在装修设计方案中

建设单位更关注造价是否符合投资概算以及是否方便实施，运营单位关注是否便于运营和维护。"空间规划"介入工作相对较早，可以与建筑同步设计，能更多地融合建设和运营的需求，并保证最终设计方案中得以体现。

（4）促使室内界面与其他功能装置的高效整合

地铁车站室内界面是基于视觉美观和功能合理而设置的有围合感的空间表皮，这个表皮是环境氛围营造的手段，又是众多功能装置的空间或物理载体，地铁站内的诸多功能装置，包括：建筑构件、通信、信号、监控、公共艺术、PIS、AFC、导向、商业等均附着在装修界面之上。

4.2.2.3 地铁车站"空间规划"理论在16号线的实践

（1）"空间规划"为设备管线敷设划定区域

设备管线避开站厅、站台的中跨（仅保留照明和FAS的管线通过），尽量紧贴车站两侧布设，使得结构柱子、梁和中板完全裸露，为车站中部的点睛设计预留空间。技术措施：顶板中跨预埋1根FAS管线、7根动照管线（图4.2-1～图4.2-4）。

（2）避免站厅的设备路由在端跨交叉

国内地铁站站厅的标高往往受限于端墙部分的管线，且该部分管线穿插关系较为复杂，视觉效果凌乱。16路线在设计过程中设备管线的路由在设备区完成交叉，避免在公共区进行

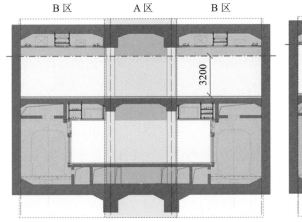

图4.2-1 无"空间规划"的空间（单位：mm）

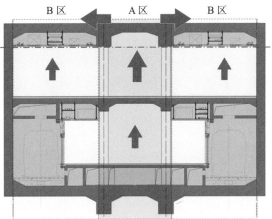

图4.2-2 有"空间规划"的空间

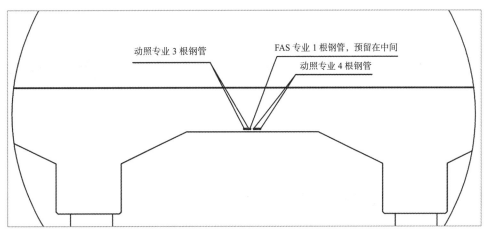

图4.2-3 中跨顶板做好管线预埋

图 4.2-4　空间规划后现场照片

交叉。个别站由于特殊原因必须在公共区交叉过梁时，则土建在端跨做上翻梁，并保证管线贴顶紧凑布置，以减小设备管线对车站净空的侵占，并能保证公共区整体方案的延续。

（3）设备管线在垂直方向紧凑布置

1）将边跨的设备管线在垂直方向尽量紧凑贴顶布置，为车站争取更高的净空。

2）明挖站装修与设备空间界限为：站厅顶皮以下 1.1m 范围内为设备管线布置空间。暗挖站装修与设备空间界限为：站厅拱顶顶点以下 1.8m 范围内为设备管线布置空间。

（4）站厅门套口的侧墙区域优化

站厅与通道口连接处的侧墙需要做套口设计，并要整合导向系统形成统一的视觉形象，这一思路包括功能和美观的双重需求（图 4.2-5、图 4.2-6）。

为使出入口的形象完整且导向设置不受干扰，16 号线对此处的土建和设备做了统一要求，各站必须保证红色区域内无消防栓、冲洗栓、配电箱等设施。

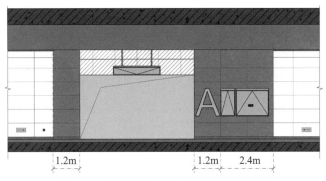

图 4.2-5　站厅出入口墙面控制范围示意图

图 4.2-6　站厅出入口立面照片

（5）通道与站厅接口形式优化

通道接车站处的洞口顶部有大量管线从车站的管线桥架进入通道，这就需要预留空间，否则设备必将侵入公共空间。

明挖出入口与明挖主体相接处的高度，在出入口通道与主体相接处2.7m长的范围内，站厅顶板下皮至通道顶板下皮的高度差不大于0.8m。

暗挖车站出入口与暗挖主体相接的开洞，中板结构上皮至洞口下皮净高度不小于4.25m。

暗挖出入口与明挖主体相接处的高度，出入口通道与主体相接处2.7m长的范围内，站厅顶板下皮至通道开洞顶点下皮的高度不大于0.8m。

（6）纵向中跨设备线管路由预埋

车站公共区的中跨仅允许动照和FAS管线通过，且采取暗埋的形式。一个柱跨两轴之间均需设置2个等间距的预留灯具点位以及2个等间距的FAS点位（图4.2-7、图4.2-8）。

站台层中跨被楼扶梯洞口隔断，纵向的照明和FAS管线路由通过楼扶梯洞口绕进装修完成面内，与装修结合实现贯通（图4.2-9、图4.2-10）。

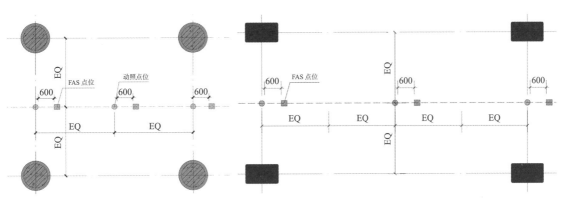

图4.2-7　暗挖站站厅中跨管线预埋示意图　　　图4.2-8　明挖站站厅中跨管线预埋示意图
　　　　　（单位：mm）　　　　　　　　　　　　　　　　（单位：mm）

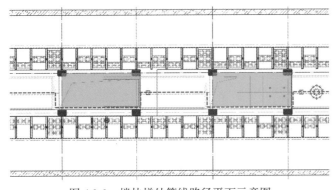

图4.2-9　楼扶梯处管线路径平面示意图　　　图4.2-10　站台楼扶梯处管线剖面示意图

（7）站台4组楼扶梯中纵梁处设置穿梁孔（动照专业走线）

扶梯连锁牌线路通过站厅扶梯基坑位置沿楼扶梯洞口预留孔洞引至站台边跨，再向前敷设至导向综合支吊架与纵梁边穿孔钢板衔接处（图4.2-11、图4.2-12）。

图 4.2-11　站台层综合支吊架照片

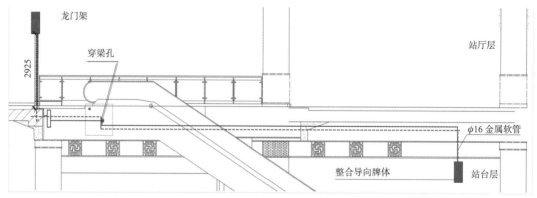

图 4.2-12　扶梯连锁牌穿越预留孔洞敷设路径（单位：mm）

（8）顶板设置隐藏式扶梯吊钩

站厅层每个楼扶梯上方均有扶梯吊钩，为保证中跨整齐美观，对其做隐藏式设计，后期由装修做包封处理（图4.2-13、图4.2-14）。

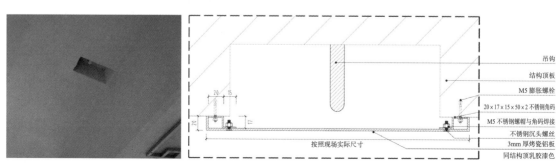

图 4.2-13　扶梯吊钩现场照片　　　　图 4.2-14　吊钩口封堵安装示意图（单位：mm）

（9）顶纵梁与结构柱做倒角处理

为了缓解梁或柱子转角不平直的视觉感受，设计对所有纵梁做30mm的倒角处理，所有明挖站混凝土柱子倒圆角，R=60mm（图4.2-15、图4.2-16）。

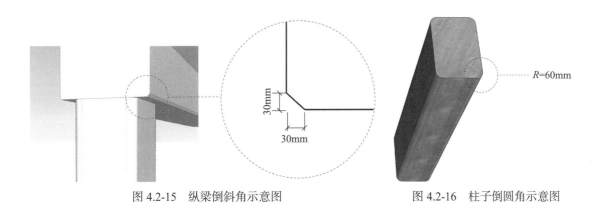

图4.2-15　纵梁倒斜角示意图　　　　图4.2-16　柱子倒圆角示意图

4.2.3　"表里如一"——棚顶综合管廊，化作装修外衣

4.2.3.1　管线排布原则

（1）合理排布管线：对称布置，由左至右依次为水管—风管—桥架—风管—水管。

（2）留出检修通道（图4.2-17）。

图4.2-17　现场照片

4.2.3.2　利用综合横担作为顶棚管线的支撑体系（图4.2-18、图4.2-19）

（1）管线下方间隔2m横向设置一处可调节的综合横担，承担所有管线受力，不设置吊杆。

（2）综合横担两端分别与侧墙及纵梁固定。

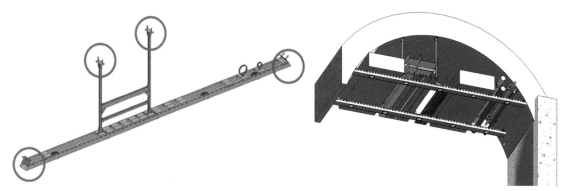

图 4.2-18　综合横担透视图　　　　　　图 4.2-19　综合横担及管线安装透视图

4.2.3.3　综合横担与装饰结合

（1）镂空装饰花窗格与设备横担相结合作为装修表皮一部分，避免边跨过于单调。装饰花窗格与横担侧边安装固定，方便灵活拆卸（图 4.2-20、图 4.2-21）。

（2）综合横担侧边预留孔，为其他设备终端整合安装做充分考虑。

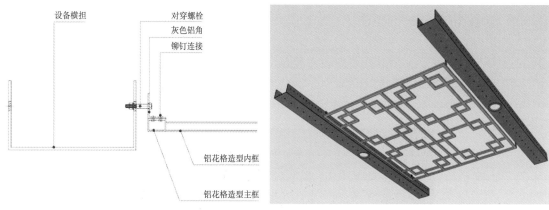

图 4.2-20　装饰花窗格与设备横担安装图　　　　图 4.2-21　装饰花窗格透视图

4.2.4　"化零为整"——终端深度整合，全新界面设计

设备终端高度整合措施如下所述。

（1）边跨横担：集成灯具、广播、摄像头等多个设备终端（图 4.2-22、图 4.2-23）。

（2）中跨：在每处楼扶梯洞口设置龙门架，集成导向牌体、摄像头等设备终端；各弱电走线通过柱裙及立杆进入牌体部位，既实现所有功能，同时造型与车站空间"京廊古韵"氛围相融合（图 4.2-24、图 4.2-25）。

（3）导向牌体、摄像头等设备终端结合墙面、柱面设置；中跨禁止从顶板下伸吊杆；设备终端通过深度整合，车站环境整齐划一、井然有序、空间开敞（图 4.2-26）。

（4）牌体相应抬高：吊挂底距地高度从 2.4m 抬升至 2.8m；乘客体验较好（图 4.2-27）。

图 4.2-22　灯具与横担整合

图 4.2-23　摄像头与横担整合

图 4.2-24　龙门架与柱子结合

图 4.2-25　导向牌体等与龙门架整合

图 4.2-26　设备终端与墙、柱面结合设置

图 4.2-27　导向吊挂牌体抬高效果

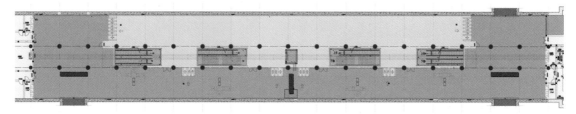

图 4.2-28　引导乘车吊挂牌体设置点位

（5）精简导向牌体数量，乘车导向牌体仅设置 3 个，站厅吊挂导向牌体仅在两端及车站中心闸机前方设置（图 4.2-28）。

4.2.5　"形神兼备"——挖掘地域文化，打造古风长廊

为创造特色的地铁文化，北京和国内其他城市在地铁建设中，普遍把文化创意纳入了前期决策，16 号线尤为重视，地域文化成为重要创作资源和展示亮点。

根据文化主题创意的需要，调研包括各站地域环境特征的调查和全线相关因素分析两部分。调研内容：车站现场位置、周边交通换乘关系、自然和人文景观、重点建筑等。16 号线途径多个重要国家机关、公共场馆、科技园区、开发区、园林公园等，其中包括颐和园、万寿寺、国家图书馆、住房和城乡建设部、钓鱼台国宾馆、玉渊潭公园、达官营、宛平城等多个地标性处所，沿线地域文化积淀深厚，文化氛围浓烈，最终形成全线"南北两端以中式风格为主，中间段融入西式风格"的整体思路（图 4.2-29 ～图 4.2-34）。

图 4.2-29　西苑站

图 4.2-30　万泉河桥站

图 4.2-31　苏州桥站

图 4.2-32　国家图书馆站

图 4.2-33　甘家口站

图 4.2-34　丰益桥南站方案

4.2.6 "推陈出新"——多项外观专利，引领裸装风潮

4.2.6.1 "地铁空间龙门架"专利

地铁空间有诸多设备终端，尤其在楼扶梯洞口前有导向牌体、摄像头、扶梯连锁牌等，将其与装饰构件有效整合，可减少大量吊杆，大大改善车站整体效果（图 4.2-35 ）。

4.2.6.2 "设备横担与花格整合体"专利

地铁空间天花上有大量设备管线被传统装修材料隐蔽，造成后期维修不便。16 号线中的设备横担与花格整合体，可使天花上设备管线半裸露，既起到了综合桥架的作用，又方便维修，且整齐美观。

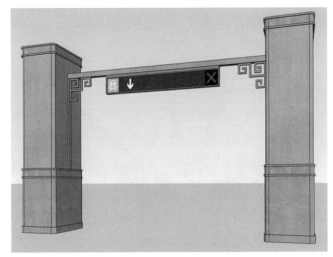

图 4.2-35　地铁空间龙门架透视图

4.3 改善换乘条件，提升服务水平

4.3.1 "攻坚克难，应对挑战"——换乘站设计思路

4.3.1.1 换乘站概况

16号线全线29座车站，其中12座为换乘站，见表4.3-1。

16号线换乘站情况 表4.3-1

换乘类型	站名	换乘线路
与既有线换乘	西苑站	M4、远期规划M15
	苏州街站	M10
	国家图书馆站	M4、M9
	二里沟站	M6
	达官营站	M7
	丰台站	M10
	丰台南路站	M9
与在建线换乘	苏州桥站	M12
	丽泽商务区站	M14
	丰益桥南站	房山线
与规划线路换乘	甘家口站	M3
	木樨地站	既有M1、远期规划R1

4.3.1.2 16号线换乘设计思路

16号线是北京第一条8A编组地铁线路，与其相交的7座既有车站（西苑站、苏州街站、国家图书馆站、二里沟站、达官营站、丰台站、丰台南路站）均没有预留换乘条件，且编组6B或8B，存在大客流冲击问题。需要重点解决8A对其他编组线路的客流冲击。

（1）通道换乘设计思路——西苑站、国家图书馆站、木樨地站

1）换乘通道尽量短。

2）两线站厅争取平层，避免"翻山越岭"。

3）换乘通道尽量顺直，避免走"迷宫"。

4）换乘通道宽度在现行的标准基础上适当提高2~4m，单向换乘通道宽度不小于6m，争取8m；双向换乘通道宽度不小于10m，长通道，条件允许时争取12m。

5）与既有站尽量多点对接，减小拥堵点。

6）换乘通道有高差时，采用双向扶梯。

7）通道较长时，在条件许可时，增加双向自动步道，也可考虑中间增加"换乘方厅"形式，空间上拉近两站距离。

（2）节点换乘设计思路——二里沟站、甘家口站、丰益桥南站

1）二里沟站：在6号线每个侧站台分别设置通道连接16号线站厅，实现"台—厅—台"节点换乘。

2）甘家口站：与规划3号线换乘，做好弹性预留条件，具备采用"T"形或"+"字形两种站位关系。

（3）叠落换乘设计思路——苏州桥站

16号线左右线站台叠落与12号线实现T形节点换乘，16号线两个侧站台分别预留12号线站厅接入条件，实现"台—厅—台"的便捷换乘。

（4）通厅平行换乘设计思路——丰台南路站

1）9号线和16号线站厅平层换乘。

2）9号线和16号线站厅付费区打开2个8m宽的通道，两线站厅连为一体，换乘客流共享共用站厅，换乘方便快捷、空间体验好。

（5）换乘厅设计思路——达官营站

1）两线之间增加"换乘方厅"，通过双向扶梯与两座站厅连接，提高换乘舒适度。

2）用多条换乘通道连接"换乘方厅"，分散换乘客流。

3）换乘通道做到平直。

（6）特殊换乘站设计思路——丰台站、丽泽商务区站

作为区域重要节点，丰台站、丽泽商务区站，在满足换乘基本功能需求的基础上，加大站台宽度与空间高度，采用共享大厅，引入阳光，进行交通一体化、站城一体化设计，打造区域名片。

第4章
建筑核
心技术
解读

4.3.2 苏州街站——"老"站扩容，缓解冲击

4.3.2.1 车站概况

图 4.3-1 苏州街站站址环境图

苏州街站与既有10号线换乘，位于苏州街与人大北路（海淀南路）十字交叉路口下。苏州街南北建筑大部分为高层且紧贴红线，路口交通十分繁忙（图4.3-1）。

4.3.2.2 设计难点

苏州街两侧高层建筑密集紧贴红线，换乘设计难点在于既有10号线车站原规划为非换乘站，未预留任何换乘条件，面对16号线8A编组大客流换乘，既有10号线车站规模及站内设施能力不足，具体问题如下：

（1）换乘客流大。远期 2042 年早高峰总客流为 4.31 万 /h，其中换乘客流为 2.65 万 /h，占 61%，10 号线换乘 16 号线的客流为 1.5 万 /h，16 号线换乘 10 号线客流为 1.15 万 /h。

（2）侧站台宽度小。楼扶梯处侧站台宽度仅为 2.85m，除去站台门，净宽约 2.5m，对于大客流换乘站，侧站台宽度狭小。

（3）端厅公共区面积小。东端站厅层公共区长度为 29.5m，其中付费区长度仅为 14m，西端站厅层公共区长度为 35.5m，其中付费区长度仅为 17m。

（4）楼扶梯通行能力不足。每侧站台至站厅均为两组楼扶梯，每组包含仅一部 1m 宽扶梯和 1.8m 宽楼梯。

4.3.2.3 设计策略

针对 10 号线车站站台宽度较窄的现况，两线换乘方案采取 4 组 "F" 形的换乘通道，巧妙地避开既有 10 号线狭小的两个端厅，同时增加了 10 号线站台宽度、减轻站台压力。

两线换乘为 "台—厅—台" 换乘，即 16 号线两边端头厅分别有两个通道连接 10 号线的侧式站台，形成 4 条 "F" 形通道和 2 条无障碍换乘通道，16 号线接出的通道宽度均为 6m，10 号线接出通道宽度多为 5m，换乘高度为 4.95m，进行双向换乘。10 号线与 16 号线为侧岛换乘，换乘客流均不经过 10 号线楼扶梯，巧妙地解决了 10 号线站台至站厅楼扶梯能力不足的问题，通过增加换乘通道变相增加侧站台宽度，实现了站台扩容的效果（图 4.3-2、图 4.3-3）。

第4章
建筑核
心技术
解读

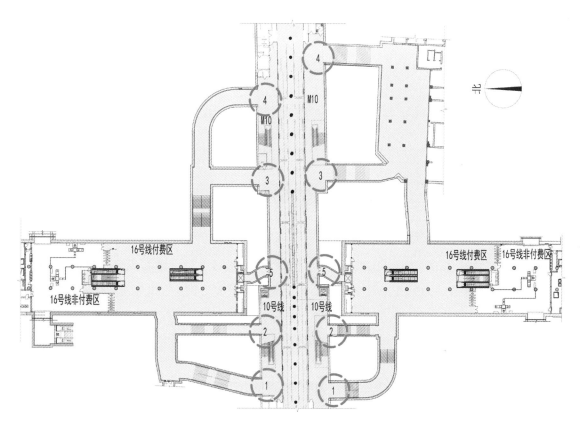

图 4.3-2　10 号线苏州街站 1~5 号换乘节点改造平面示意图

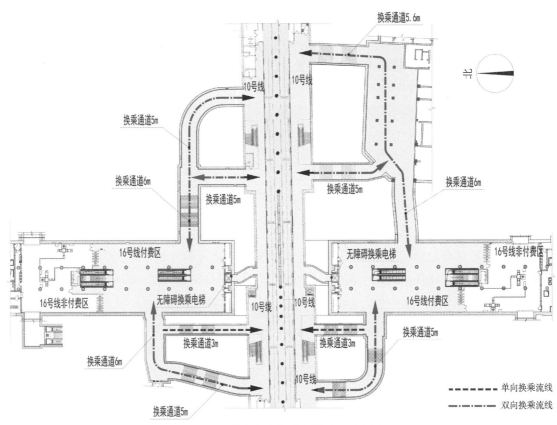

图 4.3-3　苏州街站换乘流线平面示意图

4.3.2.4　客流模拟辅助验证

通过客流仿真模拟，10 号线西行换乘客流从换乘通道楼梯疏散需要 50s，最大排队时间不超过 12s；10 号线东行侧站台最大聚集人数达 519 人，空间密度为 2.6 人 /m²，其中靠近换乘楼梯处密度为 4~5 人 /m²。换乘通道和楼扶梯数量、宽度满足高峰换乘进出需求，没有出现长时间拥堵节点。

4.3.3　国家图书馆站——三线换乘，平层顺接

4.3.3.1　车站概况

国家图书馆站是 16 号线与既有 4 号线、9 号线三线换乘车站，既有 4 号线和 9 号线车站为双岛四线同台换乘。既有车站沿中关村南大街南北地下敷设。16 号线车站在既有车站南侧，东西走向（图 4.3-4）。

4.3.3.2　设计难点

（1）控制因素多。地下有既有线区间和众多市政管线，南有南长河，北边是国家图书馆建筑群。

（2）换乘客流大。远期 2042 年早高峰总客流为 2.7 万 /h，其中换乘客流为 2.3 万 /h，占

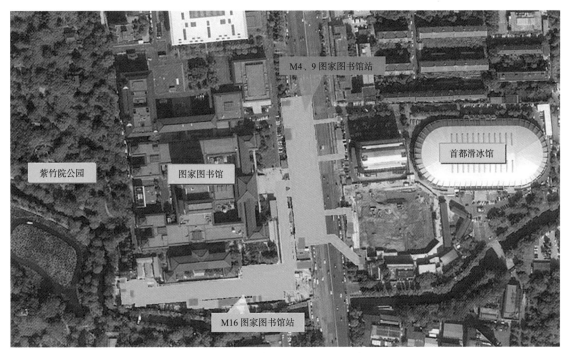

图 4.3-4　国家图书馆站站址环境图

85%，16 号线换乘 4 号线和 9 号线的客流为 1.1 万 /h，4 号线和 9 号线换乘 16 号线车站的客流为 1.2 万 /h。

4.3.3.3　设计策略

（1）分析众多控制因素，减少施工风险

车站地下控制因素较多，为减少施工风险并同时降低造价，车站充分利用国家图书馆南侧场地，采用明挖方法施工，与既有站成"L"形通道换乘形式。"L"形通道换乘方案具有工法简单、施工风险低和换乘便捷等优点，具有较强的可实施性（图 4.3-5）。

（2）避免大客流拥堵，提高换乘服务标准，尽可能地确保换乘通道平直顺畅，适当加大换乘通道宽度和高度

16 号线车站轨面下穿既有 4 号线、9 号线，埋深受控，车站为三层，将地下一层设置为站厅，从竖向上与既有车站站厅尽量在同一高程，确保换乘通道实现平层顺接，避免乘客上上下下"翻山越岭"的问题。利用国家图书馆东侧绿地，换乘通道采用明挖法施工，通道宽度加大至 12m，较规范规定双向换乘通道不小于 8m 的要求大幅提高，高度采用 3.5m。同时在通道内设置双向自动步道。通过以上技术措施，在避免大客流拥堵的基础上，尽量提高换乘服务水平。

（3）根据以换乘客流为主的客流特征，采取相适应的公共区布置方式

根据客流以换乘为主的特点，在公共区布置时采用了相适应的方式：一是站厅东侧出入口通道内布置安检及闸机，站厅三跨空间均为付费区；二是站厅端部向外扩展一跨，设置必要的电缆间及安全出口。通过以上两种措施，扩大付费区空间，降低大客流密度，加强换乘空间通视性，提高空间导向性。

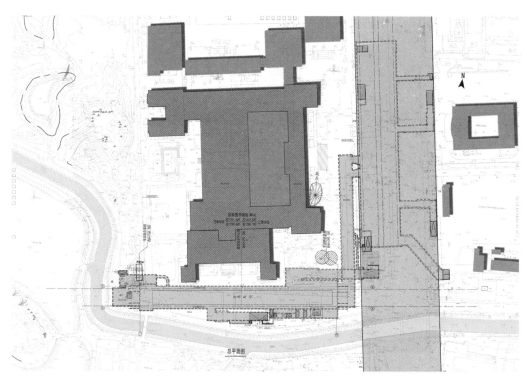

图4.3-5 国家图书馆站"L"形换乘方案平面总图

（4）既有线车站设置多点衔接，减小对既有车站客流冲击

根据既有站楼扶梯布置及流线分析，在侧墙设置两个衔接口，双向换乘乘客分离，提高效率，避免拥堵（图4.3-6）。

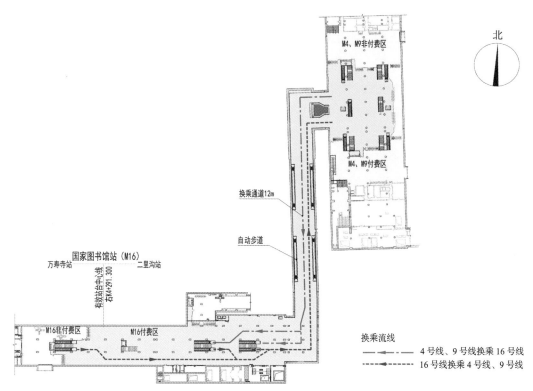

图4.3-6 国家图书馆站换乘流线示意图

4.3.4　二里沟站——区间加站，分期实施

4.3.4.1　车站概况

二里沟站为北京地铁 16 号线与 6 号线的换乘车站，位于车公庄大街和三里河路相交路口（图 4.3-7）。

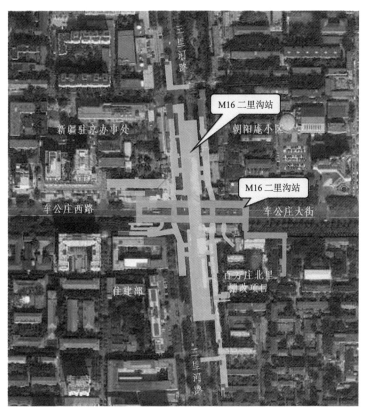

图 4.3-7　二里沟站站址环境图

4.3.4.2　设计难点

在 16 号线设计时，6 号线全线已经在施工，区间沿车公庄的大街，在此并未设站。经过相关专题研究和充分论证，最终确定 6 号线在此加站，两线将实现换乘。6 号线二里沟站只实施车站主体工程，目前已通车运营，列车在本站通过不停车，在 16 号线车站开通前暂作为区间使用，车站主体为暗挖单层分离侧式形式，中部预留 16 号线上跨条件，侧墙预留附属通道接口。剩余工程随 16 号线车站一并实施。

既有 6 号线二里沟站有其独特的工程背景，为后期 16 号线建设带来较多的限制条件，新建 16 号线车站在设计时既需解决两线大客流进出站问题，又需满足两线换乘功能最优。

4.3.4.3　设计策略

16 号线车站站位沿三里河路南北向跨路口设置，车站为两端双层暗挖，中间单层暗挖上跨 6 号线车站型式。车站地下一层为 16 号线侧式站台层、两线共用的 5 个外挂进出站厅；地下二层为 6 号线站台层、16 号线与 6 号线"台—台"换乘厅以及两线共用的设备层。

由于外挂进出站厅的设置，使两线换乘客流与进出站客流分离。两线客流通过地下一层的5个共用外挂厅进出站，换乘客流则通过车站地下二层换乘厅实现"台—台"换乘。避免进出站客流与换乘客流交织（图4.3-8~图4.3-9）。

16号线换乘6号线客流通过站台中部两组楼扶梯换乘下至6号线站台层，6号线换乘16号线通过16号线两端楼扶梯上至16号线站台层，两线换乘均十分便捷，同时设置垂直电梯实现无障碍换乘。

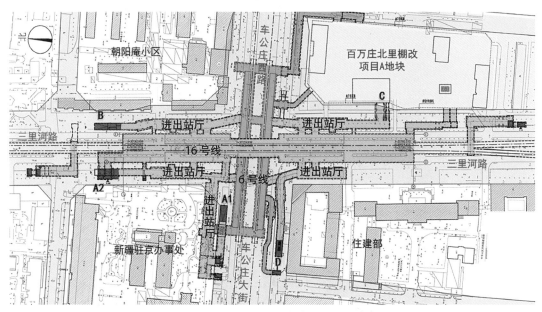

图4.3-8 二里沟站暗挖方案总平面示意图

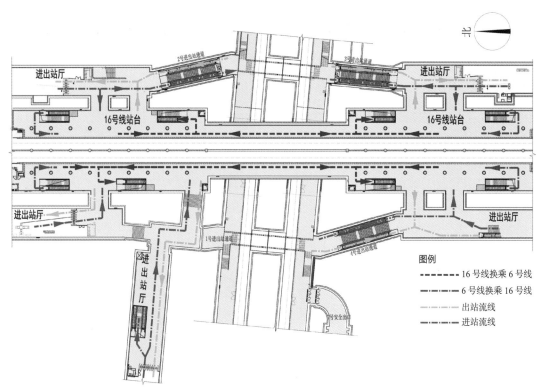

图4.3-9 二里沟站暗挖方案地下一层换乘流线平面示意图

4.3.5 甘家口站——弹性预留，形式灵活

4.3.5.1 车站概况

甘家口站为北京地铁 16 号线与远期规划 3 号线的换乘车站，16 号线沿三里河路南北向敷设，3 号线沿阜成路东西向敷设（图 4.3-10）。

图 4.3-10　甘家口站站址环境图

4.3.5.2 设计难点

车站周边建筑、道路均已实现规划，地下管线密集。规划建设中的车站方案存在不确定性，16 号线换乘节点如何预留是最大的难点。

4.3.5.3 设计策略

预留节点要有适应多方案的弹性，为未来换乘提供更加灵活的条件。通过研究，16 号线车站为岛式站台形式，跨路口设置。从竖向上分析，3 号线在上，16 号线在下。16 号线车站站厅东、西设置暗梁暗柱，预留 3 号线车站换乘节点及通道条件，适应"十"字和"T"形两种换乘形式，同时适应 3 号线侧式和岛式两种站台形式（图 4.3-11）。

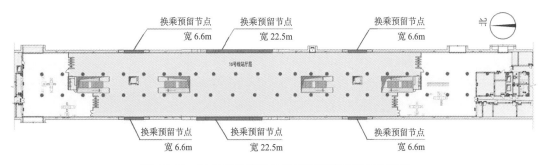

图 4.3-11　16 号线甘家口站站厅侧墙预留节点示意图

（1）"十"字换乘（以侧岛为例）

地下一层是3号线站厅，地下二层是3号线侧式站台和6号线站厅，地下三层是16号线岛式站台。

16号线乘客通过站台中部两组楼扶梯竖向一次提升，上至3号线站台，3号线乘客从站台两端换乘通道平层到达16号线站厅，通过楼扶梯下至16号线站台，两线形成单向循环换乘，均为一次竖向乘降即可实现换乘，十分便捷（图4.3-12）。

第4章
建筑核
心技术
解读

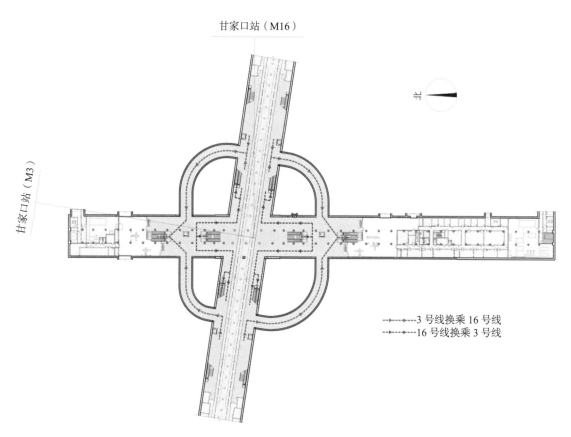

图4.3-12 甘家口站"十"字换乘流线平面示意图

（2）T形换乘（侧岛为例）

3号线车站布置在路口东侧，两站形成"T"形站位关系。地下一层是3号线站厅，地下二层是16号线站厅、3号线站台，地下三层为16号线站台。两线通过南北两条换乘通道实现换乘。

16号线换乘3号线的客流从16号线站台上至站厅，直接进入3号线站台；3号线换乘16号线的客流从站台中部通过平层换乘通道，接入16号线南北两个端厅，通过16号线站厅下至站台（图4.3-13）。

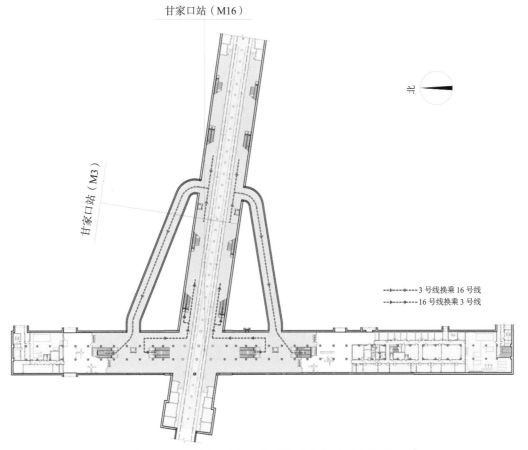

甘家口站（M16）

甘家口站（M3）

北

┄┄┄► 3号线换乘16号线
┄┄┄► 16号线换乘3号线

图 4.3-13　甘家口站"T"形换乘流线平面示意图

4.3.6　丽泽商务区站——站城一体，高点定位

4.3.6.1　车站概况

丽泽商务区站位于规划的丽泽金融商务区内，沿规划骆驼湾西路布置，横跨现状丽泽路。车站为明挖岛式三层车站，与 14 号线十字换乘。丽泽路规划红线为 80m，现已实现规划；南北向规划路骆驼湾西路道路红线为 40m。本站所处站位西南侧用地为在建高档商务写字楼，东南侧为现状的京唐国际大厦，北侧为规划商业金融用地，并在丽泽路南北各有一块规划的集中公共绿地。车站两侧、丽泽路地下空间为规划的丽泽一体化商业区。丽泽路未来拟修建一条上跨快速路，连接菜户营桥和丽泽桥。

4.3.6.2　设计难点

本项目位于规划丽泽金融商务区内，车站在总体线路及城市规划中处于非常重要的位置，市政府对其换乘车站也高度重视。站位位于丽泽商务区核心区域内，是整个丽泽规划区建设强度最高的区域，核心区内将建设丽泽地标性建筑，该区域商业价值极具潜力。16 号线是南北贯通的线路，本站与横穿商务区的 14 号线换乘，交通功能非常重要。

丽泽商务区站是丰台区以至于北京市的重点车站（图4.3-19），设计过程中遭遇外部条件的不断变换，导致方案不断修改、调整。同时，此站涉及规划条件、市政管廊、市政路桥、一体化等多个部门的协同作业，协调力度及难度很大。

4.3.6.3 设计策略

经国际方案征集，扩大换乘厅空间并设计为挑高空间，换乘厅内不设人防并需特殊消防处理；同时结合丽泽地下空间整体设计（图4.3-14 ~ 图4.3-16）。丽泽路下敷设规划管廊，车站还需结合管廊进行设计。

（1）人防：为确保车站大空间设计，14号线设计不设人防，16号线站厅公共区部分设计同14号线为非人防部分，楼扶梯口部采用水平封堵，垂直电梯部分采用垂直封堵，其余部分按常规设防。

（2）消防：14号线部分站厅与站台挑空形成中庭空间且顶部开天窗，同时换乘厅公共区建筑面积超过规范要求，类似中庭的做法在地铁建筑中属于首例，其防火分区划分规范的选

第4章
建筑核
心技术
解读

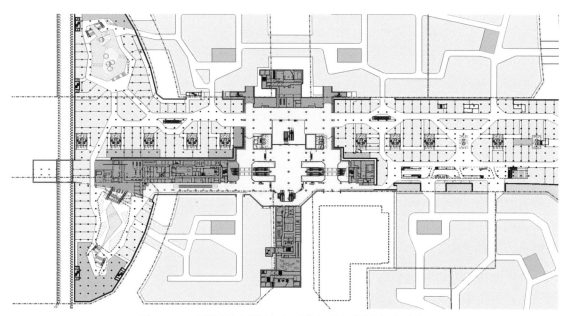

图4.3-14 丽泽商务区站地下一层平面图（图片仅为示意）

图4.3-15 丽泽商务区站剖面图

图 4.3-16　丽泽商务区站效果图

用等很难找到依据，因此 14 号线、16 号线换乘厅部分需通过特殊消防分析对其进行评价，采取必要的消防措施。

（3）Y 形柱：丽泽商务区站结构设计为大跨度挑高造型，为保证结构合理性以及空间效果，借用民建结构体系，采用 Y 形柱设计。

（4）从城市规划角度看，本站位于规划丽泽商务区核心区内，是整个丽泽规划区建设强度最高的区域，核心区内将建设丽泽地标性建筑，该区域商业价值极具潜力。而位于本站西南角的地块开发与车站的建设周期基本一致，为车站与周边建筑的一体化建设提供了非常好的机会。另外，核心区将对整个丽泽的地下空间，包括市政道路下的地下空间进行整体规划，欲将本站作为核心点，从地下连接其他商业区域，这也充分利用了本站在核心区内的交通功能。因此本站结合城市规划进行站城一体化设计是十分必要的。

4.3.7　丰台站——区域门户，交通枢纽

4.3.7.1　车站概况

丰台站综合交通枢纽是集国铁工程、市政工程、轨道交通工程为一体的综合交通枢纽工程（图 4.3-17），位于北京市西南部丰台区，具体位置为丰管路以南、丰台东大街以东、丰台东路以北、西四环与西三环之间的地块内。北京丰台站枢纽紧邻西三环路、西四环路、京开高速公路、丽泽路和丰台北路等骨干道路。

地铁丰台站是丰台站综合交通枢纽重要组成部分，是 16 号线和 10 号线的换乘车站。16 号线车站线路平行于国铁股道，位于国铁站房下方；10 号线车站斜穿国铁站房东南角，两站换乘厅位于国铁站房地下一层东南角，车站东侧为规划四合庄西路（图 4.3-18）。

图 4.3-17　丰台站效果图

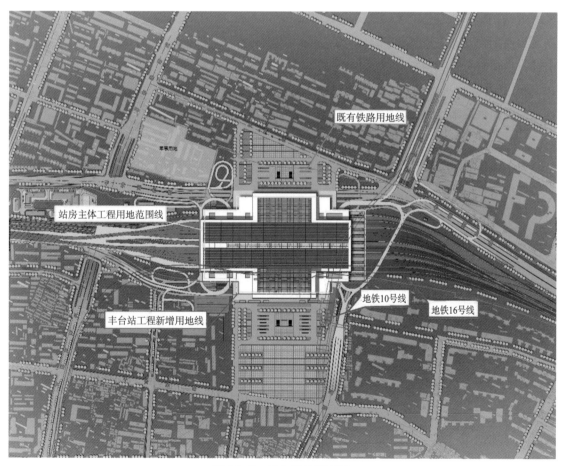

图 4.3-18　丰台站总平面图

4.3.7.2 设计难点

旅客换乘流线组织是交通枢纽设计中最重要的研究内容，须将整个枢纽作为整体，统筹考虑各种交通的功能空间组织和交通流线设计，将国铁丰台站、16号线、10号线丰台站有机结合在一起，成为高效、便捷、与城市融合的交通枢纽。

4.3.7.3 设计策略

车站设计的整个过程始终将"以人为本"作为基本原则。考虑到枢纽站旅客的特点，16号线丰台站设置了充足的旅客集散空间，16号线站台宽20m，可充分应对交通枢纽客流的冲击；站内设置多部楼扶梯、坡道，增加了人工售票窗口以及宽闸机数量，力争最大程度提升旅客换乘体验。设置专门的换乘大厅空间，联系地铁、国铁和城市，形成了"多点互通，均匀高效"的综合交通枢纽。

地铁丰台站共包含三层（图4.3-19）。地下一层为地铁16号线换乘厅，联通地铁10号线、国铁地下一层、丰台站南广场和三环新城方向。国铁出站客流可以通过国铁地下一层东南角的地铁换乘厅进站到达10号线及16号线站台层，也可通过城市通廊中部两组楼扶梯到达16号线进出站厅进站；地铁出站旅客可通过楼扶梯进入国铁地面进站厅，上至国铁高架候车厅进站。地下一层起到联系地铁10号线、16号线、大铁和城市的枢纽作用。地下二层为16号线站厅层及10号线站台层，主体北侧进出站厅设有两组楼扶梯通向地下一层城市通廊中部，主体部分设一组扶梯通往国铁东南角的地铁换乘厅，三组直通站台的楼扶梯，有效将16号线地铁与10号线和国铁站联系。地下三层为16号线站台层，设有一组直通地下一层国铁东南角地铁换乘厅的楼扶梯及三组直通站厅的楼扶梯，方便进出站和换乘（图4.3-19）。

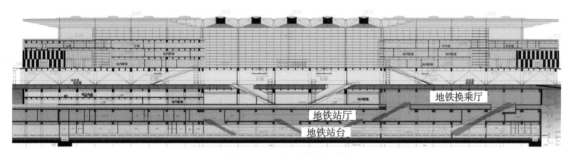

图 4.3-19　丰台站剖面图

4.4 "一站一策"的一体化设计

北京地铁16号线自北向南途经海淀、西城、丰台三个区，全线共设车站29座，涉及一体化设计的车站18座，占全线车站总数的62%，沿线一体化车站分布示意图详见图4.4-1。为便于总结分析，本部分对一体化车站分区域、分类别进行分析，总结不同区域、不同类别一体化车站设计时的技术难点和设计策略，最后对典型一体化车站设计方案进行介绍。

图 4.4-1　沿线一体化车站分布示意图　　　　图 4.4-2　沿线一体化区域分布示意图

4.4.1　一体化车站的主要类型

4.4.1.1　按一体化区域特点分类

根据 16 号线线路走向和城市区域规划，结合土地现状和开发模式，分三类区域对一体化车站进行研究：TOD 诱导区域、拆迁还建区域和车站与周边用地一体化设计区域。沿线一体化区域分布示意图详见图 4.4-2。

（1）TOD 诱导区域：在大量未开发的土地上，通过对轨道交通设施的建设，引导和开发周边用地的区域。

（2）拆迁还建区域：此区域土地开发强度大，建成度高，建筑密度较大，在此区域轨道交通建设牵涉到拆迁还建的问题。

（3）车站与周边用地一体化设计区域：此区域土地开发强度一般，车站周边地块也需进行改造或新建。车站和周边用地一体化设计大大促进了土地集约高效利用。

4.4.1.2　按一体化结合方式分类

在北京地下轨道交通站点一体化的实施中，与周边建筑结合方式主要分为 5 种类型：附属设施与建筑结合（"线结合"形式）；通道连通（"点结合"形式）；与周边用地结合（"多面结合"形式）；车站剩余空间利用（"体结合"形式）；立体空间衔接（"体结合"形式）。全线车站一体化结合方式分类见表 4.4-1。

全线车站一体化结合方式分类表 表 4.4-1

一体化结合方式	名称
附属设施与建筑结合	北安河站、温阳路站、屯佃站、永丰南站、农大南路站、苏州街站、二里沟站、万寿寺站、丰台南路站、看丹站
通道连通	永丰站、西北旺站、西苑站、苏州桥站
与周边用地结合	稻香湖路站、永丰站、苏州街站、苏州桥站、丰台站、榆树庄站
车站剩余空间利用	丰台南路站、宛平城站
立体空间衔接	北安河车辆段、榆树庄停车场

4.4.2 一体化车站的技术难点

4.4.2.1 TOD 诱导区

在此区域，车站一体化结合方式一般采用"与周边用地结合""通道连通"的形式，轨道交通站点站厅层及出入口通过通道或地下厅等过渡性的地下空间（即中间地带），与周边建筑的地下空间相连接，客流可通过中间地带到达周边建筑的地下空间内。这些中间地带往往设置在道路红线下，或部分在道路红线下、部分在开发建设用地范围内，而车站周边大量土地只完成了城市用地的规划，尚未进入土地开发阶段。故此区域的设计难点如下：

在空间功能上，车站与中间地带的衔接及中间地带与周边地块的地下空间预留方案如何能够便捷地连通，通过轨道站点建设提升城市品质，突出站位周边的城市职能，带动区域整体发展。

在建设时序上，地铁往往比周边地块早实施，因此设计方案如何做好预留，避免以后运营期间施工对地铁运营安全的影响。

4.4.2.2 拆迁还建区

在城市中心区内，车站建设需拆除既有建筑，车站一体化结合方式多采用"附属设施与建筑结合"方式。根据周边地块特点不同，使车站与拆迁还建的建筑有机结合是此区域的设计难点。

在空间功能上，地铁附属多为风亭、出入口通道，由于消防、运营管理等方面的要求，需自身结构完整独立设置并通往室外，因此在满足地铁自身功能前提下，还要与还建建筑的地下、地上部分做到功能和结构有机结合。此外，城市中心区内地铁的附属设施如何消隐也是设计难点之一。

在建设时序上，此区域的地铁设计与拆迁还建的建筑一般都进行同步设计，如两者能同步施工，一体化结合效果优，如不能够同步实施，需处理好二者的实施接口问题并保证先期通车地铁的功能需求。

4.4.2.3 车站与周边用地一体化设计区域

车站周边有即将开发的大块商业用地，车站一体化结合方式一般采用"与周边用地结合"通道连通""附属设施与建筑结合"中的一种或几种，通过道路及代征绿地下的地下空间的开发，连接地铁与周边地块的地下空间。如何协调地铁与周边地块开发的一体化设计是此区域设计难点。

4.4.3　一体化车站设计策略

4.4.3.1　TOD诱导区

（1）与规划协调

此区域往往以轨道交通作为区域发展的触发点，其周边规划建设滞后于地铁建设。因此，此区域的一体化设计应与规划充分协调，与地铁直接衔接的周边建筑应先期启动设计工作，其设计深度至少满足初步设计深度，以便于双方设计方案融合，接驳方案便捷，创造高品质接驳空间，为后续地块开发奠定良好基础。

（2）共墙洞口连通

地铁车站与周边建筑地下空间衔接的主要接口采用共墙连通的方式，即在地铁车站与周边建筑地下室的结构墙上开门洞口连通。此方式充分利用了地下空间，使地铁车站与周边地下空间最大程度上的连通。在北京地铁站需单独设置人防的情况下，可采用双层滑轨式人防门，满足共墙连通的需求。

（3）代建预留

此区域地块建设滞后于地铁建设，地铁建设期间由地铁建设单位代建与地铁接入的周边建筑地下室的2~3跨，地铁通车运营后地块建筑接驳代建部分的结构即可，避免周边建筑施工期间对运营地铁线路的安全影响。

4.4.3.2　拆迁还建区

（1）立体空间衔接

结合地铁附属结构的设计要求拆迁既有建筑，将还建的建筑与地铁附属结构在垂直方向上叠落。还建的建筑可在功能加入商业、交通等功能进行一体化设计，更新原有城市功能，提高地铁车站及城市周边服务品质。

地铁与还建建筑需一体化同步设计，二者地下空间可通过电梯、自动扶梯、楼梯等设施实现连通。

（2）附属设施消隐

风亭尽量设置在绿地环境中，采用敞口低风亭，降低建筑高度，距地高度1m，分散消隐在周边绿化中。

有拆迁还建的象限，出入口与还建建筑结合，不再单独设置。

4.4.3.3　车站与周边用地一体化设计区域

（1）与开发用地协调

此区域多为即将开发的商业用地，且已有地块的商业定位及概念方案，地铁一体化设计应与概念方案充分互动，以协调平面关系及标高，提高车站服务品质同时提高商业空间品质，使方案具有可行性。

（2）共墙连通、下沉广场连通

地铁车站与周边建筑地下空间衔接的主要接口采用共墙连通的方式，或当地铁车站结构进入地块内时，结合地块设计情况，在车站与地铁之间设置下沉广场，通过下沉广场与周边接驳建筑的地下空间衔接。下沉广场可引入自然光，活跃商业空间，为商业地块吸引客流。

4.4.4 "一站一策"的一体化设计案例

4.4.4.1 触发新区规划组团活力——稻香湖路站

（1）方案背景

本项目位于西六环东侧，紧邻京新京藏高速，南邻北京植物园、香山公园，区位较为优越，站点周边未开发建设。站点周边规划组团100万 m²，提供20万就业岗位。承担山后地区城市中心配套服务功能，城市功能定位为商务办公、特色商业、酒店公寓、金融服务、文化娱乐等功能。北清路为城市主干路，道路红线宽70m，北清路道路两侧设有50~100m宽绿化带，稻香湖路站设置于道路北侧绿化带下。地面南北两侧地块被70m宽城市主干路及南北两侧绿化带分隔，地面联系弱。

（2）一体化方案

北清路南北两侧地块的地下空间共设置两层，稻香湖路站一体化空间设在南北两侧地下空间的中间位置。与地铁紧邻的北侧地下空间位于路北的绿化带下，其地下一层为商业，地下二层为地下停车库。地铁的站厅层与北侧地块的地下一层商业空间衔接，地铁南侧出入口处设计了下穿北清路的一体化地下通道，联系南北两侧地下空间。

1）一体化接口设计

地铁车站站厅层北侧公共区侧墙及东南出入口通道侧墙共设计了4组共墙洞口与周边建筑地下空间连通，实现一体化无缝接驳（图4.4-3）。

车站公共区北侧墙共设置三组共墙洞口，宽度分别为6m、8.5m+8.5m、8.5m+5m，高度均为4m，将车站的非付费区与地下商业连通，客流可通过此洞口直接进出地铁车站。车站东南出入口通道处设置一组共墙洞口，宽度为8.5m+5m，高度为4m，将车站的出入口通道与一体化通道连通（图4.4-4）。

2）一体化通道设计

为联系南北两侧地下空间，在地铁东南侧出入口通道南侧设计了下穿北清路的地下一体化通道，通道总长约90m，宽度20m，标准段吊顶完成面以下净空为6m。通道功能便捷，空间效果好，有助于吸引人流，充分与本区域的规划定位相呼应。通过地铁站点地下空间一体化设计，打通地铁与地下步行系统的联系，有效的连接了地铁、地上及周边地块，构成了快速便捷的地下步行系统。

3）建设预留

在地铁与地块开发衔接的区域，地铁车站结构与周边用地衔接处均做了建设预留。车站

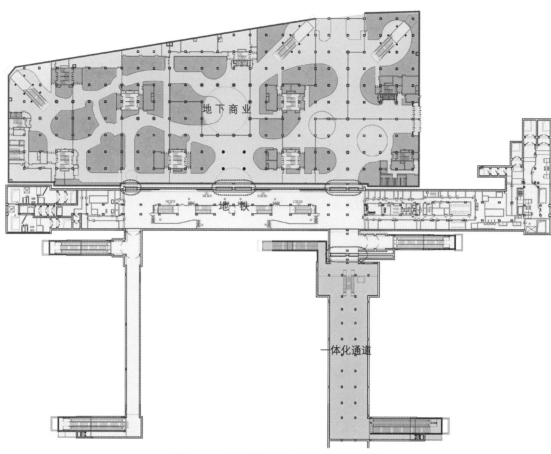

图 4.4-3　稻香湖路站一体化平面示意图

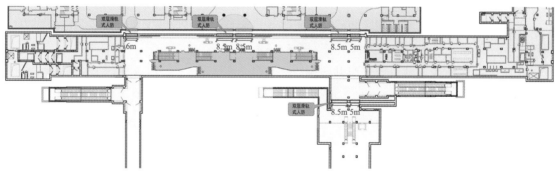

图 4.4-4　车站一体化接口示意图

　　北侧衔接区域在地铁建设时同步建设"两跨半"的范围，后期地块施工时仅与其本地块内的建设预留衔接，不会对已运营的地铁车站进行洞口的施工破除。车站南侧一体化通道在地铁建设时同步建设其土建结构，未来南侧地块施工时与通道南端头衔接，同样不会对已运营地铁车站造成施工影响（图 4.4-5）。

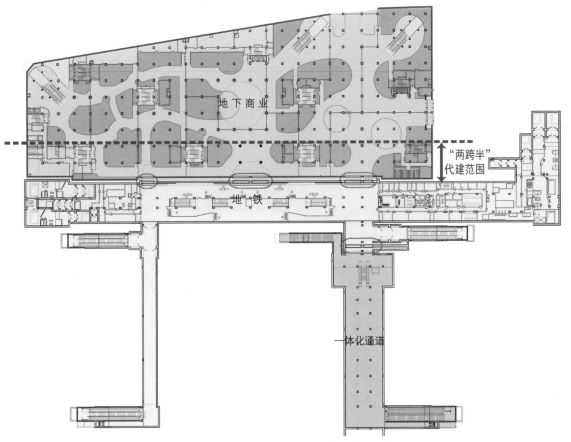

地下商业

"两跨半"
代建范围

地 铁

一体化通道

图 4.4-5　稻香湖路站一体化一期建设范围示意图

4.4.4.2　创造城市更新的新契机——苏州街站

（1）方案背景

本项目是地铁苏州街站一体化棚户区改造项目，位于北京市海淀区苏州街和海淀南路交界处东南角，建设用地面积 6180.978m²，苏州街站是地铁 10 号线和 16 号线的换乘车站，项目地理位置优越。地铁 10 号线于 2008 年建成通车，地铁 16 号线在此处设站与既有 10 号线换乘。16 号线地铁车站的东南侧附属及设备用房设置在路口东南象限，需拆迁一栋 6 层住宅楼。

（2）一体化方案

由于用地条件紧张，本项目充分利用建设用地。用地北侧建设一栋高层住宅楼（首二层为配套商业），其中配套商业与地铁 10 号线出入口贴建；南侧用地较为狭长，地下部分为地铁设备用房，地面部分应地铁需求设置无障碍出入口、地铁风亭，并在南端居住服务配套楼北侧地面设置冷却塔（图 4.4-6、图 4.4-7）。

1）结构共构，集约复合利用

本项目在用地范围内进行地下室大开挖，地下室占地约 4350m²，占总用地面积的 70%。地下室共计建设五层，其中地下五层为地铁设备用房，地下一层～地下四层为小汽车库，兼部分地铁出入口功能。

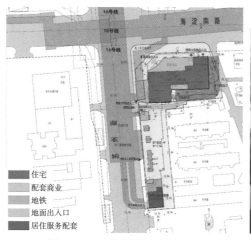

图 4.4-6　一体化方案总平面图

图 4.4-7　一体化方案效果图

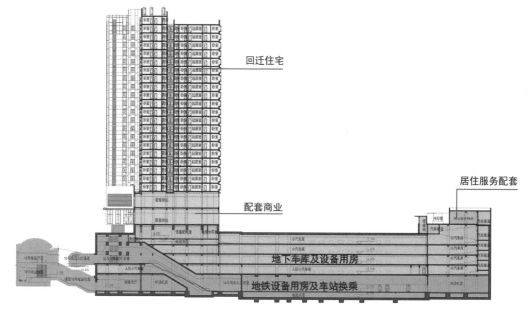

图 4.4-8　一体化方案效果图示意

　　地铁功能与开发功能的柱网、结构体系、竖向关系、空间功能等方面实现共构，达到一体化项目整体统筹的目的。对地铁功能与开发功能在垂直方向上进行整合，并将地铁功能整合在地块主体建筑轮廓范围内，使其成为一个有机的整体，实现对用地的复合利用（图4.4-8）。

　　2）便捷换乘，无缝互通

　　在主体建筑范围内解决车站换乘关系，实现区域内的便捷换乘。16号线站厅层及出入口标高位于地下五层，10号线站厅层及出入口标高位于地下三层。

　　①乘客可通过地下五层换乘厅进行16号线与10号线换乘。

　　②16号线地铁出入口可通过地下五层出入口通道与地下三层集散厅连通，通过集散厅与室外出入口联系。

　　③10号线地铁出入口通道可与地下三层集散厅连通。

④东南象限共计一个 16 号线 C 出入口，一个 10 号线 C 出入口，均与地下三层集散厅联系，乘客可根据出行需求选择不同的出入方式。

地铁与地下车库及配套商业互联互通，提高项目整体优势。

①首层：16 号线地面出入口与地上配套商业互联互通，首层连通示意图详见图 4.4-9。

②地下三层：10 号线、16 号线出入口集散厅与地下车库互联互通，地下三层连通示意图详见图 4.4-10。

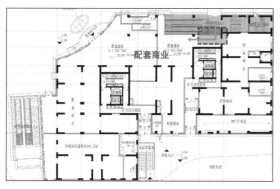

图 4.4-9　首层连通示意图

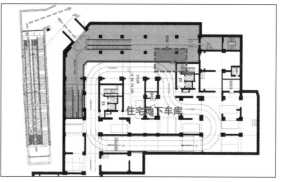

图 4.4-10　地下三层连通示意图

3）地铁附属整合，景观消隐

在本项目地下设置的地铁设备用房满足地铁功能需求，同时需考虑人员的安全疏散口与地上建筑物如何进行结合，本项目地铁设备用房安全出口均设置在主楼及地铁自行车停车楼主体投影范围内，以减少对建筑外轮廓的影响。

地铁 4 个敞口风亭出地面间距需满足规范要求，排风与排风、活塞风与活塞风、排风与活塞风之间距离不小于 5m，排风、活塞风与新风之间距离不小于 10m。地铁附属设施在地面尽量整合，风亭与地面安全出口、垂直电梯等整合。另外冷却塔设备设置在室外，本项目冷却塔与居住服务配套楼整合。

4.4.4.3　统筹设计重新利用空间——丰台南路站

（1）方案背景

1）两线换乘车站附属设置于规划地块内

本项目位于看丹路与规划万寿路南延交汇处的东南角，丰台南路站是地铁 9 号线和 16 号线的换乘车站，两线车站的南侧附属均伸入东南侧规划用地内设置。

2）造甲村用地开发

看丹路与规划万寿路南延交汇处的东南角为规划造甲村商业地块，拟建为商业金融综合体，用地面积 2.57hm²，建筑高 80m，地下共 4 层地上共 19 层。其中地下四~地下三为停车场，地下二层~地上五层为商业区，五层以上为办公。

在地铁开展设计之初，经由规划部门、造甲村、轨道建设单位研究，地块商业与地铁车站做一体化设计方案，以减少地铁对地块的影响，从而带动地块商业发展。

（2）一体化方案

1）下沉广场衔接地铁与商业

地铁及地铁附属空间与东侧商业建筑间设置地下换乘大厅和下沉广场，通过疏散通道、换乘扶梯更好地便于地铁及站内附属空间人流与商业建筑、地面交通的无缝衔接，整体提升环境品质和土地价值（图4.4-11）。

2）附属与周边建筑整合

将9号线已建临时风亭及16号线待建风亭、出入口等附属设施设于下沉广场，16号线附属新排风亭和7号出入口及地铁物业风亭均与地块建筑结合，风口设置于建筑西立面，7号出入口贴西侧墙设置单独出入口，冷却塔均与商业建筑结合设置（图4.4-12）。

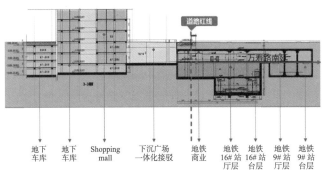

图4.4-11 丰台南路站一体化剖面示意图　　图4.4-12 丰台南路站附属一体化示意图

4.5 提高品质，开展附属建筑标准化设计

4.5.1 "查找病症"——传统附属地下出入口、风亭设计存在的问题

4.5.1.1 地铁地面附属建筑多且分布零散

通常一座地铁车站需设置的地面建筑约6～15个，数量多，较零散。包括4个出入口，通向路口4个方向；2个无障碍电梯口，在路口对角线布设；1个安全出口；2组风亭，共8个风井，分别设在车站两端。其中，对于屏蔽门通风空调系统，1组风亭含4个风井（1个新风、1个排风和2个活塞风），比闭式通风空调系统的风亭每组多出2个活塞风井，见图4.5-1。

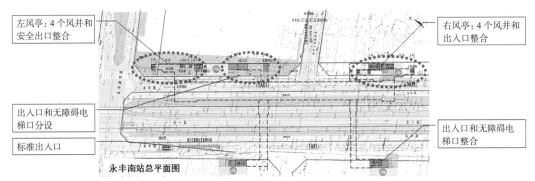

图4.5-1 16号线车站地面附属总平面图

4.5.1.2 附属设置方案受外部制约因素控制多、接口多，协调实施难度大

在地铁车站设计中，附属工程设计及实施更为复杂。附属设计方案受周边建（构）筑物、管线改移、交通导改、用地条件及权属、消防疏散、施工风险等多方面因素控制，常常因为占地协调和管线改移难度较大就需要调整设计方案。同时，附属地上和地下设计接口多，容易出错。

4.5.1.3 地铁附属建筑体量过大、占地面积多

北京既有地铁线的附属地面建筑大多体量巨大，尤其是带室外机械排烟机房的出入口、风亭、冷塔等，从地下设计就未考虑地面建筑景观，造成预留基础条件过大。地铁的大部分附属建筑按贴道路红线设置，所以距离人行步道过近，未考虑通过绿植等设计处理手法进行遮蔽消隐，影响街道、路口的景观连续性，缺乏地面建筑和站前广场、交通接驳、城市绿化景观的城市设计一体化整合。

4.5.2 "妙开药方"——提出标准化设计理念

（1）出入口地下通道、爬升段标准化布置；地面亭尺寸统一，体量规整，节省占地，方便施工，为实现预制装配式技术方案打下基础。

（2）出入口地面亭带后背室外排烟风室的体量和标准出入口地面亭体量一致，标准统一，不再加长。

（3）风亭数量多，在有绿地环境和敏感建筑地段采用敞口低风亭，降低建筑高度，距地高度1m，分散消隐在周边绿化中。

（4）明挖车站的无障碍电梯口和出入口合并设置，地面梯井井壁采用玻璃通透形式，分设的电梯口不设候梯厅。

（5）在车站周边有绿地条件的，设置敞口安全出口或单跑直出形式的安全出口，降低其地面体量存在感，和绿化环境融合。

（6）单独设置的地面建筑，减小体量，消隐在绿地等周边环境中；能整合的地面附属，成组组合、降低体量，或接入周边既有建筑，或结合周边待开发地块做一体化地下接口预留，避免地面环境凌乱、突兀。

（7）提前落实站口周边用地权属、建（构）筑物、地下管线和地面标高等接口。

4.5.3 "对症下药"——出入口、风道标准化方案

4.5.3.1 地下通道、爬升段布置标准化

（1）暗挖出入口与主体连接处的通道侧墙、顶板和人防段的侧墙、顶板找齐，不"缩脖子"，减少结构断面变化，见图4.5-2。

（2）通道的结构宽度为5.3m，装修完成后净宽为5m。预留的地下通道接口宽度≥5m。以与主体相接附属人防段作为车站内外排水的分界，出入口通道地面分别向出入口和主体的

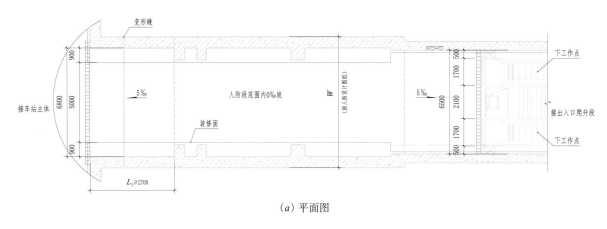

（a）平面图

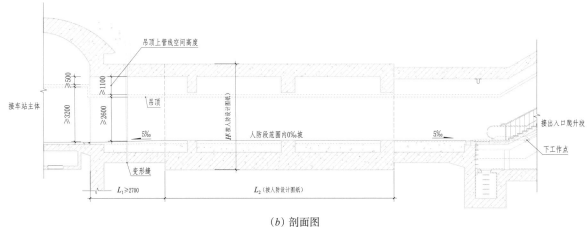

（b）剖面图

图 4.5-2　暗挖出入口通道和人防段相接处平剖面图（单位：mm）

截水沟方向找 0.5% 的坡，人防段范围内为平坡。同时，出入口爬升段下方设置截水沟、集水井，敞口出入口开口段的楼梯平台下方加设截水沟、集水井，保证室外雨水不进入车站厅台，满足防淹要求。通道地面至吊顶净高为 2.85m，采用 3m 高人防门。见图 4.5-3。

（3）标准出入口采用上下行扶梯分设两侧、中间为楼梯的布置形式，方便进出站客流分向。出入口任一扶梯检修时，进出站客流不交叉。爬升段结构宽度为 6.5m，扶梯宽 1.7m，土建楼梯宽 2.1m。楼梯踏步宽 280mm，高 160mm，休息平台宽度 1.2m。扶梯外侧留 0.5m 宽检修通道，上下各设置 600mm×500mm 检修孔，孔内靠基坑一侧安装钢爬梯。为避免楼梯踏步超出扶梯不锈钢栏板，下侧楼梯第一级踏步不得超出扶梯下工作点 1.2m。为满足地面亭门口进出站进深空间，上侧楼梯第一级踏步到前方地面厅建筑内墙面距离不得小于 5m。见图 4.5-4。

（4）为避免楼梯踏步超出扶梯不锈钢栏板，下侧楼梯第一级踏步不得超出扶梯下工作点 1.2m。

（5）提升高度超 13m、一次提升的出入口采用上下行扶梯设在一侧、楼梯设在另一侧的布置形式。爬升段结构宽度为 6.5m，扶梯宽 1.75m，土建楼梯宽 2.2m，扶梯中间留 0.5m 宽检修通道，楼扶梯两边距离侧墙留出 0.15m 装修厚度，见图 4.5-5。

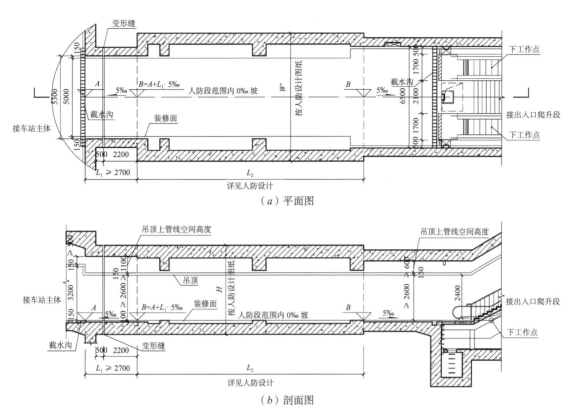

（a）平面图

（b）剖面图

图 4.5-3　明挖出入口通道和人防段相接处平、剖面图（单位：mm）

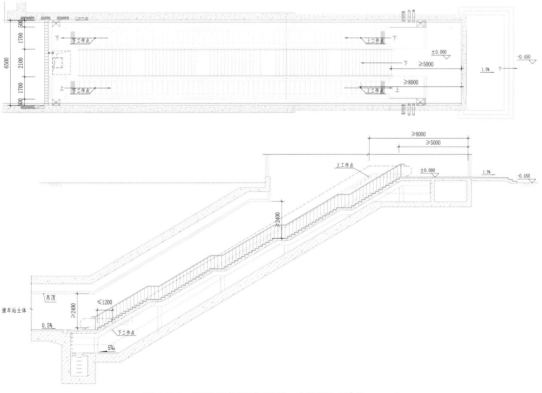

图 4.5-4　爬升段标准布置平、剖面图（单位：mm）

第4章
建筑核
心技术
解读

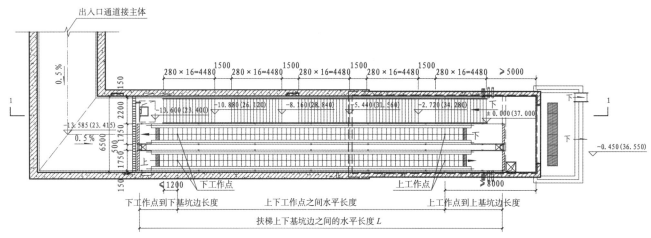

图 4.5-5　提升高度超 13m、一次提升的出入口布置平面图（单位：mm）

4.5.3.2　地面亭尺寸统一，结构柱提前预留

（1）地下结构基础和出地面结构基础内边线取齐，减小地面亭的占地面积，见图 4.5-6。

（2）出地面结构基础宽 400mm、高 350mm，提前在结构基础的四角和长度方向中线上预留 400mm×400mm 的结构柱甩筋。

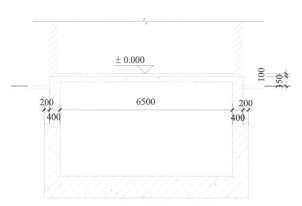

图 4.5-6　地面亭基础剖面图（单位：mm）

（3）上扶梯基坑前方到地面亭外墙的地下结构做出 U 形槽基础，上扶梯基坑为梁柱支撑做法，地面亭楼板开检修孔，可利用此空间进入扶梯检修空间或放置站前广场电箱等设施。

（4）标准直出出入口长度方向结构内净尺寸最小为 16m，满足爬升段楼扶梯最不利点处净高 ≥ 2.4m，同时缩小了地面亭的占地面积。标准直出出入口地面亭建成效果见图 4.5-7。

（5）出入口通道长度超过 60m、地面加设排烟风室的地面亭体量和标准直出口、侧出口统一，不再增大体量，比以往此类地铁出入口节省占地面积，见图 4.5-8、图 4.5-9。

4.5.3.3　绿植环绕的敞口风亭

16 号线高度重视出入口、风亭及其周边绿化景观设计，使地铁和周边环境自然融为一体，为城市增添色彩。全线周边有绿地条件和敏感建筑地段均设置为敞口风亭，敞口风亭占全线风亭 60% 以上，形成全线一大特色（图 4.5-10）。

图 4.5-7　建成后的出入口照片

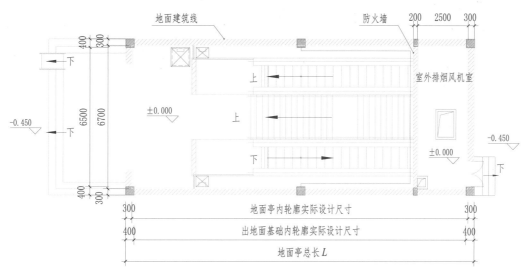

图 4.5-8　室外机械排烟风室布置平面图（单位：mm）

图 4.5-9　侧出口（后背排烟机房）建成照片

图 4.5-10　敞口风亭消隐在周边绿化中

（1）风亭数量多，在有绿地环境和敏感建筑地段采用敞口低风亭，降低建筑高度，距地高度 1 m，四周用 3m 宽绿带围合，用植物柔化敞口风亭口，结合微地形使其消隐在环境中，对城市景观影响小。

（2）在敞口风亭周围先以一层 1.2m 高紫叶小檗（带刺，形成天然防护）加一层 1.2m 高金叶女贞，形成围合维护，防止人员接近敞口风亭发生危险，在出入口背侧留有 0.5m 检修小路，风亭沿街道一侧分三层高度用植物过渡，内部以密林填充。为使景观灌木拥有良好的视觉效果，采用了微地形的处理手法，背景利用植物围合出有层次的空间，前景配置观花灌木和观花、观叶的小乔木，营造符合周围自然环境的景观氛围，使风亭周围绿化自然，层次分明，颜色丰富。

（3）风口采取防落叶坠物和防盗措施，上盖成品钢格栅与铁丝网。钢格栅下设置结构钢梁，满足可上人的刚度和安全保护要求。

（4）风口位于车站主体结构上方时，风亭底部中板设置防爆地漏，满足人防和给排水要求，雨水排入线路中心沟，最后排入车站废水泵房。风口位于车站主体外时，风亭底部设置集水井。成组的多个风亭可以共用同一个集水井排水，风亭底部之间设置 2 个排水管，防止堵塞。

4.5.3.4　无障碍电梯口设置形式统一

（1）独立设置的无障碍电梯口

暗挖车站的无障碍电梯口独立设置，地面亭外轮廓尺寸为 3m×2.5m，结构内部尺寸为2.4m×1.9m。在结构基础的四角预留 300mm×300mm 的构造柱，结构提前甩筋预留。

单独设置的无障碍电梯口不设候梯厅,室外平台深度2.4m,上方设置雨棚,同时设置台阶和轮椅坡道。室内标高高出室外地面0.45m,室外台阶宽300mm,高150mm,两侧设置扶手。轮椅坡道土建宽度1.5m,两侧设置扶手,扶手带内净宽度为1.3m,坡度为1/12,坡道坡向人行步道,见图4.5-11。

(a) 坡道直出　　　　　　　　　　　(b) 坡道侧出

图 4.5-11　单独设置的无障碍电梯照片

为减小地面亭的占地面积,地下结构基础和出地面结构基础的内边线取齐。出地面部分的结构基础为300mm宽、350mm高。地面亭玻璃幕墙按125mm厚考虑,建筑外墙线和出地面结构基础的外边线齐平。

(2)合建的无障碍电梯口

推行"设计为运营、运营为乘客"的设计理念,全线设计之初就将此理念落实在设计细节方面。明挖车站的无障碍电梯口和出入口整合,无障碍候梯厅与出入口地面亭共用一个门厅,同方向进出,方便乘客使用和运营管理。这在北京已通车地铁线中大量设计并应用,尚属首次。

与出入口合建的无障碍电梯口将候梯平台和轮椅坡道也整合在合建的地面亭建筑内。候梯平台深度2.4m,宽度2.4m,仅设置轮椅坡道,两侧设置扶手,扶手带内净宽度为2.2m,坡度为1/20,室内标高高出室外地面0.45m。无障碍电梯和坡道靠近出入口一侧用栏杆分隔。无障碍电梯口布置在离人行步道稍远一侧,出入口在靠近人行步道一侧,见图4.5-12。

无障碍电梯口的地下结构基础、地面结构基础、地面亭建筑尺寸、玻璃幕墙及构造柱预留做法同单独设置的无障碍电梯口。出入口地下结构基础、地面结构基础、地面亭建筑尺寸、墙体及构造柱预留做法同标准直出出入口。

(3)电梯安全井道及疏散门

提升高度超过11m的无障碍电梯需加设电梯安全井道及疏散门,在电梯发生故障时将梯内人员疏散到地面。

电梯安全井道进深1.5m,和无障碍电梯井道同宽,井道内设0.9m宽、开向井道的防火

图 4.5-12　无障碍电梯口与出入口合建照片

门及通向地面的带护笼钢梯。无障碍电梯口室外平台设 700mm × 700mm 的检修人孔，上盖防盗防水盖板。

当无障碍电梯口和安全出口合建时，可用安全出口的疏散楼梯做电梯的安全疏散通道。

4.5.3.5　安全出口单跑直出地面的设置形式统一

为减小地面亭的占地面积，安全出口出地面前最后一跑采用单跑直出形式设置，地下结构基础和出地面结构基础的内边线取齐。地面亭结构基础出地面部分为 250mm 宽、350mm 高。在结构基础的四角预留 250mm × 250mm 的构造柱，结构提前甩筋预留。地面亭墙厚按 200mm 考虑，外墙线和出地面结构基础的外边线齐平。

出入口室内标高高出室外地面 0.45m，满足防淹要求。室外平台宽度 1m，长度同地面亭宽度，向室外地坪方向找 1% 的坡。室外踏步宽 300mm，高度三个踏步均分。安全出口设置 1m 宽外开防火门。

安全出口楼梯间的梯段和平台宽度 ≥ 1.2m，底部设集水坑。敞口形式的安全出口应在敞口段下方设置集水井。

安全出口尽量和出入口、无障碍电梯口合建。

提升高度超过 10m 的安全出口楼梯间应为防烟楼梯间，需加设加压送风井。为减小地面亭的占地面积，加压送风设备设在安全出口出地面前最后一跑的地下平台处，不在地面上设置加压送风室。从加压送风设备引至室外的风管在安全出口地面亭内设置。

4.5.4　"药到病除"——实践效果及推广应用

16 号线附属设计方案稳定后，设计配合建设单位共同核查占地情况，确认用地条件。在开展出入口施工图设计之前，勘察单位复测站口周边现况实际路面标高，交通接驳专业提前介入。开始出入口施工图设计时，设计人员到现场核查周边实际情况，对现状地形标高、周边建（构）筑物、地下管线进行核实，避免出现占地、消防、管线、景观等问题。

在附属设置中全面开展标准化设计，对不同类型的附属建筑均采用统一的标准、模块化尺寸，既提高了设计效率，又加快了现场施工进度。同时，提前对地上结构柱在出地面基础上做预留，避免了不少接口上容易出现的问题。

在附属设置方面，考虑精细化设计，融合地面建筑和城市景观：

（1）在有绿地条件的情况下，附属建筑尽量弱化消隐体量。

（2）周边有地块一体化结合条件的，让出入口和周边地块无缝衔接，实现地铁车站一体化同步建设或预留建设条件，车站风亭、冷却塔也结合地块一体化开发建筑或下沉广场设计，净化地面空间。

（3）附属无法结合，受地铁规范限制体量无法弱化消隐的，采取附属整合的设计原则。16号线出入口、无障碍电梯和安全出口以及风亭和冷却塔的整合设计，与各自单体分开设计相比，虽然在设计难度上有所提高，但减少了约20%的占地面积，而且对周边环境和相邻建筑的影响大大减少。

4.6 低调内敛，体现清水混凝土地铁出入口的简约之美

地铁车站出入口是连接地铁车站与外界的纽带，是乘客进出车站不可缺少的通道，处于城市及道路的显要位置，社会关注度较高。出入口设计不仅要满足吸引、疏散客流的需求，还应考虑在出入口设计中如何做到满足城市规划和城市景观的需求，如何做到协调、美观、易于识别。

16号线地铁出入口方案设计之初就统一思想，提出了以下设计理念：

（1）符合北京城市整体空间环境效果，与城市景观和谐共生，以开放的建筑姿态召唤来自四面八方的乘客。

（2）造型不宜突出夸张，风格应尽量简洁大方，传统朴实，外部采光将自然光线最大可能引入地下，与城市环境融合。

（3）绿色环保，耐久性好，避免过度装饰，自然通透，减少维护。

（4）全线出入口风格、造型、体量统一，具有标示性。

（5）通过绿植点缀，对出入口地面亭及其周边起到美化作用。

4.6.1 返璞归真，探寻中寻经典——探讨古都各线地铁出入口的建筑形式

随着近年来地铁的建设发展以及对地铁地面附属建筑与城市、景观融合的设计要求，地铁出入口等地面附属建筑越来越受到关注。

20世纪70年代，北京地铁1号线、2号线为地铁出入口的建筑代表形式，建设于我国地铁建设的初期。出于经济因素和北京地区气候特征的考虑，当时地铁出入口的材质选用混

图 4.6-1　北京地铁 2 号线出入口照片

凝土，建筑造型古朴大方，反映了我国 20 世纪六七十年代的实用主义建筑风格（图 4.6-1）。

2015 年，16 号线出入口地面亭设计之初，设计团队调研了已通车新线地面建筑后，发现北京地铁出入口"一线一景"，辨识度不高。针对 16 号线出入口地面亭设计方案，设计提出了"简洁大方，传统朴实，融入城市，精细化设计描绘地铁绿色之美"的设计思路。关注人文，用返璞归真的清水混凝土出入口彰显古都文化底蕴，故而 16 号线出入口地面亭采用"清水混凝土＋玻璃"的建筑材质和设计风格，整体效果和体量比例类似北京地铁 1 号线与 2 号线经典出入口。

4.6.2　自然沉稳，朴实中存精致——设计清水混凝土风格的地铁出入口建筑

4.6.2.1　出入口建筑选用经典比例关系

北京为明清古都，拥有大量明清古代建筑及皇家建筑，地铁出入口作为重要的城市功能建筑理应提取城市地域特色，但明清古典建筑尤其明清的皇家古建体量巨大，不宜生搬硬套或叠罗古建元素，否则会使出入口建筑显得笨拙。在对中国古建的研究中我们发现，我国的古代建筑大多采用木结构，较为轻盈，与欧洲的古典建筑相比我国的古代建筑拥有更加纤细的柱子以及经典的柱廊比例关系。因此地面亭设计中采用了纤细的柱子、经典柱廊比例和带有古典韵味的出翘的曲面屋檐，见图 4.6-2。

图 4.6-2　16 号线出入口造型采用我国古代建筑柱廊比例对比

4.6.2.2　大量引入自然光，保证建筑通透性

为体现建筑开放的性格，建筑师巧妙利用中式建筑的柱廊，柱与柱中安装整块的玻璃幕墙，外部采光将自然光线最大可能地引入，达到建筑通透的效果。以玻璃幕墙为立面，也保证了城市各个方向行人和乘客的视线穿透。且悬挑屋檐这一中式元素的挑檐，与北京古都相呼应。开敞的屋顶使整个建筑非常具有包容性，16 号线出入口建筑设计的亮点在于屋顶及柱廊，整个柱廊使得建筑在每个角度看都一目了然，形成建筑开放欢迎的姿态，见图 4.6-3、图 4.6-4。

图 4.6-3　16 号线出入口地面亭正面照片

图 4.6-4　16 号线出入口地面亭侧面照片

4.6.2.3　出入口选用清水混凝土作为表皮材质，耐久性好

作为百年地铁的建筑出入口，它应该经久不衰，经得起时间的检验。混凝土恰恰是地下工程最重要的一种建筑材料，在北京地铁 16 号线工程中我们把这种材质一直延续使用在地面建筑出入口中。出入口选用清水混凝土外观表皮，直接表现出建筑简单质朴、自然沉稳的气质和美感，低调、不张扬。这种材料耐久性高，绿色环保，直接用来作为建筑表皮，不需要维护，节省投资，且经得起时间的检验，后期运营方便，适用于地铁这种客流量大、使用频率高的交通建筑。

4.6.2.4　地面亭易与城市环境融合

"清水混凝土 + 玻璃"的出入口地面亭延续站内展示结构的装修风格，避免过度装饰，少维护，体现了结构的张力和美感，同时嵌设大面积玻璃使地面亭自然通透，与周边环境高度协调。地面亭内部整合导向牌体，将既有线设在出入口内的通告等牌体集中为 2 个落地大综合牌设在站前广场，地面亭内部空间完全通透。地面亭风格简洁大方，传统朴实，此外观设计已获得专利证书。

4.6.3　如出一辙，标准中求统———开展出入口地面亭标准化、精细化设计

4.6.3.1　出入口地面亭结构构件标准化设计

由于地面亭采用清水混凝土形式，结构构件直接外露，没有外装饰面，因此结构混凝土浇筑需采用定型钢模板，考虑定型钢模板造价较高，因此在结构构件设计中尽量统一构件尺寸，以提高施工模板的周转共用。采用钢模板标准尺寸的结构构件有：结构柱，结构边梁带小挑檐、大挑檐、后挑檐，见图 4.6-5。

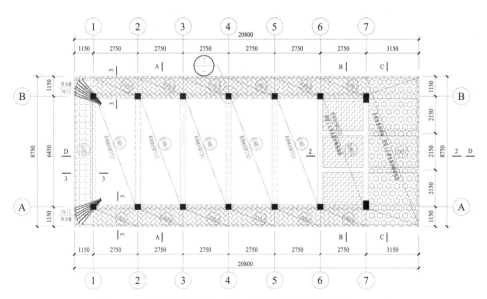

图 4.6-5　出入口结构梁、板、柱构件平面图（单位：mm）

4.6.3.2 对地面亭设备管线排布精细化设计

因为地面亭采用"清水混凝土 + 玻璃"的外观，没有建筑装饰面层，因此设备管线需要集中整合并统一做法。强弱电管线均由出入口后部从附属通道装修层中引出，紧贴着地面亭后面两个柱子做竖向不锈钢桥架盒，管线沿桥架盒进入吊顶，在吊顶内做横向桥架，管线在横向桥架中一直穿梁走到出入口前端，中间连接各个终端设备（图4.6-6）。

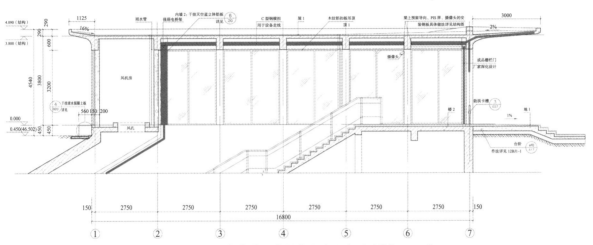

图4.6-6 设备管线整合排布走线示意图（单位：mm）

4.6.3.3 终端设备安装提前预留预埋

为保证清水混凝土构件不被损坏，所有终端设备（导向牌体、摄像头、PIS屏）等的安装方式需设备专业提前给建筑专业提供安装方式及需求，在设计阶段提前预留预埋安装构件，并需装修和导向专业提前介入，准确定位。

4.6.3.4 通过绿植点缀，对出入口地面亭及其周边起到美化作用

为了保证城市道路整体绿化景观的连续性，车站出入口四周的地铁用地范围内均留有绿化种植条件，出入口周边种植低矮灌木，对地面亭形成映衬，与城市环境融合度高，极大地提升了地铁景观价值。

4.6.4 革故鼎新，设计中有创新——地面建筑精心设计巧妙融入城市景观

16号线起点位于风景美丽的西山脚下，沿线途经北边"绿化景观大道"北清路、海淀公园、西城三里河政务区、钓鱼台国宾馆东侧银杏景观道、玉渊潭公园东门，终点位于文物保护区宛平城雕塑园，沿线有美丽的自然人文景观环境。设计坚持创新、勇于突破，充分考虑地铁设施和城市环境的关系，实现人与自然的和谐共生，采用城市设计和景观设计理念，巧借周边环境，对地铁出入口与环境统筹设计。

4.7 融入城市，交通接驳因地制宜嵌入沿线景观

16号线沿线途经北京市丰富的城市资源景观带，生态景观环绕，自然人文风景区林立，历史爱国教育基地散布。如：北清路绿色生态涵养带，西城三里河玉渊潭公园、钓鱼台国宾馆，卢沟桥、宛平县城文物保护区、中国人民抗日战争纪念雕塑园……这些景观资源对16号线地面景观设计提出了严峻的考验，同时也提供了创新的契机。融入城市资源景观、因地制宜、绿色融合、融入市民生活方式、宜人宜亲、疏密有致的设计理念水到渠成。16号线地面景观设计采用本土的、时代的和人性化设计，打破城市地铁构筑物的冰冷面孔，形成一个城市结构中的网络系统，为北京地铁提供独特的识别特征。

4.7.1 若隐若现——站前广场和非机动车停车场掩映在绿树中

地铁站前广场和非机动车停车场是乘客用于换乘的动态空间广场，整体设计上简约、干净、利落，严谨但不呆板，谦虚内敛又不乏亲切之感，掩映在城市绿化中，若隐若现，既方便乘客辨识，又不突兀。16号线每座车站出入口均设有站前广场、非机动车停车场。非机动车停车场也相当于地铁地面设施的一个城市小品（图4.7-1）。

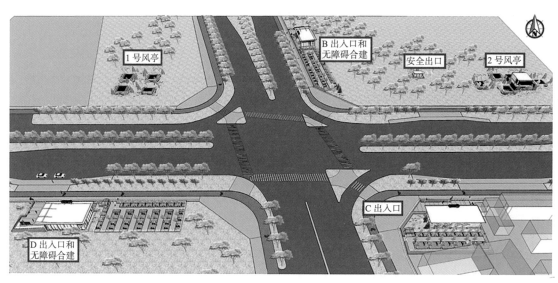

图4.7-1　车站地面附属建筑、交通接驳设施及景观绿化效果图

既有通车线地铁多采用设置彩钢板等车棚形式，和城市景观融合差，也对周边居住环境容易造成光污染。16号线取消了车棚，改用4m×4m的绿化树阵，种植栾树、白蜡、悬铃木等适宜北方生长且不易生虫、不滴油的慢生树种，既起到了遮风避雨的"雨棚"效果，又丰富了地铁站口周边绿化景观，使非机动车停车场等地铁设施掩映在一片绿色之中，有力改善了城市景观。车场四周围栏距地1.2m高，在邻近道路一侧设置平开门的车行出入口（图4.7-2、图4.7-3）。

图 4.7-2 非机动车停车场结合绿化停车效果图　　图 4.7-3 非机动车停车场结合绿化停车鸟瞰图

4.7.2 绿色交通——便捷出行融入生活

4.7.2.1 16 号线非机动车停车场对自行车停车近远期需求量进行包容性设计

非机动车停车场在有接驳需求和用地条件的车站，预留公租车和共享单车用地条件；在近远期停车数量差异较大的车站，为远期预留设置双层停车架的条件，使得非机动车停车场可依据交通需求对近远期的交通接驳设施数量进行动态调整。

4.7.2.2 16 号线 P+R 停车场结合绿化设置

北安河站 P+R 停车场，结合起点站、车辆段上盖开发综合利用，依山傍水，融入西山自然环境。屯佃站 P+R 采用机械式停车楼，节约用地，见图 4.7-4、图 4.7-5。节省的用地转化

第 4 章
建筑核
心技术
解读

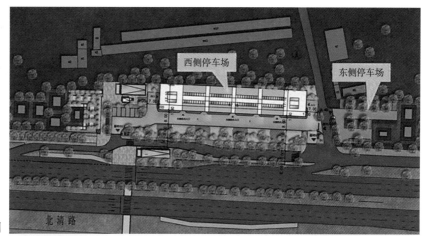

图 4.7-4
屯佃站 P+R 停车场鸟瞰图

图 4.7-5
屯佃站 P+R 街景效果图

为绿地植被，绿柳成荫，弱化了停车楼的多层建筑体量，美化了小汽车和地铁的接驳通道环境。设计手法贴近城市生活的效率、节奏与需要，彰显城市活力。

4.8 整齐划一，精细化设计美化设备用房

传统地铁设计中设备用房部分为设计的末端，所受重视不够。但设备用房设计又因涉及对接、配合的专业众多而繁琐复杂，16号线总结了以往地铁设备用房设计的经验教训，在设计初期，群策群力制定出统一标准和关键部位做法。

4.8.1 协调统一——设备用房隔墙标准化设计

16号线全线统一设备用房隔墙标准设计。突出特点体现在以下三方面：

（1）全线统一设备区与公共区临界墙立面，除防火观察窗以外所有洞口上边缘拉齐。在距地面装修层3100mm以下设置内嵌式闸机、防火门、综控室临公共区防火观察窗、通风防火阀开洞。设备区走廊通往公共区的门为双扇对开门，门宽1500mm、高2100mm，上设置通风防火阀开洞。防火观察窗采用不低于1.5h的A类甲级隔热防火窗，防火观察窗宽2400mm、高1100mm，窗下沿距公共区地面装修层1535mm。设备区与公共区临界墙立面除防火观察窗外，所有洞口上边缘拉齐，效果见图4.8-1。

图4.8-1 设备区与公共区临界墙立面效果图

（2）全线统一设备区隔墙第一道圈梁位置及设备区门体开洞高度。设备区隔墙第一道圈梁的位置（顶标高2.6m，底标高2.4m）可整齐架设设备横担，以此来配合设备区无吊顶裸露横担的裸装风格，呼应公共区。设备区门洞统一高2.1m，整齐划一，黑色的横担管线桥架、白色的建筑隔墙、灰色的门体箱体及浅米色的瓷砖地板，创造了理性而平静的空间（图4.8-2）。

（3）全线统一孔洞封堵做法。归纳整理出6类多孔洞排布情况，可多孔洞合并为一，并明确多余空间的封堵做法，以解决设备区隔墙上各专业孔洞距离过近等问题，方便现场施工。

图 4.8-2　设备区无综合横担与门洞圈梁位置关系示意图

1）孔洞顶距圈梁、结构梁底、结构板底距离 ≤ 300mm 的，孔洞正上方空隙填充防火封堵。

2）孔洞顶无法设置过梁时，孔洞正上方空隙填充防火封堵。

3）左右相邻两孔洞之间的水平距离小于 300mm，孔洞上方可以设置过梁的，孔洞之间的缝隙填充防火封堵。

4）左右相邻两孔洞之间的水平距离小于 300mm，孔洞上方无法设置过梁的，孔洞之间及孔洞正上方的缝隙填充防火封堵。

（4）全线统一暗挖站的钢管柱与二次隔墙构造柱交接处处理方式。

1）当钢管柱遇砌块墙（加气混凝土砌块墙、实心混凝土砌块墙）交接时，钢管柱两侧设置构造柱，构造柱与钢管柱之间的空隙用素混凝土填充至结构板底。

2）当钢管柱设在砌块墙（加气混凝土砌块墙、实心混凝土砌块墙）转角处时，钢管柱与内隔墙留置的缝隙用素混凝土填充至结构板底。

3）构造柱设置在法兰盘投影面积之外，避免构造柱钢筋在法兰盘位置无法伸直至顶部。

4）钢管柱与走廊的墙体相交，避免钢管柱法兰盘突出墙体。

4.8.2　精耕细作——设备用房装修精细化设计

设备区装修图设计往往受重视不够，尤其顶面、地面铺装图设计较为简略。16 号线逐步开始重视设备用房的装修设计，从人性化、精细化等方面着手。

4.8.2.1　精细化设计

16 号线对地面铺装原则做了相关要求，如对称居中、不得出现半块材料等。对于有防静电地板设置的房间，要求门槛内统一留 600mm 进深后再设置踏步。设备区空调机房内因设备排水距离设计地漏位置较远，截水沟往往排水能力不足。设计团队精细化设计，核算各站排水坡度后设置合理的地漏数量及位置。变电所各用房内地面装修应为零坡，房间装修完成面标高确定方法：若站台板结构没有坡度，则按照装修 100mm（垫层 50mm+ 地砖 50mm）作为房间装修完成标高；若结构有 2‰ 的坡度，则以结构面绝对标高最高处标高 + 装修 100mm（垫层 50mm+ 地砖 50mm）作为房间装修完成面统一标高，门口处根据现场情况进行抹平（坡度要平缓）。

4.8.2.2　提升标准

设备区墙面多采用功能性合成树脂乳液涂料，本线路提升标准，对于墙面涂料进行了大胆调整，采用更加环保的无机涂料（贝壳粉），此涂料具有优秀的耐候性、耐水、耐酸碱，使用过程中对环境零污染，使用寿命长，适宜应用于地铁空间，为运营工作人员提供更环保的环境。根据涂料的特性，对不同空间明确应用原则：

（1）重要房间（综控室、站长室、会议室）墙面采用有肌理的贝壳粉涂料饰面，提升重要房间艺术品质。

（2）其他有人房间（票务室、男女休息室、更衣室等）及走廊墙面采用贝壳粉弹涂饰面，弹涂效果及颜色（米黄色）统一以封样样板为准，改变了传统地铁站设备区房间一律是白色的现状，为工作人员提供更温馨的环境。

（3）其他无人设备房间墙面采用贝壳粉平涂饰面。

（4）对于有人房间的钢管柱统一采用防火板包封后，再统一喷涂与周边墙面相同的贝壳粉涂料，美化空间环境。

传统地铁站采用栏杆的高度仅以最低标准执行，即 1050mm，16 号线从安全角度考虑，提高标准，如：站台疏散走道栏杆、钢梯栏杆高度定为 1300mm；疏散楼梯间、污水泵房楼梯栏杆、各层楼板无盖板孔洞临空处（如热排风孔洞）栏杆高度均定为 1100mm。

4.8.3　多管齐下——土建与设备有机结合

16 号线针对工程容易出现的问题，提前重点关注，土建与设备有机结合，分板块开展专题研究，研究结果可圈可点。比如消火栓构造专题、防火门专题、卷帘门专题、管线综合专题、变电所房间地坪专题、防静电地板实施专题等等。

4.8.3.1　消火栓构造专题

消火栓箱嵌入设备隔墙，墙体洞口切断隔墙圈梁，箱体侧面、背面防火分隔处理困难，为解决这些问题，16 号线统一了嵌入墙体的箱体孔洞设计要求，箱体背面用厚度同墙厚的加气混凝土砌块从地面开始贴砌，圈梁在此处转折布置。设备区走廊的消火栓箱，防火石膏板升至距地面装修完成面 3300mm；消火栓箱四周用 C50 系列轻钢龙骨，水平轻钢龙骨竖向间距 300mm，外贴防火石膏板，墙面装修与设备区走廊墙面一致。

4.8.3.2　防火门选型专题

地铁设备房间多数采用防火门，但是不同位置、不同房间对防火门的技术要求各异，若均按照高标准则会造成成本的提高，若按照低标准则达不到使用要求。所以 16 号线从风压、开启次数、土建结构、门禁设置需求等多项技术参数对防火门的选型进行规定，应对不同需求，达到保证安全运营的前提下降低成本的目的。

对于不同抗风压要求，除设备区内邻近轨行区的防火门应满足抗风压 ±1500Pa 要求外，区间风井内防火门应满足 ±4000Pa 抗风压要求，其他位置的防火门无抗风压要求，应分类选型。

对于运营过程中开启频繁的房间门体，为降低门体的损坏和更换频率，对频繁使用房间（综合监控室、公共区与设备区分界防火门）使用闭门器（使用次数 ≥ 30 万次）。

对于门禁设置需求，首先明确使用范围，各站根据具体情况与设备专业配合梳理有门禁需求的房间名称。其次提出门框和门扇需具备保证门禁系统电磁锁稳定和牢固的抗拉强度。最后提出为门锁预留空间，要求闭门器、顺位器避让。有门禁需求房间的 1.2m 宽、2.1m 高双开门：避免门禁锁与顺位器、闭门器位置冲突，要求增设顺位器配件、闭门器配件（图 4.8-3）。在安装闭门器配件、顺位器配件及门禁锁的门体上框增加厚度不小于 3mm 的衬板。衬板尺寸不小于各配件尺寸，配件及衬板颜色同门体。有门禁需求房间的 1.5m 宽、2.1m 高双开门：避免门禁锁与顺位器位置冲突，要求增设顺位器配件（图 4.8-4）。在安装顺位器配件及门禁锁的门体上框增加厚度不小于 3mm 的衬板，衬板尺寸不小于配件尺寸，配件及衬板颜色同门体。

第 4 章
建筑核
心技术
解读

图 4.8-3　1.2m 宽、2.1m 高门体增设顺位器、闭门器配件安装效果图

图 4.8-4　1.5m 宽、2.1m 高门体增设顺位器配件安装效果图

4.8.3.3　防火卷帘选型专题

16 号线根据全线防火卷帘的控制形式、箱体材料、耐火极限、设置位置、功能用途归纳整合为五类防火卷帘。具体分类原则如下：

根据防火卷帘的控制形式，分为两大类。第一大类，手动+电动双重控制防火卷帘，适用于车站公共区；第二大类，手动控制防火卷帘，适用于车站设备区。

第一大类（车站公共区）防火卷帘，根据卷帘的耐火极限要求不同，分为两小类。第一小类，耐火极限≥2h；第二小类，耐火极限≥3h。适用位置见表4.8-1。

第二大类（车站设备区）防火卷帘，统一卷帘的耐火极限≥3h，根据卷帘箱体材料不同，分为三小类。第一小类，采用无机纤维复合特级防火卷帘，适用于车站设备层、站厅层、外挂区、防火分隔墙大型设备运输路径墙面，部分卷帘的选用标准高于《地铁设计规范》有关

地下车站防火卷帘设置情况统计表　　　　　　　　　　　　表4.8-1

设置形式		设置位置
控制形式	箱体材料/耐火极限	
公共区（电动控制、手动控制、自动控制、两步关闭性能）	无机纤维复合防火卷帘（耐火极限≥2h）	站台和站厅同层的地下一层侧式站台车站，站台进入站厅公共区临界面上的安全出口之间应用耐火极限不低于2h的防火隔墙或防火卷帘分隔
		上下重叠平行站台的地下车站，下层站台穿越上层站台至站厅的楼扶梯，应在上层站台楼扶梯四周的开口部位用耐火极限不低于2h的防火隔墙与其他部位隔开；上下层站台之间的联系楼扶梯，应在下层站台楼扶梯四周的开口部位进行防火卷帘分隔
		车站公共区需进行防火分隔的楼扶梯四周的开口部位，应用耐火极限不低于2h的防火隔墙或防火卷帘与其他部位分隔
		地下换乘站共用一个站厅时，站厅公共区的最大允许建筑面积超过5000m²，站厅应用耐火极限不低于2h的防火墙或防火卷帘将站厅分割成建筑面积不大于5000m²的防火分隔区
		T形、十字形、L形等节点换乘车站，应在下层站台换乘楼扶梯四周的开口部位用耐火极限不低于2h的防火隔墙等分隔，楼扶梯口应设耐火极限不低于2h的防火卷帘
		车站小商铺与设备、管理用房区应用防火墙分隔，并应用耐火极限不低于2h的隔墙与非付费区的其他部位隔开，铺面开口处防火卷帘的耐火极限不应低于2h
公共区（电动控制、手动控制、自动控制、两步关闭性能）	无机纤维复合特级防火卷帘（耐火极限≥3h）	通道换乘的车站应在换乘通道内用耐火极限不低于3h的防火卷帘分隔
		站厅非付费区与商业等物业开发同层相接时应划分成不同的防火分区，两者之间宜采用通道连接的方式，通道口应设两道耐火极限不低于3h的防火卷帘，由轨道交通和物业开发分别控制。当防火墙上采用防火卷帘分隔时，防火卷帘的宽度和设置要求应符合现行国家标准《人民防空工程设计防火规范》GB 50098的有关规定
		站厅非付费区与商业等物业开发设置联系楼扶梯时，应分别在商业层和站厅层的楼扶梯四周开口部位用耐火极限不低于3h的防火墙等分隔，楼扶梯口应设防火卷帘，由轨道交通与商业开发分别控制
设备区（手动控制）	无机纤维复合特级防火卷帘（耐火极限≥3h）	设备层、站厅层、外挂区、防火分隔墙大型设备运输路径墙面上设置耐火极限不低于3h的防火卷帘分隔。部分位置设置标准高于《地铁设计规范》GB 50157—2013第28.2.16条：重要设备用房应以耐火极限不低于2h的隔墙和耐火极限不低于1.5h的楼板与其他部位隔开
设备区（手动控制）	无机纤维复合帘面与钢制帘面结合的双轨特级防火卷帘（耐火极限≥3h）	站台层面向轨行区防火墙上设置耐火极限不低于3h的防火卷帘分隔。能够满足区间隧道（±1500Pa）的抗风压要求
设备区（手动控制）	无机纤维复合帘面与不锈钢制帘面结合的双轨特级防火卷帘（耐火极限≥3h）	站厅层设备区与公共区临界位置设置耐火极限不低于3h的防火卷帘分隔。不锈钢帘面与公共区装修风格统一，延续了公共区装修的精细化与完整性

规定，但方便整条线路卷帘的标准化采购与安装；第二小类，采用无机纤维复合帘面与钢制帘面结合的双轨特级防火卷帘，适用于站台层面向轨行区防火墙面，能够满足区间隧道（±1500Pa）的抗风压要求；第三小类，采用无机纤维复合帘面与不锈钢制帘面结合的双轨特级防火卷帘，适用于站厅层设备区与公共区临界墙面，不锈钢帘面与公共区装修风格统一，延续了公共区装修的精细化与完整性。适用位置见表4.8-1设备区设置形式。

另外，16号线还针对该防火卷帘提出了设备综合接口需求。该防火卷帘门箱安置在室内，避免影响限界；同时该防火卷帘的安置要满足设备房间的柜前柜后距离要求，避免相关设施与室内管线位置发生冲突。建筑图纸中明确防火卷帘机箱的宽度及高度。防火卷帘箱体尺寸与洞口高度相关，具体尺寸参见表4.8-2。

防火卷帘设置情况统计表 表4.8-2

洞口高（D）	卷帘箱宽（L_2）	卷帘箱高（H）
$D < 3000mm$	$L_2=1200mm$	$H=800mm$
$3000mm \leqslant D < 3500mm$	$L_2=1350mm$	$H=950mm$
$3500mm \leqslant D < 4000mm$	$L_2=1450mm$	$H=1000mm$

4.9 总结与思考

4.9.1 公共区装修

（1）站厅层与站台层柱裙高度1.2~1.5m，此高度以上部位裸露结构喷涂涂料处理，乘客易触摸。从后期运营维护角度考虑，对车站方案调整为柱体全部包封（图4.9-1）。

图4.9-1 柱体优化前后效果对比

（2）因测算现场风速对原有挡烟垂壁位置进行调整，引起灯具及导向牌体重新移位。优化后，将挡烟垂壁与三角房侧墙结合设置（图4.9-2）。

图 4.9-2　楼扶梯洞口挡烟垂壁与三角房侧墙整合优化前后效果对比

（3）对端墙各设备终端与土建的整合仍有欠缺。设计过程中加大了整合优化力度（图4.9-3、图4.9-4）。

图 4.9-3　端墙整合优化前照片

图 4.9-4　端墙整合优化后效果

4.9.2　一体化设计

地铁车站与周边地下空间一体化衔接的模式，与车站所处地区的城市规划定位、地下空间开发的理念和强度等因素有关。

无论车站是在规划的高强度开发区域还是在已建成的高密度城市中心区，其站位的选择、与周边地下空间的关系等问题的处理，都要结合整个区域作为一个整体来考虑，而不是仅仅考虑车站与邻近地块的设计接口问题。

因此，一个完整的一体化设计应该包含对以下三个层级的考虑：

（1）第一级：区域地下空间层面。从区域地下空间的视角梳理地下一体化设计要素，包括步行通道空间、步行枢纽空间、地下商业空间、地铁车站等等，根据规划、现状、使用功能等方面要求对一体化空间进行定位，统筹各空间的联系，使各个要素融合协调。

（2）第二级：地铁车站层面。地铁车站能带来大量的步行客流，提高区域步行的可达性，因此地铁车站是区域地下空间系统里的一个重要节点。地铁车站与相邻地块的空间关系往往奠定了一体化设计功能合理性的基础。

（3）第三级：地铁一体化接口层面。一体化接口是整个一体化设计的落脚点，根据系统梳理分析的结果，采用恰当的接口模式，最终实现一体化衔接。

4.9.3　地面亭、交通接驳和景观设计

（1）重视土建附属方案细节，地面亭设计可提前介入。

在设计之初 16 号线提前对全线车站及区间的附属方案从规划、防火、占地、路政、河道、管线、环评、标高、一体化结合、景观等多方面逐一进行梳理，对土建附属方案的把关较有成效。

（2）对附属周边实际路面标高复测，核查地形总图标高，和电扶梯专业共同落实附属设计标高，满足防淹要求。

（3）做好地面基础结构的预留预埋接口工作。

（4）完善设备对地面亭结构预留预埋条件的标准化设计。

（5）重视地面亭外观、装修、防水等细节。

（6）从"以人为本、为人服务"的人性化角度设计接驳方案。

（7）做好随时随现场情况调整补充方案的准备。

（8）绿化设计要充分考虑绿化灌溉的水井接口，绿植的养护，保证绿化工程的可实施性及后期的运营维护管理。

（9）和市政排水设计单位提前对接广场和停车场周边管井、管线位置及走向。

第 4 章
建筑核
心技术
解读

CHAPTER

第 5 章 结构革新技术实践

5.1 单层导洞大直径中桩暗挖车站构筑技术研究与应用

5.1.1 技术背景

北京地铁 16 号线工程穿越中心城区基本实现规划，沿线道路交通繁忙、路下市政管线密集，且道路两侧高楼林立，因此车站多采用暗挖法施工。根据工程地质条件，车站结构多位于砂卵石地层，且线路轨道埋深大多进入地下水位以下。为降低车站施工对周边环境的影响及暗挖工程施工地下水处理难度，项目团队提出单层导洞大直径中桩暗挖车站构筑技术，即取消洞桩法暗挖车站下层导洞，以桩基取代条基，具体结构形式如图 5.1-1 所示。

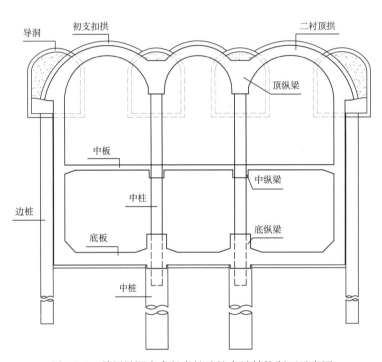

图 5.1-1 单层导洞大直径中桩暗挖车站结构断面示意图

5.1.2 车站结构体系及桩柱受力分析

5.1.2.1 车站底纵梁设置必要性分析

根据对北京地铁 16 号线苏州街站主体结构取消底纵梁与设置底纵梁两种结构形式进行对比分析，通过荷载－结构模型选取主体结构 3 跨区段进行了模拟计算，在取消底纵梁情况下，按考虑"中桩对底板作用"与"不考虑中桩对底板作用"两种状态进行包络分析，在满足底板横向、纵向结构受力要求及裂缝宽度限值的情况下，取消底纵梁相比设置底纵梁，车站工程投资增加约 384 万元。

另外在地下工程中，明挖基坑围护桩、地下连续墙以及暗挖初期支护结构是否作为永久受力结构尚未达成一致意见，且考虑永久结构的耐久性要求越来越高，北京地铁工程中的上述结构多按临时结构设计，永久结构按其起作用与失效两种情况进行包络设计。因此，单层导洞大直径中桩暗挖车站边桩按临时结构进行设计，考虑以下多种不利因素，中桩也按临时结构进行设计。

（1）长距离水下灌注大直径桩基础的混凝土成桩质量不易控制、中桩耐久性不易保证；若中桩按永久桩基进行设计，施工工艺过于复杂。

（2）考虑砂卵石地层洞内钻孔大直径灌注桩难度较大，为减少中桩长度，采取桩底和桩侧后注浆工艺满足承载力要求，但100年设计使用年限内后注浆效果的可靠性缺乏理论支撑与工程验证，桩基差异沉降变形超标对暗挖车站结构体系影响严重。

（3）侧墙与底板下天然地基与桩基础同时作用于地铁车站结构，结构受力与变形协调复杂；若将中桩作为永久结构，考虑桩基础地震工况影响，中桩需加长约30%，进而大大增加了卵石地层洞内钻孔大直径灌注桩的难度。

（4）单层导洞大直径中桩暗挖车站采取一柱一桩的逆作法施工，中桩若出现桩长无法施作到位、断桩、钻头脱落、承载力达不到设计要求等情况，需要调整柱网或单独施作下导洞进行处理，难度及代价大。

综合分析，单层导洞大直径中桩暗挖车站中桩应按临时结构进行设计，主体结构断面应设置底纵梁衔接中柱与底板的结构。

5.1.2.2　车站施工工序

首先根据需要分步进行竖井结构施工，再通过竖井结构分步、分层进行暗挖横通道施工，具体如图5.1-2所示。

然后利用横通道作为施工作业面进行车站主体结构施工，具体工序如表5.1-1所示。

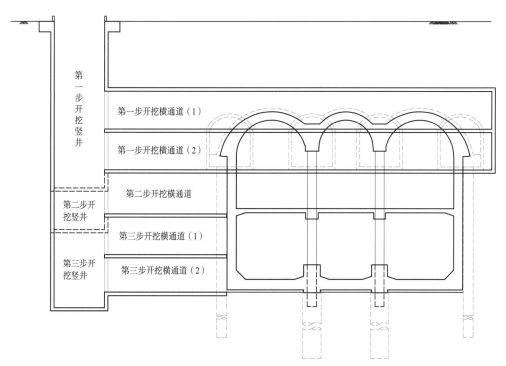

图5.1-2　车站施工竖井及横通道剖面示意图

单层导洞大直径中桩暗挖车站结构断面施工步骤　　　　表 5.1-1

主要施工步骤	图例	备注
1. 施作小导洞		做好超前支护
2. 施作边桩、中桩，安装钢管柱，浇筑顶纵梁及边桩冠梁，同时完成边导洞内扣拱初支及其背后回填		洞内机械施工边桩及中桩（含钢管柱安装）
3. 施作初支扣拱		做好超前支护
4. 浇筑二衬扣拱		控制一次施工长度，分段破除导洞初支
5. 向下开挖站厅层土方		分层分段开挖
6. 浇筑站厅层结构		首先利用地模浇筑中板，再浇筑两边墙
7. 向下开挖站台层土方，并浇筑站台层结构		首先浇筑底板，再浇筑两边墙；且应进行分层分段拉槽施工

5.1.2.3　车站桩基沉降计算方法

　　单层导洞大直径中桩暗挖车站一般采用纵梁结构体系，沿纵向结构形式连续、规则、横向断面无较大变化，其单个边桩、中桩实际受力较为明确，通过简化为二维断面进行计算即可得出边桩及中桩基底反力，因此单层导洞大直径中桩暗挖车站边桩及中桩受力相对明确。为研究边桩及中桩沉降对结构受力的影响，将边桩与中桩分别作为单排桩进行桩基沉降计算，同时考虑各桩（含边桩与边桩、边桩与中桩、中桩与中桩）之间的相互影响作用。

　　根据《建筑地基基础设计规范》GB 50007–2011 与《建筑桩基技术规范》JGJ 94–2008 中各类桩基沉降计算方法对比分析，结合单层导洞大直径中桩暗挖车站边桩及中桩结构受力特点，推荐边桩及中桩沉降采用《建筑桩基技术规范》单排桩基础沉降计算方法，且桩端平面以下地基中由桩基引起的附加应力按 Mindlin 解进行计算。Mindlin 解计算土中附加应力能合理地利用桩端桩侧摩擦阻力分布形态，反映桩的荷载、桩数、桩间距、桩长等因素对桩端持力层中附加应力的影响，与实际受力状态相符。

　　通过对北京地铁 16 号线工程中采用单层导洞大直径中桩暗挖车站构筑技术施工的车站中桩计算沉降值与其静载试验桩基沉降值对比分析，二者较为吻合，具体详见表 5.1-2 所示。

中柱桩基沉降对比表　　　　　　　　　　　　　表 5.1-2

车站名称	桩顶（柱底）轴力	理论计算值	试桩沉降值
万泉河桥站	14932 kN	9.16mm	8.67 mm
苏州街站	19280 kN	11.2 mm	10.71 mm
苏州桥站	12727 kN	8.58 mm	7.79 mm
二里沟站	16086 kN	9.43 mm	10.15 mm
万寿寺站	10010 kN	6.64 mm	6.76 mm

5.1.2.4　桩柱差异沉降对结构内力的影响分析

　　单层导洞大直径中桩暗挖车站结构计算时考虑桩基差异沉降对结构内力的影响，经调查分析目前差异沉降在计算模型中主要有两种施加方式：①边桩与中桩桩端直接施加强制位移；②在桩端设置弹簧单元，通过调节弹簧刚度，使边桩与中柱顶产生一定的位移差，具体如图 5.1-3 所示。且在同一结构模型中通过两种加载方式分别使边桩与中柱顶产生 5mm、10mm、15mm 的差异沉降进行结构内力计算，结果表明：两种不同的差异沉降加载方式对结构内力影响不大。

　　通过对单柱双跨双层及双柱三跨双层单层导洞大直径中桩暗挖车站边桩与中桩差异沉降对结构构件内力影响分析，结果表明：边桩与中桩差异沉降对结构构件内力影响基本线性递增，差异沉降值由 1mm 递增至 8mm，结构构件内力增加 20% 以上。因此，单层导洞大直径中桩暗挖车站边桩及中桩差异沉降值对结构内力影响较大，计算分析过程中应充分重视。

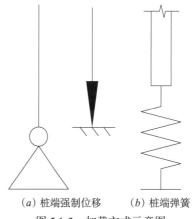

（a）桩端强制位移　　　（b）桩端弹簧

图 5.1-3　加载方式示意图

5.1.2.5 车站钢管混凝土柱施工阶段承载力计算方法

目前洞桩法暗挖车站钢管混凝土柱承载力计算方法是先根据钢管混凝土柱截面计算轴心受压承载力,考虑柱的长细比、初始偏心距影响对轴心受压承载力折减,得到钢管混凝土柱设计承载力。结合单层导洞大直径中桩暗挖车站钢管混凝土柱在各施工工况中的约束条件可知,钢管混凝土柱最不利工况为二衬扣拱完成、中板尚未施工工况。

单层导洞大直径中桩暗挖车站钢管混凝土柱埋入桩基的状态和桥梁桩柱式高桥墩桩基承载力理论计算简图基本一致,如图5.1-4所示。因此可借鉴桥梁桩柱式高桥墩桩基的研究成果和方法进行单层导洞大直径中桩暗挖车站施工阶段钢管混凝土柱承载力分析。

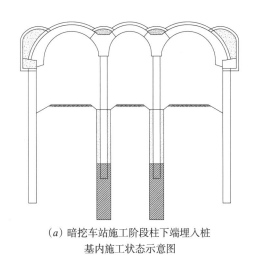 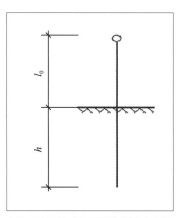

(a) 暗挖车站施工阶段柱下端埋入桩
基内施工状态示意图

(b) 桥梁桩柱式高桥墩桩基嵌入土层
时桩基承载力计算模型示意图

图 5.1-4　暗挖车站钢管混凝土柱埋入桩基的状态和桥梁桩柱式高桥墩桩基承载力理论计算简图对比示意

桥梁桩柱式高桥墩桩基及建筑高承台桩基稳定分析均采用考虑桩身压屈对桩身承载力折减的方法,桩基下部埋入土体内,当桩基露出土体长度较大时,需考虑桩基在竖向荷载作用下的压屈对竖向承载力的折减。如表5.1-3,根据桩基入土深度 h、桩侧土水平抗力系数比例系数 m 以及桩端约束条件确定桩身压屈计算长度 l_c,得到桩基长细比,查表确定桩身稳定系数 φ,进而计算桩基屈曲临界荷载:$N=\varphi_c N_0 \varphi$。其中 N_0 为柱/桩截面轴心受压承载力;φ_c 为基桩成桩工艺系数,考虑不同成桩工艺对桩身混凝土受压承载力影响,泥浆护壁和套管护壁非挤土灌注桩、部分挤土灌注桩、挤土灌注桩 $\varphi_c=0.7\sim0.8$。

桩身屈曲计算长度	表 5.1-3
单桩或同外力作用面相垂直面内的单排桩	
$h<4.0/\alpha$	$h\geqslant4.0/\alpha$
$l_c=1.0\times(l_0+h)$	$l_c=0.7\times(l_0+4.0/\alpha)$

式中　α——桩土变形系数，$\alpha = 5\sqrt{\dfrac{mb_0}{EI}}$；

l_0——高桥墩基桩露出地面的长度；

h——基桩埋入土体内长度；

m——桩侧土水平抗力系数的比例系数，由单桩水平荷载试验确定或根据经验确定；

b_0——桩身计算宽度，m；圆形桩：当桩径 $d \leqslant 1$m 时，$b_0 = 0.9 \times (1.5 \times d + 0.5)$；当桩径 $d > 1$m 时，$b_0 = 0.9 \times (d + 0.5)$；

EI——桩身抗弯刚度，其中 E 为桩身混凝土受压弹性模量，I 为桩身截面惯性矩。

单层导洞大直径中桩暗挖车站施工阶段钢管混凝土柱受力同桥梁桩柱式高桥墩桩基受力情况类似，即柱或桩基部分埋入土体内时确定柱或桩基承载力问题。因此，可借鉴桥梁桩柱式高桥墩桩基承载力计算方法，确定单层导洞大直径中桩暗挖地铁车站施工阶段钢管混凝土柱承载力。

采用上述桥梁桩柱式高桥墩桩基承载力计算方法，计算钢管混凝土柱直径 0.9m、钢管壁厚 0.02m，内填 C50 混凝土，柱下部埋入土体内 8m 情况下，随 m 值变化的钢管混凝土柱极限承载力如图 5.1-5 所示。柱侧土体 m 值提高到 38.1MN/m^4 后，柱承载力有较大幅度提高。即在给定柱入土深度情况下，随 m 值提高到一定程度，由于柱周土体约束作用加强，柱承载力增大。对应柱下部入土深度 4m、6m、8m、10m，计算的柱承载力开始提高的 m 值分别为 1219MN/m^4、160.5MN/m^4、38.1MN/m^4、12.5MN/m^4，将此 m 值定义为不同柱入土深度承载力计算的临界 m 值。随柱入土深度增加，柱承载力计算的临界 m 值减小。

第 5 章
结构革
新技术
实践

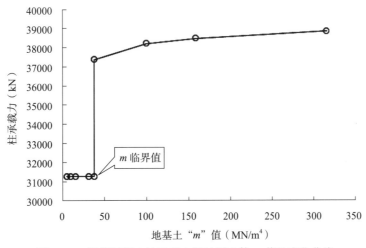

图 5.1-5　钢管混凝土柱承载力随柱周土体 m 值的变化曲线

5.1.2.6　车站中桩对钢管柱约束作用分析

以北京地铁 16 号线苏州街站单层导洞大直径中桩暗挖车站为例，运用岩土工程数值分析软件 midas/GTS 建立数值计算模型（图 5.1-6），研究暗挖车站施工阶段钢管混凝土柱承载力。简化柱承载力计算模型，省略暗挖车站施工过程，建立施工阶段柱受力状态计算模型，

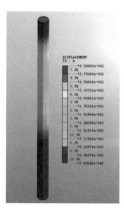

（a）整体模型网格　　　（b）桩＋钢管柱模型网格　　（c）钢管柱模型网格　　（d）柱顶部0.03m初始位移

图5.1-6　暗挖车站钢管混凝土柱数值计算模型示意图

柱顶铰接、柱底嵌固在桩基内，桩基周围为地基土体。考虑钢管柱偏心距及安装误差影响，在柱顶部施加初始水平位移0.03m；考虑边跨与中跨不平衡拱推力，在柱顶部施加水平力87.451kN；然后分级施加竖向荷载，初始阶段每步竖向荷载增量1000kN，接近极限承载力阶段每步竖向荷载增量100kN，计算柱顶荷载—水平位移曲线，得到不同数值计算模型的柱竖向承载力。

钢管混凝土柱直径0.9m、钢管壁厚0.02m、长16.62m，内填C50混凝土；柱下桩基直径1.8m、长17.73m，柱底端嵌入桩基2m。桩基周围土层从上往下分别为黏土2m，卵石15.73m，桩基以下为卵石层。模型计算范围为19.8m（长）×19.8m（宽）×38.73m（高）。

1）钢管混凝土柱极限承载力的确定

钢管混凝土柱荷载—水平位移曲线如图5.1-7所示，荷载—水平位移曲线发生两次明显的转折：在施加水平位移、竖向荷载较小的起始阶段，钢管、混凝土均处于弹性阶段，荷载增加到某一值时，混凝土达到塑性屈服状态，荷载—位移曲线产生第一次转折，钢管仍处于弹性阶段；荷载继续加大直至钢管出现塑性屈服点，荷载—位移曲线产生第二次转折。后续在相同荷载增量作用下位移增量加大，以荷载—水平位移曲线第二次转折点处（钢管塑性屈服）为钢管混凝土柱设计极限承载力，即27400kN。

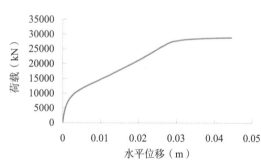

图5.1-7　暗挖车站钢管混凝土柱荷载—位移图

2）桩周约束对钢管混凝土柱极限承载力影响

钢管混凝土柱端嵌固在桩基内，桩基周围分布多层强度、变形模量不同的土体。建立桩周不同强度土层及约束条件数值计算模型，研究桩基及桩周土体相互作用对柱的约束作用。如图5.1-8所示，桩周约束土层由黏土变化为卵石、桩基全约束等不同约束条件时，钢管混凝土柱极限承载力基本相同。国内有相关研究结果也表明，当桩基与柱刚度比大于1.5时，桩基已达到对柱端的嵌固约束作用。对于数值计算模拟的暗挖车站，桩基与钢管混凝土柱刚度比为7.5，且钢管混凝土柱底端嵌入桩基内长度满足地铁设计规范及钢结构设计规范要求，可将桩基与柱的连接视为刚性连接。

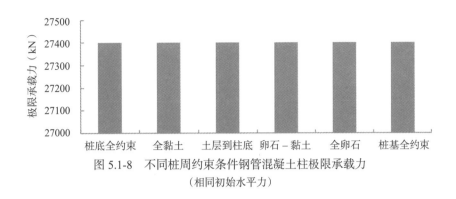

图 5.1-8　不同桩周约束条件钢管混凝土柱极限承载力
（相同初始水平力）

根据地质详勘报告，北京地区黏土、卵石层地基土水平抗力系数的比例系数 m 值为（22～30）MN/m⁴、（200～220）MN/m⁴，根据上节中桥梁桩柱式高桥墩桩基承载力计算结果，桩入土深度10m时的临界 m 值为12.5MN/m⁴，该工程中桩入土深度17.73m，土体 m 值均大于12.5MN/m⁴，因此桩周约束已达到了嵌固约束状态。经分析，暗挖车站柱下中桩由于承担较大的施工阶段竖向荷载，其桩径、桩长往往较大，柱下中桩对柱端可起到嵌固约束作用。

5.1.3　狭小暗挖导洞内成桩设备研究

5.1.3.1　成孔设备

针对狭小暗挖导洞空间以及钻探机械发展水平的限制、洞内大直径中桩机械成桩困难等技术难题，项目团队通过技术攻关，研发了狭小空间内的大直径钻孔机具，研制的全液压履带自行式反循环钻机不仅能够适应各种土、砂、软硬岩地层，尤其对碎石土、大粒径卵石地层有着独特的适应性（图 5.1-9）。

狭小空间内大功率成孔设备的关键技术为：①为了增强大粒径卵石的抽排、增加扭矩和提高工效，全液压钻机在不增加设备外形尺寸的情况下，提高了排渣泵的规格（通径305mm），泵量增大到800m³/h，从而能够更好地适应大卵石地层的排渣需求。②钻杆的驱动方式由机械驱动改为全液压驱动式，扭矩增大，动力头可实现无级变速，泵吸反循环流量可

第 5 章
结构革
新技术
实践

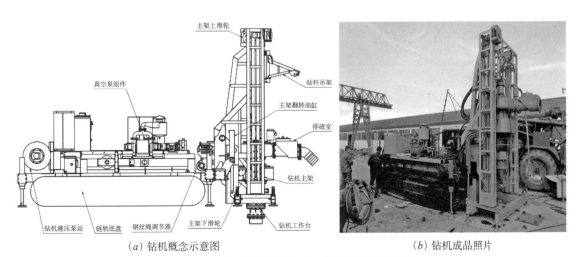

（a）钻机概念示意图　　　　　　　　　　（b）钻机成品照片

图 5.1-9　全液压履带自行式反循环钻机示意图

调，尤其对松散易塌孔地层，可进行钻进速度和排渣流量的无级变速调整，从而可有效防止塌孔，减小成桩过程中引起的地面沉降。

5.1.3.2　钻机钻头

钻机遇大粒径卵石地层，捞石钻头效率较低，故而研制了具有高频振动功能的冲击钻头。该冲击钻头与全液压履带自行式反循环钻机组合使用，钻头与钻杆连接，通过液压管路连接钻机上的冲击模块与钻头上的振动模块，大粒径的卵石在高频振动冲击力作用下碎裂，碎裂后的卵石可通过螺旋片向上导入，从而使钻头可以边冲击边钻进。见图5.1-10。

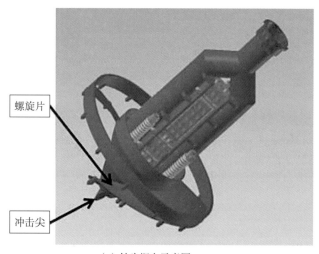

（a）钻头概念示意图　　　　　　　　　　（b）钻头成品照片

图 5.1-10　液压高频振动冲击钻头

5.1.3.3　洞内机械化成桩泥浆处理系统

以往暗挖导洞内反循环钻机作业时，导洞内会因为泥浆补给需求而泥泞不堪，导致钻进作业功效较低、不能连续施工作业，施工组织不流畅，文明施工无法保障。为了提高工效，改善洞内作业环境，满足文明施工需求，研发了泥浆运输及泥浆处理系统，将泥浆池及泥浆分离系统全部放在地面上，钻机通过管道与地面泥浆池、泥浆分离系统连接，研制出大吸力的泵送系统，使其扬程能将浆液输送至地面渣土场，完成泥浆的运输和分离工作，加快泥浆复生时间，提高泥浆重复利用率，以保证成桩钻孔内液压平衡。见图5.1-11。

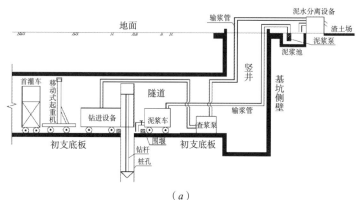

（a）　　　　　　　　　　　　　　　　（b）

图 5.1-11　泥浆处理工作原理（a）及导洞内管路铺设图（b）

5.1.4 钢管柱自动量测及机械定位安装技术研究

单层导洞大直径中桩暗挖车站中柱均采用钢管混凝土柱，而柱下中桩采用钻孔灌注桩施工，如何统筹解决钢管柱安装与中桩施工是暗挖车站面临的重点与难点问题。为此研制了钢管柱自动量测及机械定位设备，可确保钢管柱垂直度和精确定位。

5.1.4.1 智能测控钢管柱安装机

基于钢管柱传统安装方式存在的不足，研制了智能测控钢管柱安装机，该设备前部具有类似夹钳的液压抱闸机构，可侧向将钢管柱抱入并进行固定，上部具有平行四边形结构的起吊臂架，可任意起落。在钢管柱顶部设置高精度倾角传感器进行跟踪监测，以液压支腿进行调节，观察传感器数值来确定设备水平，并且可完成钢筋笼安置、钢管柱安置、柱下桩身混凝土灌注及钢管柱柱芯混凝土浇筑一体化施工。见图 5.1-12。

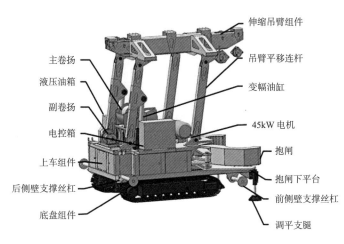

左侧标注（从上到下）：主卷扬、液压油箱、副卷扬、电控箱、上车组件、后侧壁支撑丝杠、底盘组件

右侧标注（从上到下）：伸缩吊臂组件、吊臂平移连杆、变幅油缸、45kW 电机、抱闸、抱闸下平台、前侧壁支撑丝杠、调平支腿

（a）智能测控钢管柱安装机概念示意图 　　（b）智能测控钢管柱安装机施工照片

图 5.1-12　多功能钢管柱安装设备

该设备实现了钢管柱安装的自动化及精准化：钢管柱安装前对设备初始状态进行调平、固定；钢管柱安装机抱紧钢管柱后，二者形成一刚性整体，通过调节设备的姿态从而调节钢管柱的垂直度。钢管柱的姿态通过四个支腿油缸控制，本设备无需人工分别单独调整每根支腿的伸缩控制设备姿态的变化，仅需按下遥控器或显示器上的一键调垂按钮，系统可自动控制每根油缸的伸缩，使设备姿态逐渐逼近初始状态，从而达到调整钢管柱垂直度的目的。

5.1.4.2 精准控制技术

多功能钢管柱安装设备所使用的阀组均为电比例阀，设备的每一个动作均可通过具有比例特性的操作杆进行精准调节，采用的倾角传感器为精度 0.001° 的进口高精度传感器，因此设备的姿态可进行精确微调，从而可以保证调垂结果的准确性。见图 5.1-13。

智能测控多功能钢管柱安装机技术在北京地铁 16 号线万泉河桥站共施工 54 根中柱，经实测钢管柱垂直度偏差分布如下：（0～0.5）‰共 2 根，占 3.70%；（0.5～1）‰共 51 根，占 94.45%；超过 1‰共 1 根，占 1.85%。

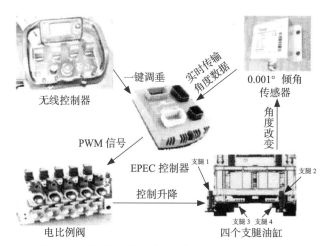

图 5.1-13　智能测控钢管柱安装机电控系统示意图

5.1.5　技术要点

为保证单层导洞大直径中桩暗挖车站各施工步骤有序，且便于机械施工，其实施技术要点如下：

（1）为满足设备吊装、运输及使用需求：竖井平面内净空尺寸宜为 5m×7.2m，横通道净宽宜为 4m，第一层横通道马头门处最小高度为 4.5m。

（2）导洞净高宜不小于 4.8m，且边导洞与边桩外边缘应预留 700mm 钻机操作空间。

（3）为防止成桩过程中导洞底部涮空及保证施工精度，导洞底部格栅开孔时宜向下人工挖孔 1.2～1.8m，将钻机钻头完全埋置于导洞底面以下。

（4）钢管柱法兰首节分节建议设置于导洞底板位置，首节安装完成后需拆除，以便导洞内运输畅通。

（5）钢管柱安装过程中，考虑首节安装后需拆除，首次安装时应采用"工具节"代替所有钢管柱首节进行初安装，并在工具节中开洞，使柱芯混凝土浮浆或桩基混凝土由洞口溢出，以便确保柱芯混凝土灌筑质量。

（6）受导洞空间限制，边桩及中桩钢筋笼为分节安装，其主筋宜采用分体式套筒进行连接。

（7）边桩及中桩采用桩底后压浆工艺时，注浆管应采用带有丝扣钢管，采用管箍连接，每节压浆管与钢筋笼分节长度相同，钢筋笼安装完毕后安装压浆管；每节压浆管连接完成后上端采用棉纱进行封堵，防止泥浆流入。

5.1.6　技术创新及推广应用

北京地铁 16 号线工程采用单层导洞大直径中桩暗挖车站构筑技术施工的车站共计 8 座，分别为：万泉河桥站、苏州街站、苏州桥站、万寿寺站、二里沟站、红莲南里站、富丰桥站、看丹站，除看丹站正在施工外，其余各站主体结构均已施工完成，车站关键施工步序现场施工情况详见图 5.1-14 所示。

（a）导洞开挖与支护

（b）边桩钻孔施工

（c）中桩钻孔施工

（d）桩基钢筋笼安装

（e）钢管柱安装

（f）中桩、柱混凝土灌筑

（g）钢管柱成型

（h）顶纵梁模板支架

（i）顶纵梁浇筑完成

（j）初支扣拱施工

（k）初支扣拱破除

（l）拱部防水层施工

（m）二衬拱顶施工

（n）二衬拱顶浇筑完成

（o）站厅层土方开挖

（p）中板浇筑完成

（q）站台层土方开挖

（r）底板浇筑完成

图 5.1-14　单层导洞大直径中桩暗挖车站关键施工步序现场照片

第 5 章
结构革
新技术
实践

　　通过北京地区已施工暗挖车站工程数据对比分析，同洞桩法相比，单层导洞大直径中桩暗挖车站构筑技术施工引起的地面沉降减少 20%～30%，降水时间可缩短 50%～60%，降水量可减小 60%～70%，劳动力可节约 15%～20%。

5.1.6.1　技术创新

　　（1）研究明确了单层导洞大直径中桩暗挖车站结构受力体系，提出了单层导洞大直径中桩暗挖车站桩基沉降计算、钢管柱承载力计算方法。

　　（2）研发了适用于不同地层的狭小空间内大直径桩基施工系列装备机具以及配套钻具，形成了一套砂卵石地层洞内大直径中桩暗挖车站施工技术，保证暗挖车站安全施工的同时满足城市中心区环境保护要求。

（3）首次研发了适用于狭小空间内的智能测控多功能钢管柱安装机，高精度地实现了钢管柱自动定位及安装，完全避免了孔底人工凿桩头、安装定位器，施工安全性和效率显著提高。

（4）结合单层导洞大直径中桩暗挖车站利用上层导洞作为施工作业面，可机械施工边桩、中柱（含桩基）等特点，为暗挖车站止水施工提供了可能性，进一步丰富和发展了暗挖法修建地铁车站技术。

5.1.6.2 推广应用

单层导洞大直径中桩暗挖车站结构及施工方法取消了洞桩法车站的下层导洞开挖，避免了下层导洞开挖对降水施工的要求、节约了地下水资源，减小了群洞效应、降低施工风险及对周边环境的影响，通过上层导洞内机械施作边桩、中桩及安装钢管柱，提高了暗挖车站机械化施工程度及作业效率，同时也终结了导洞内人工挖孔成桩及人工安装钢管柱的风险。单层导洞大直径中桩暗挖车站主体可利用上层导洞作为施工作业面向下机械化施作止水帷幕，可显著减小止水施工难度或实现不降水施工，减少降水对周边环境的不利影响，保护了宝贵的地下水资源。随着暗挖车站主体工法的调整，施工竖井及横通道由主体施工前全部开挖支护完成调整为"由上而下择机开挖支护"，减小初支结构体量和持续时间、提高施工竖井及横通道安全性的同时降低了地下水处理难度。本工法目前已在北京地铁3号线、12号线、17号线、19号线、昌平线南延工程，哈尔滨地铁2号线工程等众多暗挖车站中推广应用。

5.2 暗挖车站止水技术研究与实践

5.2.1 技术背景

北京地铁16号线大部分区段位于北京西部中心城区，为缓解交通拥堵、减少管线改移和占地拆迁等前期工作，12座车站采用暗挖法施工。"无水作业"是暗挖法安全施工的基本前提，为确保施工安全，通常采用降水施工。

北京市人民政府2012年7月1日施行的《北京市节约用水办法》明确要求新建项目应采取措施、限制施工降水。响应政府号召，建设单位、设计单位、施工单位及科研高校成立联合团队，从调整设计理念开始，对暗挖工程地下水控制理论、机械工艺、施工方法及措施等各项技术进行科研攻关，研发了单层导洞大直径中桩暗挖车站成套技术，并在8座暗挖车站中成功应用。单层导洞大直径中桩暗挖车站技术同洞桩法暗挖车站相比，缩短了降水周期、节约了大量的地下水资源，但仍不能完全避免降水。

根据财政部、国家税务总局、水利部印发的《扩大水资源税改革试点实施办法》（财税〔2017〕80号）要求，北京市人民政府2017年12月19日制定印发了《北京市水资源税改革试点实施办法》，抽排每立方米地下水需要缴纳约4.32元水资源税，希望通过税收杠杆减少工程作业中地下水抽排，促进止水技术研发、推动技术进步和发展，节约水资源，保护生态环境。

为此，北京地铁16号线在单层导洞大直径中桩暗挖车站技术应用的基础上，对洞内帷幕止水（旋喷桩、搅拌桩、注浆等）、结构止水（地下连续墙、管幕和咬合桩等）及冻结止水三大技术体系重新进行了专项研究。结合不同车站施工进度及工程特点，在富丰桥站实施了桩侧注浆结合旋喷封底"盆式"止水技术；在看丹站分段实施了洞内地下连续墙和咬合桩止水技术，在万泉河桥站实施了桩间超高压旋喷桩止水技术，现对这三座车站、四种止水工艺的技术特点、实施效果总结分析，为后续工程提供借鉴。

5.2.2　暗挖洞内施作止水帷幕特点

暗挖导洞内施作止水帷幕，最主要的特点为导洞内作业空间狭小。明挖基坑止水技术已非常成熟，但大部分工艺要求地面有足够的机械施工空间，或需要使用数台设备同时施工以保证工程实施进度。在暗挖车站中，导洞净空尺寸限制其无法使用常规机械，同时导洞的条带状结构又限制了施工设备移动转场。因此，必须采用新型设备满足施工需求。

暗挖导洞内止水帷幕施工期间，导洞初支结构承担全部水土荷载。但帷幕施工时必然影响导洞初支结构整体性（导洞底板需打孔或连续开槽），因此设计过程必须考虑施工影响而对导洞进行加固或优化施工步序以充分利用地层自承能力，减小导洞初支结构变形，满足承载要求。

5.2.3　洞内地下连续墙止水技术

5.2.3.1　看丹站概况

看丹站为一座标准地下两层三跨单层导洞大直径中桩暗挖车站。顶板平均覆土厚度约7.2m，主体位于卵石层中，卵石一般粒径为（4～10）cm，局部夹杂大于50cm的漂石。卵石层下存在一层强风化黏土岩，可作为隔水层。施工影响范围内存在一层潜水，位于底板以上约3.5m，见图5.2-1。

5.2.3.2　地下连续墙设计要点

（1）导墙设计

导墙施工需切断导洞底板初支并改变导洞初支结构受力状态；同时导墙槽内土体开挖，又会引起导洞基底土侧向卸载，一定程度上降低导洞基底的总承载力。因此，导墙开挖前需结合工程地质条件进行计算和技术分析，根据施工设备荷载、地层稳定性和导洞初支强度等确定导墙开槽的一次施工长度，并确定导洞底部土体加固范围、初支加强措施等，确保导洞结构稳定。具体措施如下：

1）导墙施作前先在导洞底板开槽部位的两侧打设竖向注浆导管以加固地层，增强导洞下地基土的稳定性和承载力，导管长度取3～5m，注浆扩散半径0.3～0.5m。

2）基底地层加固后，跳段（每段长度约2.5m）破除导墙范围内导洞底板初支结构，保留导墙厚度内导洞底板初支钢筋，与导墙钢筋绑扎后浇筑在一起，形成整体结构。

3）控制地下水水位在导墙底0.5m以下。

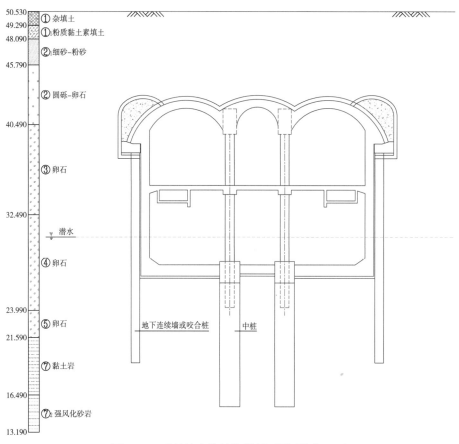

标高(m)	地层
50.530	① 杂填土
49.290	① 粉质黏土素填土
48.090	② 细砂-粉砂
45.790	② 圆砾-卵石
40.490	③ 卵石
32.490	▽ 潜水
	④ 卵石
23.990	⑤ 卵石
21.590	⑦ 黏土岩
16.490	⑦ 强风化砂岩
13.190	

图 5.2-1 看丹站主体结构横剖面图（单位：m）

4）设计导墙深度为 1.5～2m，导槽分两次开挖，每次挖深 1m，然后对称浇筑混凝土，并在间隔不小于 24h 后继续向下开挖，第一次浇筑时为第二次开挖浇筑预留钢筋连接条件。

5）拆除模板后立即设置型钢支撑，防止导墙向内挤压变形。

6）导墙混凝土养护期间，成槽机等重型设备不应在导墙附近作业停留，成槽作业前支撑不允许拆除，减小导墙变形（图 5.2-2）。

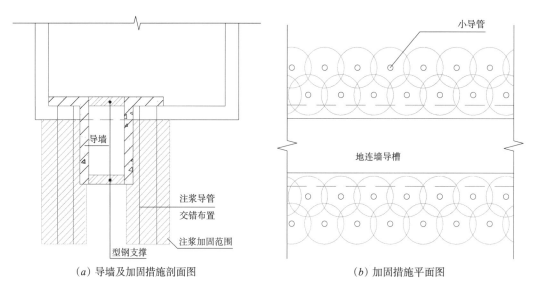

（a）导墙及加固措施剖面图　　　　　（b）加固措施平面图

图 5.2-2 导洞内导墙做法及加固措施

（2）钢筋笼优化设计

导洞内地下连续墙存在纵向分幅小、竖向分段多的特点，钢筋笼的竖向分段和分幅之间的接头设计必须考虑止水要求和受力的合理性。

地下连续墙设置处导洞净高约为4.3m，综合考虑施工设备及吊装连接作业空间，确定每段钢筋笼高度为3.1m，相邻钢筋笼接头位置错开0.5m。钢筋笼在地面分段制作，洞内逐段连接，钢筋接头采用一级机械接头连接。

普通地下连续墙钢筋的设置，除设置竖向受力筋、水平分布筋外，还要设置满足吊装、浇筑阶段保证钢筋笼稳定性的剪刀筋、水平桁架筋、竖向桁架筋。导洞内地下连续墙由于分幅宽度小，端面采用H型钢接头，焊接成型后的钢筋笼自身稳定性很好，不需要设置水平、竖向桁架筋以及剪刀筋，这样既可节约钢筋又减小了吊装重量。

（3）地下连续墙接头设计

1）接头形式

地下连续墙施工接头有：锁口管接头、H型钢接头、十字钢板接头、接头箱接头、预制混凝土接头等。看丹站选用H型钢作为地下连续墙接头。其优点有：H型钢接头为刚性接头，H型钢便于竖向接长，止水性能好，可以将窄幅地下连续墙连接为整体墙。

2）车站端头拐角处地下连续墙节点设计

一般基坑拐角处通常采用"L"形地下连续墙，但受空间影响，导洞内无法开挖L形沟槽。因此，将L形地下连续墙拆解为两幅墙，并采用槽钢，后施工墙幅插入槽钢内，使二者咬合为一个整体。施工中，先施作V形地下连续墙（图5.2-3），待其达到设计强度后，施作Ⅲ型地下连续墙。

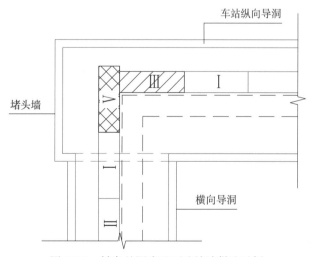

图5.2-3　转角处洞内地下连续墙做法示例

5.2.3.3　地下连续墙施工要点

从看丹站导洞底板算起，地下连续墙高度为18.6m，嵌固深度为7.5m，插入隔水层深度约为1.5～2m。

由于受导洞净空尺寸的限制，洞内施工地下连续墙存在3个难点：成槽机和钢筋笼起吊机小型化；分幅宽度受制于槽壁稳定性和钢筋笼起吊能力；地下连续墙施工精度控制难度大。

针对上述难题，采用了以下技术措施。

（1）施工机械

暗挖洞内地下连续墙施工机械主要包括成槽机和钢筋笼吊装机（图5.2-4），机械作业总高度控制在4m以内。

（a）成槽机　　　　　　　　　　　　　　　　　（b）钢筋笼吊装机

图5.2-4　洞内地下连续墙施工机械现场作业照片

（2）分幅宽度

槽段分幅宽度对槽段变形及稳定性有很大的影响。通过计算分析，卵石地层中2.5m幅宽与车站1.8m中桩施工时的侧壁水平变形相近，因此选择墙幅宽为2.5m，可以充分利用土拱效应抵消上覆土体的附加荷载，有效提高槽壁稳定性和控制侧向变形。

经实践，选择墙幅宽度2.5m左右还有以下优势：①宽墙幅多抓成槽需要机械前后多次移动，每次移动后均需固定调平，会降低施工效率；②车站地层主要为卵石层，渗透系数大，缩小成槽宽度可缩短槽壁暴露时间，节约护壁泥浆；③分幅宽度小，则钢筋笼自重小，符合施工机械小型化需求，利于吊装及提高钢筋笼连接质量。

（3）施工工序

为利用时空效应，先后施工的两个槽段应尽量隔开一定的距离，以减少各槽段成槽之间的相互影响，避免槽壁坍塌。施工顺序见图5.2-5。

5.2.4　洞内咬合桩止水技术

洞内咬合桩（图5.2-6）采用了钢筋混凝土桩（结构桩）与素混凝土桩（素桩）切割咬合成排桩的形式，构成相互咬合的桩墙，桩与桩之间可一定程度上传递剪应力。因此，在桩墙

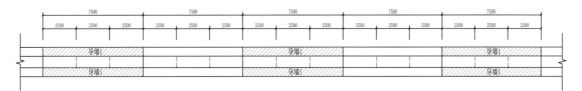

第一步：首先向导洞底打设注浆导管并完成注浆后，分段间隔（如图中阴影部分所示）施作导墙。

第二步：按图中数字1-6顺序依次施作配置型钢的地下连续墙幅段。地下连续墙成槽过程中应进行泥浆护壁，成槽完成后应对槽底进行清底，然后分段组装下放钢筋笼，水下浇筑混凝土。钢筋笼组装下方过程中，应保持其稳定，避免触碰槽壁造成塌孔。

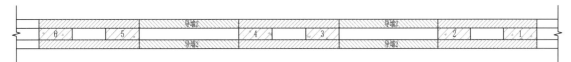

第三步：1～6号地下连续墙浇筑完成后，施工中间段地下连续墙导墙2，并与两侧导墙连为整体，施工要求同第一步。

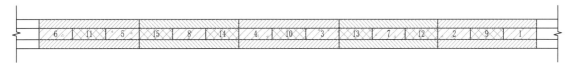

第四步：导墙浇筑完成后，按7～15顺序，施工剩余地下连续墙，其中7、8幅为配置型钢型地下连续墙，9～15幅为未配置型钢地下连续墙，混凝土浇筑后，注浆填充墙间缝隙。本循环完成，按同样顺序施作下一循环。

图 5.2-5　地下连续墙平面施工步序（单位：mm）

受力和变形时，素混凝土桩与配筋混凝土桩可起到共同作用的效果。咬合桩兼具支护与止水作用，素桩通常采用超缓凝型混凝土先期浇筑；在素桩混凝土初凝前利用钻机的切割能力切割掉相邻素混凝土桩相交部分的混凝土，然后施工结构桩，实现相邻桩的咬合。

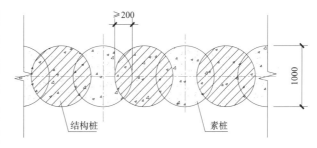

图 5.2-6　咬合桩构造平面图（单位：mm）

5.2.4.1　洞内咬合桩设计要点

（1）素桩塑性混凝土

与明挖咬合桩不同，洞内咬合桩施工主要受施工空间限制，施工机械功率较低且仅能前后线性移动。因此，当直接引用明挖基坑咬合桩施工步序时，现有的超缓凝混凝土缓凝性能（缓凝时间60h）不足，易出现素桩强度过高而无法咬合问题，因此洞内咬合桩不能直接使用常见的超缓凝混凝土。

塑性混凝土是一种水泥用量较低，并掺加较多的膨润土、黏土等材料的大流动性混凝土，它具有低强度、低弹模和大应变等特性，同时又具有很好的防渗性能。

看丹站使用的塑性混凝土参照《现浇塑性混凝土防渗芯墙施工技术规程》JGJ/T 291—

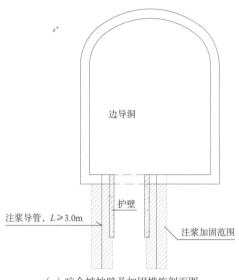

（a）咬合桩护壁及加固措施剖面图

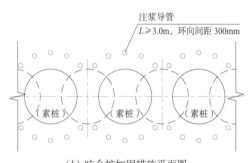

（b）咬合桩加固措施平面图

图 5.2-7　导洞内咬合桩护壁做法及加固措施

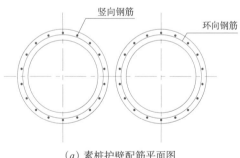

（a）素桩护壁配筋平面图

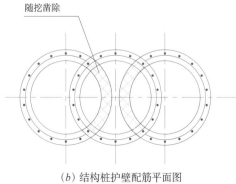

（b）结构桩护壁配筋平面图

图 5.2-8　导洞护壁配筋平面图

2012 进行配合比设计并根据试验调整，基本参数如下：

素桩采用塑性混凝土，14d 抗压强度不大于 3MPa，28d 抗压强度不小于 5MPa，渗透系数不大于 1×10^{-6}cm/s。其中水泥用量不少于 80kg/m³，膨润土用量不少于 40kg/m³，胶结材料用量不应少于 240kg/m³，砂率不应低于 45%，水胶比宜 0.85 ～ 1.2，并经试验后确定配合比；塑性混凝土强度保证率不应小于 80%，也不宜大于 85%，实测强度最小值不应低于设计龄期强度标准值的 75%。

素桩施工后，14d 内应施作相邻结构桩，否则易出现结构桩钻头磨损严重的情况。

塑性混凝土由于其强度较低，仅可作为止水措施，结构桩设计时，不应考虑素桩对承载能力（抗弯及竖向承载）的贡献。

（2）洞内咬合桩护壁

同洞内地下连续墙一样，咬合桩施工也会破坏导洞初支原有的结构体系，因此需对导洞底土体及导洞初支进行加固，保证开洞不会引起初支失稳（图 5.2-7）。

施工时，先施工素桩，素桩施作要求跳桩施工。施工结构桩时，需人工凿除素桩护壁，并新建结构桩护壁（图 5.2-8）。

5.2.4.2　洞内咬合桩施工要点

（1）咬合桩施工前应先施作底板格栅开洞加固，护壁一次开挖深度不宜超过 1m。

（2）边桩与侧墙外皮之间的预留空间应考虑开挖桩体向坑内变形、桩体垂直度偏差、桩体定位偏差以及侧墙防水做法，桩定位中心线纵横向偏差不应超过 10mm，成桩垂直度偏差不应大于 1/300。

（3）边桩施工不应有断桩、混凝土离析、夹泥等现象发生，混凝土粗骨料最大粒径不得大于主筋间最小净距的 1/3，桩底沉渣不大于 50mm。

（4）咬合桩采用跳桩施工方法，结构桩应在两侧素桩完成后施工。

（5）钻孔桩采用泥浆护壁成孔施工，泥浆制备应选用高塑性黏土或膨润土，应根据穿越土层特性进行配合比设计，新拌制泥浆相对密度范围宜为 1.3～1.5，循环泥浆相对密度宜为 1.15～1.25，成桩期间应保证泥浆液面不低于导洞底板 1m。清孔后应在距孔底 0.5m～1.0m 处泥浆取样测试，其相对密度应小于 1.25，含砂率不应大于 8%，黏度不应大于 28s。施工前应通过试验确定泥浆配比，保证泥浆性能。

（6）洞内钢筋笼分节吊装，分节长度宜为 3m，主筋采用一级机械接头连接。

（7）钢筋笼吊放到设计位置时，应检测其水平位置和高程是否达到设计要求，检查合格后应立即固定钢筋笼并浇筑混凝土。

（8）钻孔灌注桩桩顶浇筑应高于桩顶，凿除浮渣后与冠梁连接，保证设计标高处没有浮渣。

5.2.5 洞内超高压旋喷桩止水技术

5.2.5.1 万泉河桥站概况

万泉河桥站为一座单柱双跨单层导洞大直径中桩暗挖车站。车站主体穿越地层主要有砂层、卵石层、粉质黏土层，底板以下存在粉质黏土、黏土层，可作为隔水层。车站施工受卵石层中的潜水影响，地下水位于中板以上 1.4m，见图 5.2-9。

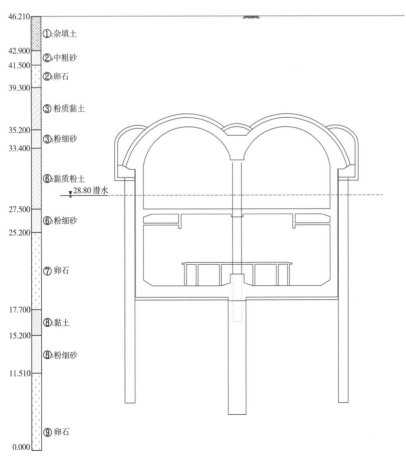

图 5.2-9　万泉河桥站主体结构横剖面图（单位：m）

5.2.5.2 超高压旋喷原理

万泉河桥站采用40MPa超高压旋喷，旋喷注浆加固机理主要是进行两次切削破坏土层，第一次是上段的超高压水和空气的复合喷射流体，在第一次切削土层的基础上再次对土体进行切削，这样便增加了切削深度，加大了固结体直径。超高压喷射流切割下来的多余泥浆通过气升排出，以达到控制地内压力的目的，从而减小了喷射能量的损耗，增大了成桩直径，降低了施工对周边环境的影响。

5.2.5.3 超高压旋喷桩设计要求

（1）施工前应设置试验桩，检验机具性能并确定施工中的相关技术参数。

（2）先施作钻孔灌注结构桩，待其达到设计强度后施作旋喷桩，旋喷桩与钻孔灌注桩搭接范围不小于0.2m，见图5.2-10。

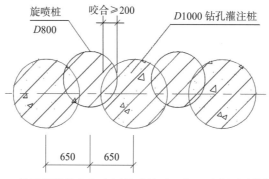

图5.2-10 钻孔灌注桩与超高压旋喷桩平面布置示意图（单位：mm）

（3）加固后的土体应有良好的均匀性和自立性，无侧限单轴抗压强度 ≥ 5.0MPa、渗透系数不大于 1×10^{-6}cm/s。

（4）为保证与结构桩咬合质量，单根旋喷桩垂直度误差不超过0.5%，对中误差小于1.5cm。

（5）旋喷桩灰浆采用优质42.5普通硅酸盐水泥，水泥掺量不少于40%、水灰比1：1，根据每根桩的灰浆用量，随时制作随时使用，并经充分搅拌，搅拌时间不少于5分钟，且使用前不得超过初凝时间。

（6）施工时应根据工程地质情况，严格控制各管内压力及速度：水压力20MPa，流量50～80L/min；浆压力30～40MPa，80～300L/min；高压空气压力0.7～1.05MPa，空气量3～7m³/min；提升速度10～60min/m；钻杆旋转1～4rad/步距，每步距25～50mm。

5.2.5.4 超高压旋喷桩施工技术要点

（1）施工设备

万泉河桥站超高压旋喷桩止水帷幕桩的施工在导洞内进行，由于导洞内施工空间狭小，因此需要引孔设备和高压喷射设备能够满足导洞尺寸的要求，详细如下：

1）钻杆、注浆管路以及设备自身总高度应小于4600mm。

2）设备宽度应小于4000mm。

3）钻杆或注浆管可以在距离边墙1000mm的范围内施作。

4）钻杆或注浆管应可以相互连接，控制总高度。

在设备尺寸受到限制后，其功率也会相应地受到影响。而万泉河桥站存在大直径的卵石地层，地下水渗流速度快。根据洞内施工条件及地层特点，采用气动潜孔锤套管跟进钻机，适用于在各种土层（包

图5.2-11 超高压旋喷机地面喷射效果

括砂卵石地层）以及混凝土中进行钻孔，同时配备DYJC-258型超高压旋喷机。该超高压旋喷机可实现双嘴喷头摆360°旋喷，其地面喷射效果如图5.2-11所示。

（2）实施要点

1）为避免桩体不均匀，喷浆前先进行压浆压气试验，一切正常后再配浆准备喷射，保证连续进行。配浆时必须用筛过滤，并根据固结体的形状及桩身匀质性，调整喷嘴的旋转速度、提升速度、喷射压力和喷浆量。对易出现缩径部位及底部不易检查处进行定位旋转喷射或复喷扩大桩径。

2）严格按照试桩确定的旋喷参数控制钻杆的旋转和提升速度，喷射注浆前要检查高压设备和管路系统。

3）设备就位后必须平整，确保施工过程不发生倾斜和移动，机架和钻杆的垂直度偏差不大于1.0%，施工中采用吊锤观测钻杆的垂直度，如发现偏差过大，必须及时调整。

4）在卵石层时，向套管中注水，减小卵石与套管间的摩擦力，可预防卡钻。如果已发生卡钻，则需拔出套管，彻底清渣，然后再安装套管，下钻杆继续掘进。

5）为防止堵管，使用杂质少的膨胀剂，延长水泥搅拌时间，并增加一道过滤网，同时应避免长时间停机。制备好的水泥浆不得有离析现象，停置时间不得超过2小时。

6）卵石地层中成桩时，延长桩底范围原位喷射时间至5分钟，使桩底范围内直径充分打开，然后再开始步距提升。

7）在放桩位点处做钎探，遇有地下埋设物应清除或移桩位点。如注浆量与实际需要量相差较多，则可利用侧口式喷头，减小出浆口孔径并提高喷射能力，使浆液量与实际需要量相当，减少冒浆。

5.2.5.5 实施效果

超高压旋喷工艺止水效果良好，整个车站止水区域仅出现6个漏点（120处搭接，渗漏率5%），通过简单堵漏处理及洞内抽排后即可满足无水施工要求，顺利完成底板防水层及底板混凝土结构施工。

通过对部分超高压旋喷桩进行取芯实验（图5.2-12），经实验室检测，强度及渗透系数均达到设计要求。桩体自身止水性能良好，渗漏水点主要为超高压旋喷桩与钻孔灌注桩受中间介质（多为较大块体的卵石）阻隔引起的咬合不密实而产生。

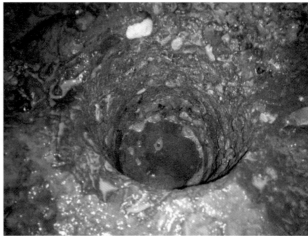

（a）砂卵石地层超高压旋喷桩桩芯 　　　　　（b）取芯孔

图 5.2-12　砂卵石地层超高压旋喷桩成桩质量检测

5.2.6　桩侧注浆结合旋喷封底"盆式"止水技术

当基底以下无有效隔水层，或隔水层距离基底较远时，上文提及的几种工艺无法达到较好的止水效果，或者插入深度较深而经济性较差。此时，对基底土体进行封底止水也是一种良好的选择。封底技术需结合桩侧注浆止水、咬合桩、地下连续墙或旋喷桩等桩侧止水技术使用，形成一个盆式结构，将基坑与地下水隔离。这种方法的最大特点是应用灵活，变化多样。

5.2.6.1　富丰桥站概况

富丰桥站为双层三跨双柱大直径中桩暗挖车站。主体位于卵石中，卵石一般粒径为4～10cm，夹杂部分大于30cm的卵石。车站施工影响范围内存在一层潜水。基底以下10m范围内无有效隔水层（图5.2-13）。

5.2.6.2　桩间注浆技术要点

桩侧注浆宜采用水泥—水玻璃双液浆或其他新型凝结速度快、作用效果长的浆液，注浆管布设需根据地层及浆液扩散性能确定，各管形成注浆体应有良好搭接。注浆厚度需根据内外水头高度差计算确定（图5.2-14）。

技术要点：

（1）浆液可根据地层条件填加

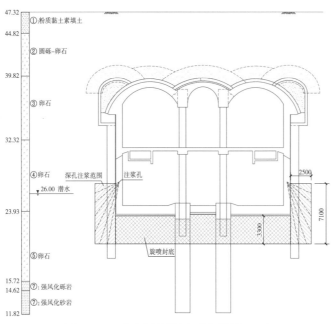

图 5.2-13　富丰桥站横剖面图（单位：m）

调节浆液凝结时间和可注性的外加剂。

（2）进行注浆止水前，应提前施作注浆止水试验段，并进行止水效果检验，确定合理的浆液配比、注浆压力等指标，推荐径向注浆压力控制在 0.5～1.0MPa，应保证有效扩散半径大于 0.5m。

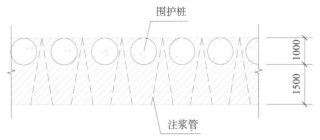

图 5.2-14　桩侧注浆布置平面示意图（单位：mm）

（3）注浆时应从无水孔向有水孔、从少水孔向大水孔、从散水区域向集中涌水区域进行。

（4）应保证注浆充分，不留死角；注浆后的土体应满足：渗透系数不大于 1×10^{-6}cm/s。

（5）注浆后应进行取芯检测，渗透系数达到要求后，才能向下开挖。

（6）开挖过程中，发现渗漏点，应立即进行补浆。

5.2.6.3　旋喷封底技术要点

（1）施工前应针对现场地层进行旋喷注浆试验，掌握喷射压力和孔内喷射直径的关系，水泥浆液喷射量和钻具提升速度的关系，水泥掺量和止水帷幕抗渗性能的关系，设定合理的施工技术参数。

（2）旋喷注浆材料采用强度等级为 42.5 级的普通硅酸盐水泥。

（3）旋喷桩 28d 钻孔取芯抗压强度不小于 5MPa，渗透系数不大于 1×10^{-6}cm/s。

（4）喷射孔与高压注浆泵的距离不宜大于 50m；孔位允许偏差 ±20mm；孔深允许偏差 –50～100mm；桩垂直度偏差为 1%。

（5）喷射管分段提升的搭接长度不得小于 100mm。

（6）旋喷注浆完毕，应迅速拔出喷射管。为防止浆液凝固收缩影响桩顶高程，可在原孔位采用冒浆回灌或第二次注浆等措施。

5.2.6.4　实施效果

富丰桥站运用桩侧注浆结合旋喷封底盆式止水技术效果良好，旋喷封底布孔见图 5.2-15，地下二层开挖至基底，均未出现明显漏水点，基底干燥无水，达到了预期效果。对侧向注浆体及旋喷封底取样进行实验室检测，强度及渗透系数均达到设计要求，止水效果见图 5.2-16。

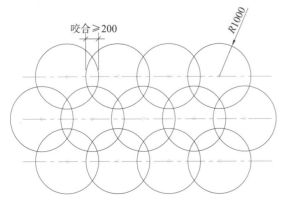

图 5.2-15　旋喷封底布孔平面图（单位：mm）

图 5.2-16　富丰桥站止水效果

5.3 "联独法"暗挖区间结构、施工方法研究与应用

5.3.1 技术背景

受地面交通、地下管线等周边条件限制，地铁出入段线、停车线、折返线以及同侧式站台车站相接的正线等双线共构地下区间多采用"双侧壁导坑法"或"中洞法"暗挖施工，前者存在由于单拱大跨度断面结构跨度大、开挖面积大、结构厚度大、工程造价高、开挖步序多而施工速度慢、施工风险高的问题；而后者双联拱断面虽然结构跨度小、开挖面积略小、结构厚度小、工程造价略低，但由于其施工步序限制，存在施工速度慢、联拱处易积水、防水质量差的问题。

针对地铁双线共构地下区间存在的问题，依托北京地铁16号线起点~北安河站区间工程，研究提出了初支联拱二衬独立式新型暗挖区间结构与施工方法（简称"联独法"）。

5.3.2 技术方案

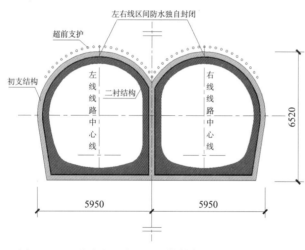

左右线区间防水独自封闭
超前支护
初支结构
左线线路中心线
二衬结构
右线线路中心线
6520
5950 5950

图 5.3-1 "联独法"暗挖区间结构断面图（单位：mm）

地铁暗挖区间一般采用复合式衬砌结构，即外侧为初支结构、内侧为二衬结构、中间为防水层。"联独法"暗挖区间结构继承了复合式衬砌结构的特点，而中墙结构采用中间层为初支结构、两侧为二衬结构，并在初支与二衬结构间分别设置一道封闭的防水层；左右线区间结构对称、跨度小，二衬施作简单、施工缝少，初支与二衬间防水各自封闭，防水效果好；左右线区间结构相对封闭、独立，行车运营效果好，如图 5.3-1 所示。

"联独法"暗挖区间结构最大特点为：二衬结构施工时，开挖范围内竖向初支结构不需要拆除，大大减少了二衬结构施工时的初支结构跨度，进而减少了施工对周围环境的影响，安全可靠性显著提高，加快了二衬结构施工速度。

当周围环境简单时，"联独法"暗挖区间结构左右线洞体可分别采用"台阶法"施工，开挖完成后、左右线区间可采用两台模板台车同步对称进行二衬结构施工，减少了区间结构施工缝，提高了施工速度和工程质量，消除了"中洞法"双联拱结构中间施工缝漏水的隐患，如图 5.3-2 所示。

当周围环境复杂、对地层沉降及结构变形要求严格时，"联独法"暗挖区间结构开挖时可设置横向临时仰拱、及时封闭成环，开挖完成后、左右线区间可采用两台模板台车错开进行

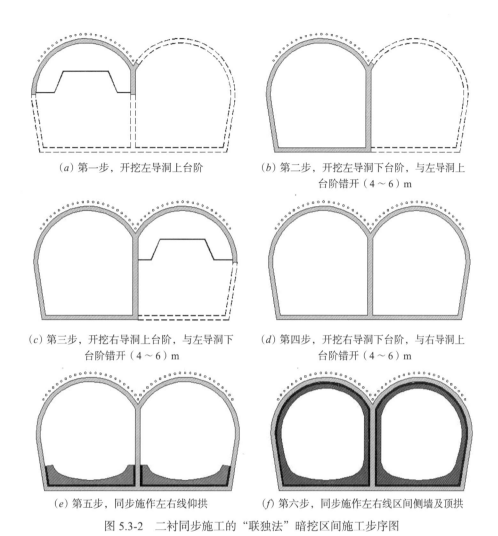

（a）第一步，开挖左导洞上台阶

（b）第二步，开挖左导洞下台阶，与左导洞上台阶错开（4～6）m

（c）第三步，开挖右导洞上台阶，与左导洞下台阶错开（4～6）m

（d）第四步，开挖右导洞下台阶，与右导洞上台阶错开（4～6）m

（e）第五步，同步施作左右线仰拱

（f）第六步，同步施作左右线区间侧墙及顶拱

图 5.3-2　二衬同步施工的"联独法"暗挖区间施工步序图

二衬结构施工或采用一台模板台车先进行左线二衬结构施工、后进行右线二衬结构施工，避免了大断面"双侧壁导坑法"二衬结构施工中模板拼接与临时支撑倒换繁琐的不足。

5.3.3　"联独法"结构受力分析

在施工阶段和正常使用阶段，"联独法"暗挖区间初支结构、二衬结构跨度及受力特点同标准单线暗挖区间类似。因此，根据北京地铁 16 号线起点～北安河站区间的工程地质、12m 覆土厚度及环境条件，采用 Midas Civil 软件对"联独法"暗挖区间结构和标准单线暗挖区间结构的初支、二衬结构各种受力工况采用荷载—结构模型进行了理论计算对比分析。

5.3.3.1　初支结构受力对比分析

通过全面计算分析，现将"联独法"暗挖区间结构和标准单线暗挖区间结构进行施工阶段不利工况初支结构弯矩图、轴力及剪力对比分析，其内力结果详见图 5.3-3。

从计算结果可以看出，相同荷载条件下，"联独法"暗挖区间初支结构单线隧道初支施作完毕与标准单线暗挖区间初支结构在受力上的主要区别为"联独法"暗挖区间初支共墙处的

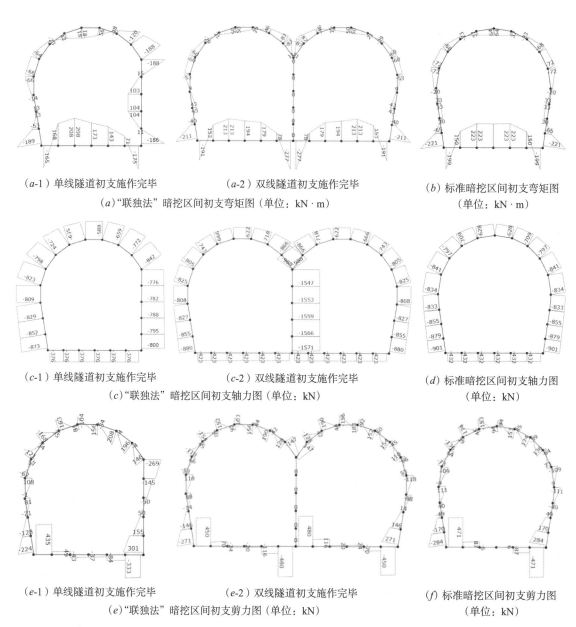

（*a*-1）单线隧道初支施作完毕　（*a*-2）双线隧道初支施作完毕　（*b*）标准暗挖区间初支弯矩图
（*a*）"联独法"暗挖区间初支弯矩图（单位：kN·m）　（单位：kN·m）

（*c*-1）单线隧道初支施作完毕　（*c*-2）双线隧道初支施作完毕　（*d*）标准暗挖区间初支轴力图
（*c*）"联独法"暗挖区间初支轴力图（单位：kN）　（单位：kN）

（*e*-1）单线隧道初支施作完毕　（*e*-2）双线隧道初支施作完毕　（*f*）标准暗挖区间初支剪力图
（*e*）"联独法"暗挖区间初支剪力图（单位：kN）　（单位：kN）

图 5.3-3　"联独法"暗挖区间初支结构与标准单线暗挖区间初支结构受力对比分析结果

墙中弯矩及墙顶弯矩较大，但整个断面的最大结构弯矩相差不大。双线隧道施作完毕后结构的最大弯矩及最大剪力与标准单线暗挖区间初支结构相差不大，中墙初支最大轴力比标准单线暗挖区间初支结构大了约一倍，但0.3m厚C20喷射混凝土初支受压承载力可以满足受力要求。随着"联独法"区间结构覆土的增大、中墙初支处轴力势必逐渐增大，设计过程中应高度关注中墙初支受力情况、必要时采取加强设计。

5.3.3.2　二衬结构受力对比分析

"联独法"暗挖区间左右线二衬结构与标准单线暗挖区间二衬结构计算模型边界条件类似，但"联独法"暗挖区间二衬结构之间夹有一层初支结构，对其采用等效弹簧模拟，弹簧刚度按公式 $K= EA/L$ 计算，其中 E 为喷射混凝土弹性模量，L 为初支厚度，A 为等效弹簧受压面积，即计算单元的长度与宽度之积。

通过全面计算分析，现将"联独法"暗挖区间结构和标准单线暗挖区间结构进行施工阶段和使用阶段不利工况二衬结构弯矩图、轴力及剪力对比分析，其内力结果详见图5.3-4。

从计算结果可以看出，相同荷载条件下，"联独法"暗挖区间结构单线隧道二衬施作完毕与标准单线暗挖区间二衬结构在受力上的主要区别为："联独法"暗挖区间二衬共墙处的墙顶及墙底的弯矩及剪力较大，结构受力仍能满足要求。双线隧道二衬结构施作完毕后"联独法"暗挖区间二衬结构最大弯矩较标准单线暗挖区间二衬结构增大约5%，其轴力与标准单线暗挖区间二衬结构相差不大，正常配筋可满足二衬结构抗弯受力要求，"联独法"暗挖区间二衬结构最大剪力较标准单线暗挖区间二衬结构增大约30%（位于中墙处），但0.3m厚C40钢筋混凝土二衬抗剪仍可满足受力要求。

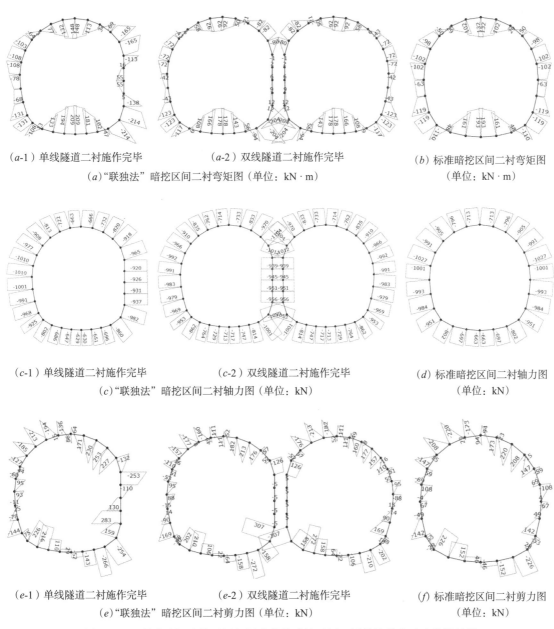

(a-1) 单线隧道二衬施作完毕　　　　(a-2) 双线隧道二衬施作完毕　　　　(b) 标准暗挖区间二衬弯矩图
　　　　　　(a) "联独法"暗挖区间二衬弯矩图（单位：kN·m）　　　　　　　（单位：kN·m）

(c-1) 单线隧道二衬施作完毕　　　　(c-2) 双线隧道二衬施作完毕　　　　(d) 标准暗挖区间二衬轴力图
　　　　　　(c) "联独法"暗挖区间二衬轴力图（单位：kN）　　　　　　　（单位：kN）

(e-1) 单线隧道二衬施作完毕　　　　(e-2) 双线隧道二衬施作完毕　　　　(f) 标准暗挖区间二衬剪力图
　　　　　　(e) "联独法"暗挖区间二衬剪力图（单位：kN）　　　　　　　（单位：kN）

图5.3-4　"联独法"暗挖区间与标准单线暗挖区间二衬结构受力对比分析结果

5.3.3.3 中墙初支刚度变化对二衬结构受力影响分析

由于随着时间的变化，"联独法"暗挖区间二衬结构之间的初支结构刚度有可能减弱，最终达到周边地层的刚度。因此，通过调整二衬结构之间受压弹簧刚度来模拟初支刚度变化，根据二衬结构受力情况进行包络设计。

通过计算分析可知："联独法"暗挖区间二衬结构随初支刚度变化对二衬结构弯矩的影响主要体现在顶拱跨中、仰拱跨中、侧墙顶部、侧墙底部处。

初支中墙刚度按最不利情况考虑时，"联独法"暗挖区间二衬顶拱跨中及侧墙顶部二衬弯矩增大了约70%，但始终未成为控制性弯矩，控制性弯矩始终为侧墙底部位置，该处结构弯矩由204kN·m增大为220kN·m，增大约10%，较标准单线暗挖区间最大弯矩也仅增大10%，通过局部加强配筋可满足受力要求。

5.3.4 "联独法"暗挖区间施工影响分析

5.3.4.1 计算模型

在施工阶段，"联独法"暗挖区间开挖总宽度及对周围环境影响与"双侧壁导坑法"类似。因此，根据北京地铁16号线起点至北安河站区间的工程地质、12m覆土厚度及环境条件，采用FLAC 3D软件建立三维模型对比分析"联独法"和"双侧壁导坑法"暗挖区间施工对周围环境影响情况，模型见图5.3-5。

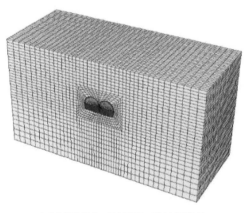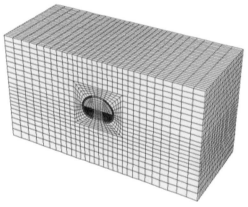

(a)"联独法"暗挖区间三维计算模型　　　　　　(b)"双侧壁导坑法"暗挖区间三维计算模型

图5.3-5 "联独法"与"双侧壁导坑法"暗挖区间三维计算模型

模型中暗挖区间结构周边地层采用摩尔—库伦模型。区间结构初支采用shell单元模拟，二衬采用实体单元模拟，超前小导管注浆加固采用局部提高地层参数的方式模拟，初支为喷射混凝土，其内部格栅钢架的加强作用按刚度等效的原则进行折算，计算公式为 $E=E_0+S_g \times E_g/S_e$，其中 E 为折算后喷射混凝土弹性模量，E_0 为原喷射混凝土弹性模量；S_e 为混凝土截面积，S_g 为格栅钢架面积，E_g 为格栅钢架弹性模量。

5.3.4.2 开挖变形分析

按实际的开挖步序对"联独法"与"双侧壁导坑法"暗挖区间施工进行简化模拟分析，其中"联独法"暗挖区间计算分析中开挖步序包括左线洞室开挖→右线洞室开挖，两洞室错开 6m，左右线洞室封闭后不涉及拆除临时支撑，沉降基本稳定，二衬施工不作为计算开挖步序；"双侧壁导坑法"暗挖区间计算分析中开挖步序包括左上洞室开挖→左下洞室开挖→右上洞室开挖→右下洞室开挖→中上洞室开挖→中下洞室开挖→拆除内部初支施作二衬结构，各洞室开挖错开 6m。两种工法暗挖区间结构施工完成后，计算分析地面沉降槽曲线见图 5.3-6 和图 5.3-7，随暗挖区间不断施工，区间中心正上方地面点沉降历时曲线见图 5.3-8。

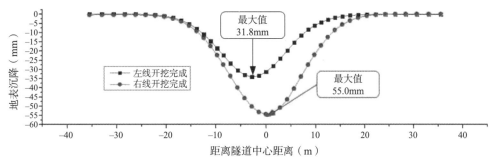

图 5.3-6 "联独法"暗挖区间施工地表沉降槽曲线图

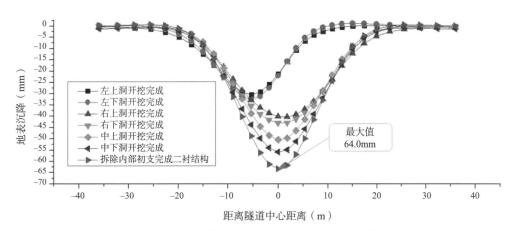

图 5.3-7 "双侧壁导坑法"暗挖区间施工地表沉降槽曲线图

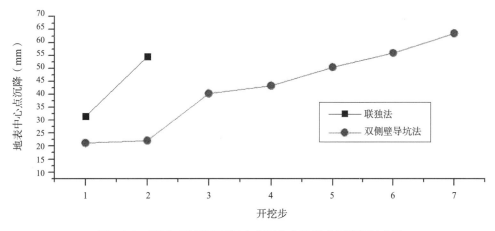

图 5.3-8 不同工法暗挖区间中心正上方地表点沉降历时曲线

从计算结果可以看出，"联独法"暗挖区间分左右2个洞体开挖，开挖完成后地表最大沉降约为55mm，其中左洞开挖地表沉降为31.8mm（约占总沉降58%），右洞开挖地表附加沉降为23.2mm（约占总沉降42%）；左右洞开挖完成后初支结构完成封闭地表沉降已稳定，后续施作二衬结构不拆除初支结构，无后续附加沉降。

"双侧壁导坑法"暗挖区间分6个洞体开挖，分别为左上导洞、左下导洞、右上导洞、右下导洞、中上导洞、中下导洞，全部洞体开挖完成且拆除内部临时支护施作完成二衬结构后地表最大沉降约为64mm，其中左上导洞开挖地表沉降为21.4mm（约占总沉降33%），左下导洞开挖地表附加沉降为0.9mm（约占总沉降1.5%），右上导洞开挖地表附加沉降为18.3mm（约占总沉降28.6%），右下导洞开挖地表附加沉降为3mm（约占总沉降4.7%），中上导洞开挖地表附加沉降为7.2mm（约占总沉降11.2%），中下导洞开挖地表附加沉降为5.6mm（约占总沉降8.7%）；全部洞体开挖完成后，施作二衬结构时需拆除内部的临时仰拱及中隔壁，进而对周边土体产生进一步扰动，新增地表附加沉降为7.7mm（约占总沉降12%）。

通过上述分析可知，"双侧壁导坑法"暗挖区间开挖体量大，分6个较小洞体开挖，多次扰动土体，"联独法"暗挖区间开挖体量较小，分两个洞体联体开挖，扰动土体次数少，二者在土体开挖期间产生的地表沉降相差不大，"联独法"暗挖区间引起地表最大沉降为55mm，"双侧壁导坑法"暗挖区间引起地表最大沉降为56.3mm（较"联独法"略大2.5%），但"双侧壁导坑法"暗挖区间施作二衬期间需拆除临时仰拱及中隔壁，该步序施工引起地表沉降约占总沉降量的12%，而"联独法"施作二衬期间则不需要拆除中隔壁，区间开挖期间的地表沉降为全部沉降。由此可见，"双侧壁导坑法"暗挖区间较"联独法"暗挖区间施工引起地面沉降大15%，"联独法"暗挖区间施工对周围环境影响更小、工程风险更可控。

5.3.4.3 实施效果

"联独法"暗挖区间结构与施工方法首次应用于北京地铁16号线起点~北安河站出入段线工程，对暗挖区间施工引起地表沉降、拱顶沉降及洞室水平收敛等项目进行了完整的监测，监测横断面布置如图5.3-9所示。

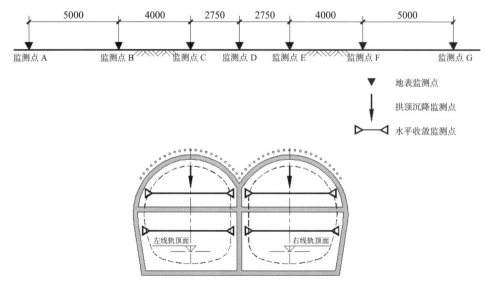

图5.3-9 "联拱法"暗挖区间横断面监测点布置图（单位：mm）

暗挖区间施工过程监控量测结果显示，各主测断面揭露的暗挖区间施工引起的地表沉降规律基本一致，其中一个暗挖区间主测断面 7 个地表沉降点沉降历时曲线详见图 5.3-10，主测断面地表横向沉降曲线详见图 5.3-11。

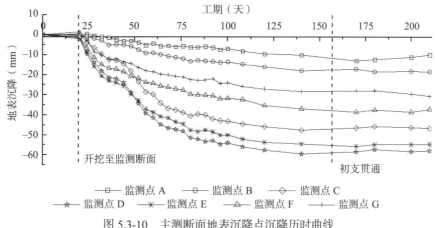

图 5.3-10　主测断面地表沉降点沉降历时曲线

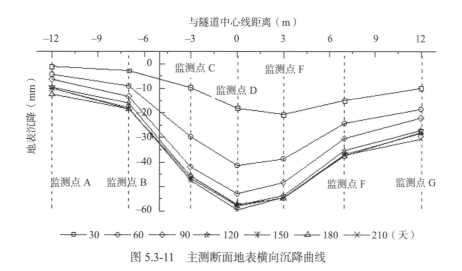

图 5.3-11　主测断面地表横向沉降曲线

各沉降测点从施工通道破马头门时开始进行地表沉降监测，直至暗挖区间施工完成。暗挖区间中心线对应的地表沉降值最终稳定在 60mm 左右；沉降历时曲线普遍规律是有两个稳定平台，分别对应右上洞室开挖和左上洞室开挖完成，表明在"联独法"暗挖区间施工过程中上洞室开挖为关键工序，同数值模拟分析结果基本一致。

同时，左右线开挖完成后两洞室拱顶沉降约 20mm，洞室净空水平收敛约 6mm，满足相应规范和工程建设要求。

5.3.5 "联独法"暗挖区间技术经济效果分析

"联独法"、"中洞法"及"双侧壁导坑法"均可进行双线共构暗挖区间的施工，满足地铁运营功能要求，以北京地铁 16 号线起点~北安河站区间工程为例，不同工法在周围环境、工程地质等相同条件下修建 A 型车线路双线共构暗挖区间经济技术综合对比分析情况见表 5.3-1。

"联独法""中洞法""双侧壁导坑法"施工地铁暗挖区间情况对比分析表 表 5.3-1

项目 方法	"联独法"	"中洞法"	"双侧壁导坑法"
区间结构断面形式			
结构受力转换	最少	较少	最多
施工速度	最快	最慢	较慢
防水	两线区间结构防水独立封闭，施工缝最少、中墙顶部易形成汇水区、但对区间结构防水无影响，防水质量最好	施工缝最多，中墙易形成汇水区，且该位置无法避免施工缝，结构容易渗漏，防水质量差	大断面拱形结构无汇水区，但施工缝较多、结构转换复杂，防水质量一般
左右线路中心间距	5.5m	5m	4.2m
开挖最大宽度	11.9m	11.4m	11.3m
开挖最大高度	6.62m	6.62m	9.02m
每延米断面开挖面积	67.4m^2	66.9m^2	82.8m^2
初支结构厚度 / 每延米初支结构体积	300mm/14.4m^3	300mm/13.2m^3	350mm/19.4m^3
二衬结构厚度 / 每延米二衬结构体积	300mm/10.9m^3	300mm/12.2m^3	600mm/17.1m^3
每延米工程造价	约 12 万	约 14 万	约 18 万

目前，无论采用"中洞法"还是"双侧壁导坑法"进行地铁双线共构暗挖区间施工，在二衬结构施工阶段，为确保防水体系封闭以及二衬结构质量与耐久性，开挖阶段设置的横向和竖向初支结构均需沿着区间纵向分段进行拆除或倒换，结构受力转换复杂；尤其是竖向初支结构的拆除、增大了初支结构的跨度，必然引起初支结构变形、进而引起地层沉降，从而对地下管线、建（构）筑物等周围环境影响增大；分段拆除初支进行二衬结构施工时，为控制地层和初支变形、初支分段拆除长度较小，无法采用模板台车浇筑二衬结构、施工缝较多、施工速度较慢，致使双线共构暗挖区间成为地铁区间工期的控制点。

尽管"联独法"适当加大了地铁区间左右线间距，但其规避了"双侧壁导坑法"修建大断面暗挖区间时开挖断面大、初支结构多、二衬结构施作繁琐、结构受力转换复杂的不足；也避免了"中洞法"修建双联拱暗挖区间时施工缝位于联拱积水处、造成防水质量差以及施工速度慢的缺点；同时由于开挖洞室净空大、二衬施工不需要拆除临时中隔壁，为出入段线、停车线、折返线等双线共构暗挖实现机械开挖、模板台车施作二衬创造了有利条件，见图 5.3-12。因此，采用"联独法"修建双线共构暗挖区间，可满足地铁区间功能和运营要求，同时加快了施工速度、降低了施工风险、提升了工程质量、减小了工程投资。

(a)"联独法"暗挖区间机械开挖现场照片　　　(b)"联独法"区间模板台车施工二衬现场照片

图 5.3-12　"联独法"暗挖区间机械化施工现场应用情况

5.3.6　技术要点

（1）"联独法"暗挖区间初支结构 Y 形节点受力复杂，结构断面形状确定时应充分考虑初支结构 Y 形节点方便连接，切实做到等强设计、连接可靠，满足节点受力要求。

（2）区间周围环境复杂或工程地质条件不利时，"联独法"暗挖区间初支结构宜设置临时仰拱。

（3）"联独法"暗挖区间中墙初支厚度和钢架参数确定时，应充分考虑其施工偏差和变形的影响留出必要的余量，施工过程中应严格控制中墙初支定位及施工偏差。

（4）"联独法"暗挖区间二衬结构施工前，中墙初支两侧应处理密实与平整，以满足二衬结构相互传力要求。

（5）"联独法"暗挖区间施工过程中，初支结构和二衬结构可能出现受力不对称情况，设计过程中应对结构不对称工况进行计算分析，必要时架设临时仰拱或临时支撑、满足受力要求，加密结构收敛、拱顶沉降等监控量测频率；同时有条件时应通过施工步序调整，尽量减小结构不对称受力的时间。

（6）"联独法"暗挖区间二衬结构需要开洞相连时，宜在左右线区间二衬完成后再破除临时中隔壁进行二衬结构连通。

5.3.7　技术创新及推广应用

5.3.7.1　技术创新

（1）"联独法"暗挖区间实现了初支联拱二衬独立，显著减小了洞室开挖体量及二衬结构厚度，降低工程风险、提高了工程质量、节约了工程投资，同时也减小了地铁区间工程对地下空间的占用，有利于城市地下空间整体布局和综合利用。

（2）"联独法"暗挖区间洞室净空大、二衬施工不需要拆除临时中隔壁，为出入段线、停车线、折返线等双线共构暗挖区间实现机械开挖、模板台车施作二衬创造了有利条件，并首次实现了双线共构暗挖区间机械化施工，促进了暗挖地铁区间机械化施工技术升级。

5.3.7.2 推广应用

通过工程实践不断总结与完善，凭借"联独法"暗挖区间与施工方法安全可靠、质量可控、高效低耗，机械化施工水平高的优势，目前该技术已在北京地铁 16 号线、12 号线、机场线西延、7 号线东延工程等部分正线、出入段线、停车线、折返线等暗挖区间工程中得到推广应用。

5.4 洞桩托换穿越既有车站技术研究与实践

5.4.1 技术背景

5.4.1.1 工程背景

根据规划方案，北京地铁 16 号线需在苏州街站与既有地铁 10 号线实现换乘。既有 10 号线苏州街站横跨苏州街、沿海淀南路路下东西向布置，为端厅车站，车站东段及西段为双层双跨结构，采用双层导洞洞桩法施工，单跨 10.65m，开挖总宽度为 26.7m，开挖总高度为 17.1m，覆土厚度为 6.2m，车站中段为单层双联拱结构，采用柱洞法施工，单跨 7.6m，开挖总宽度为 17.1m，开挖总高度为 9.98m，覆土厚度为 12.3m，车站结构横断面见图 5.4-1。

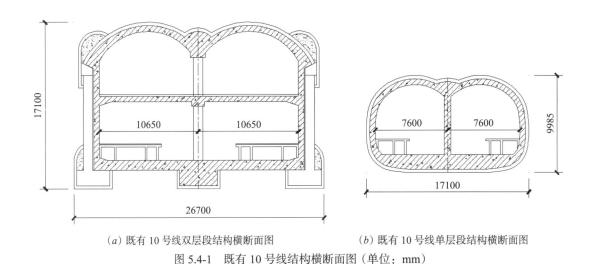

（a）既有 10 号线双层段结构横断面图　　　　（b）既有 10 号线单层段结构横断面图

图 5.4-1　既有 10 号线结构横断面图（单位：mm）

由于地铁 10 号线实施时，规划线网中尚无沿苏州街南北向 16 号线，因此 10 号线苏州街站并未考虑到预留换乘工程的条件。为实现线网间换乘功能，经站位综合比选，确定 16 号线苏州街站与既有 10 号线车站呈十字交叉布置，采用跨路口端厅型式方案，并采用单层暗挖段下穿既有 10 号线车站。由于既有 10 号线单层段并未完全位于十字路口正下方，同时

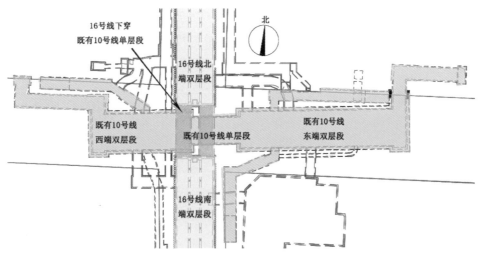

图 5.4-2　16 号线苏州街站与既有 10 号线苏州街站平面关系

受 16 号线苏州街站车站站位限制，16 号线苏州街站需要同时下穿既有 10 号线单层段及双层段，且穿越部位为既有 10 号线西段双层段及中段单层段相接变形缝位置处，两线关系见图 5.4-2。

5.4.1.2　工程地质概况

16 号线暗挖车站开挖大部分位于卵石层，底板落于黏土层；既有 10 号线车站底板持力层为卵石层。潜水（二）现况水位埋深 28m；层间水～承压水（三）微承压性，水头位于开挖基底以下。车站地质纵断面见图 5.4-3，整个车站结构拱顶及侧墙基本位于卵石⑤层，车站侧墙范围内存在粉质黏土薄层，车站底板位于粉质黏土层。

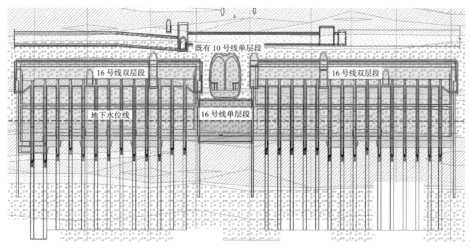

图 5.4-3　工程地质纵剖面

5.4.1.3　技术现状

运营中的既有地铁线路有着严格的变形控制标准，既有 10 号线车站变形控制指标见表 5.4-1。

10号线车站变形控制指标（单位：mm）　表 5.4-1

结构	控制指标	预警值	报警值	控制值
主体结构	竖向沉降	3.5	4.0	5.0
	横向变形	1.1	1.2	1.5
轨道结构	竖向变形	3.5	4.0	5.0
	横向变形	1.1	1.2	1.5

为满足暗挖下穿既有地铁运营线工程要求，目前常用风险控制措施一般采用下列一项或多项的组合：

（1）地层改良技术：地面袖阀管注浆、洞内深孔注浆加固。

（2）管幕（棚）技术。

（3）洞桩托换技术。

（4）顶升技术：包括千斤顶顶升、注浆抬升。

（5）开挖步序优化及支护加强措施：如密贴下穿平顶直墙断面开挖步序优化等。

5.4.2　工程重难点分析

受 16 号线轨面限制，16 号线苏州街站单层段下穿既有 10 号线单层段结构顶板与既有 10 号线结构底板基本密贴，暗挖单层段结构为平顶直墙断面（图 5.4-4）。

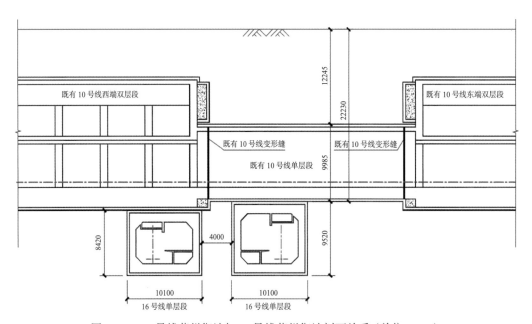

图 5.4-4　16 号线苏州街站与 10 号线苏州街站剖面关系（单位：mm）

本穿越工程主要重难点如下：

（1）16 号线采用两个平顶直墙单洞下穿既有 10 号线，单洞开挖宽度达到 10.1m，高度达到 9.52m，覆土厚度达到 22m，如何控制大体量、深覆土平顶直墙暗挖对既有线造成的沉降是本工程的关键。

（2）受 16 号线站位限制，其双线无法完全位于既有 10 号线单层段正下方，16 号线两个大体量暗挖单洞位于既有 10 号线变形缝两侧，分别穿越既有 10 号线的单层段与双层段，如何控制变形缝两侧既有线结构的沉降是本工程的关键。

（3）16 号线下穿既有线单层段位于地下水中，如何控制地下水处理造成既有线的沉降是本工程的关键。

5.4.3 技术方案

5.4.3.1 设计方案的确定

初步设计过程中对该断面的设计方案进行了深入的方案比选及优化，包括双线分离多导洞暗挖、双线分离洞桩托换暗挖以及双线结合洞桩托换暗挖，见图 5.4-5 ～图 5.4-7。

以上三个方案比选如下：

（1）在对既有线的整体扰动方面，多导洞平顶直墙方案左右线均分 6 个导洞开挖，每个导洞开挖均对既有线产生叠加扰动，同时后期拆撑施作二次衬砌期间产生进一步扰动，对既有线的影响贯穿整个施工工期；而洞桩托换方案，对既有线的扰动在托换导洞开挖期间产生，在托换导洞开挖完成且其内部的托换结构及托换桩施作完毕后，整个托换体系对既有线形成强有力的支撑，后期中导洞的开挖、拆撑浇筑拱盖以及继续向下开挖并浇筑侧墙及底板等工序对既有线的影响很小。

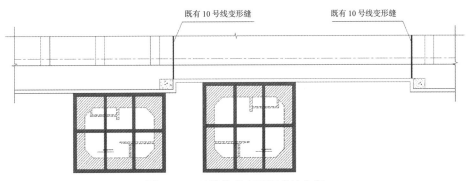

图 5.4-5　双线分离多导洞暗挖方案

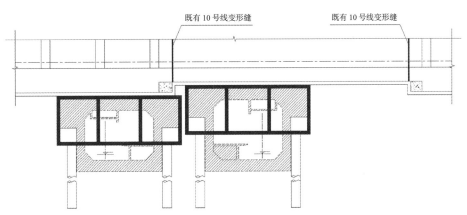

图 5.4-6　双线分离洞桩托换暗挖方案

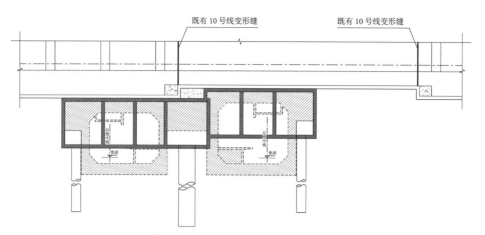

图 5.4-7　双线结合洞桩托换暗挖方案

（2）在对既有线变形缝的扰动方面，双线分离洞桩托换方案设置四个托换导洞，分别在既有 10 号线变形缝两侧各设置两个，而双线结合洞桩托换方案设置 3 个托换导洞，分别在既有 10 号线变形缝两侧各设置 1 个，同时在既有 10 号线变形缝正下方设置 1 个。减少托换导洞的个数有利于减小对既有线的扰动，同时托换导洞设置在变形缝正下方有利于控制变形缝两侧结构的沉降。

综合以上考虑，16 号线苏州街站暗挖单层段推荐采用双线结合洞桩托换方案下穿既有 10 号线。

5.4.3.2　下穿既有线风险控制措施

（1）全断面深孔注浆超前支护开挖托换导洞

为进一步控制托换导洞开挖期间的沉降，采用全断面深孔注浆超前支护开挖托换导洞，采用合理注浆工艺，控制砂卵石地层浆液扩散范围，16 号线苏州街站南北侧双层段主体完成后，从两侧向中间注浆加固既有线侧向及下方地层，注浆达到设计要求后方可进行托换导洞开挖，见图 5.4-8、图 5.4-9。

（2）采取双重地下水控制措施

由于暗挖单层主体结构进入地下水，暗挖施工采取降水、止水综合性措施：单层段施工前，南北两侧双层段主体结构施工期间进行降水，使下穿段主体开挖范围潜水位下降；通过

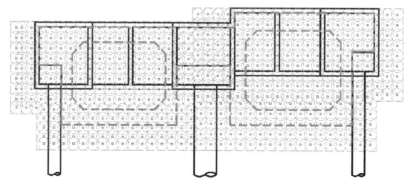

图 5.4-8　下穿既有线注浆横断面

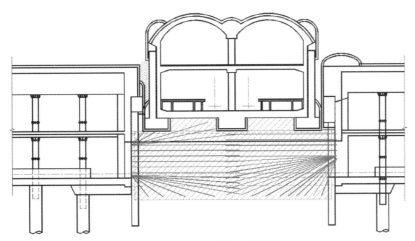

图 5.4-9　下穿既有线注浆纵断面

全断面深孔注浆止水开挖小导洞，并根据需要进行导洞内降水；开挖前全断面深孔注浆止水，导洞内密排成桩，桩间净距 0.25m，随开挖进行桩间注浆止水。

（3）合理布置千斤顶顶升系统

为控制后期中导洞开挖及拆撑施作拱盖对既有线带来的沉降，在先期施作的托换二衬结构内留槽设置千斤顶，通过钢垫板支承既有结构底板下，控制既有线沉降（图 5.4-10）。

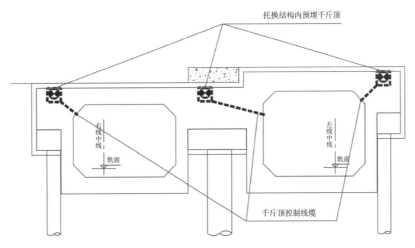

图 5.4-10　千斤顶布设横断面

千斤顶平面布置的原则如下：在西侧托换导洞下穿既有 10 号线双层段位置处，千斤顶设置在双层段的侧墙及中纵梁正下方，每处设置 2 台；在中间托换导洞下穿既有 10 号线单层段与双层段变形缝处，千斤顶在变形缝正下方均布布置，由于既有线 10 号线单层段底板平直部分约 10m，考虑均匀布设 5 台千斤顶，间距 2m，同时在双层段侧墙及中心纵梁正下方各布设 2 台千斤顶；在东侧托换导洞下穿既有 10 号线单层段处，千斤顶均匀布设 5 台，间距 2m。

千斤顶的布设平面见图 5.4-11。

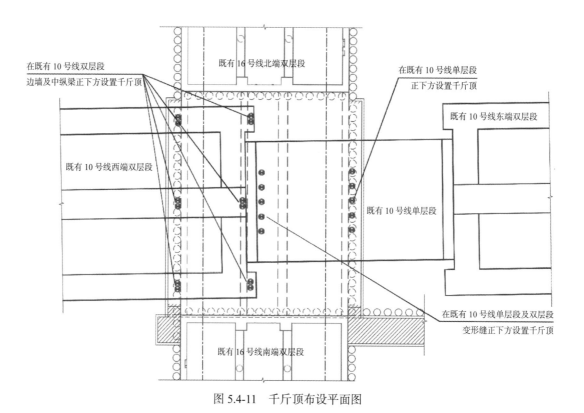

图 5.4-11　千斤顶布设平面图

（4）施工步序

合理确定下穿既有线施工步序，施工步序见图 5.4-12。

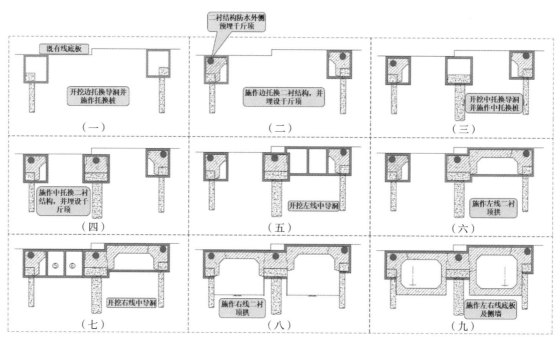

图 5.4-12　下穿既有线施工步序图

5.4.4　技术创新

以北京地铁 16 号线苏州街站下穿既有地铁 10 号线车站为研究对象，通过调研总结之前类似穿越工程的经验，结合北京地区地质特点，对目前的惯用理念进行调整，研究下穿工程的合理施工方法和专项保护措施，确立科学合理并具有实践可操作性的穿越工程设计理念、分析思路、设计方法。

（1）将市政桥梁领域成熟的托换建造技术引入地下暗挖工程领域，避免大跨度分部开挖暗挖穿越工程中，各部开挖沉降效应叠加的问题。

（2）结合工程暗挖导洞受限空间内机械成桩的施工技术，在大埋深、高地下水位条件下，基于地层预加固，通过初期规模可控的小导洞开挖，实现后续大跨度开挖前受力转换体系的搭建。

（3）基于托换结构体系，通过可联动的千斤顶顶升设备，对既有线结构形成主动支顶，实现既有沉降的主动控制。

5.4.5　实施效果

通过模拟计算进行施工影响预测，结构变形及内力预测分析采用 midas/GTS 软件进行，建立地层—结构模型。计算模型见图 5.4-13，计算结果见图 5.4-14。

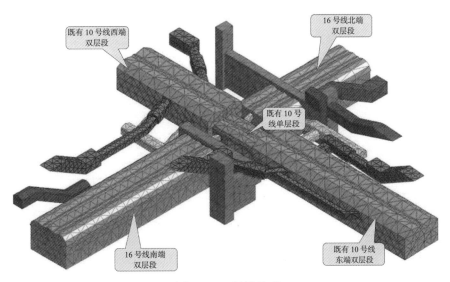

图 5.4-13　计算模型

根据数值模拟计算结果，16 号线单层段结构下穿地铁 10 号线苏州街站变形影响均在安全范围内，预测既有车站主体结构竖向位移最大值为 4.8mm。

整个下穿工程于 2019 年 4 月完工，根据监控量测数据反映的情况，下穿既有线施工导洞沉降控制达到预期目标，累计变形量基本控制在 2mm 以内。

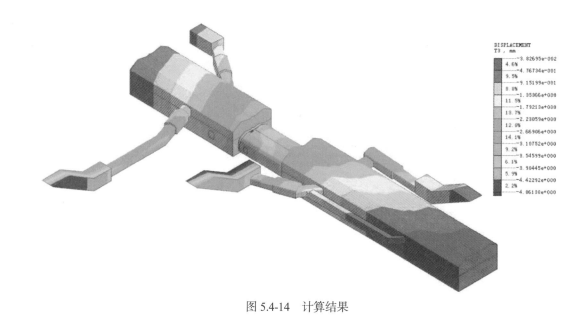

图 5.4-14　计算结果

5.5　深基坑"零距离"平行邻近既有运营车站技术

5.5.1　工程概况

北京地铁 16 号线丰台南路站与 9 号线丰台南路站为平行换乘密贴车站。两站均为明挖法施工。9 号线车站为地下两层岛式车站。16 号线车站为地下三层岛式车站，其基坑比已有 9 号线车站基坑深 8.46m。既有运营 9 号线车站结构设计时未考虑 16 号线车站施工时对其造成的不利影响，其基坑围护桩的长度不满足 16 号线车站基坑稳定性及安全性的要求，新建基坑需要另设一排围护桩（图 5.5-1、图 5.5-2）。

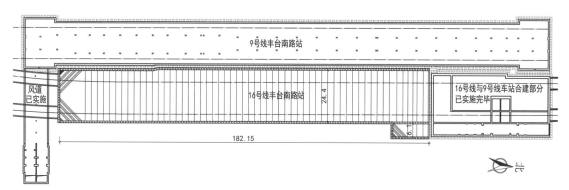

图 5.5-1　16 号线丰台南路站与 9 号线车站位置关系平面图（单位：m）

车站基坑所在的地层从上而下依次为：杂填土、粉土素填土、圆砾卵石、卵石、黏土和强化砾岩。地下水位高于基坑坑底以上 1.5m。

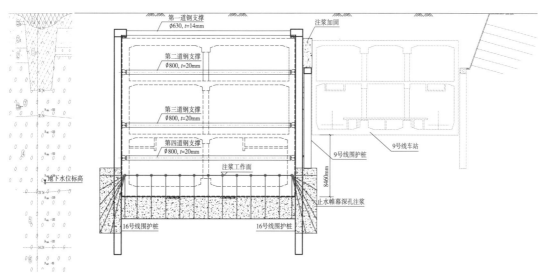

图 5.5-2　16 号线丰台南路站与 9 号线车站位置关系剖面图

5.5.2　工程技术方案

（1）为加强基坑支护，减少基坑变形，设置新建基坑围护桩，并使之与原 9 号线基坑围护桩紧贴。考虑钻孔误差的影响，围护桩之间留有 200mm 的净距，形成类双排桩，使两排桩密贴共同受力对 9 号线结构起隔离作用，见图 5.5-3。

（2）严格控制地下三层高度范围内围护桩的水平变形，加固新建基坑围护桩与既有车站侧墙结构及车站围护桩间范围内的土层，以提高桩间土层刚度减少基坑开挖期间土层变形。确保二者传力可靠，9 号线主体结构侧移可控。

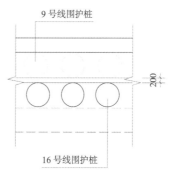

图 5.5-3　新旧基坑围护桩相对位置关系图（单位：mm）

（3）对钢支撑采取合理的竖向布置。将钢支撑位置设置在既有 9 号线车站顶板、底板、楼板附近，且将第 4 道支撑布置在 9 号线桩长范围内。减少新建基坑开挖期间，因施加钢支撑轴力对既有车站围护桩及侧墙产生的附加弯矩及剪力的不利影响。

（4）控制基坑土体每个循环段的开挖长度不大于 13m，及时架设支撑、施加预应力、铺设垫层及浇筑底板，并要求施工时必须将地下三层结构浇筑完成、墙背回填密实后方可进行下一流水段基坑土体的开挖，尽量减小无支撑段的长度，利用时空效应减小既有车站的侧移（图 5.5-4）。

（5）采用自动化监测技术对 9 号线车站的结构和道床进行实时监测，可根据监测结果及时调整施工参数，确保 9 号线结构和运营安全。

（6）为确保既有线的运营安全，施工前对既有线的轨道进行加固和防护。

5.5.3　基坑开挖对既有车站结构受力影响分析

16 号线车站基坑的开挖过程是地层卸载过程，会因车站出现偏压问题引起 9 号线车站的受力模式改变。结合 16 号线车站开挖、回筑的施工过程，采用增量法对 9 号线车站主体结

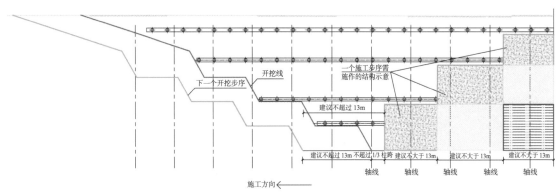

图 5.5-4　沿车站基坑纵向开挖步序示意图

构进行内力及变形影响分析，结果表明，16 号线车站基坑施工对 9 号线车站的施工影响程度很小，可以保证 9 号线车站的结构安全。9 号线车站内力变化见表 5.5-1。

9 号线车站主体内力校核表 表 5.5-1

对比项目	顶板支座		侧墙上支座（顶板）			侧墙下支座（底板）			底板支座	
内力项目	弯矩 （kN·m）	剪力 （kN）	弯矩 （kN·m）	剪力 （kN）	轴力 （kN）	弯矩 （kN·m）	剪力 （kN）	轴力 （kN）	弯矩 （kN·m）	剪力 （kN）
9 号线原结构	690.72	606.23	317.28	191.04	312.8	594.03	453.8	1044.57	686.7	712.31
16 号线施工后 9 号线结构	691.82	606.78	330.32	201.55	317.23	639.36	498.9	1060.58	733.34	718.57
原 9 号线结构实际配筋	13.3ϕ22		13.3ϕ22			6.7ϕ22+6.7ϕ25			6.7ϕ22+6.7ϕ25	
16 号线施工后 9 号线结构计算 所需配筋	12.3ϕ22		5.1ϕ22			10.5ϕ22			10.3ϕ22	

5.5.4　基坑开挖对既有车站结构变形影响分析

5.5.4.1　计算分析

计算采用 midas/GTS 建立三维模型。数值计算模型上边界为地表，竖向共取 50m，与地铁 9 号线平行方向取 304m，与地铁 9 号线垂直方向取 144m。地表取为自由边界，其他 5 个面均约束其法向变形，地面超载按 20kPa 考虑。

计算中采用不同的本构模型模拟不同的材料，对于混凝土材料采用线弹性模型，而各层土体采用摩尔－库仑（M-C）模型。围护结构采用二维板单元模拟。柱采用线单元模拟。

5.5.4.2　计算结果与分析

基坑开挖阶段，既有车站主体结构变形结果见图 5.5-5、图 5.5-6。

通过施工过程风险数值模拟分析，得出结论如下：

（1）基坑开挖过程中，引起了既有车站结构水平和竖向位移，车站结构水平位移中，车

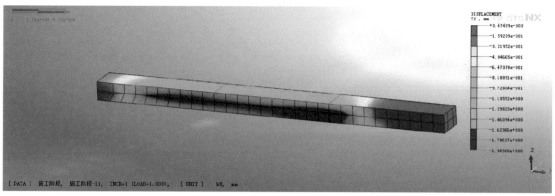

图 5.5-5 既有车站主体结构 Y 方向（水平向）变形

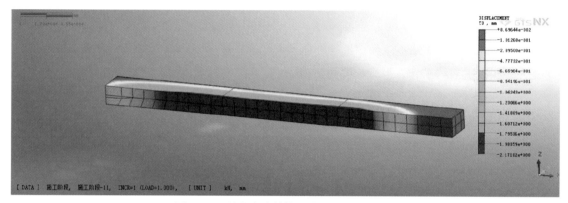

图 5.5-6 既有车站结构 Z 方向（竖向）变形

第 5 章
结构革
新技术
实践

站中间部分位移值为 1.95mm，向基坑方向移动。车站两端位移值数值很小，向远离基坑方向有微小的移动。

（2）对于既有车站结构的竖向位移，在开挖过程中整体上大部分结构位移都是负值，离基坑越近的位置位移量越大，远离基坑处的位移量很小，最大的位移发生在邻近基坑侧中间位置的侧墙底部，为 2.17mm。说明车站结构整体在随着基坑的开挖整体下沉，但是下沉量差异不大。

5.5.4.3 监测结果

根据监控量测数据可知，16 号线车站基坑开挖过程对 9 号线车站结构有影响，各测项的测点时程变化曲线图基本与车站结构、轨道结构竖向位移测点时程变化曲线图一致，变形曲线趋于平缓，监测过程中未发生测项监测值超预警值情况。各测点在施工过程中发生的位移很小，车站变形不明显。车站结构竖向位移最大值 1mm，轨道结构竖向位移最大值 0.9mm。

5.5.5 小结

新建 16 号线车站深大基坑密贴既有运营车站结构，且既有结构设计时未考虑后续新建工程对其影响，加之已运营车站对自身的变形要求严格，这对新建 16 号线车站深基坑的设计及实施方案提出较高的要求。

通过优化基坑开挖范围的流水施工、及时施作结构，利用基坑开挖及结构施作空间效应，以避免大范围开挖后再施作结构对既有运营车站带来的不利影响。较好地控制了既有运营车站的变形，满足各项控制标准及运营安全要求。对后续城市轨道交通工程或其他市政工程零距离贴建已运营地铁车站的方案选择和设计有重要技术指导和借鉴意义。

5.6 盖挖逆作外挂换乘厅与暗挖车站主体同步近接实施

5.6.1 工程概况

16 号线达官营站为地下二层三跨岛式暗挖车站，采用 8 导洞洞桩法施工，全长 206.7m，宽 23.3m，车站主体覆土厚度为 15.4～16.3m。外挂换乘厅盖挖逆作法施工，基坑宽 18.6～40.8m，深约 26.2m。车站主体围护桩与外挂换乘厅围护桩净距约为 3.5m（结构侧墙净距离约 5.8m），顶板高度差约 13m，平行长度约 76.8m，相互关系如图 5.6-1、图 5.6-2 所示。

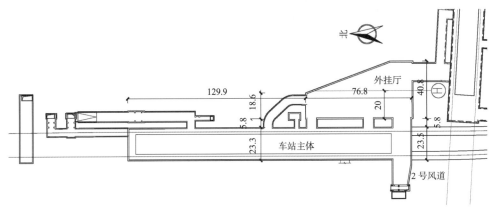

图 5.6-1 车站与外挂换乘厅关系平面图（单位：m）

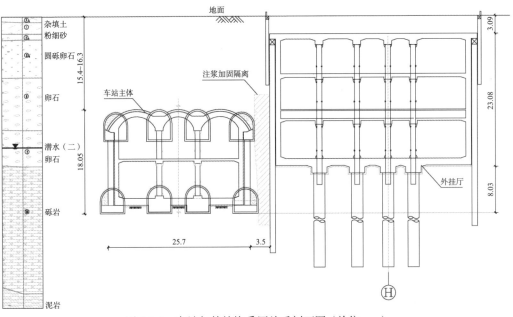

图 5.6-2 车站与外挂换乘厅关系剖面图（单位：m）

5.6.2 技术方案

5.6.2.1 匹配基坑及车站开挖的关键施工步序

（1）为了减少外挂换乘厅开挖对车站卸载偏压的影响，车站二衬扣拱完成后方可进行外挂换乘厅开挖。这样，车站整个结构的整体性较强，抵御变形的能力较大，能确保车站结构的安全。

（2）为了减少同步施工的影响，要求在平面上二者错开不小于3个柱跨，在竖向上要求二者错层施工，在平面和竖向上减小相互扰动及叠加施工带来的影响，保证地面周边环境的安全。

5.6.2.2 采取加强措施减少同步施工的相互影响

（1）深孔注浆加固外挂换乘厅与车站主体结构之间上导洞以上3m至下导洞以下2m范围内土体。

（2）加强支护结构刚度，减少支护结构间距，车站与外挂换乘厅约76.8m的平行段加密了围护桩间距，并加深平行段外挂换乘厅围护桩的嵌固深度。

（3）对平行段车站结构进行适当的配筋加强，满足偏压带来的受力要求。

5.6.3 外挂换乘厅与车站施工相互影响分析

5.6.3.1 施工步序

（1）外挂换乘厅负一层，H轴以东部分与车站施工交叉影响较小，为加快施工进度，有利于施工安排，可以在车站初支扣拱前先行施工；同时要确保平行段车站主体初期支护扣拱时，H轴以东部分外挂换乘厅负一层开挖完毕，避免外挂厅地下一层土方开挖与主体初支扣拱同步进行，二衬扣拱完成后方可开挖H轴以西部分（图5.6-3）。

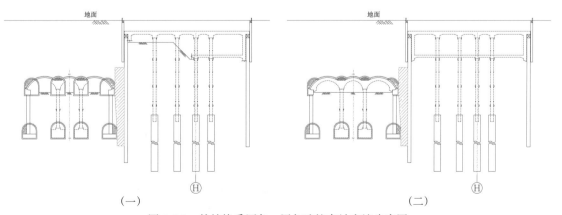

（一）　　　　　　　　　　　（二）

图5.6-3　外挂换乘厅负一层与暗挖车站实施步序图

（2）外挂换乘厅的负二层，H轴以东部分与车站的站厅层可以同步施工，但需保证二者纵向错开施工，不能存在同一断面同时开挖施工的工况；H轴以西部分需待车站站厅层封闭完成后，才能开挖施工（图5.6-4）。

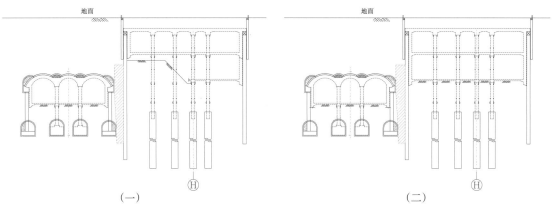

（一）　　　　　　　　　　　　　　（二）

图 5.6-4　外挂换乘厅负二层与暗挖车站实施步序图

（3）外挂换乘厅的负三层，H 轴以东部分与车站的站台层可以同步施工，但需保证二者纵向错开施工，不能存在同一断面同时开挖施工的工况；H 轴以西部分需待车站站台层封闭完成后，才能开挖施工（图 5.6-5）。

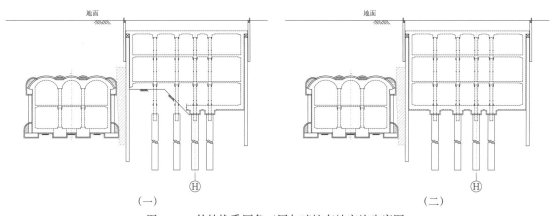

（一）　　　　　　　　　　　　　　（二）

图 5.6-5　外挂换乘厅负三层与暗挖车站实施步序图

5.6.3.2　影响分析

（1）计算模型

计算采用 midas/GTS 建立三维有限元模型，如图 5.6-6 所示，模型长 291.36m，宽 241.40m，高 80m。土体采用摩尔 – 库仑模型模拟。

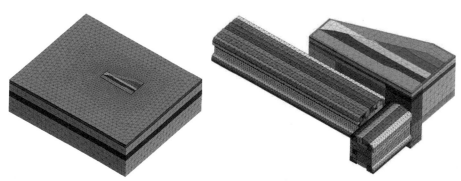

图 5.6-6　三维有限元计算模型

（2）计算结果及分析

地面最大竖向沉降 −38.8mm，车站结构最大竖向沉降 −3.8mm，外挂厅结构最大竖向变形 −1.3mm、+2.5mm；从数值模拟结果来看，施工互相影响能满足相关要求。从云图中可以看出临近侧车站与外挂厅变形较大，尤其是顶拱，整体呈"扭曲"状，车站主体存在偏压，采取结构配筋加强以满足受力要求（图 5.6-7 ～图 5.6-9）。

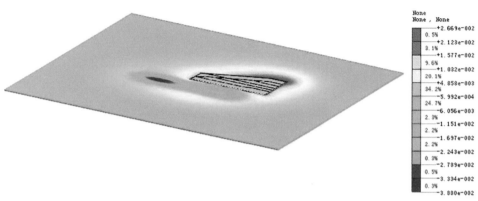

图 5.6-7　结构施工完成后地面竖向沉降计算结果

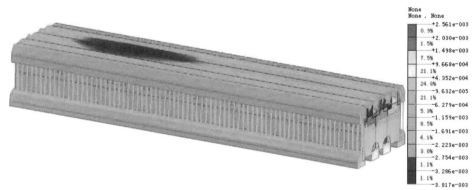

图 5.6-8　结构施工完成后车站结构变形计算结果

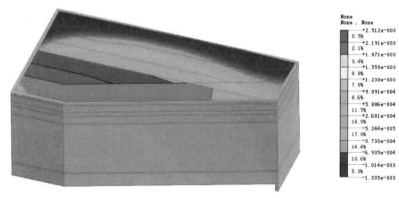

图 5.6-9　结构施工完成后外挂厅结构变形计算结果

5.6.3.3　监测结果

根据监控量测数据可知，地面最大沉降值约为45mm（外挂厅周边地面沉降最大值为28mm），结构的最大沉降变形约为4.8mm，和计算数据基本一致，地面变形满足规范要求的车站整体施工应控制在60mm以内，拱顶沉降小于20mm，经过现场沉降数据分析，所有阶段沉降变形等均满足分步控制的要求。

5.6.4　小结

本工程结合暗挖车站及外挂换乘厅工法的特点，进行同步施工的探索。经过分析研究及实践验证，对大体量临近工程施工得出结论及建议如下：

（1）大体量邻近工程建议优先选取抗变形能力强的支护及工法。

（2）邻近工程宽度较大时，建议分期开挖减少施工的相互干扰。

（3）邻近工程同步实施时，平面上要求二者错开一定水平距离，纵向上要求二者错开一定高度，以减少相互的扰动及叠加影响。

（4）邻近工程建议对隔离二者结构的支护进行加强，如采取加大支护刚度，加长支护长度、深孔注浆等措施。

5.7　暗挖车站上方设置施工竖井与横通道技术实践

5.7.1　工程概况

5.7.1.1　技术现状

暗挖地铁车站需设置施工竖井和横通道，满足出土进料、施工机械设备进出、楼梯布设、供水管、排水管、高压风管及通信、照明等管线布设的要求。暗挖车站施工竖井和横通道形式有以下几种：

（1）暗挖车站端头设置明挖段，将明挖段作为车站暗挖段施工工作面。

（2）单独设置施工竖井与横通道，通过在车站主体外单独设置施工竖井，再通过施工横通道开挖车站主体。

（3）车站施工竖井及横通道与车站附属工程结合设置，将安全口、无障碍口等小型附属工程设置在竖井与横通道内，或者将施工竖井与横通道设计为风道、出入口等附属工程的一部分。

（4）车站主体上方设置竖井，将施工竖井、横通道与车站主体结合设置。

明暗挖结合车站，较多采用将明挖段作为暗挖段施工掌子面；标准暗挖车站通常单独设置施工竖井与横通道，一些工程会综合考虑施工场地布设、工程进度要求及工程投资等因素，将施工竖井与附属结构结合设置；目前，施工竖井与横通道同暗挖车站主体结合设置的情况相对较少。

暗挖车站设置竖井与横通道几种方式的综合比较见表5.7-1。

施工竖井与横通道设置方案比较表　　　　　　　　　　　表5.7-1

	站外单设竖井	竖井与附属结合	竖井设在主体正上方
施工技术	成熟，工程实用性强	较成熟，不同工程差异性大	不成熟，工程案例较少
施工难度	小	较小	大
占地等前期协调	稍长	长	短
工程筹划	简单	稍复杂	复杂
土建造价	高	偏低	低

5.7.1.2　本工程概况及特点

（1）车站工程概况

北京地铁16号线农大南路站位于圆明园西路与农大南路两条道路交叉口处，呈东西走向，车站为双层三跨暗挖车站，采用洞桩法施工。

（2）车站施工竖井情况

综合场地条件及总体工筹，车站共设置5座临时施工竖井与横通道。由于圆明园西路两侧为建成区，道路外侧无施工场地，并且道路两侧辅路下方重要市政管线密集，无设施工竖井条件，4座施工竖井只能设置于圆明园西路主路机动车道及路中隔离带内；其中，3座施工竖井位于暗挖车站主体正上方，如图5.7-1所示。

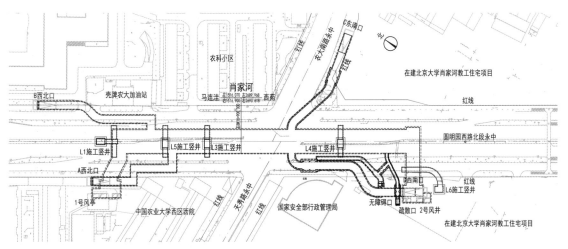

图5.7-1　车站总平面图

（3）车站工程地质与水位地质情况

车站工程地质情况：车站施工竖井开挖深度32.5m，自上而下依次穿越粉质黏土素填土层、杂填土层、黏质粉土层、粉质黏土层、中粗砂层、卵石层。车站主体上层导洞拱顶位于粉细砂层和卵石层，底板位于卵石层；下层导洞拱顶位于粉土层，下层导洞底板位于卵石层。

车站水文地质情况：开挖范围共穿越两层地下水，分别为潜水（二）、层间水～承压水（三）；潜水（二）主要含水层为卵石层，其下部相对隔水层主要为粉质黏土层，层间水～承压水（三）主要含水层为细中砂层、卵石层和粉细砂层，其下部隔水层主要为粉质黏土层，承压水头高度 1.5～3.0m。

车站采用降水施工。

（4）车站横断面设计

车站采用洞桩法施工，车站主体覆土约 12.228m，结构宽 21.5m、高 16.50m。详见图 5.7-2 车站主体结构典型横断面图。

（5）车站施工场地布置

1）现状道路情况

车站施工临时用地主要为现状圆明园西路市政道路用地。圆明园西路规划红线宽 60m，道路断面为四幅路形式，中央隔离带宽 3.5m，两侧主路各宽 11.5m，主辅路分隔带宽 4.5m，两侧辅路各宽 7m，人行步道各宽 5.25m；交通十分繁忙。道路周边建（构）筑物密集，且紧贴红线建设。

2）施工场地占用情况

车站施工临时用地占用圆明园西路部分机动车道和绿化隔离带，施工期间车辆从围挡南北两侧绕行，交通导改满足"占一还一"的原则。

5.7.2　工程方案研究及重难点分析

5.7.2.1　技术方案

农大南路站为暗挖两层三跨结构，采用 6 导洞洞桩法施工。中间导洞开挖跨度满足车站顶底纵梁、中柱结构实施条件。

车站主体结构典型横断面详见图 5.7-2。

车站正上方共设置 3 座临时施工竖井与横通道，施工竖井净空尺寸为 4.7m×6.6m，开挖深度 32.4m，初支结构厚度为 350mm；横通道净宽为 4.5m，开挖净高为 19.42m，初支结构厚度为 350mm；主体边导洞净宽 3.5m，净高 4.25m，上层中导洞净宽 8.9m，净高 5.1m，下层中导洞净宽 8.4m，净高 3.85m。施工竖井与横通道平、剖面详见图 5.7-3～图 5.7-5。

5.7.2.2　车站正上方设竖井重难点分析

（1）施工竖井四周开马头门风险高

马头门为暗挖工程临时结构的薄弱环节，受力转换复杂，容易引起地表及周边建（构）筑物的沉降，往往是工程设计的关键部位。竖井四面开设马头门，则导致施工竖井周边土体多次应力重分布，结构受力转换更为复杂；竖井井壁破除率很高，结构整体刚度严重减弱；并且马头门开设后产生的群洞效应明显。

（2）施工竖井与横通道进车站小导洞及扣大拱难度大

常规洞桩法暗挖车站施工横通道进正洞隧道通过增高施工横通道高度，在横通道直墙段

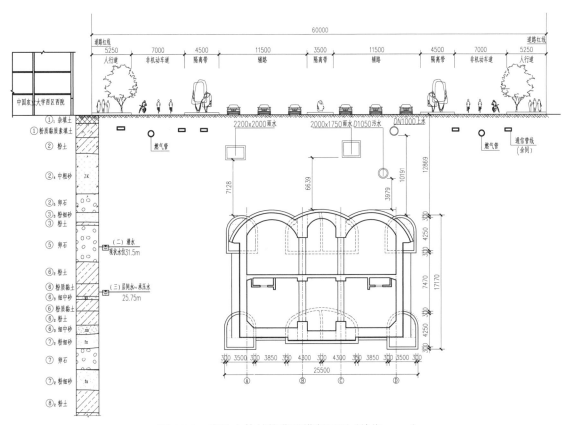

图 5.7-2　车站主体结构典型横断面图（单位：mm）

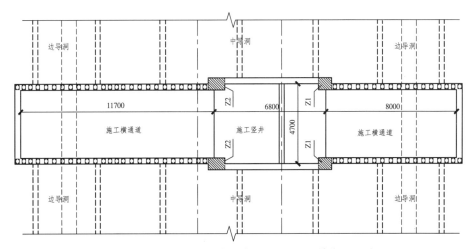

图 5.7-3　施工竖井与横通道结构平面图（单位：mm）

破除侧墙初支结构，并且在破除前需在横通道内施作破马头门加强措施。而施工竖井设置于车站正上方的情况下，进车站正洞及初支扣拱需要同时破除竖井井壁及横通道侧墙，对施工竖井与横通道稳定性影响大，需要进行合理的受力转换。

（3）施工竖井功能受限、车站整体工程筹划困难

施工竖井为临时结构，需满足提升吊斗、楼梯布设、供水管、排水管、高压风管、施工通风管及通信、照明等管线布设，以及施工中机具设备、材料等的方便进入等要求，一般施

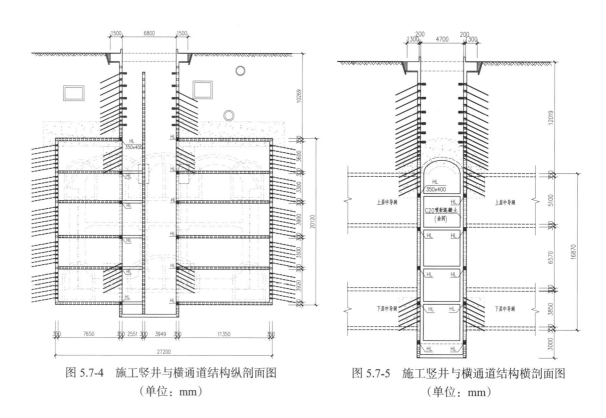

图 5.7-4　施工竖井与横通道结构纵剖面图
（单位：mm）

图 5.7-5　施工竖井与横通道结构横剖面图
（单位：mm）

工竖井需贯穿车站施工全周期；由于洞桩法车站采用逆作施工，当施工竖井设置于车站正上方，必然导致车站顶板结构施工后竖井自身功能受限，降低了施工竖井效率，影响车站整体工程筹划。

5.7.3　工程风险分析及技术措施

5.7.3.1　结构计算分析

对施工竖井、横通道、车站主体导洞等施工过程进行三维数值模拟及受力分析。

模型采用通用有限元软件 midas GTS 建立，并进行计算。计算中采用不同的本构模型模拟不同的材料，对于混凝土材料采用弹性模型，而各层土体采用莫尔－库仑（M-C）模型。计算模型平面尺寸：74m×63m，高度：53m，地表取为自由边界，其他 5 个面均约束其法向变形，地面超载按20kPa考虑。见图5.7-6和图5.7-7。

结合三维数值模拟分析结果可知，施工竖井设置于车站正上方，施工竖井周边地面沉降较车站其他位置地面最大沉降增大约30%；同施工竖井对开马头门相比，施工竖井四面开马头门后，施工竖井角柱两个方向收敛分别增加10%和20%。

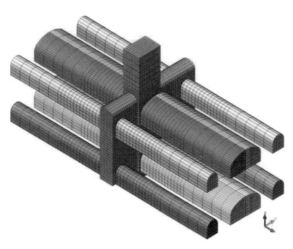

图 5.7-6　计算模型

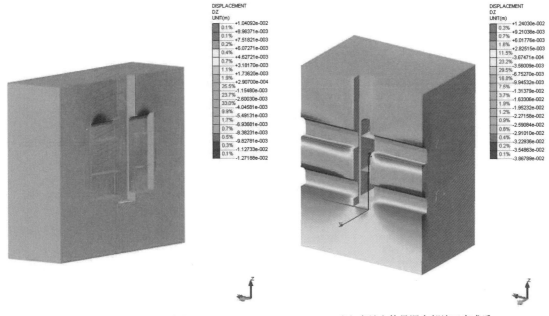

(a) 竖井+横通道施工完成后　　　　　　　　　(b) 车站主体导洞全部施工完成后

图 5.7-7　地层竖向变形云图

第 5 章
结构革
新技术
实践

5.7.3.2　工程技术措施

（1）破马头门范围设置角柱与加强梁

竖井破马头门范围四个角部设置角柱，角柱尺寸根据破马头门尺寸确定，分别为 700mm×800mm、700mm×1000mm。竖井在各层临时仰拱位置设置加强梁，加强梁尺寸为 350mm×400mm，加强梁设置于竖井井壁内。

角柱与加强梁采用钢筋+喷射混凝土，钢筋与竖井格栅主筋连接成整体，在角柱与加强梁预留后面横通道或者小导洞格栅节点；角柱随竖井自上而下逆作施工，竖井破马头门应逐个破除，并且应待竖井变形稳定后方可破除下一个马头门，四个马头门均采用分层破除，并且施工应注意对角柱与加强梁进行保护（图 5.7-8、图 5.7-9）。

（2）避开竖井角柱，竖井与横通道分别破洞门后扩挖成 CD 法隧道

车站主体中导洞采用 CD 法施工，CD 法隧道一半位于竖井范围，一半位于横通道范围。CD 法隧道先破除竖井范围内马头门（Ⅰ区），待Ⅰ区中导洞开挖进尺 10m 以上，并且必须在竖井变形收敛后，方可破除横通道范围内马头门（Ⅱ区），Ⅱ区隧道逐渐扩挖形成 CD 法隧道，待顶纵梁贯通后，再反掘开挖预留三角区土体（Ⅲ区）。竖井破马头门前，需对角柱壁后土体三角区进行注浆加固，保证中导洞开挖过程周边土体稳定（图 5.7-10、图 5.7-11）。

（3）施工通道开马头门前采取深孔注浆加固地层

现场施工揭示的雨污水管线渗漏较为严重，为保证施工安全、控制施工引起的沉降，除对雨污水管采取铺设防水内衬措施外，上层导洞及初支扣拱开马头门前采取深孔注浆预加固地层，开挖前在开挖轮廓线外形成 2m 的注浆加固体，既阻隔了地下渗漏水，又控制了开挖施工引起的管线与地面沉降（图 5.7-12）。

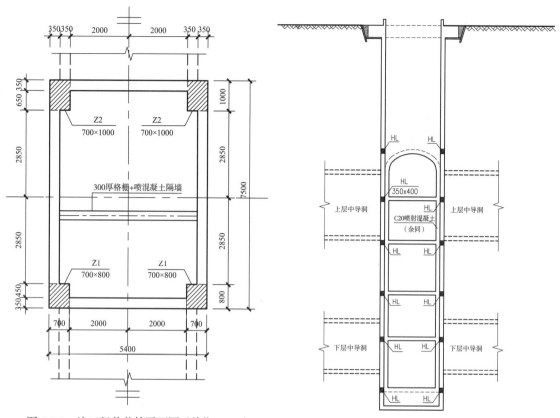

图 5.7-8　施工竖井井筒平面图（单位：mm）

图 5.7-9　竖井剖面图（单位：mm）

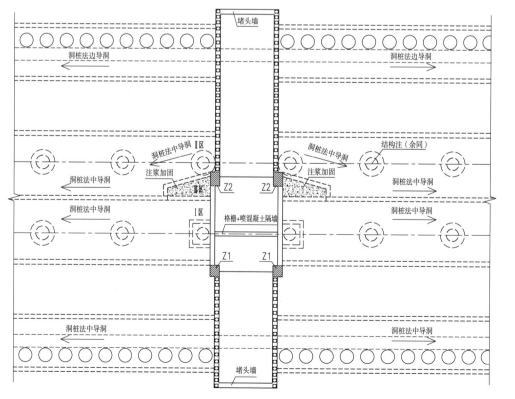

图 5.7-10　主体进洞破马头门平面图

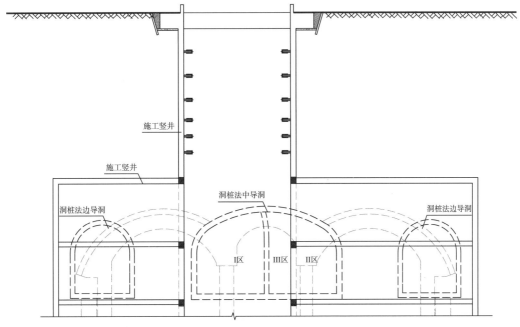

图 5.7-11　主体进洞破马头门剖面图

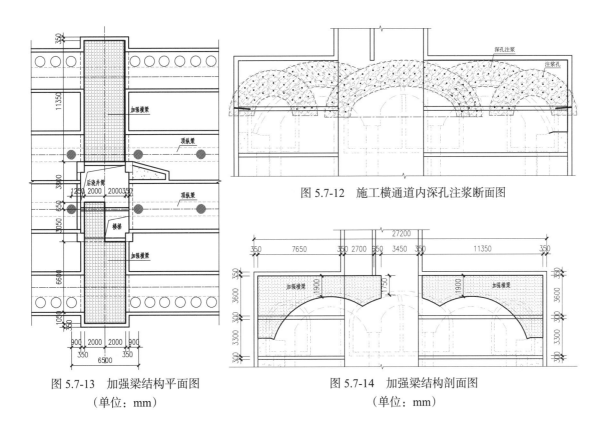

图 5.7-12　施工横通道内深孔注浆断面图

图 5.7-13　加强梁结构平面图
（单位：mm）

图 5.7-14　加强梁结构剖面图
（单位：mm）

（4）初支扣拱前，横通道内施作加强梁

为减小由初支扣拱破马头门引起的地层变形，在破马头门前先在横通道内施作加强梁结构，加强梁采用现浇钢筋混凝土结构。加强梁以边桩顶冠梁与中纵梁为支撑点，将横通道拱部土荷载传递至冠梁与中纵梁上。由于扣拱后竖井仍为人员进出、出土及材料运输通道，在竖井范围内纵梁两侧预留后浇孔作为后期人员出入及吊装通道（图 5.7-13、图 5.7-14）。

5.7.4　技术要点

车站在设置施工竖井与横通道方面主要技术要点有以下几方面：

（1）竖井结构形式设计满足竖井四面开马头门需要

竖井结构四个角部竖向设置角柱，提高竖井结构竖向刚度，水平向设置加强梁，提高竖井结构水平向刚度，有效控制竖井破马头门过程中结构变形，也保证了竖井四面开马头门的安全。

（2）竖井与横通道进正洞设计确保多次受力转换安全

车站中导洞采用CD法施工，通过预留施工竖井角柱及壁后注浆加固土体，分别从竖井与横通道破马头门施工车站中导洞，之后再逐步扩挖成CD法隧道，待车站顶纵梁贯通后再破除开挖壁后注浆加固土体及竖井角柱。

（3）施作横通道内加强梁结构保证初支扣拱安全

在施工横通道内设置加强梁结构，通过加强梁将横通道拱部土压力传递至冠梁及中纵梁上，保证初支扣拱过程破除横通道侧墙及竖井井壁的安全。

5.7.5　实施效果

5.7.5.1　地表及周边管线变形情况

农大南路站施工过程中，对各类环境风险源和地面沉降进行了监测，施工竖井周边地面最大沉降68mm，车站其他位置拱顶地面最大沉降53mm，施工影响范围内的雨污水管及上水管等风险源安全基本可控，未出现变形过大或局部突变情况。

5.7.5.2　施工竖井与横通道结构变形情况

农大南路站施工过程中，分别对施工竖井锁口圈梁沉降与横通道拱顶沉降进行了监测，竖井锁口圈梁沉降控制值为15mm，横通道拱顶沉降控制值为20mm，根据监测结果显示，这两项监测结果均未超过控制值。

5.7.5.3　其他情况

农大南路站周边建（构）筑物密集，且紧贴红线，车站外无设置施工竖井条件，经工程前期方案对比与技术论证分析后，将施工竖井设置在车站正上方，车站在满足道路交通导改功能需求的情况下顺利实施。但车站上方设置竖井与横通道，相比站外单独设置竖井与横通道，施工竖井四周开马头门风险高，施工竖井与横通道进车站小导洞及扣大拱难度大，后续类似工程应加强竖井与横通道节点设计，施工过程也应整体筹划，加强初支结构收敛和地层变形监测。

5.8 侧向盾构始发、接收技术研究与应用

5.8.1 技术背景

盾构机的始发与接收一般利用明挖车站端头或在区间正上方通过明挖法修建的盾构始发井与接收井完成，且盾构掘进过程中还需要通过始发井进行出渣、吊运管片等作业，造成始发井短时间内无法封闭并恢复环境。当地铁线路穿越交通繁忙、管线众多的城市主干道下方时，区间两端车站采用暗挖法修建，即无法设置传统的明挖盾构始发井与接收井，进而限制了盾构法的应用。

如何能够在地铁区间正上方不具备明挖盾构始发井与接收井的情况下采用盾构法修建地铁区间一直困扰着地铁参建各方。通过分析盾构始发、掘进、接收全过程施工工艺，并结合北京地铁 16 号线工程实际情况，研究提出了侧向盾构始发、接收技术方案，即在偏离地铁区间的区域设置盾构始发井与接收井，再通过暗挖通道连接始发井、接收井与地铁区间，从而实现地铁区间采用盾构法施工。

5.8.2 技术方案

5.8.2.1 盾构机组装及掘进基本要素

盾构机主要分为机头、后配套，其中机头由刀盘、前盾、中盾、后盾、螺旋输送机等主要部件组成。盾构机下井组装顺序为：前盾、中盾、螺旋输送机、刀盘与后盾，而后随机头往前推进逐步安装后配套系统，具体详见图 5.8-1～图 5.8-3。

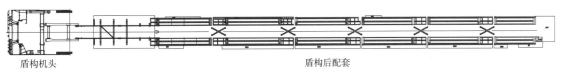

盾构机头　　　　　　　　　　盾构后配套

图 5.8-1　盾构机俯视图

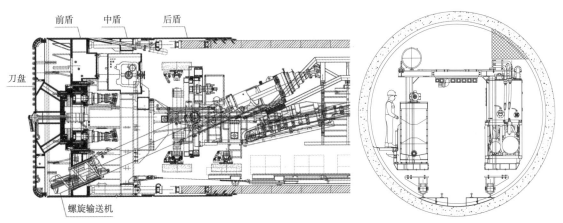

图 5.8-2　盾构机头立面图　　　　　　　图 5.8-3　盾构机后配套剖面图

在盾构机掘进时通过"后配套编组车"有轨运输的方式实现出土与进料。"后配套编组车"由电瓶车、管片车、砂浆车、渣土车等组成,编组车宽约1.5m,最小转弯半径为25m,具体详见图5.8-4、图5.8-5。

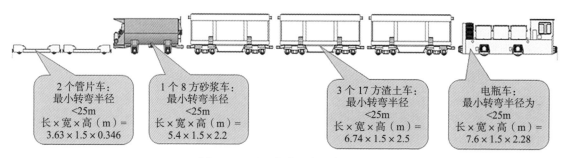

2个管片车:
最小转弯半径
<25m
长×宽×高(m)=
3.63×1.5×0.346

1个8方砂浆车:
最小转弯半径
<25m
长×宽×高(m)=
5.4×1.5×2.2

3个17方渣土车:
最小转弯半径
<25m
长×宽×高(m)=
6.74×1.5×2.5

电瓶车:
最小转弯半径为
<25m
长×宽×高(m)=
7.6×1.5×2.28

图5.8-4 后配套编组车及参数图

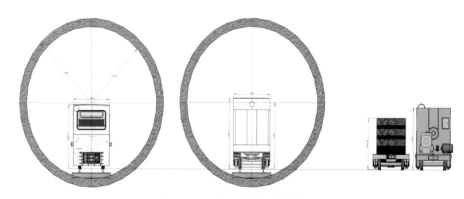

图5.8-5 后配套编组车剖面图

综上所述,盾构始发的核心是解决盾构机吊装及其掘进过程中出渣、进料问题;盾构接收的核心是解决盾构机拆解问题。

5.8.2.2 侧向盾构始发技术

侧向盾构始发的核心在于地铁区间与用于盾构机吊装的始发井、用于出渣(进料)的吊装井之间通过暗挖通道相连,并在吊装井与始发井相连通道内设置岔线,吊装井的另一侧设置折返通道,具体结构方案如图5.8-6所示。其主要施工工序为:盾构始发前,将盾构机通过始发井吊装就位,后配套设备通过吊装井下吊至连接通道内,并与盾构机连接就位;盾构始发后,通过吊装井出渣、吊运管片,直至盾构区间施工完毕。

盾构侧向始发技术特点为:除始发井及吊装井采用明挖施工外,其余通道均采用暗挖法施工;技术优势为:①始发井、吊装井选址灵活、易实现;②各通道施工对地面交通及地下管线基本无影响;③可实现盾构整体始发,大大提高了盾构掘进效率。

5.8.2.3 侧向盾构接收技术

侧向盾构接收技术主要在于盾构机拆解、吊出的接收井与地铁区间之间通过暗挖通道方式相连通。根据盾构机拆解及移动方式的不同可分为三类:整机平移接收、转体顶进接收、洞内拆解平移接收,具体接收方案如图5.8-7～图5.8-9所示。

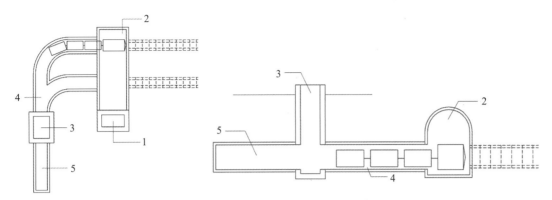

图 5.8-6　盾构侧始发结构平、剖面示意图

1—始发井；2—始发通道；3—吊装井；4—连接通道；5—折返通道

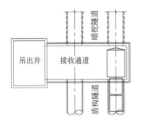 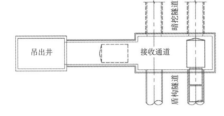 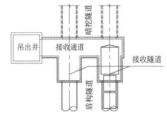

图 5.8-7　盾构整机平移接收　　图 5.8-8　盾构机转体顶进接收　　图 5.8-9　盾构机洞内拆解后平移
接收

盾构整机平移接收及转体顶进接收方案盾构机均在明挖吊出井内拆解、分部吊出，作业效率较高。盾构机洞内拆解后平移接收方案因其拆除盾构机头作业空间有限，且拆解工序较繁杂，总体作业效率较低，具体拆解流程为：①将盾构机头推进至接收通道及隧道内，盾构后配套解除并返至始发井吊出；②在接收隧道内通过预埋吊环拆除盾构机头内螺旋输送机并返至始发井吊出，具体如图 5.8-10 所示；③通过接收通道逐步拆解、平移吊出刀盘 + 前盾、中盾、后盾。

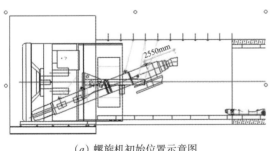 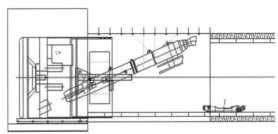

(a) 螺旋机初始位置示意图　　　　　　　　(b) 螺旋机拔出土仓筒体示意图

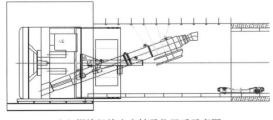 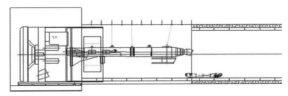

(c) 螺旋机拔出主轴承位置后示意图　　　　(d) 螺旋机放平后位置示意图

图 5.8-10　洞内拆解螺旋输送机示意图

第 5 章
结构革
新技术
实践

5.8.2.4　主要研究数据及结论

　　盾构侧向始发、接收方案对土建结构预留条件的需求与盾构机的自身构造息息相关，本文以一台可施工 6m 外径管片的盾构机为例进行论述，其盾构机主要构件尺寸如图 5.8-11 所示、主要构件重量如表 5.8-1 所示。针对此台盾构机，并结合后配套编组车相关参数，实现各盾构侧向始发、接收方案对土建结构预留净空尺寸的要求详见表 5.8-2 所示。

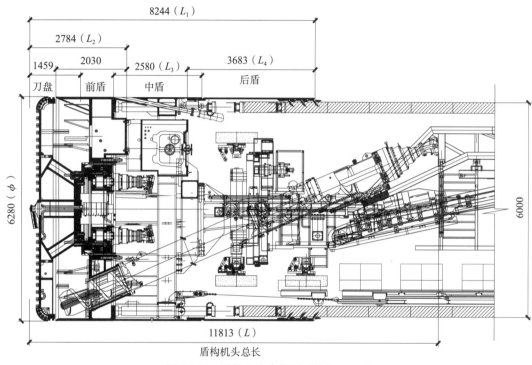

图 5.8-11　盾构机头参数图（单位：mm）

盾构机主要构件参数表　　　　　　　　　　　　　表 5.8-1

构件名称	总重（t）	尺寸（m）
刀盘	47	$\phi 6.28 \times 1.459$
前盾	95	$\phi 6.25 \times 2.03$
中盾	90	$\phi 6.24 \times 2.58$
后盾	35	$\phi 6.24 \times 3.683$
螺旋输送机	22	$\phi 0.7$（内径）$\times 11.8$

盾构侧向始发、接收各方案结构预留净空尺寸一览表　　　　表 5.8-2

方案	结构类型	建议最小尺寸（取整）	尺寸计算方式	工程应用情况（部分已建及在建工程）
盾构侧向始发	始发井内净空平面尺寸	12.8m×8m	长：$L+2\times0.5$m 宽：$\phi+2\times1$m	北京地铁 16 号线马连洼站—农大南路站区间、达官营站—红莲南里站区间，北京地铁 12 号线光熙门站—西坝河站区间
	始发井井口平面尺寸	9.5m×6.8m	长：$L_1+2\times0.5$m 宽：$\phi+2\times0.25$m	

续表

方案	结构类型	建议最小尺寸（取整）	尺寸计算方式	工程应用情况（部分已建及在建工程）
盾构侧向始发	始发通道净宽	12.8m	含螺旋输送机（$L+2\times0.5$m）	北京地铁16号线马连洼站—农大南路站区间、达官营站—红莲南里站区间，北京地铁12号线光熙门站—西坝河站区间
		9.5m	螺旋输送机提前运入连接通道（$L_1+2\times0.5$m）	
	吊装井平面尺寸	11m×6m	考虑后配套吊装	
		8m×4m	不考虑后配套吊装	
	连接通道净宽	3.5～5.5m	安装螺旋输送机综合确定	
	折返通道净宽	3.5m	$1.5+2\times1$m	
	折返通道长	不定	与配套编组车配置有关	
盾构整机平移接收	吊出井内净空平面尺寸	12.8m×8m	长：$L+2\times0.5$m 宽：$\phi+2\times1$m	北京地铁16号线达官营站—红莲南里站区间，北京地铁3号线东坝中街站—东风站区间
	吊出井井口平面尺寸	9.5m×6.8m	长：$L_1+2\times0.5$m 宽：$\phi+2\times1$m	
	接收通道净宽	12.8m	$L+2\times0.5$m	
	接收通道端墙与线路中线的距离	4m		
盾构机转体顶进接收	吊出井内净空平面尺寸	12.8m×8m	长：$L+2\times0.5$m 宽：$\phi+2\times1$m	北京地铁16号线红莲南里站—丽泽商务区站区间，北京地铁7号线达官营站—广安门外大街站区间
	吊出井井口平面尺寸	9.5m×6.8m	长：$L_1+2\times0.5$m 宽：$\phi+2\times0.25$m	
	接收通道净宽（邻近线路中线）	11m	可利用隧道空间	
	接收通道净宽（邻近井口）	7.5m	$\phi+2\times0.5$m	
	接收通道端墙与线路中线的距离	5m		
盾构机洞内拆解后平移接收	吊出井内净空平面尺寸	8m×5.5m	长：$\phi+2\times1$m 宽：$L_2\sim L_4$取大值$+2\times1$m	北京地铁16号线苏州街站—苏州桥站区间，北京地铁12号线四季青站—远大路站区间
	吊出井井口平面尺寸	6.8m×4.5m	长：$\phi+2\times0.25$m 宽：$L_2\sim L_4$取大值$+2\times0.5$m	
	接收隧道长×宽	9m×6.8m	长：$L-$通道宽$+2$m	
	接收通道净宽	5m	宽：$L_2\sim L_4$取大值$+2\times0.5$m	
	接收通道端墙与线路中线的距离	4m		

注：0.25～0.5m为吊装及设备移动误差；1m为设备移动+人工辅助空间。

综上所述，盾构侧向始发、接收方案对土建结构条件各不相同，因此，实际工程设计时需根据工程周边环境，考虑施工便利、暗挖通道的建设风险及造价等综合比选确定。

5.8.3 技术优势及推广应用

5.8.3.1 技术优势

（1）盾构侧向始发、接收技术提高了地铁区间盾构法施工的灵活性及适应性，在节约地铁区间建设整体工程造价的同时，也提升了工程建设的安全性。

（2）盾构侧向始发技术可实现盾构整体始发，保证了盾构施工的效率。

（3）盾构侧向接收的接收通道与吊出井可结合车站端头风道与风井设置，节约工程造价。

5.8.3.2 推广应用情况

通过北京地铁16号线工程对盾构侧向始发、接收技术的研究，明确了各种方案结构技术参数并付诸工程实践，进一步发展和丰富了盾构法修建地铁区间，且已在北京众多地铁区间工程中推广应用。

5.9 砂卵石地层叠落盾构区间长距离平行邻近桥桩施工技术实践

5.9.1 技术背景

16号线苏州桥站—万寿寺站区间右线总长为1383.4m，采用盾构法施工。盾构从万寿寺站始发，至苏州桥站接收。由于苏州桥站—万寿寺站区间沿线的西三环北路为40跨的苏州桥高架桥、长约1200m，经综合分析，万寿寺站、苏州桥站在西三环北路苏州桥东侧均不具备设站条件，且西三环北路西侧武警总部大楼与苏州桥桥桩距离最小处只有16m，仅能满足左线或右线单条线从桥区穿过的条件。因此，苏州桥站只能设计为左右线叠落式车站或分离式车站。受路东桥桩限制，桥区空间只能满足160m长的车站，而16号线车站有效站台长度为186m。因此，线路只能从桥桩西侧穿行，苏州桥站为左右线叠落式车站，叠落车站确定其前后一定范围的区间势必叠落并行，右线在上、左线在下，邻近苏州桥站区间局部平面如图5.9-1所示。

上下叠落盾构隧道致使两隧道之间净距较小，后施工的隧道在施工过程中，将对已完工的既有隧道产生较大影响，周边岩土体产生二次扰动，引发岩土应力重分布，从而导致既有结构内力及变形发生较大变化，对周围桥桩影响较大。先上后下施工，下层隧道施工对地层的扰动使地层产生沉降槽，地层的沉降带动上层隧道产生沉降，易引起上层盾构管片的错台、开裂。先下后上施工，避免了上层隧道沉降的不确定性，但盾构机自重约300t，上层较大的超载随周围土体向下传递直接作用在下层既有结构上，对下层隧道的结构影响较大。经综合分析确定本区间叠落段先施工下层隧道，后施工上层隧道。

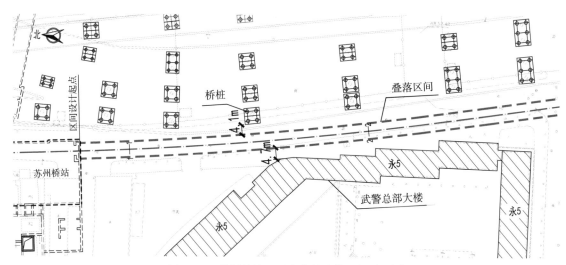

图 5.9-1 苏州桥站—万寿寺站叠落区间平面图

5.9.2 技术方案

5.9.2.1 区间侧穿桥梁主要技术措施

（1）盾构隧道与桥桩之间采用复合锚杆桩隔离加固，复合锚杆桩中心距1.5m，排距0.8m，注浆扩散半径0.75m，每处桥墩纵向打设范围10m，平均桩长约27m，地面垂直打设。

（2）叠落段上层隧道盾构施工时，需在下层隧道内设置型钢钢架进行支撑，满足承受盾构机附加荷载要求并限制隧道上浮变形，且预留渣土车通行出土空间，保证下层区间正常出土及管片运输工作。

每环管片设置两榀型钢支撑环，型钢支撑环中心距离环缝200mm，保证环缝受力均匀，支撑之间采用剖口焊焊接，钢支撑安装时避免与管片接触位置出现应力集中，每环支撑布置如图5.9-2所示。

采用SAP2000分析软件进行三维模拟分析，如图5.9-3所示，盾构洞内钢支撑支护采用荷载－结构模型，模型计算选取纵向6m范围。

经计算，支撑体系受力控制位置为钢环竖向支撑支座处，最大剪应力τ_{max}=105.2 N/mm^2，小于型钢抗剪设计值f_v=180N/mm^2，满足刚度和承载要求。

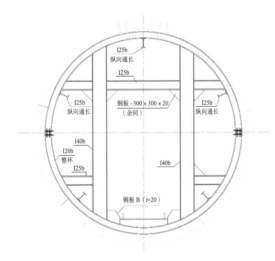

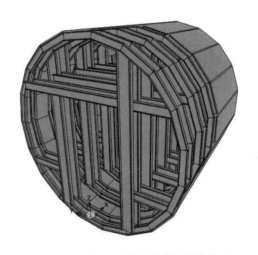

图5.9-2 叠落段下层盾构钢支撑支护措施图（单位：mm）　　图5.9-3 盾构钢支撑支护模拟计算模型

（3）区间盾构管片构造及配筋设计参考北京市轨道交通通用图集《钢筋混凝土盾构管片衬砌环结构构造（内径5.8m、环宽1.2m、壁厚0.3m）》16BGJG1，常规地段管片主筋采用d_w=18mm可满足受力计算，考虑叠落段地铁列车附加荷载影响，下层盾构管片主筋直径增大一级，采用d_w=20mm，经计算满足受力要求。

（4）严格控制同步注浆和二次注浆，同步注浆采用水泥－水玻璃双液浆，二次注浆采用单液水泥浆。

（5）区间垂直叠落段整环管片设置7个注浆孔、倾斜叠落段整环管片设置5个注浆孔对两隧道间土体进行径向注浆加固，稳定地层，减小地表沉降。叠落盾构径向注浆孔注浆布置示意如图5.9-4所示。

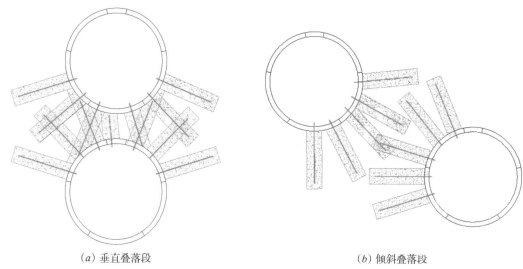

(*a*) 垂直叠落段　　　　　　　　　　　　　　(*b*) 倾斜叠落段

图 5.9-4　叠落段盾构管片径向注浆孔布置示意图

（6）盾构机在叠落隧道掘进过程中要平稳、连续、快速掘进。盾构机必须严格控制盾构机姿态，严禁出现盾构机栽头现象，如果需要纠偏，则纠偏量不能过大。

（7）加强对管片接头张开量、径向收敛、桥梁墩柱沉降、倾斜以及隧道、地表沉降等的监测。

5.9.2.2　叠落盾构区间 C 形联络通道

针对叠落盾构区间带来的联络通道设计难题，提供了一种合理可行的 C 形联络通道结构及施工方法，保证在空间狭窄的城市中心区域安全、高效地建设叠落地铁区间联络通道，同时不涉及占地问题，无需交通导改、管线改移等前期工作。

叠落盾构区间 C 形联络通道，包括上下叠落地铁区间、连接两条地铁区间的上下两层横通道、连接上下两层横通道的竖向连接楼梯间、具有双向疏散功能的防火门，共同构成适用于上下叠落地铁区间的 C 形联络通道结构，满足功能要求，结构示意做法如图 5.9-5 所示。

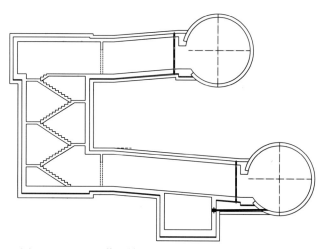

图 5.9-5　上下叠落地铁区间的 C 形联络通道结构示意图

5.9.3 垂直叠落盾构邻近桥桩影响分析

垂直叠落盾构侧穿苏州桥预应力连续梁，盾构与桩基最小净距4.5m，桥桩长15～17m，桩径1.5m。地质以卵石层为主。在地面垂直向下打设2排复合锚杆桩，孔径150mm，桩中心距1.5m，排距0.8m，桩长打设至下层盾构底以下3m，沿影响范围内打设、加固土体，并起到一定的隔离作用。

采用Plaxis仿真分析软件进行二维模拟分析，考虑岩土与结构的共同作用、分步施工过程。计算模型左右水平计算范围均取结构跨度的2倍以上，垂直计算范围向上取至自由地表，向下取隧道高度的3倍。隧道围岩本构模型采用摩尔-库仑模型，以考虑围岩的非线性变形。主体结构采用弹塑性各向同性的混凝土材料模拟，复合锚杆桩加固通过提高围岩参数模拟，数值计算分析模型如图5.9-6所示。

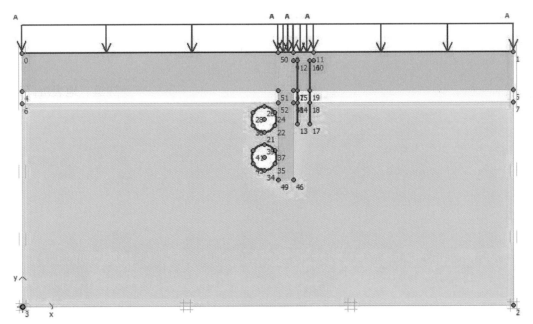

图5.9-6　垂直叠落盾构侧穿苏州桥桥桩影响分析模型图

盾构先施工下层隧道，后施工上层隧道。计算程序首先计算原始地应力，岩土体的开挖是在前一计算步骤所得地应力分布的基础上进行的，根据结构整体刚度的改变，按实际开挖方法施加地层释放荷载，并求解开挖后的应力场。根据既有研究成果，考虑地应力释放，卵石地层盾构掘进时的断面收缩率设为0.5%，计算分析结果如图5.9-7、图5.9-8所示。

通过计算分析可见，采用复合锚杆桩隔离加固，下层盾构通过后，盾构管片拱顶最大竖向沉降10.16mm，地表沉降2.43mm，苏州桥桥桩最大沉降1.49mm，桩基最大倾斜0.11/1000；双线盾构通过后，盾构管片拱顶最大竖向沉降19.04mm，地表沉降7.71mm，苏州桥桥桩最大沉降1.49mm，桩基最大倾斜0.13/1000，可满足连续梁墩柱竖向均匀沉降15mm、纵向差异沉降5mm、墩柱倾斜1/1000的变形控制要求。

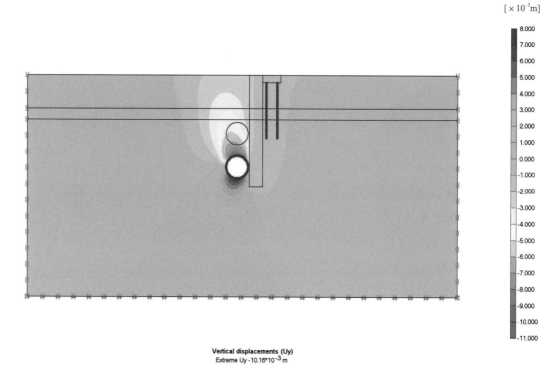

图 5.9-7　采用复合锚杆桩隔离加固后下层盾构通过后地层及桥桩竖向位移云图

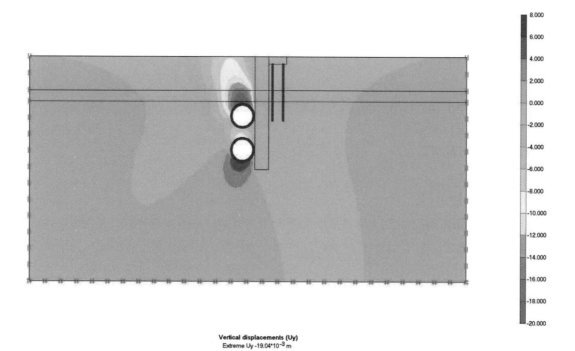

图 5.9-8　采用复合锚杆桩隔离加固后上层盾构通过后地层及桥桩竖向位移云图

5.9.4 叠落盾构区间邻近桥梁施工控制及监控量测

5.9.4.1 盾构施工控制措施

（1）盾构掘进参数

1）土压力

合理设置土压力，防止在盾构推进的过程中超挖，土仓上部土压力控制在 0.05 ～ 0.07MPa。

2）推进速度

盾构推进速度对地面的沉降变形有明显的影响，需维持推进速度的恒定、稳定，推进速度控制在 70 ～ 80mm/min。

3）刀盘转速、扭矩及盾构推力

刀盘转速为 1.0rpm，推力控制范围为 15000 ～ 30000kN，扭矩控制在 3000 ～ 4500kN·m（最大不超过额定扭矩的 60%）。

（2）出土量控制

盾构侧穿桥桩影响范围内严格控制出土量，避免出土量过大造成地层损失，引起地面和桥桩沉降。盾构刀盘直径 6.59m，管片宽度 1.2m，计算理论出土量 40.5m³。实际施工过程中，松散系数根据前期施工经验为 1.1 ～ 1.2，则出土量控制在 45 ～ 49 m³。

（3）注浆控制

1）同步注浆

根据施工经验，同步注浆浆液初凝控制在 20s 左右，同步注浆量不少于理论体积的 1.5 倍，每环的开挖理论空隙为 2.32m³，故确定每环的同步注浆量应控制不少于 3.48m³，同步注浆压力不低于 0.2MPa。

2）二次补浆

为确保盾构施工过后沉降控制，管片脱离盾尾适当位置（一般为 6 环），及时进行二次补注浆，每隔 1 环进行补浆，注浆压力不超过 0.35MPa。其作用可以对土体进行微量顶升、加固。控制盾构过后的后期沉降，恢复部分前期沉降。

（4）渣土改良

1）泡沫剂的使用

泡沫参数：泡沫溶液浓度 5% ～ 7%，发泡倍率 10 左右。

地层为卵石地层，根据以往施工经验，盾构掘进时，泡沫注入量以掘进每环切削土体体积的 20% ～ 40% 计算。

2）膨润土泥浆的使用

线路段穿越地层主要为卵石层，根据以往施工经验，泥浆配合比为：水：膨润土：添加剂 =1 ： 0.1 ： 0.1，加泥量为出土量的 6% ～ 8%。

5.9.4.2 监控量测及数据分析

根据盾构施工情况，对苏州桥 32 处桥墩沉降监测情况如图 5.9-9 所示。

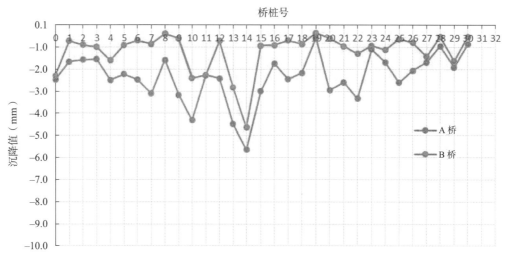

图 5.9-9　苏州桥桥墩沉降监测情况

从图 5.9-9 可以看出，叠落盾构侧穿桥墩后（0 ～ 14 号桥桩范围），桥墩最大沉降值为 5.6mm（14 号桥墩，其距离隧道结构边 10m），下层盾构侧穿桥墩（15 ～ 30 号桥桩范围），桥墩最大沉降值为 3.3mm（22 号桥墩，其距离隧道结构 6.13m），满足桥墩均匀沉降 5mm、连续梁差异沉降 5mm 的控制标准。

上层隧道盾构拱顶地面沉降监测情况如图 5.9-10 所示。

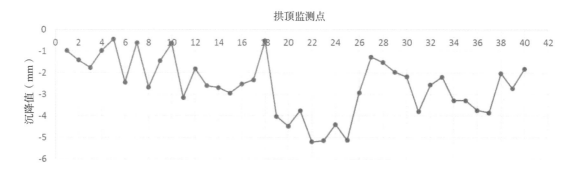

图 5.9-10　上层盾构拱顶地面沉降监测情况

由图 5.9-10 所示，盾构施工引起的地面沉降最大值为 5.2mm，大部分沉降值控制在 3mm 以内，满足 15mm 控制标准。

上层盾构隧道施工轴线偏差情况如图 5.9-11、图 5.9-12 所示。

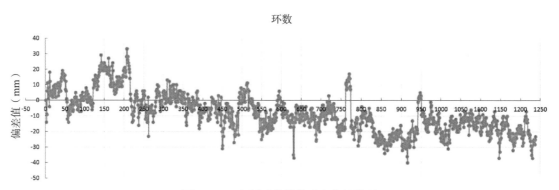

图 5.9-11　上层盾构轴线垂直偏差情况

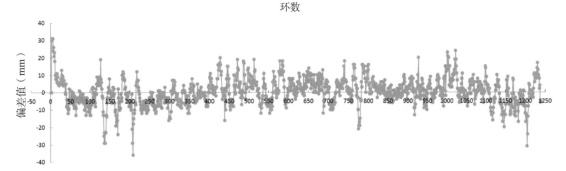

图 5.9-12 上层盾构轴线水平偏差情况

由图 5.9-11、图 5.9-12 所示，上层盾构垂直偏差和水平偏差基本控制在 -30 ～ +30mm，满足 -50 ～ +50mm 控制标准要求。

通过对叠落盾构施工期间桥梁沉降、地面沉降以及盾构的轴线偏差控制情况等分析，苏州桥站—万寿寺站区间叠落盾构区间平行侧穿大型市政桥梁技术措施可行，可为类似工程提供借鉴。

5.10 地铁区间穿越深厚垃圾填土地层技术实践

看丹站—榆树庄站区间约 400m 范围穿越了深度为 21 ～ 26m 的垃圾填土地层，垃圾填土回填时间在 2001 ～ 2005 年，密实度和均质性差，地层沉降不稳定，地基承载力小，其组成复杂，包含生活垃圾、一般建筑垃圾（如废弃钢筋混凝土构件）及素土填土等。本段区间穿越垃圾填土的长度和深度在国内实属罕见，若不采取有效的地基和结构处理措施，不仅在施工阶段容易坍塌，而且在地铁运营过程中区间结构易发生整体下沉、不均匀下沉、受力性状改变、开裂等，因此在设计阶段必须采取有效控制措施，确保施工阶段和后期运营阶段的安全。

5.10.1 工程概况

根据区域整体规划条件、榆树庄停车场以及榆树庄站的设置条件，看丹站—榆树庄站区间的平面位置无法避免穿越垃圾填土地层，区间总平面图见图 5.10-1。

根据详勘资料，本段区间沿线地层主要分为 3 层，上层为填土层、中间为富水卵石地层、下层为强风化岩层（包括泥岩、砂岩以及砾岩等）；地下水位从西向东存在水力坡降，水力梯度约为 3.5‰，地下水的水位埋深为 16 ～ 21m，区间穿越的垃圾填土地层深度为 21 ～ 26m，区间地质纵断面图见图 5.10-2。

根据本段区间的周边环境及地质情况，看丹站—榆树庄站区间基底位于垃圾填土内的部分可以分为两个区间段，分段概况见表 5.10-1。

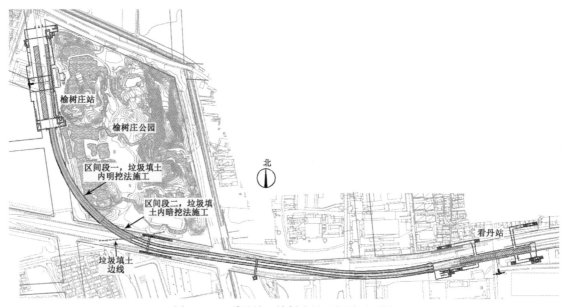

图 5.10-1　看丹站—榆树庄站区间总平面图

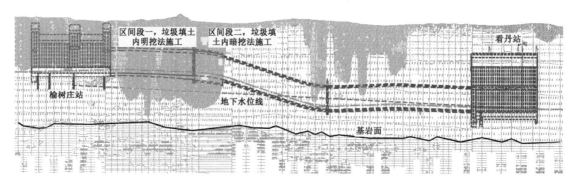

图 5.10-2　看丹站—榆树庄站区间地质纵断面图

区间分段概况表　　　　　　　　　　　　　表 5.10-1

区间段	周边环境及地质情况	施工方法
区间段一	位于榆树庄公园西侧，现状为空地，规划为榆树庄东路，局部位于榆树庄公园内，具备明挖条件	明挖法
区间段二	位于现况看丹南路上，道路下方管线多，包括 D2000 污水主干管一根、D1000 雨水主干管一根，及两根 D700 中水管，明挖法施工前期管线改移及交通导改困难	暗挖法

5.10.2　明挖法区间结构设计方案

垃圾填土地层内区间结构设计的关键是解决填土地基的低承载力、沉降大、沉降未稳定的问题。常用的地基处理的方法有换填法、预压地基、压实及夯实地基、复合地基、注浆加固地基、微型桩地基加固等，也可以选择采用桩基础。其中预压地基适用于淤泥质土、淤泥、充填土等饱和黏土地基，不适用于填土地基，压实及夯实地基适用于大面积处理地基，不适用于地铁区间此类小范围的地基处理。

第 5 章
结构革新技术实践

5.10.2.1 设计方案比选

本段区间东侧为榆树庄公园,区间结构外轮廓线东侧10m范围内为榆树庄公园人工生态湖,湖内常年有水,枯水区水深约1m,丰水期水深可达2m。区间若采用坡率法明挖施工,需对该人工湖进行大面积填湖围堰,区间施工完毕后还需对该人工湖进行还建,该方案对周边生态环境影响较大,故不建议采用坡率法施工。

由于垃圾填土力学性质差,不能可靠锚固粘结,若基坑采用桩锚法施工,锚索需锚入原状土,但该段区间填土深度普遍达到21m,局部达到26m,区间结构底板埋深为15m,填土与原状土的分界面在区间结构底板以下6~11m,一般情况下锚索打设角度宜为15°~25°,不应大于45°,即使锚索采用45°进行打设,锚索自由段需达到30m,其施工难度较大,故未采用桩锚法施工。

综合以上考虑,基坑采用围护桩+内支撑进行支护。在桩撑围护结构条件下,基底填土的处理方案如图5.10-3所示。

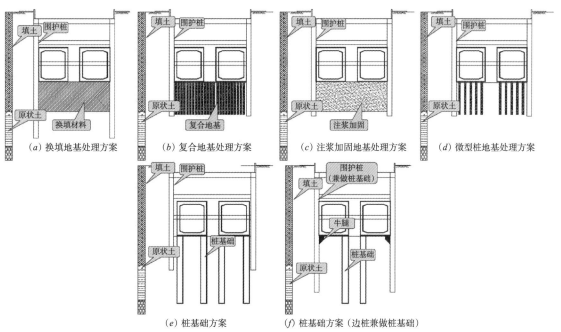

图 5.10-3　穿越深厚垃圾填土地层明挖法区间结构设计方案

(1)换填方案:该方案将区间结构基坑开挖至原状土,换填结构基底垃圾填土(图5.10-3a),本段区间结构基底与垃圾填土原状土分界面的距离普遍在6m以上,局部达到11m,换填量大,基坑开挖深度加大,局部基坑开挖深度需达到25m,且基坑内狭小空间内带支撑夯实的施工周期长,此外结构底板以下2m即进入含水量丰富的潜水层,地下水不易处理。

(2)复合地基方案(图5.10-3b):复合地基施工上方需要较大的空间,但基坑支撑竖向间距不足5m,在该空间下进行复合地基处理施工机具作业空间不足,同时大量的钻孔施工不利于基坑的底板封闭,在基坑四周都是垃圾填土的情况下,不利于基坑的稳定性;而从地面上施作复合地基,存在大量的空钻及空钻后回填的情况,施工周期长的同时,造价提高,且20~25m地基处理效果难保证。

(3)注浆加固方案(图5.10-3c):由于注浆的不均匀性,一般适用于局部穿越填土的结构。

（4）微型桩方案（5.10-3d）：由于桩数量多，遇到钢筋混凝土建筑垃圾机率大，处理困难。

（5）桩基础方案：在结构基底设置桩基础，可设置在结构侧墙正下方（图5.10-3e），也可考虑在边桩上设置牛腿，利用边桩作为一部分永久基础（图5.10-3f），该方案节省了一部分造价，但围护桩上后期施做的牛腿与主体结构同时作为永久受力结构，牛腿与围护桩间的连接节点不易处理，其耐久性难保证。

综合以上考虑本段区间采用桩基础方案，从地面施作桩基础并设置在侧墙正下方，侧墙承受侧向荷载的同时兼做基础梁，作为一道纵梁考虑，该结构可称之为"墙梁式暗桥结构"。

5.10.2.2 "墙梁式暗桥结构"设计

"墙梁式暗桥结构"综合了地下隧道及地面桥梁的特点，有地面桥梁的桩基础、行车板、结构梁（侧墙兼做），同时与地下结构一样，为封闭框架，有承受竖向土压力的结构顶板、承受水平土压力的侧墙以及底板，与常规地下结构不同的是，常规地下结构底板为基础板，"墙梁式暗桥结构"结构底板按行车板考虑，见图5.10-4。

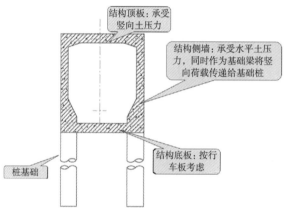

图 5.10-4 "墙梁式暗桥结构"结构组成

本结构的计算及相关构造如下：

地下结构的受力一般采用"荷载-结构法"计算，结构纵向通长、空间受力简单时，一般简化为延米二维框架模型。考虑到"墙梁式暗桥结构"受力复杂，采用三维梁柱板壳模型对其进行计算，同时采用二维框架模型对其进行简化计算，并将二者进行对比，所建立的模型见图5.10-5。

由于"墙梁式暗桥结构"侧墙作为一道深梁，既在横向上承受水平土压力并在平面内受弯，又在纵向上承受竖向土压力并将其传递给基础承载桩，故其又在平面外受弯，而其在平面外的弯矩无论采用二维框架模型还是采用三维板壳模型，都无法通过模型直接读出，只能通过采用截面法或积分法进行计算，其中截面法通过获取支座承载桩反力，剖取计算截面，得到其截面处剪力，再通过平衡条件获取截面处的计算弯矩；而积分法通过获取侧墙沿截面的拉力及压力，通过将拉力及压力对截面形心进行积分得到计算弯矩。

对于二维框架模型，侧墙为区间结构纵向受力的主受力构件，在纵向上属于多跨连续梁，其跨度与高度相差不大，在纵向受力上属于连续深梁，深梁受荷载后的应力与应变分布不同于一般梁，正应力呈非线性分布，而且剪应力常起控制作用，正截面应变不符合平截面

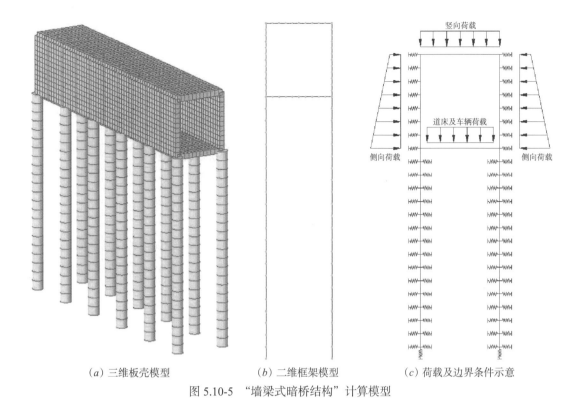

(a) 三维板壳模型　　　　(b) 二维框架模型　　　　(c) 荷载及边界条件示意

图 5.10-5　"墙梁式暗桥结构"计算模型

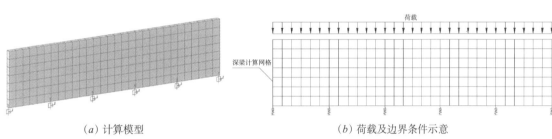

(a) 计算模型　　　　　　　(b) 荷载及边界条件示意

图 5.10-6　侧墙纵向深梁计算模型

假定。连续深梁内力采用结构力学计算会引起较大误差，应采用弹性力学计算，故单独分析侧墙纵向受力时应采用二维弹性分析求取内力，按截面法或积分法求取相应截面处的弯矩及剪力；基底承载桩采用弹簧模拟，弹簧刚度按相应桩顶力与该桩顶力下的桩端位移的比值考虑，见图 5.10-6。

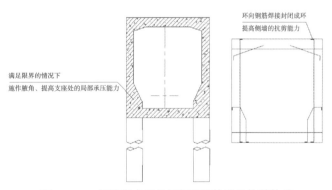

图 5.10-7　侧墙底支座的局部承压构造及抗剪构造

　　根据计算结果，三维计算模型与二维计算模型计算得出的结果相差不大，在 5% 以内，简化的二维计算模型可以满足结构受力计算要求。

　　在构造方面，侧墙作为深梁应满足《混凝土结构设计规范》中关于深梁的构造要求，此外连续深梁支座区为高应力区，易发生局部承压破坏，同时支座处剪力较大，从以上两点出发整个断面的环向钢筋骨架焊接成环，作为侧墙的天然箍筋，提高其受剪承载力，见图 5.10-7。

5.10.3 暗挖法区间结构设计方案

5.10.3.1 设计方案比选

暗挖结构其本身由于地面条件的限制，无竖向明挖的条件，其从地面进行地基处理的条件同样有限，一般采用洞内处理方案，由于洞内空间有限、隧道初支结构底板成孔大小及密度有限，与明挖方案相比，隧道洞内进行复合地基处理的可能较小。在隧道内低净空的条件下，基底填土的处理方案如下：

（1）换填方案：将结构基底以下的填土部分与主体结构一起开挖出来，将结构持力层落在原状土上（图 5.10-8a），但本段暗挖区间结构底板仍有 6m 的垃圾填土，且结构底板以下 2m 即地下水，采用常规的换填方案需要将结构暗挖高度由 6m 变为 12m，需要大量处理地下水，增加了施工难度和风险。

（2）基底注浆方案：采用基底注浆处理结构基底填土（图 5.10-8b），大量采用注浆加固地基，其注浆加固的均匀性极难保证，且地下水位以下的地基注浆加固处理难度更大。

（3）桩基础方案：在洞内打设结构基底承载桩，将荷载传至原状土（图 5.10-8c）。

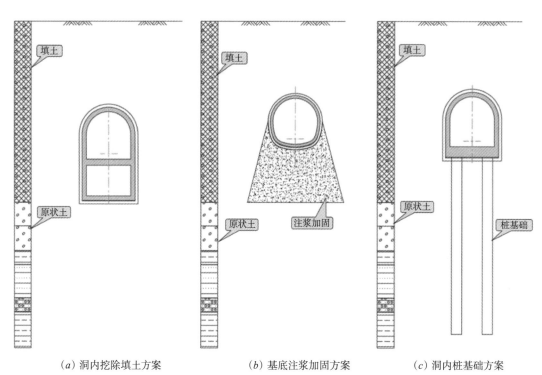

（a）洞内挖除填土方案　　　（b）基底注浆加固方案　　　（c）洞内桩基础方案

图 5.10-8　穿越深厚垃圾填土地层暗挖法区间结构设计方案

综合以上考虑，本工程采用洞内桩基础方案。

根据目前研发的针对导洞内施工钻孔灌注桩的钻机要求，暗挖洞内成桩有以下几点净空的要求：

（1）边桩的轮廓线与初支的内轮廓线净距不小于 700mm，为钻机的底盘提供空间。

（2）导洞的净宽不小于 4m，为钻机出入提供空间。

（3）导洞在桩正上方的净高不小于 4.5m，为钻机工作提供空间。

为满足以上条件，在方案研究初期，对三个开挖方案进行了研究，分别为 CRD 法开挖方案、联拱导洞开挖方案以及上下导洞开挖方案（图 5.10-9、表 5.10-2）。

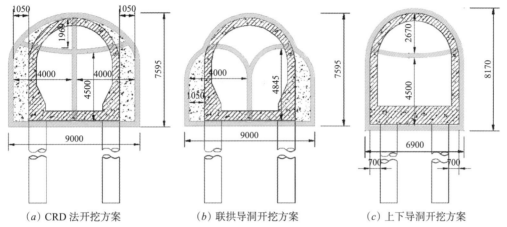

（a）CRD 法开挖方案　　　（b）联拱导洞开挖方案　　　（c）上下导洞开挖方案

图 5.10-9　暗挖区间开挖方案（单位：mm）

暗挖区间开挖方案各项数据　　　　　　　　　　　表 5.10-2

方案名称	总开挖跨度（m）	单洞开挖跨度（m）	开挖高度（m）	开挖面积（m²）	初支混凝土体量（m³）	二衬混凝土体量（m³）	混凝土回填量（m³）	延米估算造价（万元）
CRD 法开挖方案	9.0	4	7.59	61.2	14.1	12.9	6.3	13.4
联拱导洞开挖方案	9.0	4	7.59	57	13.3	12.9	4.3	13.6
上下导洞开挖方案	6.9	6.9	8.17	51	10.9	15.0	0	11.2

三个方案的各项详细对比如下：

（1）在开挖跨度方面，CRD 法开挖方案及联拱导洞开挖方案总开挖跨度大，但单个洞室开挖跨度小；上下导洞开挖总开挖跨度小，但单个洞室开挖跨度大。

（2）在洞内素混凝土回填方面，CRD 法开挖方案及联拱导洞开挖方案均有大量素混凝土回填，尤其是 CRD 法开挖方案，需要增加约 6.3m³ 的素混凝土回填，而上下导洞开挖方案无素混凝土回填。

（3）在施工周期方面，CRD 法开挖方案及联拱导洞开挖方案分部开挖多，存在大量内部临时结构，施作二衬结构工序复杂，施工周期长；上下导洞开挖方案导洞少，施作二衬结构工序较为简单便利，施工周期短。

（4）在导洞开挖空间方面，CRD 法开挖方案及联拱导洞开挖方案上层导洞净高均小于2m，不方便格栅钢架及通风管道架立，上下导洞开挖方案上层导洞净高 2.67m，上层导洞施工开挖相对便利。

（5）在沉降控制方面，CRD 法开挖方案及联拱导洞开挖方案单洞开挖跨度小（4m），但总开挖跨度较大，同时施作二衬结构期间有较多的拆除内部临时结构的工序，临时中隔壁的拆除在后期仍有一部分沉降；而上下导洞开挖方案虽然单洞开挖跨度大，但是总开挖跨度即为单洞开挖跨度，洞体成型后仅涉及一道临时仰拱的拆除，施作二衬结构期间基本无附加沉降；根据模拟计算，以上三个方案在沉降上相差不大。

（6）在二衬结构方面，CRD法开挖方案及联拱导洞开挖方案二衬结构竖向受力体系采用前文提及的墙梁式承重，属于梁柱式受力，结构受力较为合理；上下导洞开挖方案竖向受力采用桩筏式承重，属于板柱式受力，需要采用较大厚度的底板，底板由0.6m增加至1.2m，整个二衬结构增加约$2.1m^3$的混凝土，在二衬结构上略显不经济。

综合以上比较，上下导洞开挖方案仅在二衬结构上略显劣势，在施工周期、导洞开挖空间、初支结构用量方面等均有较大的优势，本段区间采用上下导洞开挖方案进行开挖，区别于"墙梁式暗桥结构"，该结构称之为"桩筏式暗桥结构"，详见图5.10-10。

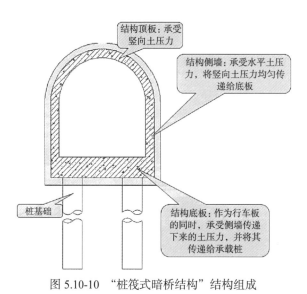

图5.10-10 "桩筏式暗桥结构"结构组成

5.10.3.2 "桩筏式暗桥结构"设计

"桩筏式暗桥结构"与"墙梁式暗桥结构"在结构体系上类似，二者的对比见表5.10-3。

"桩筏式暗桥结构"与"墙梁式暗桥结构"对比表　　　　表5.10-3

方案名称	顶板受力	侧墙受力	底板受力
"墙梁式暗桥结构"	承受竖向土压力，将土压力传递给侧墙	承受侧向土压力的同时，将竖向土压力传递给承载桩，受力为双向受力	仅作为行车板
"桩筏式暗桥结构"		承受侧向土压力的同时，将竖向土压力均匀地传递给底板，受力为单向受力	作为行车板的同时，将侧墙传递过来的荷载传递给基底承载桩

关于本结构的计算及构造如下：

采用三维梁柱板壳模型对其进行计算，所建立的模型见图5.10-11。

根据计算，此类结构有以下特点：

（1）隧道顶拱和侧墙的受力与常规地下隧道的受力相差不大，其配筋按常规配筋即可，即环向为受力主筋，纵向按构造配筋。

（2）结构底板厚度主要受桩顶的冲切力控制，其横向受弯及纵向受弯不控制底板厚度，受冲切力控制，底板厚度大。

在结构构造方面，主要应对底板与桩基础相交的节点进行加强，满足抗弯、抗冲切的计算与构造要求，并在桩基础桩顶的板带上设置纵横向构造暗梁，同时沿两个方向通过桩顶截面的连续钢筋的总面积应满足 $A_s > N_G/f_y$ 的要求。

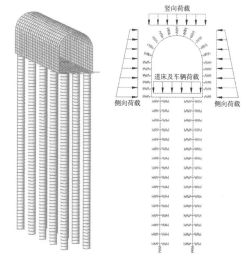

（a）三维板壳模型 　　（b）荷载及边界条件示意

图 5.10-11 "桩筏式暗桥结构"结构计算模型

5.10.4 区间设计要点

针对垃圾填土内的区间结构设计方案，在本工程的实际应用基础上提出了"墙梁式暗桥结构"和"桩筏式暗桥结构"的结构体系。对于明挖法区间穿越垃圾填土，优先考虑采用"墙梁式暗桥结构"，充分利用闭合框架结构侧墙的刚度；对于暗挖法区间穿越垃圾填土，地面无成桩条件时，可考虑采用"桩筏式暗桥结构"。

以上两种结构设计应注意以下共性设计要点：

（1）结构底板与基底垃圾填土存在脱空的可能，其底板应按直接承受列车荷载的结构构件采用容许应力法设计，其设计计算及构造要求应满足现行《铁路桥涵混凝土结构设计规范》TB 10092—2017 的相关要求。

（2）在地震工况阶段，受上部"暗桥结构"随地层的反应位移影响，基底承载桩在桩顶处弯矩较大，其结构配筋应满足相应弯矩作用下的承载力要求。

对于"墙梁式暗桥结构"其设计尚应注意以下要点：

（1）结构侧墙纵向钢筋应按深梁进行计算，可采用二维弹性分析进行内力计算并通过截面法或积分法求取相应截面处的弯矩及剪力，计算过程中尚应考虑基底承载桩不均匀沉降引起的附加内力。

（2）基底承载桩顶部支座区为高应力区，应进行局部承压验算。

（3）侧墙环向钢筋应焊接成环，作为其纵向受力的天然箍筋。

对于"桩筏式暗桥结构"其设计尚应注意以下要点：

（1）基底承载桩与初支内皮的距离应满足暗挖洞内成桩的最小要求，并应尽量靠边墙设置。

（2）结构底板厚度应满足基底承载桩传递过来的冲切荷载，并应设置纵横向暗梁。

其他注意事项：

"墙梁式暗桥结构"侧墙作为一道深梁将竖向土压力直接传递给承载桩，结构受力较为合理，应优先采用，如条件较好的明挖法区间。"桩筏式暗桥结构"底板作为厚度较大的筏板将竖向土压力传递给承载桩，结构体系稍显笨重，在区间结构覆土较薄、上部土荷载较小的情况下使用较为合理；而当结构覆土厚度增加，此时结构底板承受侧墙传递下来的较大剪力以及桩基础的冲切反力，底板厚度将大大增加，增加结构开挖高度的同时，大体量底板混凝土的浇筑也增加了现场施工的难度，"桩筏式暗桥结构"相对不合理。

5.11 横向可调、纵向加长、轻质高强疏散平台板研究与应用

5.11.1 技术背景

为满足地铁区间消防疏散要求，地铁区间大部分在隧道侧面安装了疏散平台，既需满足列车运行时疏散平台不侵入限界的条件，同时在隧道发生事故列车停运后，也需方便乘客下至疏散平台，疏散平台与列车水平间隙不能过大，与列车底板高差也不能过大。考虑到区间隧道主体施工存在一定偏差，后期铺轨施工也存在一定偏差，为保证疏散平台与列车的空间关系在合理范围内，一般要求在地铁区间铺轨完成后根据现场实际测量的轨面及轨中心来施工疏散平台。由于铺轨完成后，一般剩余工期较紧张，有必要研究提高疏散平台的安装效率的技术措施、确保地铁按期通车。

技术现状：

（1）疏散平台板的材料

疏散平台材料方面，目前国内疏散平台材质主要包括钢制疏散平台板、水泥基疏散平台板（如RPC疏散平台板、预制钢筋混凝土疏散平台板）、树脂基纤维增强复合材料疏散平台板（如玻璃钢疏散平台板）等，见图5.11-1。

（a）预制钢筋混凝土疏散平台板　　　　　　　　（b）钢制疏散平台板

（c）RPC疏散平台板　　　　　　　　　　　　　（d）玻璃钢疏散平台板

图5.11-1　疏散平台板材料

目前树脂基纤维增强复合材料疏散平台板由于其材料的特殊性以及价格的原因，尚未大面积推广，而钢制疏散平台板由于其较大的重量以及对防腐防锈的要求较高，应用的也不多，目前主流的板材是水泥基纤维增强复合材料疏散平台板。

（2）疏散平台板的预制尺寸

由于地铁区间大部分采用盾构法施工，在隧道纵向单块疏散平台板的长度一般与盾构管片的环宽相匹配，通常情况下单块疏散平台板的长度与盾构管片环宽相等，北京地铁盾构管片环宽为1.2m，单块疏散平台板的纵向长度基本采用1.2m。

平台板的宽度与隧道外轮廓尺寸、车辆限界、隧道曲线半径及轨道超高等有关，一般为轨面以上900mm处隧道内壁与车辆限界的距离为基准，如对于内径5.4m、B型车的盾构隧道，在直线段平台板的宽度一般为800mm，对于内径5.8m、A型车的盾构隧道，在直线段平台板的宽度为1000mm。

平台板的厚度与平台板跨度、荷载相关，一般需要考虑4kPa的人群活荷载及板的自重，通常单块钢筋混凝土疏散平台板的厚度为50mm。

对于厚度为50mm、长度1200mm、宽度1000mm的钢筋混凝土疏散平台板其重量约为150kg。

（3）疏散平台板的固定方案

由于疏散平台一般是在隧道主体结构施工完毕且铺轨完成后的情况下进行施工，故其施工方案一般采用预制装配式，通过植筋或者打设锚栓在隧道侧壁上每隔一定间距安装一道悬臂式平台板支架，支架上方再铺设平台板。平台板支架材料通常有预制钢筋混凝土支架以及钢结构支架。

目前疏散平台的安装主要采用平面纵向限位的固定方案，即只调整限制平行线路方向水平移动，不调整限制垂直线路方向移动，钢筋混凝土支架及钢结构支架的固定方案见图5.11-2。

以上固定方案都存在一个问题，一旦平台板运至现场后，若存在平台板侵限的问题，需要对平台板进行切割，影响现场施工进度；或者平台板距离车辆限界距离过大时需要对平台板进行加宽，只能更换平台板。

5.11.2 技术方案

北京地铁16号线通过研究确定采用横向定位具有可调整性、纵向长2.4m的平台板，减少疏散平台板的安装数量；采用轻质高强材料的平台板，减小单块疏散平台板的重量，提高疏散平台的安装效率。

5.11.2.1 增加疏散平台板的横向定位可调整性

16号线疏散平台板与平台板下钢梁采用T形螺栓连接，平台板定位开洞孔径较固定螺栓直径大100mm，安装期间根据限界要求及平台板与隧道内壁的距离要求，可以将平台板在隧道横向平移，提高了平台板宽度的可选择性，在调整平台板满足相关要求后，平台板开孔采用水泥砂浆填充，其安装固定示意见图5.11-3。

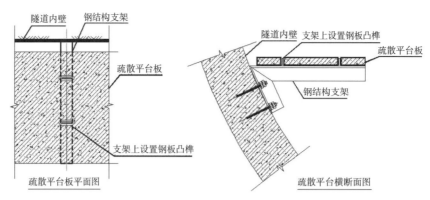

（a）钢结构支架固定方案

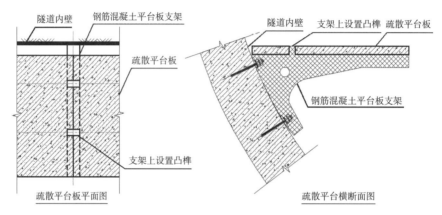

（b）钢筋混凝土支架固定方案

图 5.11-2　平台板支架固定方案

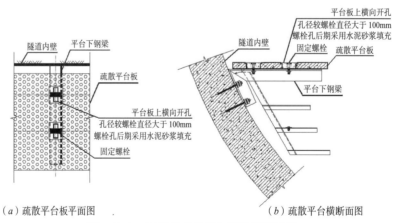

（a）疏散平台板平面图　　　　（b）疏散平台横断面图

图 5.11-3　16 号线疏散平台安装固定示意

5.11.2.2　采用轻质高强、纵向加长平台板

北京地铁传统疏散平台板长度为一倍盾构管片环宽，即 1.2m，为减少现场疏散平板的安装数量，16 号线将疏散平台的长度调整为 2 倍盾构管片环宽，即 2.4m，将疏散平台板数量减少 1 倍，同时考虑疏散平台板加长 1 倍后，其重量加大 1 倍，不利于现场搬运，设计考虑采用轻骨料混凝土作为平台板的基材，常规混凝土材料重度为 25kN/m³，16 号线采用的轻骨料

混凝土重度为（13.5～15.5）kN/m³，平台板支架纵向间距仍维持 1.2m，板厚仍采用 50mm，单块平台板的重量不大于 180kg，比北京传统的 1.2m 长混凝土板重约 30kg，仍处于 2 个年轻工人可搬运的重量范围，但疏散平台板数量减小 1 倍，减少了现场搬运及安装的次数。

16 号线疏散平台板基材的技术参数见表 5.11-1。

16 号线基材技术参数表　　　　　　　　表 5.11-1

项　目		单　位	技术指标
均布荷载		kPa	≥ 4
每延米 6 个集中荷载		kN	≥ 0.65
活塞风产生的往复荷载（100s）		kPa	≥ 3.5
干表观密度		kg/m³	1350～1550
板材厚度		mm	50±2
磨坑长度		mm	≤ 35.0
耐人工气候老化（300h）	外观质量	—	无起泡、开裂、剥落
	抗压强度损失	%	≤ 10.0

单块疏散平台板的平面设计见图 5.11-4。

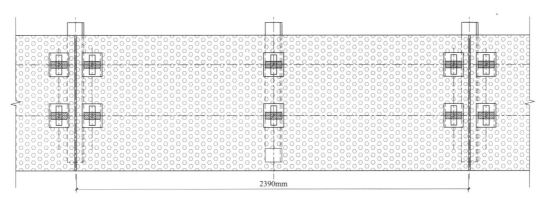

2390mm

图 5.11-4　16 号线疏散平台平面图

16 号线疏散平台板成品及现场加载照片见图 5.11-5、图 5.11-6。

图 5.11-5　16 号线疏散平台板成品　　　　图 5.11-6　现场加载试验

5.11.3　技术创新

16 号线疏散平台板在平台板安装就位后可以沿隧道横断面方向左右移动 50mm，通过该调整，可以较好的避免平台板侵入限界以及平台板与隧道壁间隙过大的情况，减少现场剪裁平台板及更换平台板的频次，提高了平台板的安装质量。

16 号线疏散平台板纵向长度 2.4m，较传统的平台板长 1 倍，但平台板材料采用轻骨料混凝土，较传统的 1.2m 长混凝土板仅重约 30kg，减小了现场安装平台板的次数，提高了平台板的安装效率。

5.11.4　实施效果

16 号线已通车段长 19.7km，通过采取横向定位具有可调整性、纵向长 2.4m 的平台板，疏散平台板在现场安装过程中未出现剪裁情况，其至线路中线之间偏差可控制在 +30mm，其至隧道壁之间的距离可控制在 +75mm 以内，通过采取措施后，平台板面高程偏差可控制在 ±10mm 以内，已通车段 19.7km 的疏散平台铺设总工期为 6 个月，平均安装工期为每月 3km，现场疏散平台板安装情况见图 5.11-7。

图 5.11-7　16 号线疏散平台现场安装效果图

5.12　高分子自粘胶膜卷材应用于暗挖结构技术实践

5.12.1　技术背景

由于暗挖施工空间相对封闭，通风效果一般，常用的热熔卷材、涂料等在施工过程中易产生挥发物，因此，暗挖结构通常选用塑料防水板、PVC 防水卷材等片材作为外包防水层。

防水板、PVC 防水卷材应用于暗挖结构具有基层要求较低、地下水环境适应性较好、材料施工简单等优势，但也存在以下缺点与不足：

（1）防水层与结构不能结合，存在间隙，如果防水层出现破损，渗漏水会在间隙中窜流，当结构存在薄弱点（如裂缝、冷缝、不密实等）时，渗漏便会出现（图 5.12-1），同时地

（a）侧墙接缝部位渗漏 　　　　　　　　　　　　　（b）顶拱部位渗漏

图 5.12-1　结构不同部位的渗漏

下水会源源不断地补给该漏点，对结构的使用功能造成较大影响。

（2）防水层采用焊接法施工，长焊缝一般采用自动焊机焊接，搭接缝通常采用手工焊接，手工焊接对操作人员的技术水平要求较高，否则容易出现焊接不牢或焊透防水层的问题，修补不到位时，会造成后期渗漏。

（3）防水板、PVC防水卷材的材料强度较高，一般情况下，钢筋碰触、挤硌不会对材料造成破坏，但遇力度较大的情况，会导致材料破损。

基于以上存在的问题，随着地铁暗挖工程的增多，不但施工期间需对暗挖结构进行大量渗漏修补，且运营期间还出现反复渗漏等问题。

高分子自粘胶膜卷材作为一种在明挖工程中广泛应用并取得良好防水效果的材料，经过技术改进，其也可在暗挖工程中发挥良好防水效能。

5.12.2　应用现状

5.12.2.1　高分子自粘胶膜卷材的构造

该卷材一般为三层构造，高强度基材、自粘胶层及隔离层，基材采用高密度聚乙烯片材，自粘胶层为一种具有自粘性能的反应型粘结材料，隔离层为一层涂膜或砂状颗粒层（图 5.12-2）。

卷材预先铺设在基面上，自粘层面向结构，后期浇筑混凝土后，卷材与混凝土粘接为一

隔离层
自粘胶层
高强度基材

图 5.12-2　高分子自粘胶膜卷材构造示意图

体，卷材与混凝土剥离时，胶膜在基材与混凝土间呈现粘连状态（图 5.12-3），卷材与混凝土完全分离后，胶层附着于混凝土表面（图 5.12-4），避免了窜水造成的渗漏影响。

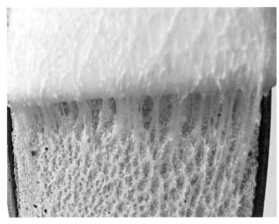

图 5.12-3　卷材与混凝土剥离效果图　　　　　图 5.12-4　分离后的卷材与混凝土基面

5.12.2.2　高分子自粘胶膜卷材的特点

作为一种反应型防水材料，该卷材具有如下优点：

（1）优良的防窜水性，由于卷材具备自粘层，在卷材表面浇筑混凝土后，卷材与混凝土粘接为一体，避免了窜水造成的渗漏影响，如果出现渗漏水，渗漏点也仅存在卷材缺陷与结构缺陷重合部位，渗漏修复非常便捷。

（2）搭接施工的多样性，由于卷材具有自粘层，在施工时可通过粘接进行搭接，不会由于焊接施工造成卷材破损。同时，复杂接缝部位补强处理，也可通过粘接完成，并且方便做到密闭不透水。

（3）优良的耐穿刺性，由于基材采用高密度聚乙烯片材，强度高，耐穿刺性能好，可以更有效地防止外部冲击对卷材造成的伤害。

（4）修补操作简单，卷材出现破损时，通过卷材的自粘性能，将补丁粘贴在破损处便可完成修补，避免了常规防水材料焊接修补时可能造成破损的隐患。

同时，该卷材也存在如下缺点：

（1）带水粘接性能较差，由于材料搭接采用粘接法施工，胶层在遇水时黏性下降引起搭接不牢固，在短时间内出现开胶现象。

（2）预留搭接边保护要求较高，由于搭接边后期需粘接搭接，自粘范围内不应被污水、污物等污染，否则影响后期搭接质量。

5.12.2.3　高分子自粘胶膜卷材国内应用现状

国内对该材料的应用，起自 20 世纪 90 年代中期，当时仅在明挖法施工的地下结构进行了应用，初期由于材料为成品进口、价格昂贵，其主要应用于核电站、大型枢纽等工程（如大亚湾核电站、三门核电站、海阳核电站等重大项目），未进入地铁领域。21 世纪初，在北京地铁 10 号线明挖工程对高分子自粘胶膜防水卷进行了少量试验性应用。

20 世纪 90 年代建设的大亚湾核电站，至今也已经服役了 20 年以上，能被核电站这种重大工程选用，也说明该类材料的品质、性能的优良。2002 年国贸三期地下室及 2004 年北京地铁 10 号线作为地铁工程的试验点，知春路站、农展馆站部分附属工程采用该材料至今已超过 10 年，这些明挖工程均未出现渗漏问题。

高分子自粘胶膜防水卷材进入中国后，防水效果良好，但由于其价格高昂，未大规模进行推广应用。2008 年以后，高分子自粘胶膜防水卷材实现了国产化，价格逐步降低，且地下工程防水规范也包含了该类材料防水做法。因此，高分子自粘胶膜防水卷材在明挖施工的工业、民用建筑地下工程中应用范围越来越广，地铁明挖工程也对其进行了广泛的应用，但其一直未进入暗挖工程领域。

5.12.2.4 高分子自粘胶膜卷材国外应用现状

国外最早应用该材料可以追溯到 1990 年，当时美国的昆西火险公司明挖施工的地下室选用该材料，至今已快 30 年，地下室未出现任何渗漏问题。

经过调研国外应用该卷材的工程情况，同样发现该材料在明挖法工程中应用较为普遍，如美国新世贸大厦地下室及新世贸中心地铁站、韩国首尔地铁，但未发现其在暗挖工程中进行应用。

5.12.3 应用于暗挖结构的可行性分析

5.12.3.1 高分子自粘胶膜卷材与传统防水材料的比较

高分子自粘胶膜卷材和暗挖结构常用的塑料防水板或 PVC 防水卷材在基层适应性、带水作业的影响、施工便捷性、防水效果等方面综合比选分析如表 5.12-1。

经过综合比较可知，传统材料由于不具备防窜水性，较易出现渗漏，且渗漏出现后修复较难，而高分子自粘胶膜卷材，由于其与结构结合后可有效防止窜水，后期防水效果较好。

高分子自粘胶膜卷材和暗挖结构常用防水材料综合比选分析表　　　　表 5.12-1

序号	材料项目	塑料防水板	PVC 卷材	高分子自粘胶膜卷材	备注
1	基层平整度要求	一般	一般	一般	
2	带水作业影响	搭接采用焊接法施工，影响较小	搭接采用焊接法施工，影响较小	搭接采用粘接法施工，影响较大	需要调整自粘卷材搭接工艺
3	固定方式	暗钉法无钉孔铺设	暗钉法无钉孔铺设	明钉法铺设	
4	与基层服帖性	固定点间距较密，与基层服帖性好	固定点间距较密，与基层服帖性好	固定点间距较大，与基层服帖性一般	需要调整自粘卷材固定工艺
5	防窜水性	无	无	好	
6	材料价格	一般	一般	较高	
7	渗漏修复难易度	渗漏出现后，不易根治，容易在不同位置反复出现	渗漏出现后，不易根治，容易在不同位置反复出现	渗漏出现后，针对渗漏点修复便可，比较简单	
8	综合防水效果	一般	一般	较好	自粘卷材优化工艺后，综合效果好

5.12.3.2　高分子自粘胶膜卷材未应用于暗挖结构原因分析及对策

高分子自粘胶膜卷材广泛应用于明挖法结构，优势明显，而其未在暗挖结构中应用，经分析主要原因如下：

（1）该材料是针对明挖结构研发的，大部分设计师未考虑过将其应用于暗挖结构。

（2）工程参建人员认为暗挖结构防水做法已经应用多年，施工技术成熟，无需再进行调整。

（3）暗挖初期支护结构作为防水层铺贴的基层，经常受到地下水的侵扰，虽然开挖前采取了降水措施，但往往存在滞水的影响，影响该卷材搭接。

（4）暗挖初期支护结构作为卷材铺贴的基层，经常出现起伏过大现象，无法满足卷材铺贴要求。

（5）该卷材固定一般采用钉挂法，暗挖结构无法满足其与基层密贴的要求。

由于该卷材综合优势明显，且通过对暗挖结构未应用该卷材进行剖析，确定了相关方案的研究方向。

首先，如何改变工程参建人员的传统意识，让高分子自粘胶膜卷材替代传统材料的优势得到大家的认可。

其次，如何避免地下水对该防水卷材铺贴的影响，明挖法基层主要是通过对局部渗漏水进行引排、并将渗漏点进行封堵以达到无水施工的要求，暗挖结构经常同时出现顶部滴漏、侧墙渗漏的问题，引排、封堵处理复杂、效果不易保证，需深入研究优化调整卷材搭接措施。

再次，如何降低基层处理的影响，明挖结构基层通常采用局部找平修补的方式，满足该卷材铺贴的要求，暗挖结构一般很少采用该种做法对基层进行处理。暗挖结构的基层处理应重点放在初期支护结构施工过程中采取措施满足卷材铺贴要求。

最后，采取何种措施保证该卷材可靠固定及其与基层密贴，目前的固定方式不能满足该卷材与基层服帖的要求，需研究一种新的固定方法。

5.12.3.3　暗挖结构试点应用该卷材情况

（1）高分子自粘胶膜卷材应用于暗挖结构的研究始于2012年初，由于某地铁车站暗挖出入口通道下穿两城市主干路相交路口，交通繁忙、管线众多，为确保防水质量，避免渗漏对通道使用功能造成影响，经研究分析后，提出采用高分子自粘胶膜卷材进行试点应用。

该暗挖通道基层处理参考防水板施工要求，该卷材固定方式采用明挖结构应用的固定方式。但初期支护结构底板部位存在渗水，需解决该部位卷材遇水搭接难题。

该卷材遇水搭接问题解决方法也较便捷，即加大卷材搭接边用胶量，通过现场熬胶，然后涂刷在搭接边内，利用胶的余温，迅速将两幅卷材搭接，同时要求底板防水保护层必须及时施工，否则局部会出现开胶渗水情况（图5.12-5）。

该暗挖通道竣工后，结构内部还是出现了部分漏点，但较采用常规防水板时出现的渗漏点显著减少，堵漏处理也相对容易，基本未出现窜水造成的反复渗漏。通过该通道试点应用该卷材防水情况，高分子自粘胶膜卷材可在暗挖结构中应用，防水效果有所改善。

（2）通过对暗挖结构试点应用该卷材情况总结分析，发现该卷材完全可应用于暗挖结构进行防水，提高了防水效果。2013年底，北京地铁15号线西段工程暗挖区间结构开建，该卷材开始在暗挖区间结构进行试验应用。通过对暗挖区间施工情况进行跟踪，发现该防水卷材施工过程中新的技术难题。第一，初期支护结构存在平面、曲面等，表面平整度对卷材铺贴影响大，容易造成该卷材贴服不紧密及开胶情况；第二，明挖边缘固定方式在曲面无法满足其与基层密贴要求，造成混凝土浇筑时卷

图 5.12-5　试点工程侧墙及底板卷材防水应用情况

材褶皱，影响混凝土浇筑质量；第三，暗挖区间侧墙、底板出现渗水情况，易造成卷材侧墙、转角等部位搭接边开胶，影响防水效果。

5.12.4　规模化应用于暗挖结构

5.12.4.1　技术改进

随着16号线工程暗挖结构开始施工，结合15号线存在的技术难点，在16号线进行针对性深入研究。

（1）对于基层问题，主要通过现场摸索经验得以解决。工程初期，卷材铺设前必须对基层采用水泥砂浆抹平，对工效影响大，无法满足工程建设进度要求，该做法持续很长时间未找到更好的解决方案，通过在工地跟踪检查过程中，发现某工地在完成喷射混凝土操作后，工人采用抹子直接对初期支护表面进行抹平处理，这次的初期支护结构干燥时间明显有所延长，经询问，得知现场适当减少了喷射混凝土用的速凝剂添加量，方便对初期支护结构表面进行找平，待喷射混凝土达到设计强度后，其表面平整度完全满足该卷材防水施作要求。此情况出现后，我们通过对暗挖初期支护结构沉降、收敛等监测数据分析，发现喷射混凝土速凝剂减少区段和其他区段的监测数据比较几乎无变化，可满足结构受力要求。后续工作中，将此种方式进行推广，基面的该种处理方法得到了广泛的应用，降低了基面找平处理的劳动强度，使其不再成为暗挖结构工期的制约点。

（2）对于焊接固定问题，解决过程主要分为如下两阶段。

第一阶段，在卷材表面增加明钉固定点，而后采用破损点修补的方式对钉帽进行密封处理，该种做法虽然有效地固定了卷材，也采用补丁对钉帽修补，但是钉子依然对卷材造成了破坏，存在后期渗漏的隐患。

第二阶段，主要研究能否采用无钉孔方式进行固定，首先采用传统的无钉孔焊接方式，由于焊接温度较高，造成了焊接部位的自粘胶层融化，影响防水质量。因此，采用该方法需要降低焊接温度或减小焊接时间。若采用降低焊接温度，可将焊接温度控制在自粘胶可以接受的范围，发现根本无法融化卷材基材，不能达到焊接粘接的目的，卷才无法固定；若采用减小焊接时间，常规的设备融化材料需要一定的时间，然后基材、固定点才能粘接

图 5.12-6　卷材焊接后的搭接边剥离效果

到一起，达到固定的效果。通过研究确定，采用摩擦焊技术可较好地解决该卷材焊接固定难题。

（3）对于卷材搭接开胶问题，首先通过改进粘结胶性能，改善效果不佳；然后重点考虑采用焊接法解决该问题。首先，采用普通焊机在胶层上进行搭接焊，对预留搭接边的胶层加热后与卷材进行搭接，温度仅需保证将搭接胶融化即可，因为整体温度可控，对卷材与混凝土接合面的胶层没有任何影响，但此种搭接方法最大的问题就是融化的胶层一部分粘接到焊机上，在焊接一定长度后焊机滚轮卡胶无法滚动，焊机需要更换零件，成本高、效率低。而后研究采用刮除掉搭接边预留胶、通过热风枪加热进行焊接，取得了成功，且焊接滚轮没有再因为卡胶停转。搭接边采用焊接处理后，该防水卷材没有再出现遇水开焊的情况。见图 5.12-6。

通过高分子自粘胶膜卷材在北京地铁 16 号线深入研究、实践，成功解决了该卷材的基层处理、固定与搭接技术难题，现场施工速度可接受。因此，北京地铁 16 号线明挖和暗挖结构全面采用了高分子自粘胶膜卷材进行防水，通过改进固定垫片，缩短垫片融化时间，做到垫片与卷材基材热熔固定时对自粘胶没有影响，固定时间可控。由于刮除掉搭接边预留胶也需要一定时间，通过改进设备，研发生产了一种搭接边不敷胶的卷材，现场焊接一次成功。北京地铁 16 号线暗挖结构应用高分子自粘胶膜卷材进行防水，不但施工效率有所提高，且防水效果显著改善。

5.12.4.2　节点设计

暗挖车站、区间选用高分子自粘胶膜卷材外包防水设计一般包括无纺布缓冲层及卷材防水层，其断面参见图 5.12-7 及图 5.12-8。

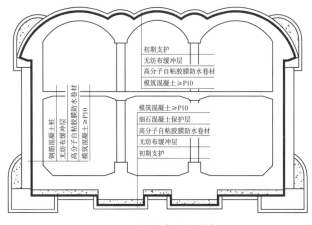

图 5.12-7　洞桩法车站防水断面图

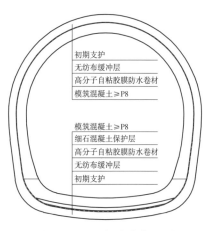

图 5.12-8　区间防水断面图

防水层基层应平整，需满足 $D/L \leq 1/10 \sim 1/20$，其中 D 为相临两凸面间凹进去的最大深度；L 为相临两凸面间的最短距离。基层阴阳角部位一般需要进行倒角处理，阳角部位采用 20mm×20mm 倒角或半径不小于 20mm 的圆弧；阴角部位采用 50mm×50mm 倒角或半径不小于 50mm 的圆弧（图 5.12-9、图 5.12-10）。

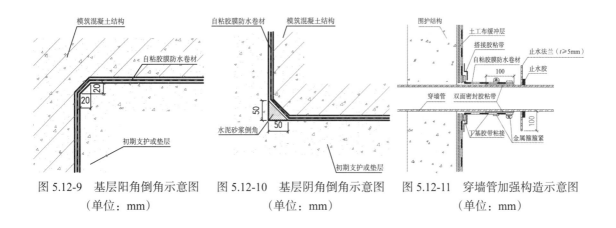

图 5.12-9 基层阳角倒角示意图（单位：mm）　　图 5.12-10 基层阴角倒角示意图（单位：mm）　　图 5.12-11 穿墙管加强构造示意图（单位：mm）

预留、预埋管穿越防水层时需对防水层进行加强处理，处理后的节点部位应保证密闭、不透水（图 5.12-11）。

结构施工缝部位防水层内侧无需设置加强层，接缝内部应采取加强措施，全断面注浆管、水膨胀止水胶（条）等（图 5.12-12）。

第 5 章
结构革
新技术
实践

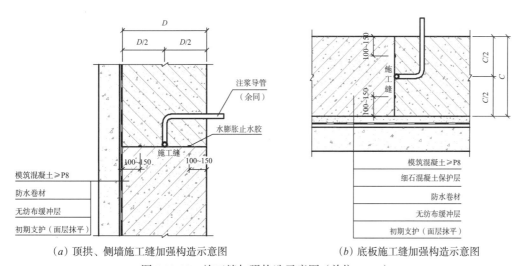

（a）顶拱、侧墙施工缝加强构造示意图　　　　（b）底板施工缝加强构造示意图

图 5.12-12 施工缝加强构造示意图（单位：mm）

结构变形缝部位设置同材质卷材加强层，接缝内部应采取加强措施，如中埋式止水带、内嵌缝等，并在顶拱、侧墙部位预留接水盒（图 5.12-13）。

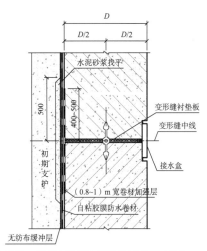
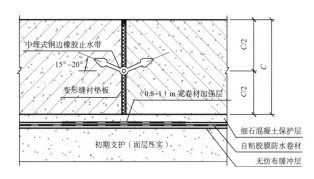

（*a*）顶拱、侧墙变形缝加强构造示意图（单位：mm）　　　　（*b*）底板变形缝加强构造示意图

图 5.12-13　变形缝加强构造示意图

5.12.5　技术创新

（1）高分子自粘胶膜卷材可成熟应用于暗挖结构，推动了行业技术进步。

以往暗挖结构几乎只能采用塑料防水板或 PVC 卷材，防水效果不易保证；通过北京地铁16号线暗挖结构对高分子自粘胶膜卷材的推广应用，完善材料性能和施作工艺，若严格按照相关工艺流程和操作要点进行施工，暗挖结构基本可做到不渗不漏的理想效果。即使暗挖结构偶尔仍有渗漏点，渗漏修补相对简单，避免了长堵长渗的情况。同时，明挖和暗挖结构均采用该卷材防水，避免了多种材料过渡构造做法、避免材料交叠带来的繁琐步骤、降低了施工难度、显著提高地下结构防水质量。

（2）取得了"高分子自粘胶膜防水卷材焊接搭接结构及施工方法"的国家发明专利；同时为国家标准《地下工程防水技术规范》GB 50108 修订提供了技术支撑，修编后的国家规范明确了高分子自粘胶膜卷材适用于暗挖工程。

5.12.6　推广应用

通过在本线暗挖工程中对该卷材实践应用和技术改进，该卷材在其他暗挖工程中的应用越来越广泛。

南水北调配套工程东干渠工程，该工程为南水北调干管工程，防水质量要求高，采用盾构隧道内浇筑钢筋混凝土二衬形成输水管道的结构形式，在管片衬砌与模筑混凝土结构间设置全封闭高分子自粘胶膜卷材防水层。

广州至乐昌高速龙归隧道，该隧道为公路隧道，采用暗挖施工，侧墙及拱部采用高分子自粘胶膜卷材防水层外包防水。

清河—立水桥 11kV 线路入地工程，该工程为电力隧道，采用暗挖施工，采用高分子自粘胶膜卷材防水层全包防水。

新机场高速公路地下综合管廊（南四环—新机场）穿越五环工程，该工程为综合管廊，采用暗挖施工，采用高分子自粘胶膜卷材防水层全包防水。

5.13 减小车站附属结构工程风险的技术要点

车站地下附属结构主要包括出入口通道、风道、换乘通道等，受其埋深、地下管线、地下建（构）筑物、出地面位置等制约，在平面和纵横断面上多为不规则结构。周边环境复杂、施工场地紧张，工程地质复杂多变，地表下回填土体结构松散、透水性强、地层自身稳定性较差、管线渗漏、降雨等均将增大地层含水量以及地层侧压力，且地下附属结构附近的污水、燃气、上水等市政管线已经过主体施工的扰动，地下附属结构施工对周边环境的保护要求稍有松懈，易造成土体变形，甚至坍塌，从而引起地下附属结构邻近的地下管线或建（构）筑物的损坏。

因此，通过北京地铁16号线车站地下附属结构建设实践总结，相关政府部门及建设单位应尽量提前协调解决地下附属结构实施的外部条件，施工单位及监理单位应做好车站主体结构和地下附属结构统筹实施安排，避免后期抢工施工风险；设计单位应通过掌握地下附属结构实施涉及的建（构）筑物拆迁、管线改移、围挡范围及时间等最新详细情况，进而综合考虑地下附属结构周边环境条件、工程地质和水文地质情况、地下附属结构自身特点以及主体结构实施预留条件等情况，力争完成最优设计，最大程度上减小车站地下附属结构实施的工程风险。

5.13.1 与车站主体邻近相接地下附属结构基坑支护设计

5.13.1.1 技术背景

一般情况下，车站地下附属结构基坑浅于车站主体结构基坑，邻近主体的地下附属结构基坑若与主体结构基坑同期实施，不规则深浅基坑支护结构布置复杂、受力不明确，多采用放坡开挖或桩锚支护体系，尽量减少不同方向支护体系之间的关联。若由于周边条件限制，同期实施基坑无法采取放坡或桩锚支护时，车站地下附属结构与主体结构基坑宜按分期实施进行支护设计，为减小施工对周围环境的影响，车站地下附属结构基坑一般采用桩撑支护体系，基坑分期实施可能存在的主要工程风险情况如下：

（1）地下附属结构与主体结构距离较近时，地下附属结构基坑支护设计若未利用主体结构基坑围护结构，新旧围护结构之间有限土体侧压力不明确，若处理不当、易致使地下附属结构基坑向主体结构侧发生变形。

（2）地下附属结构基坑阳角部位支撑布置不规则易形成基坑支护结构薄弱环节，造成土压力不平衡，引发土体失稳及支撑脱落。

（3）平面不规则地下附属结构基坑的钢支撑布置较密时，不利于基坑开挖土方及材料吊运。

（4）地下附属结构基坑钢支撑一端支撑在主体基坑围护桩上时，地下附属结构与主体结构相接时需破除主体结构围护桩，致使局部围护桩悬挂于冠梁上，若处理不当易造成围护桩竖向和水平变形较大，进而引起钢支撑脱落，支护结构失稳。

5.13.1.2　地下附属结构基坑桩撑支护设计要点

车站地下附属结构基坑桩撑支护体系除满足强度、变形及稳定性外，其方案确定和设计过程尤其需关注以下技术内容，典型做法平面示意如图 5.13-1 所示。

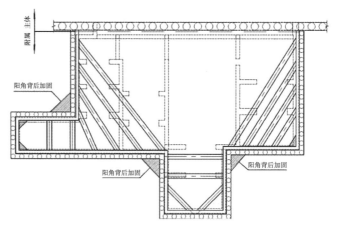

图 5.13-1　车站地下附属结构异形基坑支护设计平面示意图

（1）地下附属结构与主体结构距离较近时，车站地下附属结构基坑支护宜充分利用主体结构基坑围护桩（连续墙），且主体结构基坑支护设计时冠梁宜提前预留地下附属结构基坑支护需要的预埋件。

（2）钢支撑布置应尽量避让地下附属结构和主体结构相接部位的围护桩（连续墙）。

（3）冠梁斜撑位置宜设置钢筋混凝土牛腿，周围环境要求较高时宜采取钢筋混凝土支撑。

（4）转角基坑支护设计时，优先选择阳角位置布设两个方向对撑或斜撑，再根据理论分析确定的支撑间距进行其他钢支撑布设，邻近阳角位置支撑间距应适当减小。

（5）当基坑阳角部位布置多道斜撑时，应核实斜撑两端土压力平衡情况、必要时对基坑阴角采取注浆、旋喷等可靠的加固处理措施。

（6）钢支撑布设时应考虑基坑土方和材料吊运合理需求确定支撑间距，根据场地条件情况，至少应有 1 处空间满足其正常使用要求。

（7）钢支撑应均衡对称架设安装，基坑角部架设多道斜撑时，应优先架设外侧长斜撑、再依次向角部架设其他斜撑。

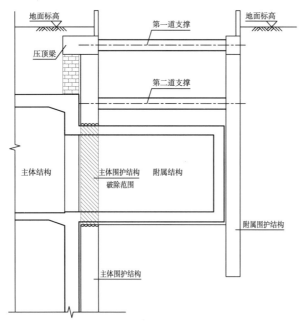

图 5.13-2　与车站主体结构相接接口范围地下附属结构基坑支护横剖面示意图

5.13.1.3　与车站主体结构接口范围地下附属结构基坑支护设计建议

地下附属结构沿车站主体结构方向较长，基坑支护设计过程中钢支撑无法避让地下附属结构和主体结构相接部位的围护桩，基坑支护设计应充分考虑地下附属结构和主体结构相接时凿除围护桩工况的影响而采取专项技术措施，示意做法见图 5.13-2，主要建议如下：

（1）车站地下附属结构与主体结构相接范围主体围护桩桩顶冠梁应考虑桩体凿除工况受力情况而进行加强设计或主体结构侧围护桩顶冠梁设为压顶梁方式，作为围护桩竖向支点，以解决围护桩凿除后下落或变形问题。

（2）主体结构围护桩凿除范围以上桩间网喷支护应加强，增强围护结构整体性。

（3）主体结构围护桩凿除范围以上区段地下附属结构基坑宜设置多道支撑，必要时首道支撑可采用钢筋混凝土支撑，形成整体性较好的闭合框架，避免单道支撑悬臂桩引起的基坑支护结构失稳。

（4）第一次凿除主体结构围护桩范围应根据桩顶冠梁受力和变形情况通过计算分析确定，做好结构受力转换后再进行后续围护桩凿除和结构施工。

5.13.2 出入口斜坡段采用倒挂井壁法支护设计

5.13.2.1 技术背景

受管线改移或场地条件等因素制约，为满足工程建设进度要求，部分车站出入口斜坡段基坑不得不采用倒挂井壁法支护，主要有基底同底板平齐和基底成台阶形两种支护方案，如图 5.13-3 所示，主要特点如下：

基底同底板平齐支护方案：可避免基坑超挖和不必要的填方，但接近基底斜坡面土方开挖和竖井格栅钢架困难，且竖井底部格栅钢架逐步调整尺寸，不利于现场施工作业。

基底成台阶形支护方案：竖井分台阶逐步加深，增加了基底土方开挖，并且后期需回填，但竖井格栅钢架能快速封闭成环，并且便于现场格栅钢架加工，有利于施工组织。

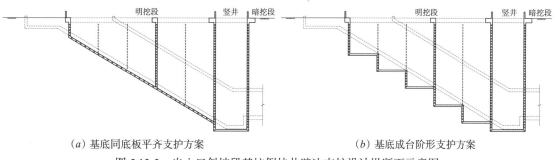

（a）基底同底板平齐支护方案　　　　　　（b）基底成台阶形支护方案

图 5.13-3　出入口斜坡段基坑倒挂井壁法支护设计纵断面示意图

第 5 章 结构革新技术实践

5.13.2.2 设计建议

由于国家现行基坑支护技术规范对出入口斜坡段基坑采用倒挂井壁法支护未作相应规定和要求，且其与常规基坑支护体系受力方式不同，也有别于暗挖工程的施工竖井，支护体系抗变形能力相对较弱，根据北京地铁 16 号线部分车站出入口斜坡段倒挂井壁法支护工程经验，提出设计建议如下：

（1）倒挂井壁法支护结构应根据工程地质、水文地质、周边管线及建（构）筑物等环境条件进行强度、变形和稳定性计算分析，根据计算结果采取相应的技术措施（如中间临时支撑采取型钢支撑或格栅钢架网喷支护等），若遇到地下水，应明确相应处理措施及要求。

（2）基坑采用倒挂井壁法支护时，纵向每段开挖长度不宜大于 4.0m，每次开挖深度不宜大于 0.75m，且最大开挖深度不宜大于 15.0m。

（3）格栅钢架竖向连接筋应加密，且基底宜做成台阶型便于格栅钢架封闭成环。

（4）针对基坑邻近的周边重要管线及建（构）筑物还应采取超前注浆加固地层等专项技术措施。

（5）永久结构施工时，应根据井壁结构受力情况确定永久结构分段施作长度及中间临时支撑拆除方案。

5.13.3 暗挖工程破马头门设计

5.13.3.1 技术背景

施工竖井破马头门进行施工横通道暗挖施工、横通道破马头门进行正线暗挖施工以及车站主体或正线隧道破马头门进行地下附属结构暗挖施工均为暗挖施工的难点和重点，暗挖工程破马头门结构位置受力转换复杂，变形控制困难，一般均是暗挖工程施工引起地面沉降最大的部位。

主要风险情况如下：

（1）在破马头门前，若不能提前形成有效的受力转换结构体系，由于马头门处原受力体系受到破坏，易导致原结构马头门处承载力不足，引起结构破坏。

（2）马头门外地层已受到原结构施工扰动，土体的自稳能力已遭受破坏，若不提前进行加固处理，破马头门时易引起坍塌。

5.13.3.2 设计建议

若破马头门范围较大，且对暗挖工程临时支护结构损伤严重时，宜提前施作地层超前预支护加固措施，优先选择暗挖工程二衬结构施作完成后再进行破马头门施工；若破马头门范围较小或多个马头门相互错开距离较大时，可在暗挖工程临时支护状态下进行破马头门施工，需要关注以下技术内容：

（1）破马头门前应做好各种预支护措施，如马头门上方外侧提前施作小导管注浆、大管棚或深孔注浆等超前支护措施，马头门上方内侧设置临时支撑、临时仰拱下架设门型支撑等。

（2）破马头门位置周围一定范围原暗挖结构和新施作暗挖结构应采取加强支护措施，如格栅钢架加密、纵向连接筋加强或围护桩加长等。

（3）马头门破除需在原暗挖结构变形收敛稳定后进行，并按暗挖工程开挖分块大小及开挖顺序先后分层分部错开进行。

（4）破马头门时，洞口每侧应预留 500 mm 左右的扩大端，以便于施作洞口格栅钢架加强环梁，避免直切和反掏进洞施工。

（5）在施工相互影响范围内，避免多个马头门同时破除施工，严禁对向同时破马头门施工。

（6）洞门位置加强环梁与原结构钢筋应进行可靠连接，并快速封闭成环，形成有效的加强环梁。若洞门位置原暗挖结构临时支护为围护桩时，首先优化桩位布置、减少围护桩的破除数量；当桩径不大于 800mm 时，宜在桩体范围内架设一榀格栅钢架，当桩径大于 800mm 时，宜在桩体范围内架设两榀格栅钢架；破马头门凿桩施工时，应先凿除一半桩体后架设格栅钢架，再凿除剩余部分桩体，并应随凿除桩体随架设马头门位置格栅钢架。

（7）破马头门位置及破马头门施工期间应加强监测。

5.13.4 暗挖车站主体为地下附属结构暗挖施工预留条件设计

5.13.4.1 技术背景

受管线改移和临时占地等各种外界条件的制约，车站地下附属结构方案确定与实施一般情况下均较晚，暗挖车站主体结构设计过程一般未对地下附属结构暗挖实施进行统筹研究，未充分预留地下附属结构从主体暗挖施工的便利条件，致使其往往成为暗挖车站建设的工程难点和工期控制点。若暗挖车站主体结构已实施完，再从车站主体向外进行地下附属结构暗挖施工，受已完结构阻

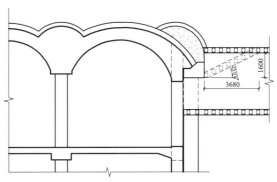

图 5.13-4　由车站主体向外暗挖"反掘"施工地下附属结构示意图（单位：mm）

挡、超前支护措施不好施工，且存在先向上挑高暗挖再进行"反掘"的施工过程，施工过程复杂、安全性差、初支结构节点连接薄弱，存在一定的工程风险，如图 5.13-4 所示。

5.13.4.2 设计建议

为满足暗挖车站工程建设总体工期目标要求，且减小后期地下附属结构暗挖实施难度和工程风险，车站主体结构设计时应理顺地下附属结构实施顺序、施工时机、施工方向以及需采取的工程技术措施等，主体结构施工时提前实施从主体向外进行地下附属结构暗挖施工所需的各种技术措施，设计建议主要有以下几方面：

（1）提前从主体结构施作地下附属结构暗挖施工需要的超前小导管、大管棚或深孔注浆等超前支护措施，有利于保证施工质量及预支护效果。

（2）与地下附属结构相接范围主体侧墙结构可后施作，避免地下附属结构暗挖侧向"反掘"施工。

（3）加强地下附属结构周围车站主体结构和临时支撑结构，满足从主体站厅层进行地下附属结构暗挖施工的要求，以便地下附属结构暗挖和车站站台层同步施工，缩短工期。

（4）为减小后期施工难度，必要时可在车站主体二衬结构施作前，进行部分地下附属结构施工通道的施作。

以目前北京地铁常用的洞桩法暗挖车站为暗挖出入口通道实施预留条件为例进行说明，车站主体与暗挖出入口通道接口平面关系如图 5.13-5 所示，详细预留做法详见表 5.13-1。

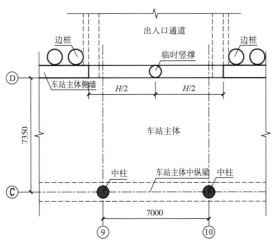

图 5.13-5　车站主体与暗挖出入口通道接口平面示意图（单位：mm）

第 5 章
结构革
新技术
实践

洞桩法暗挖车站主体为暗挖出入口通道预留条件做法 表 5.13-1

暗挖出入口通道位置车站主体剖面示意图	施工步序及预留条件情况	暗挖出入口通道位置车站主体剖面示意图	施工步序及预留条件情况
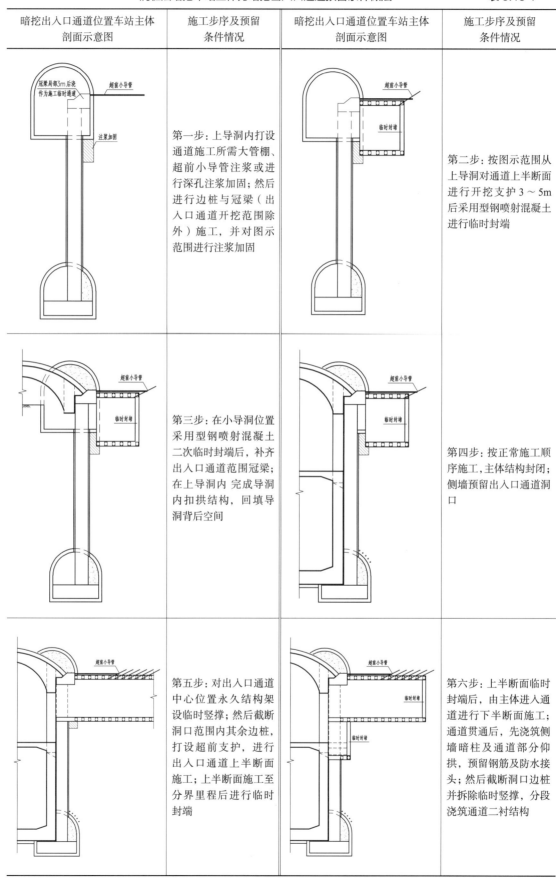	第一步：上导洞内打设通道施工所需大管棚、超前小导管注浆或进行深孔注浆加固；然后进行边桩与冠梁（出入口通道开挖范围除外）施工，并对图示范围进行注浆加固		第二步：按图示范围从上导洞对通道上半断面进行开挖支护 3～5m 后采用型钢喷射混凝土进行临时封端
	第三步：在小导洞位置采用型钢喷射混凝土二次临时封端后，补齐出入口通道范围冠梁；在上导洞内完成导洞内扣拱结构，回填导洞背后空间		第四步：按正常施工顺序施工，主体结构封闭；侧墙预留出入口通道洞口
	第五步：对出入口通道中心位置永久结构架设临时竖撑；然后截断洞口范围内其余边桩，打设超前支护，进行出入口通道上半断面施工；上半断面施工至分界里程后进行临时封端		第六步：上半断面临时封端后，由主体进入通道进行下半断面施工；通道贯通后，先浇筑侧墙暗柱及通道部分仰拱，预留钢筋及防水接头；然后截断洞口边桩并拆除临时竖撑，分段浇筑通道二衬结构

5.13.5 仰挖斜通道结构设计

5.13.5.1 技术背景

车站暗挖地下附属结构应结合永久地面结构、施工场地、地下管线及建（构）筑物等情况，在暗挖斜通道上方设置施工竖井或施工横通道，尽量避免设计成仰挖斜通道形式；受各种条件的限制，无法设置施工竖井或横通道的暗挖出入口、换乘通道等斜通道需采取仰挖施工时，主要风险情况如下：

（1）土体容易因失稳而塌方，尤其是拱顶上方及两侧边墙易失稳坍塌。

（2）施工段仰角一般为26°～30°，常规小导管超前支护方式效果差，且人员上下及格栅钢架等初期支护材料运输比较困难，若防护和安全措施不到位，易引起人员和材料的滑落，造成不必要的伤害。

（3）由于存在仰角，施工通风不畅，且掌子面聚集热空气，作业环境易造成施工人员不适，引发安全事故，如长期处于该环境下，则容易引发职业病。

5.11.5.2 设计建议

同俯向暗挖出入口、换乘通道等斜通道相比，设计尤其需注重以下几方面：

（1）设计应根据现场实际情况并按照相应的规范、标准及建设管理单位的统一要求，将仰挖斜通道的风险等级上调一级。

（2）仰挖斜通道与水平向的夹角不宜大于30°。

（3）仰挖施工应控制洞室断面高度，洞室开挖高度不宜大于3.5m，以减小掌子面滑塌风险。

（4）仰挖施工连续爬坡高度不宜大于10m。

（5）仰挖施工上部洞室应采取深孔注浆超前支护措施；当掌子面地层为砂层、卵石层时，宜对掌子面土体进行超前深孔注浆加固。

（6）采用CRD工法进行仰挖施工的斜通道，应先施工上部洞室，且先开挖完成一个上部洞室后再开挖另一上部洞室，待上部洞室全部施工完毕后，再进行下部洞室施工。

（7）仰挖施工时，掌子面核心土留设长度应大于4m。

（8）对于洞内加固措施无法达到地层加固效果时，应采取地面加固措施加固地层。

5.13.6 暗挖弯折通道结构设计

5.13.6.1 技术背景

受场地地下管线、建（构）筑物及地面设置出入口的条件限制，暗挖出入口通道往往需要进行弯折，若设计成直角弯折时，存在暗挖通道马头门处挑高仰挖施工风险及马头门破除时受力转换风险，施工难度与施工风险大。而折线形弯折通道容易超挖、格栅钢架变化多，架设困难，施工难度大。因此，受环境条件所限，折线形弯折暗挖出入口通道宜设计成弧形通道，但暗挖弧形通道亦存在小半径侧格栅钢架布置紧张，大半径侧格栅钢架间距过大等施工风险。

5.13.6.2 设计建议

（1）暗挖非直线形出入口等地下附属结构，应尽量避免直角弯折；若受各种条件限制，必须设计成直角弯折时，应根据通道的具体情况，做好直角弯折通道马头门处的挑高仰挖施工及马头门的加强处理措施。

（2）折线形弯折通道应调整优化为弧形通道。

（3）弧形通道设计时，应注意弯折半径与格栅钢架之间的对应关系，以避免小半径侧格栅钢架间距过密、甚至无法布设（受控点是格栅钢架节点板位置）而大半径侧格栅钢架间距过大、无法满足施工期间受力要求的情况。

（4）宽度较大的弧形通道，宜采用 CD 法、CRD 法或双侧壁导坑法施工，施工时宜先施工大半径侧洞室，后施工小半径侧洞室，当大半径侧洞室格栅钢架间距较大，无法满足受力要求时，应在大半径侧间隔加密格栅钢架。

（5）暗挖通道弯折段不宜再进行竖向变坡或水平外扩，并加强超前支护措施。

5.14 思考与探讨

5.14.1 精细化结构设计、节约工程投资

设计工作是地铁工程建设的基础，贯穿着工程建设全过程，设计工作决定工程建设水平和工程总投资。土建工程约占地铁工程建设投资的三分之一，而结构工程占土建工程投资80% 左右。因此，按"结构为功能服务"的原则，通过不断总结分析、优化设计，在满足设计原则和技术标准的基础上，采取精细化结构设计、为工程安全可靠建设提供技术保障的情况下，可显著节约工程投资。

5.14.1.1 围护桩根据受力情况分段配筋通用设计总结

由于不同设计单位对地铁明挖基坑围护桩设计精细化程度控制不统一，明挖基坑工程中围护桩经常出现按最大内力包络图通长均匀配筋情况。若由于成桩工艺确定基坑需采用大直径围护桩，例如围护桩直径 1000mm，桩体通长均匀配置 22 根 ϕ 22 主筋，刚刚满足桩体构造配筋要求，设计基本合理；但若出现围护桩直径 800mm，通长均匀配置 22 根以上 ϕ 22 或 ϕ 25 主筋的做法就值得商榷了。

在满足基坑围护结构受力要求的情况下，为节约工程投资，围护桩应按计算弯矩包络图及剪力包络图纵向分段配置抗弯及抗剪钢筋；围护桩迎土面和背土面也可根据弯矩包络图配置不同的抗弯钢筋，充分体现基坑围护结构设计的技术安全可靠、经济合理性，但围护桩截面配筋不对称、对钢筋笼的吊装精度要求更高，一旦偏差过大，基坑支护工程存在一定的安全隐患。因此，综合考虑各种因素，北京地铁 16 号线工程施工图设计技术要求明确提出"围护桩受力钢筋应按计算内力图分段、对称配置"，并严格贯彻执行，围护桩基本采用了"三段式"配筋，避免了通长配筋造成的工程浪费，典型两层明挖车站基坑围护桩受力包络图及分段配筋做法示意如图 5.14-1 所示。

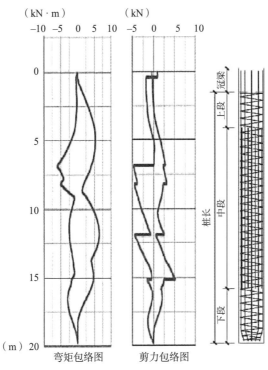

图 5.14-1　基坑围护桩典型内力包络图及配筋图

16 号线部分明挖车站主体结构基坑采用围护桩支护，其围护桩主筋和箍筋分段配筋情况统计详见表 5.14-1 和表 5.14-2。

明挖车站主体基坑围护桩主筋分段配筋情况统计表　　　　　　　　表 5.14-1

车站名称	桩长 （mm）	桩径 （mm）	桩数量 （根）	上段主筋 规格 / 长度 （mm）	下段主筋 规格 / 长度 （mm）	中段主筋 规格 / 长度 （mm）	同通长配筋相比，主筋用钢量减少百分比（%）	同通长配筋相比，节约工程投资（万元）
北安河站	19460	800	569	9Φ25/ 2700	9Φ25/ 3500	18Φ25 /13260	16	61
温阳路站	22610	800	552	11Φ25/ 3500	11Φ25/ 4400	22Φ25/ 14710	18	93
稻香湖路站	21650	1000	431	11Φ25/ 3500	11Φ25/ 3500	22Φ25/ 14650	16	64
屯佃站	21410	800	491	10Φ25/ 3000	10Φ25/ 3900	20Φ25/ 14510	16	66
永丰站	20260	800	513	10Φ25/ 3700	10Φ25/ 4560	20Φ25/ 12000	21	82
丰益桥南站	20600	1000	399	12Φ25/ 2000	12Φ25/ 3000	24Φ25/ 15600	12	46
丰台南路站	29000	1000	251	13Φ25/ 4000	13Φ25/ 4950	26Φ25/ 20050	16	56
榆树庄站	18426	1000	521	12Φ25/ 2000	12Φ25/ 3500	24Φ25/ 12926	15	66

明挖车站主体基坑围护桩箍筋分段配筋情况统计表　　　　表 5.14-2

车站名称	桩长（mm）	桩径（mm）	桩数量（根）	上段箍筋规格/长度（mm）	下段箍筋规格/长度（mm）	中段箍筋规格/长度（mm）	箍筋用钢量减少百分比（%）	同通长配筋节约工程投资（万元）
北安河站	19460	800	569	φ12@200/2700	φ12@200/3500	φ12@120/13260	13	12
温阳路站	22610	800	552	φ12@200/3500	φ12@200/4400	φ12@100/14710	18	22
稻香湖路站	21650	1000	431	φ14@200/3500	φ14@200/3500	φ14@100/14650	17	27
屯佃站	21410	800	491	φ12@200/3000	φ12@200/3900	φ12@100/14510	17	18
永丰站	20260	800	513	φ10@240/3700	φ10@240/4560	φ10@120/12000	20	12
丰益桥南站	20600	1000	399	φ12@100/2000	φ12@100/3000	φ12@100/15600	0	0
丰台南路站	29000	1000	251	φ12@200/4000	φ12@200/4950	φ14@200/20050	9	6
榆树庄站	18426	1000	521	φ12@200/2000	φ12@200/3500	φ12@100/12926	15	18

从表 5.14-1 和表 5.14-2 可以看出，由于类似车站工程地质条件不同致使围护桩受力规律不同或不同设计单位对类似车站主体基坑围护桩分段配筋原则掌控尺度不同，虽然每座明挖车站主体基坑围护桩"三段式"配筋长度和比例有一定差异，但明挖车站主体基坑围护桩采用分段配筋后，同围护桩通长配筋相比，每座车站主体基坑围护桩节约钢材比例 15%～20%，节约工程投资 50 万～100 万。

车站出入口、风道等附属结构也采用明挖围护桩支护，尽管同车站主体基坑相比，附属结构基坑较浅，围护桩桩径较小、桩长短，若其也根据受力情况进行分段配筋，每座车站地下附属结构基坑围护桩节约钢材比例 8%～12%，节约工程投资 30 万～50 万。

综上所述，明挖车站主体和地下附属结构基坑采用围护桩支护时，若将"围护桩受力钢筋应按计算内力图分段、对称配置"原则严格贯彻下去，通过围护桩"三段式"配筋设计，在保证工程安全可靠的前提下，每座车站可节约工程投资 80 万～150 万，经济效益可观。根据工程建设实际情况，随着明挖基坑围护桩配筋精细化程度地不断提高，如围护桩箍筋根据剪力包络图分多段不同设计，围护桩主筋根据弯矩包络图采用不对称配筋或也分多段不同设计，工程投资减少的幅度也将不断提高。

5.14.1.2　地下连续墙配筋、接头、钢支撑架设通用设计总结

为响应北京市节约地下水资源的号召，通过对明挖基坑围护结构同各种止水帷幕组合或结合方案进行了技术经济综合分析，由于采用地下连续墙支护可达到基坑支护挡土和止水帷幕合二为一的目的，且该方案不需要进行桩间网喷及架设钢腰梁、简化了施工工序，工程投资同钻孔咬合桩、钻孔灌注桩和桩间设置注浆或旋喷止水帷幕方案相当。通过对各类地层大量工程实践进行总结，由于成槽设备和方法得到不断改进，地下连续墙可以在北京各种地层

中应用，单一止水帷幕效果好、基坑开挖期间渗漏隐患少、更有利于控制基坑本身的变形及对周围环境的保护，且在深大基坑工程中应用经济性较好。因此，北京地铁16号线基底进入地下水的明挖车站主体基坑确定采用地下连续墙进行支护。

在满足基坑围护结构受力要求的情况下，为节约工程投资，基坑地下连续墙根据计算弯矩包络图及剪力包络图纵向分段配置抗弯及抗剪钢筋，且仅考虑止水作用的地下连续墙采用素混凝土，进入隔水层1.5m，典型地下连续墙分段配筋做法如图5.14-2所示。

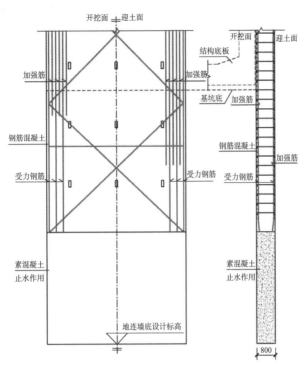

图5.14-2　典型地下连续墙分段配筋做法示意图（单位：mm）

北京地下连续墙接头形式主要有锁口管接头和工字钢接头两种，工字钢接头地下连续墙整体性更好、理论上止水效果更好、但对施工精细化程度要求也更高，而锁口管接头作为地下连续墙浇筑的侧模，在槽段端头形成圆形或波形面，增加了接缝处的渗水路径，施工适用性强，止水效果可满足一般工程需要，且锁口管可重复使用、可适当减少工程投资。通过技术经济综合对比分析，北京地铁16号线明挖基坑地下连续墙确定采用锁口管接头，大量工程实践也验证地下连续墙锁口管接头工艺简单、相邻槽段嵌接较好，未发现接缝渗漏情况。

现场地下连续墙钢筋笼吊装施工情况如图5.14-3所示。

考虑到地下连续墙刚度大，整体性好，北京地铁16号线基坑采用地下连续墙支护时，无论采用墙撑支护、还是墙锚支护，钢支撑（锚索）端部不再设置钢腰梁，通过在地下连续墙撑（锚）位置预埋钢板，且每幅地下连续墙上每层水平向设置（不少于）2道钢支撑（或锚索），如图5.14-4所示，使地下连续墙受力均衡，可起到控制地下连续墙接缝渗漏的作用，节约工程投资。

图 5.14-3　西苑站现场吊装地下连续墙钢筋笼及
锁口管情况

图 5.14-4　西苑站主体基坑地下连续墙上钢支撑
设置情况

5.14.1.3　盾构始发与接收切割玻璃纤维筋混凝土围护结构技术应用

（1）玻璃纤维筋应用情况

盾构始发与接收通常为盾构区间正线工程施工最大风险点，一般情况下采用人工凿除洞门范围围护结构，然后进行盾构始发与接收工作。近年来，地铁施工中逐渐实践了盾构始发与接收洞门范围基坑围护结构钢筋由玻璃纤维筋代替，既解决了盾构机直接切割钢筋混凝土结构对刀盘的磨损问题，也规避了人工凿除洞门围护结构进行盾构始发与接收过程中可能出现的地面坍塌和涌水涌砂等事故。

（2）结构设计方法改进

过去，使用玻璃纤维筋的围护结构设计缺乏统一标准，结构工程师往往先按普通钢筋混凝土围护结构对其进行设计，再采用更大直径玻璃纤维筋替换钢筋。因不同工程师经验和认识不同，相同条件下设计出来的玻璃纤维筋围护结构差异较大，如 $D28$ 或 $D32$ 玻璃纤维筋（D 为玻璃纤维筋直径）替代Φ25 主筋，$D28$ 玻璃纤维筋替代Φ22 主筋或者 $D14$ 玻璃纤维筋替代Φ12 箍筋的情况。

北京地铁 16 号线工程开展施工图设计前，住房和城乡建设部发布了行业标准《盾构可切削混凝土配筋技术规程》CJJ/T 192—2012。16 号线总体组对《盾构可切削混凝土配筋技术规程》（下称"规程"）设计方法和《混凝土结构设计规范》GB 50010—2010（下称"规范"）设计方法进行对比，二者的配筋比较结果见表 5.14-3。

直径 800mm 围护桩（C30）按"规程"与"规范"方法正截面承载力配筋计算对比表　表 5.14-3

弯矩设计值 （kN·m）	"规程"方法 配筋量（mm²）	按"规程" 选筋	"规范"计算 配筋量（mm²）	按"规范" 选筋
700	11843	15$D32$	6336	13$D25$
750	12867	16$D32$	6781	14$D25$
800	14268	18$D32$	7386	16$D25$

由表 5.14-3 计算结果可见，按"规程"设计方法计算出围护桩需要的玻璃纤维筋配筋面积较大，配筋量为"规范"设计方法配筋量的 2 倍左右。

玻璃纤维筋与钢筋通常采用 U 形卡扣 1 对 1 连接，若玻璃纤维筋与钢筋直径差大于 2 级时，会出现其相互滑动的现象。若为匹配"规程"计算结果，且保证玻璃纤维筋与钢筋连接牢固，则需要增加围护结构配筋数量。由于"规程"需要包络全国各地各种工程地质条件和复杂情况，而"规程"设计方法选择和相应系数确定时考虑安全度稍大，其计算结果应用于北京实际工程中可能偏于保守，造成一定的工程浪费。因此，依托北京地铁 16 号线工程，并结合北京地区工程及地质特点，通过玻璃纤维筋力学性能、三维结构数值模拟、足尺模型试验、玻璃纤维筋锚固性能等试验研究，编制了《盾构始发与接收切割玻璃纤维筋混凝土围护结构技术规程》（北京市地方标准，DB11/T 1506—2017，下称"地标"），以指导北京地区相应工程围护结构设计与盾构始发、接收施工。"规程"与"地标"设计方法、配筋结果如表 5.14-4 所示。

直径 800mm 围护桩（C30）按"规程"与"地标"方法正截面承载力配筋计算对比表　表 5.14-4

弯矩设计值 （kN·m）	"规程"方法 配筋量（mm²）	按"规程" 选筋	"地标"方法 配筋量（mm²）	按"地标" 选筋
700	11843	15D32	8111	14D28
750	12867	16D32	9545	16D28
800	14268	18D32	10878	18D28

由表 5.14-4 计算结果可见，按"地标"设计方法计算结果较"规程"计算结果少配玻璃纤维筋 25% ~ 30%，且玻璃纤维筋与钢筋直径也仅差一级，便于钢筋与玻璃纤维筋间一对一卡扣连接，更适用于北京实际工程情况。

试验研究和工程实践验证，玻璃纤维筋围护结构在盾构始发与接收洞口位置处易发生剪切破坏，应加强抗剪玻璃纤维箍筋设计，减小箍筋间距或增大箍筋直径。通过工程实践总结，盾构始发与接收切割玻璃纤维筋混凝土围护结构正截面承载力配筋设计方法如下：

①按围护结构承受弯矩设计值计算玻璃纤维筋配筋量 A_1。

②进行玻璃纤维筋选筋（单筋截面积 s_1），确定玻璃纤维筋数量 d（$d \times s_1 > A_1$）。

③按围护结构承受弯矩设计值计算钢筋配筋量 A_2。

④根据玻璃纤维筋数量 d，选择钢筋（单筋截面积 s_2，$d \times s_2 > A_2$）。

5.14.2　大断面暗挖区间优化设计及应用

在地铁工程中，Ⅵ级围岩条件下，开挖宽度 12m 左右的浅埋暗挖隧道时通常采用双侧壁导坑法施工（图 5.14-5，图中序号为开挖步序），其特点是分 6 个洞室开挖，单洞室开挖体量小，沉降控制效果好。但双侧壁导坑法的施工步序由于其左右边导洞开挖进尺误差易形成错台，导致中导洞后架格栅连接难以正常对位（图 5.14-6），降低施工效率及施工质量并存在安全隐患。

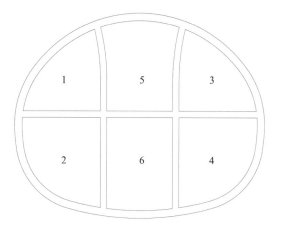

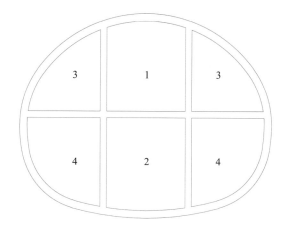

图 5.14-5 双侧壁导坑法施工步序断面示意图   图 5.14-7 中洞导坑法施工步序断面示意图

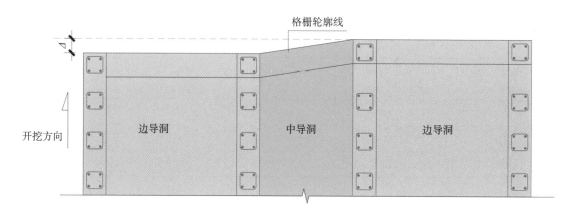

图 5.14-6 双侧壁导坑法引起的格栅错台平面示意图

　　北京地铁 16 号线在设计实践中，通过改变施工顺序和断面形状，形成中洞先行开挖方法，有效地提高初期支护格栅钢架的连接速度和准确度，简化了施工工序，提高了工作效率，实现初期支护及早闭合成环（图 5.14-7）。中洞导坑法严格遵循浅埋暗挖"十八字"方针，其特点是先施作中间 1、2 号洞室，待其先行侧洞室不小于 10m 后，两侧洞室同步开挖，架设格栅使其与 1、2 号洞室预留格栅节点相接形成完整的初支结构。

　　中洞导坑法在北京地铁 16 号线起点—北安河站区间首次应用，区间长度 152m。相比双侧壁导坑法，拱部节点连接时间缩短一半，节点预留螺栓孔对齐率高达 95%（双侧壁导坑法对齐率低于 60%，主要依靠帮焊钢筋进行补强）。现场监控量测反馈，未出现红色预警，各项沉降指标满足设计要求。

　　在埋深均为 10m 的条件下，对两种开挖方法进行内力分析（图 5.14-8），可以得出初支控制弯矩数值基本一致，除中隔壁形式不同外，不影响初支厚度及格栅钢架设计。

　　在同等条件下对两种开挖方法建模进行沉降分析（图 5.14-9），至初支结构完成时，在不考虑节点连接质量的情况下，优化后的施工方法沉降值较传统双侧壁导坑法增大约 12%（约 2mm），但考虑到施工效率及施工质量明显提高，中洞导坑法仍具有很大综合优势。

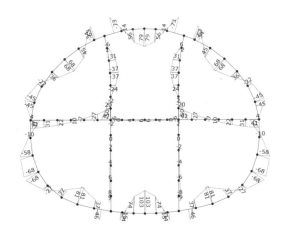
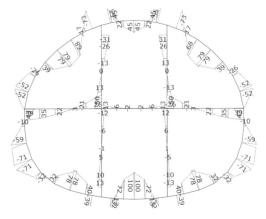

（a）双侧壁导坑法弯矩图　　　　　　　　（b）中洞导坑法弯矩图

图 5.14-8　初支结构受力计算结果对比（单位：kN·m）

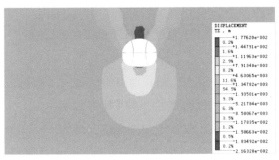

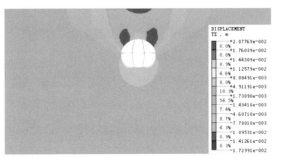

（a）双侧壁导坑法　　　　　　　　　　　（b）中洞导坑法

图 5.14-9　隧道开挖沉降计算云图

第 5 章
结构革
新技术
实践

5.14.3　同既有线侧墙开洞相接节点设计要点

随着北京地铁逐渐实现网络化，新建地铁 16 号线与多条已运营线路换乘：与地铁 4 号线西苑站换乘，与 10 号线苏州街站、丰台站换乘，与 4 号线、9 号线国家图书馆站换乘，与 6 号线二里沟站换乘，与 7 号线达官营站换乘，与 9 号线丰台南路站换乘。由于已运营线路未完全考虑给新建线路预留换乘条件，则两线实现换乘需对已运营地铁结构进行改造，也必然出现既有线结构破除、新旧结构连接等一系列问题。地铁 16 号线换乘站对既有线的改造详见表 5.14-5。

既有线改造汇总表　　　　　　　　　　　　　　　　　　　表 5.14-5

	既有线改造概述	施工方法
西苑站	设置 1 处换乘通道，与既有线车站主体连接，车站主体改造宽度 13.2m	通道采用 6 格平顶直墙断面，暗挖通道内破除既有线侧墙，先破中间，再破两侧，单次最大破除宽度 4.4m
苏州街站	设置 4 处换乘通道，与既有线车站主体连接，车站主体最大的改造宽度为 6.2m，最小的改造宽度为 3m	通道采用 6 格平顶直墙断面，暗挖通道内破除既有线侧墙，先破两侧，再破中间，单次最大破除宽度 3.1m

	既有线改造概述	施工方法
国家图书馆站	设置2处换乘通道，与既有线车站主体连接，车站主体改造宽度8.65m	通道采用"CRD"拱顶直墙断面，暗挖通道内破除既有线侧墙，先破两侧，再破中间，单次最大破除宽度3.65m
二里沟站	设置4处换乘通道，与既有线车站主体连接，车站主体改造宽度8.8m	通道采用"CRD"拱顶直墙断面，暗挖通道内破除既有线侧墙，先破两侧，再破中间，单次最大破除宽度2.15m
达官营站、丰台站	既有线车站侧墙已预留暗梁暗柱	拆除砌体墙，利用已预留机械接头施作通道
丰台南路站	设置3处换乘通道，与既有线车站主体连接，车站主体改造宽度8.8m	通道采用型钢支护上部围护结构，在两明挖结构之间破除既有线侧墙，分左右两次破除，单次最大破除宽度4.8m

　　既有线结构改造工程一般具有施工组织复杂、技术要求高、风险大等特点，改造过程中一方面要保证破除结构过程结构安全、控制地铁的沉降变形，另一方面，需要满足新旧结构连接的承载力要求和耐久性要求。归纳全线既有线改造设计情况，对既有线提出如下改造设计建议。

5.14.3.1　既有线结构的破除

　　既有结构的破除涉及的问题主要有施工步序、破除过程结构受力转换及相关技术要求等。

　　（1）既有线结构破除施工步序

　　针对不同宽度既有线侧墙结构破除的施工步序应区分考虑，如宽度过小、过大的破除范围应具体问题具体分析。针对既有线侧墙结构破除6.6m宽度范围主要施工步序如下：

　　1）分段破除既有线侧墙结构开洞范围内两侧部分墙体，保留洞口中间部分墙体。

　　2）施作两侧边柱及部分顶梁，预埋侧墙钢筋接驳器，并在既有线侧墙内架设临时竖撑，待边柱及顶梁混凝土达到设计强度后，破除既有线开洞范围内剩余部分侧墙。

　　3）施作洞口中部顶底梁，待混凝土强度达到设计强度后，拆除临时支撑。

　　具体施工步序详见图5.14-10。

第一步：用金刚绳锯切除2.3m宽内既有线侧墙混凝土结构。

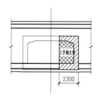

第二步：进行防水处理后，搭设满堂红模板支架，依次从下向上浇筑开洞范围内加强梁结构、预留钢筋机械接头，既有线侧墙结构钢筋锚入新作加强环梁内。

第三步：待其后浇筑混凝土结构达到设计强度后，架设临时支撑双拼I25a，采用同样的方式，对称切割另一侧既有线墙结构。

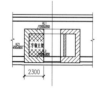

第四步：进行防水处理后，搭设满堂红模板支架，依次从下向上浇筑开洞范围内加强梁结构、预留钢筋机械接头，既有线侧墙结构钢筋锚入新作加强环梁内。

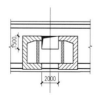

第五步：待其后浇筑混凝土结构达到设计强度后，切割中间2.0m宽内侧墙，破除高度为1.5m，用于施作顶部环梁混凝土结构。

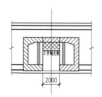

第六步：进行防水处理后，搭设满堂红模板支架，浇筑顶部环梁混凝土结构。

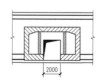

第七步：待顶部环梁混凝土结构达到设计强度后，切割中间剩余侧墙，用于施作底部环梁混凝土结构。

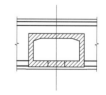

第八步：进行防水处理后，施作开洞范围内剩余底部加强环梁混凝土结构。

图5.14-10　既有结构侧墙开洞施工断面步序图（单位：mm）

（2）既有线结构破除技术要求

1）既有线侧墙结构破除前应进行理论分析，既要分析侧墙破除过程中结构受力状态，又要分析侧墙改造完成后受力状态；如破除过程中结构受力不满足要求，应在既有结构内采取必要的支顶措施。

2）尽可能减少对车站正常营运影响，施工围挡范围尽量减小，并且施工围挡应具有封闭、隔断功能，尽量减少施工对既有线影响。

3）既有线侧墙结构破除顺序宜先上后下，先短边后长边。

4）侧墙结构破除工艺宜选用水钻切割工艺或绳锯，尽量避免采用风镐破除，减少施工过程中噪声、振动和粉尘等，有效避免环境污染。

5）侧墙结构切割分块应适宜，分块过小导致切割过密，切割量过大，分块过大则运输困难。

6）如新建结构采用暗挖法施工，应将初支结构适当外扩30～50cm，以便于有足够空间施作防水接茬及侧墙的破除施工。

7）侧墙破除过程中应加强顶板沉降和侧墙变形监测。

5.14.3.2 新旧结构连接技术要求

新旧结构连接主要包含两部分内容，一是原有结构钢筋锚入新建结构内，完成受力转换，二是新旧混凝土结构如何结合。针对以上两点主要技术要求如下：

1）原结构主筋应凿出，做好保护，并应锚入洞口加强梁柱结构内，满足锚固长度。

2）如主筋不满足要求需采用植筋时，应检测原结构钢筋位置，钻孔不得损伤原钢筋，并需按规范进行拉拔实验后方可实施。

3）在浇筑新混凝土前，应将旧混凝土表面按规范要求凿毛，并用高压水冲洗干净，保持接缝基面湿润。

4）在旧混凝土表面浮浆清除后，可在界面上抹粘结剂来增大新旧混凝土粘结力。

5）洞口加强梁及边柱应采用微膨胀混凝土。

5.14.3.3 防水设计关键内容

新旧结构防水衔接主要包含两部分内容：一是接口破除对既有防水层的保护及新旧防水层的搭接，二是新旧混凝土连接部位接缝形式的选择及处理。

（1）既有防水层的保护及新旧防水层的搭接要求

1）在接近既有结构外侧时，土体开挖应采用人工清掏，务必控制开挖力度，避免对既有防水层造成破坏。

2）清掏至既有防水层后，注意对防水层表面进行清理，清除掉表面黏附的杂质。

3）采用木板、薄钢板对搭接范围进行保护，进行初期支护结构的施工。

4）揭除保护板，将既有防水层按照设计要求的搭接长度翻至初期支护内侧，并割除掉多余防水层（图5.14-11、图5.14-12）。

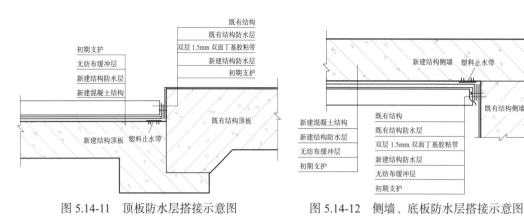

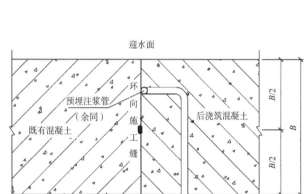

图 5.14-11　顶板防水层搭接示意图　　　图 5.14-12　侧墙、底板防水层搭接示意图

（2）新旧混凝土连接部位接缝形式的选择及处理要求

1）与既有结构衔接部位采用施工缝连接，如有条件，接触面外侧 0.5～1m 范围内宜设置一道变形缝。

2）与既有结构接触面应凿毛，如采用植筋连接，应将溢出的胶料剔除干净。

3）由于接触面一般没有预留接缝的防水加强措施，宜采用全断面注浆管＋遇水膨胀止水胶加强（图 5.14-13）。

图 5.14-13　接缝部位加强措施示意图

5.14.4　站厅至站台垂直电梯钢结构设计要点

目前，地铁车站内均设置站台层—站厅层的无障碍垂直电梯，同时为满足车站内部的装修效果，该垂直电梯一般采用钢结构＋玻璃幕墙的结构形式，达到站厅层通透的效果，故该垂直电梯钢结构骨架的设计较为重要，需要满足结构受力合理的同时，又需要尽量多的满足玻璃幕墙通透的效果，16 号线对垂直电梯的骨架结构进行了优化设计，保证受力合理、装修通透。

5.14.4.1　钢结构垂直电梯结构组成

站台层—站厅层的钢结构垂直电梯结构由钢立柱以及环向横隔组成，钢立柱作为竖向受力骨架，设置在垂直电梯的四角；环向横隔作为钢立柱的横向支撑，用于减小钢立柱计算长度，提供其沿屈曲方向的支撑力，同时用于挂设垂直电梯的导链，其组成见图 5.14-14。

5.14.4.2　垂直电梯钢结构设计要点

垂直电梯钢结构遵循以下设计要点：

（1）环向横隔需用于挂设垂直电梯导链，为满足垂直电梯导链的设置要求，环向横隔的竖向设置间距不应大于 2.5m。

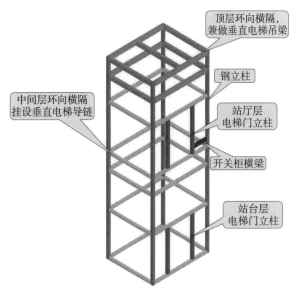

图 5.14-14　垂直电梯钢结构组成示意图

（2）在乘客可视范围内尽量少设置环向横隔，提高乘客视线的通透性。

（3）在可遮挡部位适当增设环向横隔，提高垂直电梯钢骨架的整体性。

（4）只在必要的部位以及可隐藏的部位设置环向横隔，按环向横隔竖向布置间距 2.5m 计算钢立柱的受力并确定其横断面。

（5）在站台层及站厅层的环向横隔设置在距离装修面 2.37m 位置处，与电梯门门框结合。

（6）钢结构采用薄型防火涂料，满足防火要求的同时，不影响钢结构的美观。

第 5 章
结构革
新技术
实践

CHAPTER

第6章　设备系统设计关键技术

6.1 理念创新与技术创新结合的棚顶综合管廊技术

地铁车站的公共区装修风格体现着一条地铁线的形象和一个城市的文化。通常车站公共区装修多在各设备专业管线安装完成后实施,因此装修起到对车站顶部的管线进行遮挡包覆的作用。以往车站公共区和设备区管线综合设计是针对各专业管线路由的梳理与整合设计,在公共区顶部各专业管道与线槽平铺,充满整个吊顶上部空间,并且根据装修专业初期确定的吊顶高度,从吊顶龙骨上表皮开始布置管线,由此带来如下问题:

(1)车站公共区各专业管线及终端设备的支吊架多为独立设置,每个管线的独立吊杆与结构的连接点较多,易对结构造成破坏,并且吊杆设置凌乱,导致"吊杆森林"的现象出现。

(2)管线综合专业与装修专业除针对管线底标高控制线进行配合外,两专业不再彼此进行了解与配合,导致管线安装空间过大或管线安装空间紧张不利于检修的情况出现。

(3)管线综合专业仅针对各专业管线路由进行整合布置,某处管线冲突时采用局部翻身规避的方式,因此常出现一趟管线路由多处高程或水平位置变化,导致吊顶上部管线实施难度增加、管线杂乱且检修空间不够等问题出现。

(4)各站公共区上部空间各专业管线位置不统一,运维人员须了解每个站的管线布置情况,不利于标准化管理与便捷化运维。

北京地铁 16 号线装修提出释放车站公共区更多空间,为乘客提供更好的空间感受;还原建筑本体,不再被动修饰或弥补空间不足的理念。管线综合专业与装修专业密切配合,在总结剖析以往经验及不足的基础上,提出以下设计目标:

(1)提高公共区空间高度,中跨结构裸露无管线,实现车站公共区整体空间通透,提升站内人员舒适性。

(2)取消吊顶,利用公共区上部设置的管道及线槽作为装修表皮,实现具有工业质感且整洁大方的装修风格。

(3)优化综合承载体系,对末端设备进行整合,减少"吊杆森林"现象及其对结构的不良影响。

(4)统一全线公共区管线排布,实现管线布置整齐顺畅,并在取消装修吊顶后,实现运营维护的便捷性。

管线综合设计以问题导向和目标导向为设计引领,创新提出棚顶综合管廊技术方案。棚顶综合管廊技术是指在地铁车站公共区及设备区上部管线空间内,对其内部敷设的风管、水管、动照、FAS、BAS、通信等各类管道、管线,依托空间统筹规划理念、设备管线整合排布理念、设计精细化理念和产品工业化理念,采用预拼综合承载体系,结合各区域管线分布及功能特点进行布局规划,针对公共区第一跨、公共区进出入口、设备区联通走廊等管线对空间高度有影响的区域进行路由规划设计,实现提升公共区空间、减小"吊杆森林"、管线布置标准化、方便运营维护的目标。

6.1.1　管线综合设计理念的完善与 BIM 技术的应用

6.1.1.1　管线综合设计理念的完善

（1）空间规划理念

空间规划理念是以提升有限空间内有效高度和实现吊顶取消后的整洁景观效果为目标。该理念实现方法是对综合管线在结构顶板（或中板）下，自上而下、自外而内按顺序排布，考虑管线（含管线上阀门）安装间距及检修距离后，确定管线所占用的最小空间，在此基础上与装修专业进行同步规划设计，策划并指导房间分类布置，从而确定车站各部位从地面起自下而上所需的有效净空。采用空间规划理念得到的上部管线有效空间，在设计之初就已经是所需必要（或最小）净空，后期不受装修方案变化的影响。

（2）统筹排布理念

统筹排布理念是通过规划空调机房内设备的布局，统筹排布沿线管线间的位置关系，整合终端设备等方法，实现减少吊杆数量，避免末端管线交叉，最终达到无吊顶装修效果。采用统筹排布理念后，可大大避免以往仅针对管线冲突地方进行局部调整所带来的管线沿线多处高程或水平位置变化的现象，不再"头疼医头、脚疼医脚"，而是局部"点"性问题由全路由"线"性手段统筹解决。

（3）精细化设计理念

精细化设计理念是以"实现管线综合设计真正做到指导相关专业设计及现场施工"为目标，将管线的碰撞冲突在设计层面避免，并将不同施工工序的管线因先后实施顺序所带来的冲突问题在设计过程中进行预判。该理念在实施过程中体现为对综合管线在设备区进入公共区、设备区联通走廊及出入口部等重要节点绘制节点详图，优化设计流程，并提出合理的施工工序。

（4）产品工业化理念

产品工业化理念是在减少吊杆数量，对照明灯具、广播等末端设备与横担整合的基础上，对综合横担进行专项设计，实现全线管线综合横担的标准化、施工安装简单化、运维管理便捷化、产品效果工业质感化。为实现产品工业化须确定共架结构体系的统一标准，适应各种条件下的横担端部固定方式，使其具备安装可调节性、便利性和通用性。

管线综合设计通过四大设计理念，实现设计之初的既定目标，并为形成棚顶综合管廊技术体系奠定基础。

6.1.1.2　BIM 技术的应用

传统管线综合设计多通过 CAD 制图软件绘制管线综合平面图及重要节点剖面图，但受图纸中管线交叉表示手法的制约不能直观反映出相互位置关系，必须由设计人员将脑中的管线交叉高程抽象并提炼成图纸，然后施工人员通过读图与理解，再逆向将图纸反馈信息在脑中构建成空间立体关系，在两次转换过程中由于经验与理解的不同，均会出现偏差，导致现场实施成果与设计意图存在不同。

通过 BIM 技术的应用，将管线管件的产品信息、装修方案、建筑细节等设计因素在 BIM

图 6.1-1　BIM 设计成果展示

中体现，将数字化成果提供给施工单位及厂家，真正实现设计、施工、产品加工三方在统一的图纸平台上，避免因多级人员的理解不同导致设计意图与工程成果不一致的现象发生。

结合了 BIM 技术的管线综合设计对车站公共区、设备区管线及各管线节点开展了详细的三维设计，将土建、装修及终端设备体现在车站管线空间效果中，并通过追踪技术检测管线碰撞情况，优化设计方案，避免施工过程中的返工情况，充分预留合理的立体检修空间，同时也达到管线整齐划一的要求，为棚顶综合管廊技术的实施提供有利的技术指导与支撑。BIM 设计成果展示见图 6.1-1。

6.1.2　棚顶综合管廊技术体系技术要点

北京地铁 16 号线采用棚顶综合管廊技术体系后，使得站厅公共区上部管线占用高度较传统装修方案所占用高度平均减少约 1.0m，并具有检修方便、整洁明亮及大方美观的优点，能够起到很好的装修作用，见图 6.1-2。

棚顶综合管廊技术关键技术要点如下。

图 6.1-2　车站采用棚顶综合管廊技术应用效果

6.1.2.1 预拼综合承载体系

（1）确定综合横担受力点位

为实现减少"吊杆森林"的目标，棚顶综合管廊技术创新采用预拼综合承载体系。设计通过优化管线敷设方案，考虑横担挠度和安全余量，对综合横担结构进行计算与验算，确保大跨度杆件不变形。经合理设计后的综合横担两端分别与侧墙及纵梁连接，中部通过支吊架与顶板连接，最终与结构的受力点控制在 4 处，即图 6.1-3 所示的 A、B、C、D 四点。采用该承载体系后，公共区上部空间内的管线支吊杆数量大大减少，与传统的公共区管线独立吊装方案相比，可减少约 75% 的吊杆数量，并为实现无吊顶装修方案创造了较好的空间视觉效果。

当纵梁高度高于棚顶综合管廊所确定的底标高时，预拼综合承载体系与纵梁无法进行连接，则该端通过吊杆与结构顶板相连接，如图 6.1-4 所示 B′点。

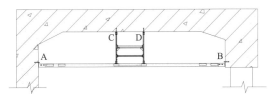
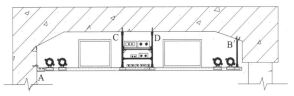

图 6.1-3　预拼综合承载体系与结构连接点位　　　图 6.1-4　预拼综合承载体系与纵梁无法固定解决方案

（2）实现综合横担长度可调节

为实现综合横担的加工标准化与产品工业化，使相同规格横担能适应终端整合设备不同定位的安装需求，综合横担采用具有可调节长度的技术措施，避免因结构施工误差导致横担长度的不同而影响产品量化。在综合横担两端结构固定点设置 C 形槽横撑底托连接件（图 6.1-5），其侧板设计为长孔加强板，并设置不少于两个的固定长孔，在底托板上设置的加筋肋板确保结构的安全性。综合横担与横撑底托连接，综合横担上的侧孔与长孔加强板上的固定长孔通过螺栓连接，并在固定长孔开孔范围内进行连接长度的微调，实现消纳结构误差的功能（详见图 6.1-6）。施工现场采用可调节型综合横担后，可以较好地适应结构墙与纵梁在不同位置的长度变化。

第 6 章 设备系统设计关键技术

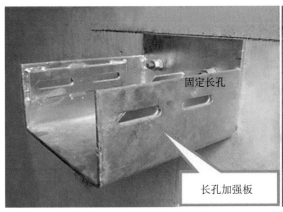

图 6.1-5　可调节型综合横担连接件——C 形槽横撑底托

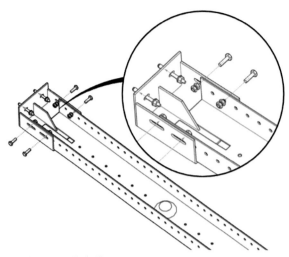

图 6.1-6　综合横担与 C 形槽横撑底托安装示意图

（3）预留吊杆及终端设备连接条件

可调节型综合横担加工一次成型，宽度为 200mm，高度为 110mm，厚度为 4mm。为方便吊杆及终端设备与综合横担进行连接，横担侧壁间隔 50mm 预留 φ14mm 的孔洞（详见图 6.1-7）。以吊杆连接为例，由图 6.1-8 可见，吊杆与 8 孔翼形连接件通过六角螺栓连接后固定于 C 形槽钢桥架衬垫上，该衬垫可以与综合横担侧板上任意位置的预留孔进行固定安装，既满足现场安装便利性也为运营后增加终端设备创造预留条件。

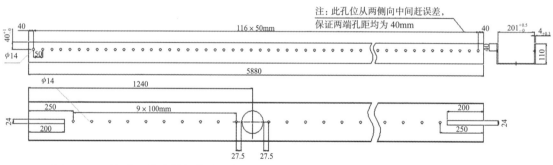

图 6.1-7　可调节型综合横担终端设备安装预留孔侧视图（上）及正视图（下）(单位：mm)

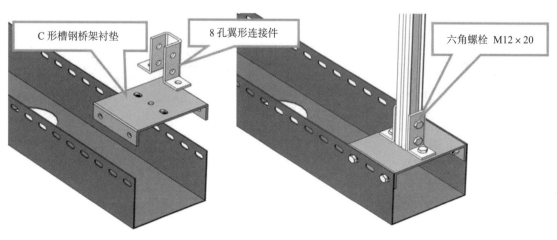

图 6.1-8　可调节型综合横担与吊杆连接示意图

（4）终端设备与综合横担整合

为将照明灯具、车站广播、导向标识等终端设备与可调节长度的综合横担进行统筹规划、集成布置，使其具有工业质感，实现管线层即为装修层的效果。综合横担集成设置的照明灯具和广播喇叭设置于综合横担底部，结合装修风格全线位置统一，其所需安装的电缆与软管，通过线卡固定在竖杆上，引入到底部槽钢里进行隐蔽安装。该安装方案在后期运维过程中，免去吊顶拆装等工作，能够减少设备及装修的维护工作量，节省维护和检修的费用。

横担底部间隔100mm预留$\phi14$的孔洞，同时预留照明灯具和广播的安装孔。可调节综合横担既能满足各末端设备的连接需求，又能满足产品标准化定制，并具有很强的工业感，能够完美地融入无吊顶装修方案中。

1）灯具及广播与综合横担整合连接

综合横担上预留3处$\phi125$灯具安装孔位及1处$\phi160$广播安装孔位，灯具及广播通过卡扣与安装孔进行连接。其连接形式如图6.1-9所示。

图6.1-9 灯具及广播与可调节型综合横担连接

2）天线、摄像头及PIS屏与综合横担整合连接

天线、摄像头及PIS屏通过U形连接件与综合横担侧向$\phi14$连接孔进行连接。其连接效果如图6.1-10所示。

图6.1-10 天线、摄像头及PIS屏与可调节型综合横担连接

3）导向标识牌与综合横担连接关键技术要点

导向标识牌吊杆与上部的横杆进行连接，横杆 U 形连接件与两侧横担进行连接。

6.1.2.2　车站公共区管线规划布局与路由规划

棚顶综合管廊技术重要特点之一是吊顶取消后所裸露的管线将直接面对乘客，因此需要对裸露的管线进行整齐划一布置，使公共区上部管线及横担作为一个整体呈现给乘客。在设计过程中结合各区域管线数量、功能、装修效果进行专项设计，形成关键技术。

（1）车站公共区管线规划布局

通过预拼综合承载体系中综合横担的受力计算，对公共区管线进行整理与规划。下面以站厅公共区为例进行说明：

全线车站站厅层侧墙至车站中跨结构纵梁的管线排列依次为：生活及消防水管、公共区空调回风管、线缆桥架、公共区空调送风管、空调冷冻供回水管。中跨除灯具及烟感探测器所需必要的线缆暗埋敷设外，无其他管线进入。由于没有装修遮挡，各专业管线底部平齐，给乘客一个整体的感觉，同时外露部分的管线不应出现管线交叉的情况，避免影响管线的整体效果。站厅公共区单跨内管线布置如图 6.1-11 所示。

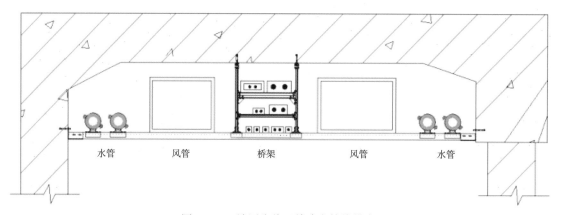

图 6.1-11　站厅公共区单跨内管线排布

由图 6.1-11 可见，站厅公共区管线所占用的空间高度主要受空调送、回风管的制约，如果空调送、回风管宽高比大，则风管高度较小，宽度较宽，虽然可以降低管线层空间高度，但也容易因风管与周边水管或桥架距离过近，出现检修空间不足的问题。如果风管宽高比过小，则风管占用的高度较大，管线层高度的提升势必压低公共区高度。

由此可见，在确定车站站厅公共区管线层空间高度时，应按以下步骤设计：首先根据车站单侧纵梁至侧墙的宽度确定横担的净宽；其次根据管线的布置及检修空间要求确定风管的宽度；最后根据风管的风量要求确定风管的高度，并使风管上部距离顶板预留不小于 250mm 的管线穿越空间。

1）明挖车站站厅公共区（图 6.1-12）

①车站公共区的管线尽量分布在车站的两个边跨，管线呈现对称的布置形式。

②为了保证检修空间，风管的宽度不宜大于 1600mm，则线槽区域的宽度不宜大于 850mm。

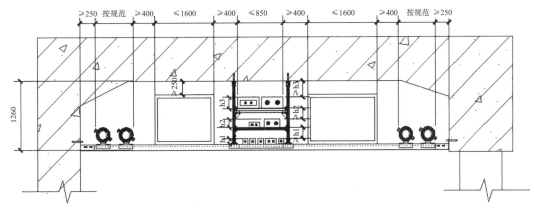

图 6.1-12　明挖车站站厅公共区综合横担与侧墙及纵梁连接及管线间距（单位：mm）

③水管保温距离外墙及纵梁的距离不宜小于 250mm，风管与水管、线槽之间的检修距离不宜小于 400mm。

④风管距顶板的距离不宜小于 250mm，各层横担间高度不应小于本层横担中最高桥架高度的 2 倍。

2）暗挖车站站厅公共区（图 6.1-13）

暗挖车站站厅公共区的管线设计原则在遵循明挖车站设计原则的同时，还需要遵循以下设计原则：

①水管保温层上方距车站结构距离不宜小于 300mm，风管与水管、线槽检修距离不应小于 400mm。

②为了保证检修空间，风管的宽度不宜大于 1450mm，线槽区域的宽度不宜大于 850mm。

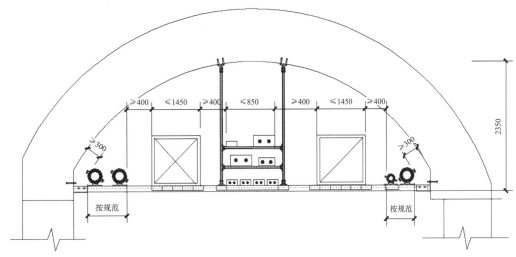

图 6.1-13　暗挖车站站厅公共区综合横担与弧顶连接及管线间距（单位：mm）

（2）站厅公共区第一跨管线规划路由

站厅公共区第一跨（即设备区与公共区隔墙至第一处柱子轴线区域）内的管线具有管线数量繁多、集中布置、高程变化、位置变化等特点，往往交叉冲突情况比较严重，是压低公共区标高的一个重要限制点。

采用棚顶综合管廊技术后，站厅公共区第一跨的管线进行如下规划调整。

1）车站公共区空调送风管与回风管在设备管理区完成交叉，车站的送、回风管宜在设备管理用房区及通风空调机房内横穿中跨，尽量避免在公共区内横穿管线。

2）各专业线槽需要在设备区走道处提前进入公共区边跨的 ATM 售卖机房或乘客服务用房，在售卖机房内调整至合适位置后，进入到公共区综合横担上。

3）给水排水及消防水管由设备区走道进入公共区，对应公共区内的标高横穿边跨后沿外墙敷设。

调整后的站厅公共区第一跨管线路由及现场安装如图 6.1-14 所示。

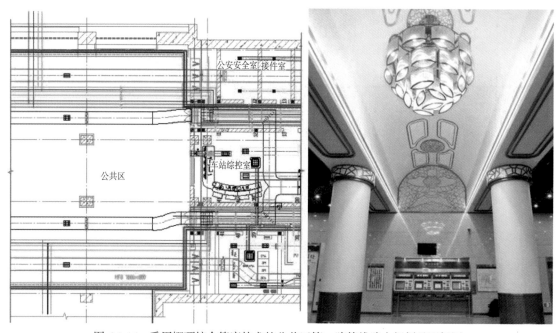

图 6.1-14　采用棚顶综合管廊技术的公共区第一跨管线路由规划及现场图

（3）公共区进入出入口的管线规划路由（图 6-1.15）

1）各专业管线按照出入口人防门预留孔洞的位置关系顺序接入车站出入口。

2）各专业进入出入口的支线需要紧贴结构顶板敷设。

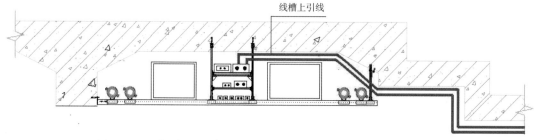

图 6.1-15　采用棚顶综合管廊技术的公共区线槽进入出入口路由规划

6.1.2.3 设备区走廊管线规划路由

设备区走廊管线采用棚顶综合管廊技术方案后，与公共区效果一致，既实现走廊管线下部空间增高，又方便运营检修，如图 6.1-16 所示。

图 6.1-16 设备区棚顶综合管廊管线路由规划实施

设备区走廊管线规划路由技术要点如下。

（1）设备管理房间根据使用功能不同分区集中布置，即设备房间、气灭房间、管理房间分区相邻布置。

（2）各专业管线按照风管、动照电缆桥架、弱电电缆线槽、各类水管从上至下顺序排列。

（3）强、弱电管线交叉时，管线按照中压电缆、直流牵引电缆、低压电缆、通信、信号电缆及各种控制电缆从上到下依次排列。

（4）各管线空间交叉重合时的设计原则为"小管让大管，软管让硬管，弱电让强电，有压让无压"。

（5）各设备专业管线宜根据设备房间的位置按照就近原则布置，当条件限制管线不能靠近设备房间布置时，应遵循"小线缆让大线缆"的原则布置。

（6）走道排烟风管靠设备走道的一端布置，避开公共区检修通道。

6.1.3 小结

车站公共区及设备区采用棚顶综合管廊技术方案后，实现了公共区空间高度的有效提高及整体空间的通透，增强了站内人员的舒适性；利用管道及线槽作为装修表皮，实现工业质感、整洁大方的装修风格；采用综合承载体系减少"吊杆森林"及其对结构的不良影响；统一了管线排布，实现运营维护的便捷性。

车站机电设备及管道采用抗振支吊架时，仍可采用棚顶综合管廊技术，但需在此基础上进一步将横向支撑和纵向支撑的影响纳入上述技术要点分析中，最终形成满足抗振支吊架设置的技术方案。

6.2　适用北京气候特点的 8A 编组车站通风空调系统制式标准

北京地铁 16 号线作为北京首条 8A 编组地铁线路，通风空调系统的制式采用屏蔽门通风空调系统，成为北京 8A 编组线路的重要标准之一。

北京地铁在 16 号线之前，多采用 6 辆编组，闭式通风空调系统和屏蔽门通风空调系统均有采用。因北京空调季在 6～9 月，其余时间为过渡季与冬季，从通风空调系统全面运营节能效果来看，采用闭式通风空调系统比采用屏蔽门通风空调系统有一定节能优势，但不显著；从站内空气环境质量来看，采用屏蔽门通风空调系统具有一定优势。以往通风空调系统制式确定多采用综合技术经济评价体系，在使用功能、土建规模、安全评估、建设投资、运营费用等方面进行比选分析后确定所采用的通风空调系统制式。随着地铁建设的快速发展，通风空调系统的节能运行、火灾烟气控制、城市环境影响等越来越受到关注，并提出了更高的要求，这对空调系统制式确定产生了影响。

为了科学合理地确定适用于北京地区气候特点的 8A 编组线路地下车站的通风空调系统制式，项目组在 2010 年可研阶段之初，对以往确定通风空调系统制式的综合技术经济评价体系进行拓展与完善，采用当时最新权威气象统计数据作为分析的数据基础，将北京地区活塞通风数十年应用效果作为研究的依据，分别采用 SES 模拟软件和 FLUENT 三维模拟软件对区间和车站站台发生火灾时烟气控制方案进行模拟，验证事故工况时系统的可靠性，并增加系统对城市的影响评价，最后经过综合技术经济分析，确定采用屏蔽门通风空调系统，并在北京后续建设的地铁 3 号线、12 号线、17 号线等 8A 编组线路的地下车站中得到全面应用。

6.2.1　采用最新气象数据，准确支撑北京地区活塞通风应用的可行性

6.2.1.1　北京地铁隧道内热环境控制及效果

（1）地铁热环境控制的必要性

地铁隧道被厚厚的土壤所包围，由于土壤的蓄热能力很强，而与这部分土壤相连的地铁隧道壁表面又与隧道内空气接触面积很大，因此隧道壁表面温度的变化对地铁内热环境的影响非常大。地铁热环境控制头等重要的是热量的储存和排除。地下建筑的传热过程是一个长期缓慢的不稳定传热过程，地铁经过常年的运行，周围土壤温度将会逐年升高。如果在地铁的运营过程中不能对地铁隧道内的热环境进行合理、科学的控制，将影响地铁的正常运营。

（2）影响隧道热环境的因素

引起地铁隧道热环境改变的主要因素有列车在区间隧道运行时列车冷凝器散热、列车制动产热以及轮轨摩擦散热等，即列车对流散热。对流散热的主要特点是热量随列车运行持续

产生、热源流动性强、热量随隧道纵向分布。对流散热的载体就是列车的活塞风。为了维持地下区间隧道的正常温度，降低地铁运营对土壤环境的影响，此部分热量需要及时排除。

影响地铁隧道热环境的因素还有通过列车活塞作用由隧道洞口进入隧道内的室外空气。由于季节不同，室外空气对隧道内环境温度的影响也不同。北京春、秋季节的显著气候特征是白天外部气温高于土壤平均温度，室外空气焓值小于隧道通风设计焓值，夜间则外部气温低于土壤平均温度，因此在春、秋季节可以利用列车的活塞作用对区间隧道进行通风换气，消除列车对流散热对隧道的影响。在夏季，室外空气焓值高于车站空调设计焓值，列车在区间的对流散热量通过活塞风带出洞外，但室外温度较高的空气也会被带进洞内，因此夏季活塞通风对降低洞内温度作用不明显，仅为增加洞内新风量的作用。冬季室外温度低于土壤温度，通过活塞风带入的室外空气在消除列车对流散热量的同时也可以实现对土壤的蓄冷，在第二年夏季将这部分的蓄冷量散放到区间，维持区间隧道周围土壤的热平衡。

（3）北京已建地铁隧道热环境控制效果

北京地铁1、2号线采用通风换气系统，通过近40年的运营经验，其隧道内的温度得到较好的控制，冬季通过向区间灌风蓄冷，基本控制了隧道周围土壤的温升，并在一年的大多数时间内为车站提供相对舒适的候车环境。

北京地铁机场线和奥运支线采用屏蔽门通风空调系统，为乘客候车和工作人员工作提供了一个较为舒适的环境，车站区间隧道设有活塞风道和隧道风机，过渡季节利用列车活塞通风，当利用列车活塞通风不能消除余热时进行机械通风。从近几年的运营情况看，区间隧道利用列车活塞通风能满足区间温度控制的要求。

6.2.1.2 北京地铁活塞风利用的研究

（1）自然通风条件的利用

为了得到较为精准的区间负荷、车站负荷及活塞通风应用效果评价，项目组通过调研、测试并与有长期观测记录的气象台站数据做比较，对当时室外空气计算参数进行订正，研究了北京地区近20年室外空气平均干球温度和焓全年逐时的平均变化规律。一年中，室外空气干球温度$t>35℃$的时间只有32小时，$t>30℃$的时间只有330小时，$t>29℃$的时间只有504小时；室外空气大于35℃，相对湿度65%的焓值$i.>i$（$t=35℃$，$\phi=65%$）的时间只有1小时，室外空气大于30℃，相对湿度65%的焓值$i.>i$（$t=30℃$，$\phi=65%$）的时间只有115小时，室外空气大于29℃，相对湿度65%的焓值$i.>i$（$t=29℃$，$\phi=65%$）的时间只有249小时。

结合北京地铁1号、2号线通风系统的运行经验，只要合理地设计地铁通风系统，就可以在一年中的大部分时间段利用室外自然风带走隧道内的余热及余湿，保证地铁内部环境的舒适度。

根据活塞风的形成原理，合理利用活塞风的流动特性，同时有效利用北京地区的室外气象条件，就可以最大化地利用自然通风方式消除隧道内列车等产生的余热，控制地铁隧道环境温度过度升高，达到地铁通风空调系统的节能目的。

（2）隧道活塞通风设置方案

北京地铁16号线平均站间距为1.743km，从经济节能的角度考虑，应充分利用列车运行产生的活塞风，在区间合理部位设置活塞风井，利用列车行驶的活塞作用并结合活塞风井，以实现对地下区间的通风换气，增加自然通风量。列车进站时，温度较高的活塞风通过活塞风井直接排出地面；列车出站时，通过活塞风井吸入室外新风，增加区间与外界的自然通风换气量。

活塞风井设计主要采用单端单风井方式和单端双风井方式。对 8A 编组地下线路进行模拟计算，采用单端双风井时区间隧道内有效小时换气次数多于单端单风井，满足区间每位乘客每小时不小于 20m³ 新鲜空气量的要求，有利于隧道内的热空气与室外空气进行交换，并保障区间隧道内人员所需的新风量。双活塞风井能充分发挥活塞通风效能，具有季节性调节功能，可降低部分运营费用。

因此，北京地铁 16 号线推荐地下车站采用屏蔽门通风空调系统，并在车站每端设置双活塞风井。对于闹市中心车站或与规划部门协调确有困难车站，要对与该站相邻段区间进行模拟计算，在满足区间所必需的人员新风量及区间温度的情况下，可采用单端单活塞风井。

6.2.2　增加防排烟措施分析，支撑空调系统制式安全性

研究发现设置全高站台门或全封闭站台门对区间及车站站台火灾时的烟气控制方案有较大影响。在 16 号线空调系统制式研究确定过程中，对车站站台设置全高站台门或全封闭站台门时区间火灾烟气控制方案进行了详细的模拟计算与分析；应用三维模拟软件 FLUENT，对地下车站站台公共区火灾发生时烟气控制方案、全封闭站台门开启方案、楼扶梯风速进行了模拟计算及分析。

6.2.2.1　不同站台门形式对区间通风及防排烟的影响

（1）区间正常通风功能

采用闭式通风空调系统时，区间隧道与车站公共区的空气环境是连通的，通过列车的活塞作用把车站公共区的冷空气带到区间，以冷却区间隧道。在区间行驶的列车上乘客所需的新风量，主要通过地下隧道出洞口和相连地下车站出入口通过活塞作用将室外新风带入区间，因 16 号线列车载客量较大，人员所需新风量多，单纯通过以上部位所补新风量很难满足实际需求。

采用屏蔽门通风空调系统时，区间隧道与车站公共区的空气环境是隔离的，通过列车的活塞作用，从活塞风道引入室外新风对隧道进行通风换气，既充分利用了自然通风节能的优点，又有效保证了隧道内的新风量，同时公共区环境基本不受活塞风的影响，候车环境品质得到提高。

（2）区间阻塞通风功能

采用闭式通风空调系统时，由于隧道内空气的温度较低，更容易实现对阻塞区间的温度控制。但一般情况下，闭式空调系统阻塞工况需要投入相邻 4 个车站的所有隧道通风系统设备，而屏蔽门空调系统只需要投入相邻 2 个车站的隧道通风系统设备，即设备数量及涉及影响的车站和区间范围都是闭式空调系统的一半。

（3）区间火灾防排烟功能

与列车在区间阻塞时的工况相同，区间火灾工况时，闭式通风空调系统参与的防排烟设备数量、涉及的车站和区间范围都比屏蔽门通风空调系统大，控制的复杂性高，系统可靠性

第 6 章 设备系统设计关键技术

弱。采用屏蔽门通风空调系统，因站台门将区间隧道与车站公共区的空气环境隔离，区间火灾发生时烟气难以向车站公共区扩散，安全性更好。而且采用屏蔽门通风空调系统对气流组织有利，机械通风的效率比闭式通风空调系统的通风效率高。

6.2.2.2 不同站台门形式对车站站台防排烟的影响

采用闭式通风空调系统时，当车站站台公共区发生火灾，烟气较容易通过全高站台门上部空间进入隧道，并由轨顶结构风道排出至室外。但也因为全高站台门的公共区与隧道是联通的，公共区火灾排烟时，存在列车过站不停车的情况，在此工况下，公共区排烟系统受活塞风的影响比较大，系统的可靠性及稳定性较弱。采用屏蔽门通风空调系统时，公共区发生火灾时，利用独立的公共区排风与排烟系统能够快速有效地排除烟气，且排烟系统不受活塞风等因素的影响，系统可靠性及稳定性有保证。

针对 8A 编组地下车站公共区站厅到站台楼梯口数量多的特点，对站台火灾发生时采用不同站台门的防排烟效果进行评判，通过 FLUENT 软件模拟站台火灾防排烟效果，并验证楼梯口风速。本部分具体内容详见"6.3 8A 编组车站站台公共区火灾防排烟系统方案优化"章节，在此不再赘述。

6.2.3 引入社会价值因子评价，确定空调系统制式

6.2.3.1 通风空调系统运行节能评价

以某标准地下两层岛式车站为例，当采用闭式通风空调系统时，车站总制冷量需要 2276kW，总通风量需要 391100m³/h。当采用屏蔽门通风空调系统时，车站总制冷量需要 1224kW，总通风量需要 205000m³/h。

因此，8A 编组线路地下车站采用屏蔽门通风空调系统较采用闭式通风空调系统夏季运行节能约 30%，全年运行节能约 23%，每站每年运营费用节省 40 万元左右。

6.2.3.2 降低工程实施风险，减少对城市环境的影响

北京地铁 16 号线穿越城市景观带、商务中心、政务中心、历史文化区等对城市景观要求较高、周边建筑密集的区域，地铁风亭用地占地困难、条件复杂，部分车站允许出风亭的位置距车站端部较远。因此通风空调系统制式的确定应既能满足通风空调功能要求，又能适应周边用地条件，做到因地制宜、灵活多变。

站台设置全封闭站台门的屏蔽门通风空调系统制式，一般设有活塞风道、隧道风道、排热风道和新风道。活塞风道作为区间正常运行时排风泄压与新风引入之用，隧道风道为区间通风及事故工况下通风、防排烟之用，排热风道为车站轨行区排热兼做车站排风道之用，新风道为车站引入新风之用。由此可见区间和车站的通风空调系统相对独立，可以实现活塞风道、隧道通风道、排热风道、车站新排风道之间的集成设置或拆分组合设置等多种方案，具有风道功能拆分和设备布置更加灵活的特点。因此采用屏蔽门通风空调系统制式后，可为在城市建筑物密集区域内设置车站的风道和风井提供更多和更灵活方案，减少拆迁工作量，车站各通风系统运行独立、无干扰。

6.2.3.3 提供友好、舒适的乘车环境

采用屏蔽门通风空调系统，可基本消除活塞风带来的吹风感以及隧道的灰尘和异味，对车站公共区的空气质量控制较为有效。

全封闭站台门具有一定的隔声作用，设有全封闭站台门的站台公共区的噪声比设有全高站台门的站台公共区噪声有所下降。根据对已运营的北京地铁某换乘站一侧采用闭式通风空调系统和另一侧采用屏蔽门通风空调系统的站台公共区进行现场噪声、风速和空气质量等项目的测试，结果表明屏蔽门通风空调系统优于闭式通风空调系统，设有全封闭站台门的站台噪声值较设有全高站台门的站台噪声降低6dB。

6.3 8A 编组车站站台公共区火灾防排烟系统方案优化

北京地铁16号线典型地下车站站厅公共区长度为110～120m，站台公共区长度186m，在站台布置4组楼扶梯。

车站公共区采用全空气一次回风的屏蔽门通风空调系统。在车站站厅两端通风空调机房内分别设置组合式空调机组、回/排风机、专用排烟风机、小新风机，以排除公共区的余热和余湿，保证公共区的温湿度和空气质量达到设计标准，为乘客提供舒适的候车环境。该系统能满足空调季小新风、全新风及非空调季的通风运行工况。

车站公共区设置专用排烟风机，回/排风管兼作车站排烟风管。排烟风机布置在车站两端的通风空调机房内，分别负责车站公共区相应防烟分区的防排烟功能。

当站台层发生火灾时，关闭站厅层排风管，开启车站排烟风机进行排烟，开启站厅送风机进行补风，同时开启车站两端的区间事故风机及排热风机，关闭轨底排热风道，开启车站站台门局部滑动门使站厅到站台间的楼梯和扶梯口部形成向下不小于1.5m/s风速的气流，站台内人员迎着新风方向通过楼扶梯疏散至站厅，并通过站厅出入口向地面疏散。

6.3.1 车站站台公共区火灾排烟方案分析

6.3.1.1 16号线标准车站站台公共区火灾排烟量

以16号线标准车站为例，站厅站台公共区共设置4个防烟分区，分别在公共区中部设挡烟垂壁，将站厅、站台分别划分为两个防烟分区，每个防烟分区的计算排烟量根据该防烟分区的建筑面积按$1m^3/(m^2 \cdot min)$计算（16号线执行《地铁设计规范》GB 50157—2013）。站台火灾时，风量在满足排除烟量的同时保证站厅到站台的楼梯口和扶梯口处具有能够有效阻止烟气向上蔓延的气流，且向下气流的速度不小于1.5m/s。

楼扶梯口保持1.5m/s风速所需的最小计算排烟量：

选取本线标准两层车站进行分析，如图6.3-1所示，公共区设置四组楼扶梯，为保持楼梯口1.5m/s风速，需要的最小理论排烟量为103.2 m^3/s。

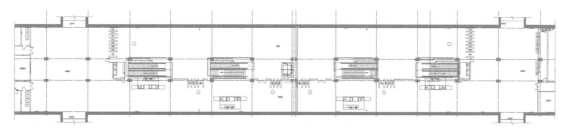

图 6.3-1　8A 编组地下车站站厅层楼扶梯布置图

站台辅助排烟量是指，需要补充站台火灾计算排烟量与为满足站台楼扶梯口向下气流不小于 1.5 m/s 风速所需最小理论排烟量之间的差值排烟量。

6.3.1.2　国内站台火灾排烟常见辅助措施

目前国内设置全封闭站台门的站台公共区火灾排烟时，为实现楼梯口 1.5m/s 风速向下气流的要求，常采用设置集中排烟口方案、开启全封闭站台门端门方案、开启一侧站台门滑动门方案、全封闭站台门上方设置可开启风阀方案和开启一侧部分站台门滑动门方案作为辅助排烟措施。

6.3.1.3　16 号线站台火灾辅助排烟措施适用性分析

（1）设置集中排烟口或集中排烟风管

在站台独立设置排烟风管及排烟风口，隧道排热风机通过独立排烟风管辅助，将站台公共区的烟气排至室外（图 6.3-2）。

集中排烟口设置在站台端门隔墙处，从部分工程的热烟试验所反映的烟气分布情况来看，在端部设置集中排烟口，烟气在该位置大量聚集，当与楼扶梯口距离较近时，受到楼扶梯口部向下气流的冲击影响，造成疏散人流与烟气共存的风险。

结合 16 号线站台楼扶梯设置方案，采用此方案时，除会导致最外两侧扶梯有烟气下沉的情况外，还会导致最外两组楼扶梯风速较高、中间两组楼扶梯风速较低（不满足 1.5m/s）的情况。为解

图 6.3-2　车站设集中排烟口的辅助排烟措施

决此问题，将辅助排烟风管引至中部楼扶梯附近，虽可提高每组楼扶梯的风速，但是新增管路势必对站台管线布置带来较大影响。

集中排烟管道的风量与排热风机工频运行的 50 m³/s 风量一致。根据排烟风管风速不大于 20m/s 计算出排烟风管的截面积为 2.5m²，风管尺寸为 3200mm×800mm。排烟口的风速不大于 10m/s，考虑风口 0.7 的过风系数，需要的风口面积为 7.2 m²。当集中排烟风管从站台设备区中跨进入公共区时，受到站台中跨的楼梯间及强弱电井布置的影响，无法从中跨直接进入

公共区。当集中排烟风管从站台设备区两侧的走廊进入公共区时，受设备区边跨走廊敷设的各专业管线影响，风管从站台设备区中跨引至走廊处的管线标高无法满足2.4m的净高要求，因此边跨无空间布置集中排烟风管。

综上所述，北京地铁16号线在站台独立设置排烟风管及集中排烟风口方案不具可行性。

（2）开启全封闭站台门端门

开启全封闭站台门端门作为辅助排烟措施是指，当站台公共区发生火灾时，车站值班人员经现场确认火灾，人工开启车站站台门的端门，通过隧道风机进行辅助排烟，确保楼扶梯口部风速要求（图6.3-3）。

图6.3-3　全封闭站台门的端门

站台火灾时，开启隧道风机提供站台辅助排烟，经计算，为满足楼梯口风速要求所需开启站台门的面积，远大于站台门端门可开启的面积。因此，单独开启站台门端门的辅助排烟措施不能保证楼梯口风速的要求。

（3）轨顶风道侧开排烟风口

将轨行区上方的轨顶排热风道的风口设为电动百叶风口，在轨顶排热风道靠近站台公共区侧设置电动集中排烟口。正常工况下，车站排热兼排烟风机开启，电动百叶风口开启，集中排烟口关闭。当站台火灾时，车站排热兼排烟风机开启，电动百叶风口关闭，集中排烟口开启，对站台进行辅助排烟。

当利用轨顶风道进行站台排烟时，因排热（烟）风机风量为50m³/s，排烟口风速10m/s，因此总过风面积为5m²，考虑风口0.7过风系数，需要的总集中排烟风口面积为7.2m²。当轨顶风道的高度为900mm，选用800mm×500mm风口，经计算单侧轨顶风道侧面需要开启电动排烟风口个数为18个。

车站两侧轨顶风道共设置164个电动风口，其中128个为正常工况的电动排热风口，36个为事故工况下的电动排烟风口。在站台火灾模式下，全部电动排热风口需要关闭，全部电动排烟风口需要开启，大量风阀进行开关的转换，发生故障的几率较高，辅助站台排烟的可靠性差。同时站台层综合管线紧贴轨顶风道侧布置，轨顶风道侧面安装的电动排烟风口易与管线冲突，并遮挡排烟风口影响辅助排烟效果。受列车活塞风压对电动排热风口的冲击影响，风阀叶片容易松动，出现封闭不严的问题。同时，为了运营的安全性，电动风口的执行结构须在轨顶风道内侧安装，造成后期的维修困难。

因此，轨顶风道侧开排烟风口的辅助排烟措施较难实现。

（4）设置可开启站台门

在全封闭站台门上方增设电动百叶风口，当站台发生火灾时，开启全封闭站台门上方的电动百叶风口，利用隧道风机对站台进行辅助排烟。经计算，两侧站台门共需设置120个电动百叶。

电动百叶长期受列车运行活塞风双向风压（受拉及受压）的影响，风阀密封性降低、漏风量增加，活塞风经过狭长的缝隙产生啸叫噪声，并因漏风量增加影响站台公共区空调负荷。在地铁16号线工程设计之初，该方案尚未成熟，因此未被采用。

（5）开启站台门的部分滑动门

站台公共区发生火灾，开启事故风机、排热风机及相应的电动组合风阀，并开启车站站台门的部分滑动门进行辅助排烟，站台烟气通过站台门的滑动门进入轨行区，经过事故风机及排热风机后排出室外，站台补风利用站厅送风机及出入口补充室外新风（图6.3-4）。

经计算，车站站台火灾，需开启两侧共16扇全封闭站台门的滑动门。

图 6.3-4　站台门滑动门现场图

（6）推荐方案

综上所述，16号线采用站台火灾时开启站台门部分滑动门的方案。两侧站台首末各四道滑动门通过 IBP 盘远程开启，在站台公共区两端的端墙上设置就地操作按钮，能够实现就地开启，就地控制具有优先级，并在滑动门上方设置声光报警装置。

6.3.2　火灾时开启的滑动门设置位置分析

当站台发生火灾时疏散客流在楼梯口附近集中，因楼扶梯处与站台间距较小，为了尽量避免出现该处乘客被挤下轨行区，所开启的滑动门应尽量远离楼扶梯口部。

站台单侧共设40道全封闭站台门的滑动门，滑动门的编号见图6.3-5。车站站台设置4组楼扶梯，第一组楼扶梯在第11扇滑动门附近，第二组、第三组和第四组楼扶梯分别在第15、第25和第34扇滑动门附近。编号1～4号的滑动门和编号37～40号滑动门距楼扶梯较远，疏散时滑动门开启对乘客影响较小。因此站台火灾时，开启两侧序号为1、2、3、4及37、38、39、40号的站台门滑动门，即总共16扇滑动门。

第6章
设备系
统设计
关键技
术

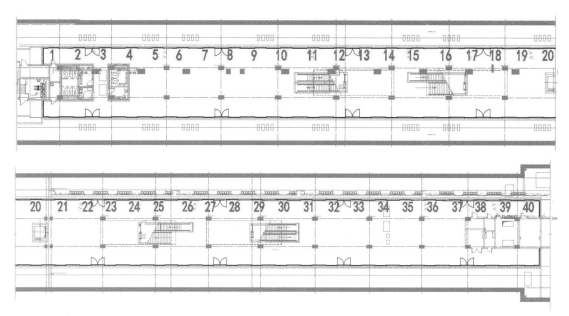

图 6.3-5　全封闭站台门布置图

6.4　视频通信系统综合优化，提升运维安全

6.4.1　全数字高清视频监视应用，实现地铁数字化、高清化与智能化

视频监视系统作为地铁运营管理自动化的配套设备，是运营维护和保证运输安全的重要保障手段，能够为控制中心的调度员、各车站值班员、列车司机等提供有关列车运行、防灾救灾、旅客疏导以及社会治安等方面的视觉信息。全数字高清视频监视系统采用全数字化的图像平台，图像的监视调看更加灵活，网络扩展方便，图像质量清晰，是地铁行业应用发展的必然，具有数字化、高清化、智能化的特点。

（1）数字化

传统的监控采用模数结合方案进行建设，这种传统的建设模式在集中监控、资源统一调配、突发事件多人实时调看、跨线运营调看图像、存储时间、图像存储安全、系统可维护性、功能易扩展性等方面，已很难满足新的需求。系统采用全数字IP组网架构，具备了IP化的优点，对增加摄像机、调看终端以及系统对接均易于实现，扩容简单。

（2）高清化

高清视频监控在近年来得以迅速发展主要是为了解决人们在正常监控过程中"细节"看不清的问题。在地铁中应用高清摄像机，充分利用其特点加大单个摄像机覆盖区域。1080P分辨率的高清摄像机所固定监视的区域大致相当于5台普通清晰度摄像机（4CIF或D1图像质量）的监视区域。也就是说，即若将其监视画面中任意约1/5的小区域放大到满屏显示时，其显示时的视在分辨率与一台普通清晰度摄像机输出满屏图像时的分辨率相当，可以在一定程度上减少摄像机的数量。此外，高清摄像机还可以获得更多的视频监控信息，方便对图像进行智能分析（图6.4-1）。

（3）智能化

公共安全中对于防护等级较高的地铁系统，通过辅助智能分析，在重点监控部位进行全天候监控，针对物品遗弃、危险区域报警、违规闯入等重要行为事件进行分析，并结合相关报警联动动作，提醒监控人员及时有效地处理，可提高线路运营安全，满足反恐维稳需求。

通过与网络技术、软件技术的有机结合，基于视频数字化的地铁视频监视

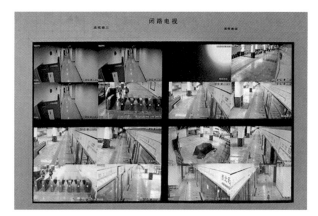
图 6.4-1　车控室高清视频图像监视画面

系统，大大提高了传输设备的利用效率。功能先进、性能可靠、扩展简单、操作方便是地铁数字化视频闭路电视监控系统的显著特点。另外，通过采用数字图像处理技术，数字化的视频监控系统还可实现视频监控的智能化，实现入侵检测、报警联动等功能。

6.4.2　全数字高清视频监控系统设计

随着反恐、运营监视需求的增加，对摄像头数量和视频存储时间提出了更高的要求。由于8A编组车站规模较大，城区内车站的出入口较长，同时根据《北京市轨道交通运营安全条例》的要求，摄像机点位数量较过去线路成倍增长。16号线设计为解决摄像头点位多、线缆多的问题，在摄像头的安装位置、接入方式等方面进行了优化；为解决存储设备增加的问题，从编码格式和存储备份方式等方面进行了优化。

6.4.2.1　摄像头安装位置

北京地铁16号线作为北京市第一条8A线路，依据现行《北京市轨道交通运营安全条例》等要求，将地铁车站覆盖区域分为重点覆盖区域和一般覆盖区域两类。重点覆盖区域为公共区及换乘厅等客流走向区域；一般覆盖区域为设备区走廊及机房、站前广场、附属设施（风亭等）。

（1）摄像头分类

依据摄像机监视范围不同，将摄像机分为六类：全局摄像机、设备设施摄像机、抓拍摄像机、补点摄像机、机房摄像机和附属设施摄像机（表6.4-1）。

摄像机分类表　　　　　　　　　　　　　　　　　　　　　　　　表6.4-1

序号	名称	安装位置	监视范围及目的	代码
1	全局摄像机	站厅、站台、出入口通道、换乘通道、设备区走廊	用于监视区域整体情况的摄像机，覆盖范围较大，主要监视客流及人员运动情况，需要拍摄清楚人员运动轨迹、突发情况等	Q
2	设备设施摄像机	AFC闸机、安检、售补票亭、自助售票机、垂梯、楼扶梯、站台门、冷却塔、风亭等处	用于监视某一设备设施的摄像机，覆盖范围较小，主要监视设备设施的运转情况、设备设施相关人员的操作情况及使用设备设施的乘客情况，同时需拍摄清楚人员操作动作	S

序号	名称	安装位置	监视范围及目的	代码
3	抓拍摄像机	出入口楼扶梯、进站闸机、厅台连接楼扶梯	用于监视部分关键位置的摄像机，主要用于拍摄乘客正面图像及相关行为动作，可抓拍乘客正面图像	Z
4	补点摄像机	站厅、站台、出入口等车站公共区	在全局摄像机及公共区设备设施摄像机外，在车站公共区根据各部门需求增加的摄像机，覆盖范围根据需补盲的范围而定，主要监视客流及人员运动情况，需要拍摄清楚人员运动轨迹及突发情况	B
5	机房摄像机	设备机房	用于监视进出机房人员的摄像机，同时尽量兼顾监视设备运行状态	J
6	附属设施摄像机	地面风亭、冷却塔处	监视地面风亭、冷却塔情况，维护人员进出冷却塔情况，非维护人员异常侵入情况	F

（2）摄像头布置方案

1）公共区及换乘厅等客流走向区域

首先，在AFC闸机、售票机、售票亭、安检机、垂直电梯、楼扶梯、站台门等设备设施处，布置设备设施摄像机。

其次，为满足反恐需求，在整个客流走向区域，需保证乘客从进入车站至站台乘车离开本站的过程，可捕捉到进站人员正脸3次，分别在出入口楼扶梯、进站闸机、厅台连接楼扶梯设置抓拍摄像机（可与设备设施摄像机合设）。

再次，在站厅公共区域，双柱站两边跨区域及单柱站两跨区域（双柱站按结构分为三个区域，单柱站按结构分为两个区域）采用摄像范围接力方式监视，每25～30m设置一个全局摄像机。在站台公共区，由为站台门布置的设备设施摄像机进行全局覆盖，不再设置全局摄像机。

最后，考虑到公共区全覆盖原则，为避免摄像头被柱子、设备设施遮挡，双柱站在中间区域公共区与设备区隔墙上各设1台补点摄像机；在站台层，以楼扶梯、垂梯为界，分为几个区域，每个区域设置2台对射补点摄像机（图6.4-2）。

因16号线车站采用棚顶综合管廊技术，将车站空间尽可能多地还给乘客。若摄像头吊杆过多，会给乘客造成车站上方吊杆林立、杂乱无章的感觉，同时也使乘客产生了被监控的压力。为解决摄像头吊杆过多的问题，在满足覆盖要求的前提下，车站内摄像头与装修进行

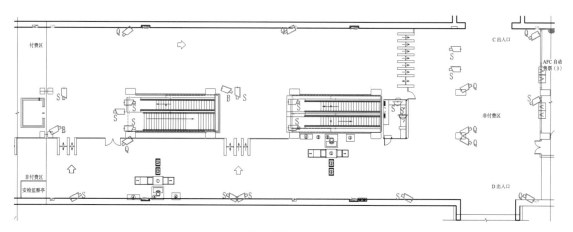

图6.4-2　站厅层摄像头终端布置图

图 6.4-3　摄像头与导向整合的龙门架安装方式

深度结合设计,采用"壁挂式为主,悬吊式为辅"的设计方法,尽量结合侧墙及柱子,采用壁挂方式安装摄像机,楼扶梯处与导向牌相结合,采用龙门架方式安装摄像机,使车站上方空间更加简洁(图 6.4-3)。

　　2)设备区走廊及机房

　　在车站综控室、综控设备室、专用通信设备室、警用通信设备室、民用通信设备室、信号设备室、信号电源室、AFC 设备室、站台门设备室、变电所控制室、电源整合室、人防控制室、消防泵房各设置 1 台机房摄像机,在高、低压配电室各设置 2 台机房摄像机,用于监视进出机房及设备运行情况。

　　在设备区走廊每 20～25m 处,设置 1 台全局摄像机,用于监视进出设备区情况;在设备区走廊纵向连接处,设置 1 台补点摄像机(图 6.4-4)。

第 6 章
设备系
统设计
关键技
术

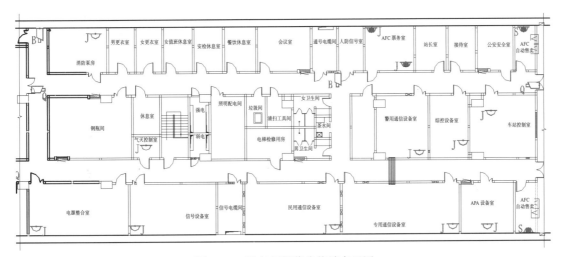

图 6.4-4　设备区摄像头终端布置图

3）出入口通道

在楼扶梯、垂梯等处设置设备设施摄像机，在出入口通道每 25～30m 设置 1 台全局摄像机，在拐弯处平台设置 1 台补点摄像机。

4）站前广场

在车站出入口设置 1 台全局摄像机，覆盖站前广场区域，摄像机安装于靠近公路位置、无树木等遮挡的区域，用于监视站前区域的情况、乘客进站及排队的情况、限流时的情况。

5）附属设施

在冷却塔、地面风亭设置设备设施摄像机，监视冷却塔情况、维护人员进出冷却塔情况以及非维护人员异常侵入情况。若站前广场摄像机可覆盖冷却塔 / 地面风亭时，无需单独设置冷却塔 / 地面风亭摄像机。

6.4.2.2 摄像头分布式接入方式

（1）分布式接入方案

北京地铁 16 号线标准两层车站长度约为 265m、三层车站长度约为 210m。依据现行《北京市轨道交通运营安全条例》的要求，因摄像头数量增加，导致线缆数量增加。如果所有摄像头均从专用通信机房敷设线缆，会给机房线槽空间和配线柜内部空间带来巨大压力，给施工造成困难，也不利于后期维护。为解决机房线缆过多的问题，摄像头采用分布式接入方式，在远离专用通信机房一侧的设备区小端设置综合配线间，布设视频监视系统交换机。将靠近小端设备区的 25～35 台摄像机通过交换机汇聚后，经 2 根光缆接至专用通信机房，使得由专用通信机房至设备区小端的线缆数量从 25～35 根减少至 2 根，整体上减少了专用通信机房线缆敷设数量（图 6.4-5）。

第 6 章 设备系统设计关键技术

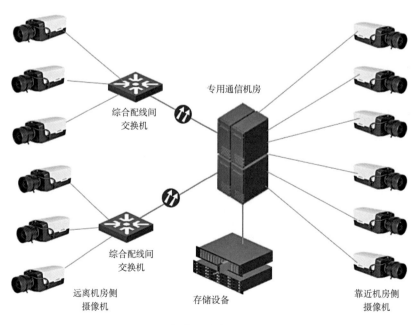

图 6.4-5　摄像头分布式接入示意图

（2）设备机房布线方案

随着《北京市轨道交通运营安全条例》的颁布以及 16 号线 8A 编组导致的车站规模增加，视频监视系统的摄像机数量成倍增长，线缆数量也随之增加。由于防静电地板下线槽路由空间限制较多、线缆数量不断增加，引起工程施工时布线困难增大，产生灰尘大、不易维护、不利于消防等问题，下走线方式在机房平面布局和未来变化中也缺乏灵活性。

上走线的应用越来越多，与机房规模不断升级、用户对维护管理的重视等密不可分。北京地铁 16 号线通信机房采用了"强电下走线、弱电上走线"的布线方式。采用吊顶桥架布线，对于线缆数量多的数据信息机房，易于维护和管理且理线美观。弱电上走线后，可以消除由于强、弱电线缆距离不足产生干扰的问题，同时使防静电地板下方线缆占用空间更少，空调的送风效率得到提升，减少能耗。采用终端线缆上走线方式，降低线缆敷设难度，便于维护保养（图 6.4-6）。

图 6.4-6　专用通信机房现场照片

6.4.2.3　图像编码及储存

（1）图像编码

结合《北京市轨道交通运营安全条例》等新的需求变化，车站增加了大量高清摄像头，摄像头录像存储时间也由原来的保存 15 天增加至保存 30 天，因此存储设备增加较多，对视频监视系统设备投资影响较大。按照每站 200 路摄像机，摄像机采用 H.264 码流，总存储时长为 30 天，恒定码流系数为 1.1、存储冗余系数为 1.1 计算，根据图像编码格式不同，每台摄像机图像数据速率为 2 ～ 12Mbps，则每站存储资源需求约为 150 ～ 900T 不等。为解决存储设备增加数量较多的问题，且考虑节省工程投资，本工程从图像编码格式和储存方式上进行深入研究，采用了最适用于本工程的 H.264 编码格式和 IP SAN 存储方式。

目前比较成熟的图像压缩编码有多种方式，比较适合地铁视频监视系统图像质量要求的主要有 M-JPEG、MPEG-2、MPEG-4、H.264 四种编码方式。M-JPEG 单帧清晰度高，但占用带宽高（12～16Mbps）；MPEG-2 动态清晰度高，占用带宽较高（6～8Mbps）；MPEG-4 占用带宽少，但画面饱和率较差（128Kbps～2Mbps）；H.264 图像质量好，所需带宽相对较小（4～8Mbps），适用于高清图像的编码，可支持 720P 甚至 1080P 的高清编码。H.264 可根据不同的用途进行不同速率的编码，是效率最高的编码方式。因此 16 号线工程采用了 H.264 编码方案，每台摄像机图像数据速率为 6Mbps，单站存储资源需求约为 450T。

（2）图像存储

北京地铁 16 号线视频监视系统采用全数字高清方案，具有摄像机数量多、监控时间长、采集数据的时间长（30 天）等特点。本系统中的存储设备在数据读写方式上具有以下特点：

1）高清摄像机以流方式写入数据，实时存储监控点的图像和画面，存储的文件类型为流媒体文件，因此控制中心通过网络进行录像回放（检索服务器）也会以流方式来读取已存储的视频文件。这种读写方式与数据库系统存储、文件服务器存储采用的小数据块读写或文件传输读写方式有着根本的区别，不能采用数据库系统等常用的存储设备。

2）地铁摄像机基本上全天候连续工作，视频数据读写操作的持续时间长，同时为了保证视频采集过程中和回放过程不会发生丢帧现象，存储系统必须要有足够的带宽。

3）除了数据读写时间长外，由于视频采集过程中，视频文件格式一般都不会发生变化，且码率保持恒定，因此视频监视系统的读写操作还具有码率恒定的特点，也就是带宽恒定的特点。

4）由于车站监控摄像机数量多，图像存储时间长，因此必须支持大容量存储需求，且容量应具有高扩展性，满足大容量存储和今后系统前端扩展的需求。

目前常用的高清视频存储方式主要有 DAS（直接连接存储）、NAS（网络附加存储）技术、SAN（存储区域网络）三种方式。

DAS 特点是存储架构简单，但存储设备与服务器直接相连，导致连接的存储设备及其存储的数据有限，而且整个系统中的数据分散，共享和管理比较困难。同时 DAS 方式无法实现物理存储设备对多服务器的物理共享，且随着系统整体存储容量的增加和使用存储资源服务器数量的提升，造成存储设备管理、维护以及应用软件开发的成本增加。

NAS 存储设备功能上独立于网络中的主服务器，不占用服务器资源。NAS 设备直接通过网络接口连接到网络上，做为网络的一个节点存在，简单地配置 IP 地址后，就可以被网络上的用户共享使用。由于 NAS 设备直接接入到网络中，所以整个系统的扩展性好，而且 NAS 设备提供硬盘 RAID、冗余电源、控制器，可以保证稳定运行。但 NAS 需要网络进行备份和恢复，需占用宝贵的网络带宽资源。

SAN 存储区域网络，即建立了一个专用区域网络来连接所有存储资源和要访问这些存储资源的服务器，实现存储资源的物理共享。SAN 是一种将存储设备、连接设备和接口集成在一个高速网络中的技术，它本身就是一个存储网络。在 SAN 中，所有的数据传输在高速网络中进行，其存储实现的是直接对物理硬件的块级存储访问，提高了存储的性能和升级能力。SAN 采用高安全性的存储阵列，支持 RAID，确保存储图像的安全性，提高了存储系统长时间连续工作能力，其在综合网络的灵活性、可管理性和可扩展性的同时，提高了存储 I/O 的可靠性。

经过对以上几种存储方式的比选，SAN 在传输速率、可靠性、可扩展性和可管理性方面具有较大优势。IP-SAN 是架构在 IP 网络上的存储网络，通过 IP 网络来传输数据，北京地铁16 号线大容量传输系统提供的网络通道，可以使 IP-SAN 的建设更加节省成本，更好地实现资源共享。

6.4.3 PTN 双平面技术应用，实现"柔性"传输

随着高清视频技术和智能分析技术在地铁上的逐步应用，以及北京市安防全覆盖需求，系统容量需求大，地铁专用通信传输骨干网的能力必须与之匹配，20G 甚至 40G 骨干网络建设已经成为当下国内地铁建设的普遍共识。

北京地铁 16 号线以太网技术承载的业务需求多，如专用无线、视频监控、PIS、广播、时钟、AFC、综合监控等均采用以太网接口，只有专用电话仍需采用 TDM 技术承载。

由于视频监控系统异地容灾备份以及大量图像视频调用需求，以太网业务承载单通道带宽要求较高，16 号线对以太网业务承载单通道带宽需求已大于 1Gbps。

根据地铁传输网络所需承载业务的系统功能要求和特点，考虑为不同的业务分别提供最适合的承载方式，并将这些承载方式合理地集成一体，最大程度满足所承载业务的需求及最大限度节省项目投资，目前适用于地铁传输系统有 MSTP、PTN 双平面（MSTP+）和 PTN 三种制式。三种传输技术制式对比详见表 6.4-2。

传输制式对比表　　　　　　　　　　　　　　　表 6.4-2

序号	对比内容	MSTP	PTN 双平面（MSTP+）	PTN
1	传输媒介	单模光纤	单模光纤	单模光纤
2	通道分配	非阻塞 / 无阻塞 （拥塞可控制）	非阻塞 / 无阻塞 （拥塞可控制）	非阻塞 / 无阻塞 （拥塞可控制）
3	技术水平	成熟技术	成熟技术	非成熟技术
4	组网灵活性	灵活，扩容方便	灵活，扩容方便	灵活，扩容方便
5	TDM 业务支持	强	强	强
6	保护倒换时间 （非以太网共享业务）	<50ms	<50ms	<50ms
7	保护倒换时间 （以太网共享业务）	<50ms	<50ms	<50ms
8	用户接口	丰富	丰富	丰富
9	带宽利用率	高	高	很高
10	国产化程度	高	高	较高
11	厂家支持	多家	多家	多家
12	互联互通	容易	容易	容易
13	造价	较高	较高	较高

第 6 章
设备系
统设计
关键技
术

根据其他各系统对传输系统的业务需求分析，各系统业务的 IP 化使得传输网络业务模式正在发生从电路业务为主到以分组业务为主的质变，随着视频监视、综合监控、乘客信息等业务量大、突发性强的系统快速发展，IP 分组业务占据了地铁传输领域的绝大部分带宽，即 TDM 传送将逐步减少，而分组传送将占主导地位。采用 PTN 双平面（MSTP+）方案能够很好地适应这种变化，TDM 和 IP 分组业务同时处理。考虑到地铁建设周期较长，随着地铁的建设，TDM 技术逐渐被 IP 分组业务取代，新技术如 PTN 等产品适合于 IP 业务且会不断完善，随着大规模的应用，系统设备价格及维护费用也会随之降低，因此单纯的 MSTP 技术已经不能满足地铁未来业务的发展。

PTN 双平面技术，是在 IP 业务和底层光传输媒质之间设置了一个层面，它针对分组业务流量的突发性和统计复用传送的要求而设计，以分组业务为核心并支持多业务提供，具有更低的总体使用成本（TCO），提供更加适合于 IP 业务特性的"柔性"传输管道，在 IP 层面的通道保护切换可以在 50 毫秒内完成，可以实现传输级别的业务保护和恢复；同时秉承光传输的传统优势，包括高可用性和可靠性、高效的带宽管理机制和流量工程、便捷的 OAM 和网管、可扩展、较高的安全性等。该技术保留了 MSTP 固有的 TDM 交叉能力，即能满足话音业务的需求，又能满足不断增加的 IP 业务需求，实现在大带宽下，网络和业务的综合化。

PTN 双平面技术是顺应 IP 业务流量高速增长而出现的一项技术，其完全融合并支持 TDM 业务与以太网业务，能够支持 CE（电信级以太网），其理念与目前地铁领域传输系统的发展是相吻合的。北京地铁 16 号线工程为北京首条采用 MPLS-TP 技术 PTN 设备的线路，采用传输通道具备物理隔离的分组 OSN7500II 光传输设备构建通信传输平台。本传输系统为二纤双向环网，在全线 29 个车站、1 个车辆段、1 个停车场以及 1 个控制中心分别设置传输设备，利用隧道两侧敷设的光纤，组成 2 个带宽为 30Gb/s 的二纤双向保护环，2 个环在控制中心与车辆段备用控制中心相交（图 6.4-7）。

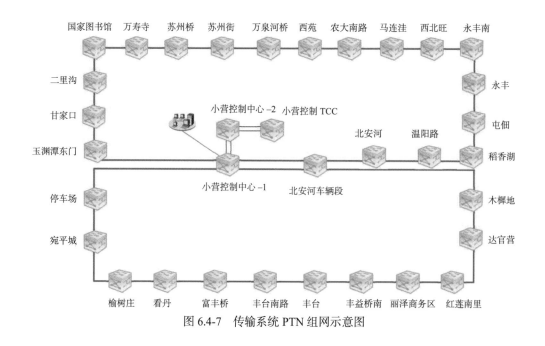

图 6.4-7　传输系统 PTN 组网示意图

6.5 自动化车辆段信号系统应用技术

在国内地铁线路中，车辆段内一般采用计算机联锁设备单独控制，不配备列车自动防护/列车自动运行（ATP/ATO）设备，列车自动监控（ATS）设备对车辆段作业仅监视，不控制。车辆段内设置调车信号机，所有作业均为调车作业形式，驾驶模式采用限制人工驾驶（RM）或非限制人工驾驶（NRM）模式，司机以地面信号机显示作为行车凭证，人工保证行车安全。

车辆段内每天需要进行大量的列车进出段作业，在联锁办理完成调车进路后，完全由人工来保证列车运行过程中的安全。这种方式存在司机工作量大以及可能因操作失误导致闯信号等问题。

北京地铁16号线工程采用自动化车辆段信号系统，车辆段配置自动化运行区域，列车在自动化区域具备CBTC级别下的ATP/ATO功能以及ATS监控功能，在列车升级CBTC后，由信号系统防护列车运行安全，并能够以ATO运行模式自动完成列车进出段作业。

6.5.1 自动化车辆段信号系统设备配置

北京地铁16号线北安河车辆段配置独立的ZC设备、CI设备、ATS设备及车载ATP/ATO设备，与正线设置的DSU设备（包含车辆段电子地图）共同组成完整的ATC系统。车辆段的停车列检库及自动化控制区域均设置无线接入点（AP）以实现无线覆盖，保证列车以CBTC级别进入自动化区域。列车根据运营需求选择在自动化控制区域的运行级别。

实现该功能需要配置的设备如下：

（1）ZC设备。负责根据CBTC列车所汇报的位置信息以及联锁所排列的进路和轨道占用/空闲信息，为其控制范围内的CBTC列车计算生成移动授权（MA），保证其控制区域内CBTC列车的安全运行。

（2）联锁设备。负责完成管辖区域内的所有联锁功能以及与轨旁ZC之间的接口和数据传输。

（3）数据通信子系统（DCS）设备。包括信号系统间通信的骨干网设备以及用于段内车地通信的AP、天线。

（4）车站ATS分机及现地控制工作站、ATS派班工作站及附属设备，用于实现车辆段的ATS监控功能。

（5）在自动化区域的库前设置2个无源应答器用于定位升级，在段内设置数个无源应答器用于位置校正，保证每列车在出段时至少能经过1个应答器完成位置校正。

6.5.2 自动化车辆段信号系统主要功能

6.5.2.1 车辆段的ATS监控

ATS子系统自动完成并实现列车在正线和车辆段内列车识别号的连续追踪。具备在车辆段转换轨处停车/不停车情况下的自动赋予列车识别号功能，并且 ATS 子系统能够根据出入库计划自动触发停车列检库至转换轨之间的列车进路，以提高车辆段出入库运行效率。

6.5.2.2 信号显示

16 号线采用列调分离的方案，车辆段内设置列车进路和调车进路，CBTC 列车运行采用列车进路控制，非 CBTC 列车运行采用列车进路或调车进路方式。进段列车信号机显示列车信号，为红绿黄三显示。进出库列车信号机、段内区间信号机显示列车兼调车信号，为红白黄三显示。调车信号机显示调车信号，为蓝白两显示。

6.5.2.3 ATS 出/入库自动控制

ATS 子系统根据出/入库计划中指定的列车进入正线运营时间，提前若干时分（可配置），自动触发到转换轨的列车进路，列车运行至转换轨处后，再根据正线列车计划，自动匹配正线车次号，按照正线列车计划正常运营。

当列车正线运营结束，回到转换轨停稳时，ATS 子系统根据出入库计划中指定的列车回库时间，自动触发到停车列检线的列车进路，列车运行至停车列检线处后，列车的运行任务标识被清除。

6.5.3 控制模式

车辆段内划分有自动化控制区域和非自动化控制区域，其中自动化控制区域纳入 ATC 系统的控制范围。

6.5.3.1 ATP/ATO 控制模式

车辆段信号系统具备 CBTC 级别的 ATP/ATO 功能。车辆段的自动化控制区域内列车可采用 CBTC 下的 AM 模式和 CM 模式、限制人工驾驶模式（RM 模式）或非限制人工驾驶模式（EUM 模式）运行；非自动化控制区域内列车采用限制人工驾驶模式（RM 模式）或非限制人工驾驶模式（EUM 模式）运行。

车辆段的 CBTC 列车运行根据 ZC 计算的移动授权控制列车运行。对于进列检库，移动授权终点到列检库库前平交道口出库信号机处。CBTC 列车可运行至移动授权终点前提示降级，由司机转换驾驶模式为 RM 后，人工驾驶入库停车。对于出库列车，移动授权终点到出段信号机后方保护区段处。

列车在运行过程中，信号系统实时监控进路中轨道、道岔状态，若前方轨道区段占用或道岔未锁闭在规定位置，则通知列车紧急制动，并需降级为 RM 模式后由司机驾驶。

6.5.3.2 ATS 控制模式

车辆段 ATS 监控存在中控、站控、紧急站控三种控制模式。

（1）中控模式

中控指 ATS 系统工作正常时，此时需要点击"中控"，将 ATS 系统切换到"中控"模式，此时 ATS 控制权转由中心控制。ATS 子系统根据行车计划，自动执行相应的控制，实现系统的全自动工作模式。此时控制权在中心，中心调度员具有所有调车及列车进路监控权，车辆段值班员仅具有监视权。ATS 系统可以按照当天出入库计划自动办理列车进路和调车进路，也可由调度员将列车进路转为人工控制，人工办理列车进路及调车进路。

（2）站控模式

站控指 ATS 系统工作正常时，此时需要点击"站控"，将 ATS 系统切换到"站控"模式，此时现地工作站作为 ATS 子系统在车辆段的终端，提供 ATS 子系统车站级别的所有功能。此时控制权在车辆段，值班员具有监控权，值班员可以对车辆段内所有调车及列车进路进行人工办理。此时中心只具有监视权。

（3）紧急站控模式

紧急站控指车站操作人员点击"紧急站控"，将联锁系统切换到"紧急站控"模式，此时转为联锁的上位机操作，提供联锁的全部功能操作，ATS 相关的控制功能将无法使用。此时控制权在车辆段，值班员具有监控权，可以对车辆段内所有调车及列车进路进行人工办理。

6.5.4　小结

车辆段内分为两种作业：

（1）在日常运营的进出段的转换轨与停车列检库之间，采用带 ATP 防护的人工驾驶或者 ATO 自动驾驶的列车作业。列车可以在停车列检库内进行模式转换，一次性进出正线。

（2）各种联合库、工程车库、内燃机库等位置，采用调车作业，驾驶模式为 RM（ATP 限速 25km/h）或 EUM 模式。

根据以上分析，自动化车辆段信号系统的应用可实现如下作用：

（1）在转换轨（出入段线）与停车列检库之间的运营列车进出段作业由 ATP 防护行车安全。

（2）日常运营列车可采用 ATO 驾驶模式进出车辆段，降低司机人员的劳动强度。

（3）车辆段作业可采用车辆段本地控制，也可纳入控制中心控制，实现全线由控制中心统一管理。

因此，北京地铁 16 号线列车在车辆段实现自动化运行，有利于提高地铁的运行效率，降低人员的劳动强度，达到节能环保和可持续发展的目的。

6.6　供配电系统节能技术应用，推动地铁绿色节能

6.6.1　集中式电源整合

地铁弱电设备种类繁多、系统庞大，如通信、信号、各类设备监控系统、自动售检票、站台门等系统，对供电质量或供电可靠性要求较高，且在供电系统发生故障失电时，还需要配备紧急后备供电电源，在一定时间内为这些系统设备提供应急处理用电。

在以往的地铁工程中，各弱电系统分别独立设置后备电源，以保证本系统可靠的后备供电。各系统分开设置后备电源，可对本系统配电设备自行管理，针对性较强，可靠性也较好，可以避免单机故障造成其他弱电系统电源瘫痪。但由于独立设置需大量的配电柜和蓄电池，投资高，电源室数量也较多，车站电源室总占地面积相对较大。

随着电力、电子设备制造工艺和应用技术的发展，大容量电源系统和先进控制技术在通信和电力系统中成熟使用，这为地铁工程中实现对各个电源系统的整合提供了有利条件。为了解决蓄电池的集中维护和冗余配置的问题，16号线采取可维护性高、可实施性强的直流电源整合的技术方案。

6.6.1.1　技术经济分析

16号线直流电源整合系统集中设置高频开关充电模块和蓄电池，便于对蓄电池进行统一维护，可以设置专业维修部门，可维护性较高。相对于各专业分散设置后备电源，减少了硬件重复配置，降低了蓄电池容量，减少了占地面积，适合在地铁工程中广泛应用。

6.6.1.2　集中式电源整合技术方案

直流系统由一套交流电源切换装置、二套充电装置、二组蓄电池、馈电开关、直流母线自动（手动）调压装置、一套蓄电池巡检装置、一套绝缘监测装置、一套微机监控单元、一套馈电监控单元等组成。由变电所0.4kV两段母线分别为两套充电装置提供交流输入电源。

直流电源整合方式整合了直流电源充电模块和蓄电池组，为通信、信号、综合监控、自动售检票、站台门提供DC220V的不停电电源。其系统构成示意如图6.6-1所示。

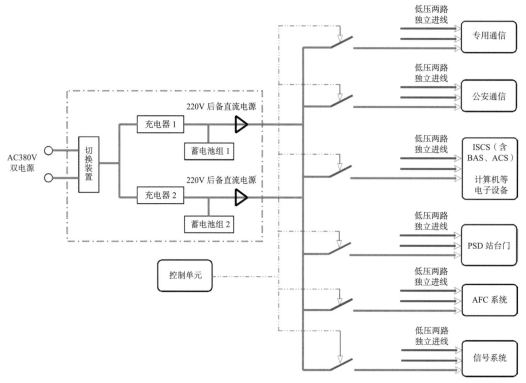

图6.6-1　直流电源整合系统构成示意图

在这种方式中，通信、自动售检票、综合监控等弱电系统需要的电源主要是 AC220/380V 的制式，各用电系统需要单独配置逆变器。

6.6.2　全线应用中压能馈装置

地铁作为一种大运量、高密度的交通工具，它在城市公共交通中扮演着越来越重要的角色，其列车运行具有站间运行距离短、运行速度较高、启动及制动频繁等特点。目前地铁普遍采用的 VVVF 动车组列车，其制动一般为电制动（再生制动、电阻制动）和空气制动两级制动，运行中以再生制动和电阻制动为主，空气制动为辅。

传统的列车做法是将制动电阻装设在车辆底部，当制动能量不能被相邻车辆和本车辅助用电消耗时，车辆电阻制动启动，消耗掉部分再生制动能量。该制动方式主要存在以下两种弊端：

（1）不能被相邻车辆和本车辅助用电吸收的再生制动能量，通过车辆上制动电阻发热消耗或空气制动消耗，浪费了大量电能。

（2）制动电阻热量发散在隧道内，不仅升高了隧道温度，而且随活塞风部分进入车站，需增大通风空调系统处理能力，使得通风空调系统用电负荷增加。

在牵引变电所内设置再生制动能量利用装置，将列车再生制动能量回收再利用，已成为国内各城市地铁节能减排的主要手段和发展方向。再生制动能量利用装置主要有以下几种形式：

（1）电阻耗能型装置。该装置优点在于技术已经较为成熟，可替代车载电阻、降低隧道环境温度，在广州、重庆、北京、天津等地均有应用，成本较低，每套容量为 1MW 的设备约 140 万元。

该装置缺点在于没有节能效果，即便增加配套低压逆变装置，但受限于配电变压器容量及动力照明负荷，大部分电能依旧消耗在电阻上；而且在运行过程中，电阻装置会产生刺耳的噪声，易被居民投诉。

（2）超级电容型再生电能吸收装置。该装置优点在于再生电能在直流供电系统内部循环利用，电能不会反馈至外电源侧，并且可以起到稳定牵引网电压的作用。目前已有国内厂家逐渐对电容型再生制动能量吸收装置样机进行生产和试验，在青岛、广州、北京等地有挂网运行。

该装置缺点在于电容器寿命较短，在 25℃ 理想情况下可充放电 100 万次，使用时间在 10 年左右。设备价格较高，每套容量为 1MW、存储电量 6kW·h 的设备约 350 万元，而且国内正式应用业绩较少。电容储能型技术还需要更多的工程实践和验证，同时应结合运营实测数据对方案及装置进行不断的改善。

（3）飞轮储能型再生电能吸收装置。该装置优点与超级电容类似，再生电能在直流系统内部完成回收和利用，可以避免向城市电网返送电。区别在于它是以机械能形式存储能量，因此效率相比电容型装置略低。目前正在北京地铁挂网试验。

该装置缺点在于设备价格较高，每套容量为 1MW、存储电量 4.5kW·h 的设备约 350 万元，且暂无直流 1500V 产品，目前尚不具备全线使用的条件。

（4）中压逆变型再生电能吸收装置。该装置优点是将再生电能反馈至中压环网，供本站及相邻站的牵引及动力照明负荷用电，效率最高，设备成熟，运行稳定。已逐渐成为新建地铁线路的首选。该装置价格较低，平均容量 1MW 的产品每套约 150 万元。

该装置的缺点在于接至交流供电网后，存在部分电能向电网侧返送的情况。

综合考虑设备成熟度、经济性、运行可靠性等因素，中压逆变型装置不需要配置储能元件，不受系统容量限制，再生制动能量利用率高，对环境温度要求低，因此北京地铁 16 号线工程采用中压逆变型再生电能吸收装置。

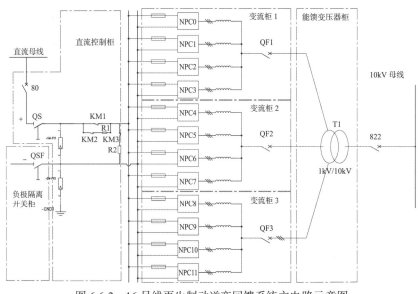

图 6.6-2　16 号线再生制动逆变回馈系统主电路示意图

北京地铁 16 号线中压逆变型再生电能吸收装置系统构成主要包括：变压器、交流低压开关柜、双向变流器柜、直流接触器柜等。设备构成示意见图 6.6-2。

2017 年 4~9 月，北京地铁 16 号线首开段工程节能效果见表 6.6-1。

北京地铁 16 号线首开段工程再生电能反馈效果　　　　　　　表 6.6-1

项目	4 月	5 月	6 月	7 月	8 月	9 月	平均值
牵引用电量（kW·h）	2583214	2525876	2507233	2757136	2732612	2412999	2586512
再生反馈电能（kW·h）	225244	224171	210461	197269	194854	204381	209397
再生能比例	8.72%	8.87%	8.39%	7.15%	7.13%	8.47%	8.12%

根据表 6.6-1 统计，再生电能反馈平均比例约 8%，每套装置平均每天节能 700 度电，每年节省电费约 22 万，节能效果明显。值得说明的是，随着双向变流器柜内核心元件 IGBT 技术的不断发展，大功率的 IGBT 价格也在不断下降，因此中压逆变型再生制动能量吸收装置的价格有望进一步降低。与此同时，国内已有多家供货商掌握了中压逆变装置的控制技术，具备批量生产逆变型再生制动能量利用装置的能力，值得推广。

6.6.3　LED 灯的应用与节能效果

一般地铁照明多采用荧光灯，荧光灯寿命较短，在 0.5 万～2 万小时之间；其光效较低，为 50～80lm/W，且电能损耗较大。

为降低照明系统能耗，地铁 16 号线工程在区间、车站设备区走廊、站厅和站台公共区（不含出入口通道）范围内全部采用 LED 灯。LED 灯具因具有高节能、安全环保、高可靠性、优良显色指数等特点，使其在地铁照明系统的应用上有较强优势。LED灯具寿命高达3万~5万小时，是荧光灯的4~5倍，减少了灯具维护工作。同时，LED灯具发光效率高，节能优势更加显著。

地下区间采用密闭式LED灯安装于区间隧道侧壁疏散平台上方，距疏散平台2.2m左右。地下区间每隔12m设置一套LED灯，灯具功率20W（图6.6-3、图6.6-4）。

道岔区局部增加灯具数量，局部加强照明以满足规范和使用要求（图6.6-5）。

图6.6-3　隧道内照明效果图　　　　　　　　图6.6-4　隧道内灯具

图6.6-5　道岔区照明效果图

LED隧道灯的灯具和光源是一个整体，避免了既有线照明灯具和光源分别安装的问题，不仅提高了发光效率，而且节约施工安装时间。如果区间采用荧光灯灯具，为了达到同样照明效果，需采用功率36W的灯具，由此可见，当区间隧道采用LED灯具时，可节电40%以上。

车站设备区走廊、站台及站厅公共区边跨每2m设置LED筒灯，灯具功率14W。与以往采用22W紧凑荧光灯型筒灯相比，采用LED筒灯可节电35%以上（图6.6-6、图6.6-7）。

图6.6-6　设备区走廊照明效果图　　　　图6.6-7　公共区照明效果图

6.7　设备系统新技术的合理应用助力地铁信息化、人性化

6.7.1　工业以太网在BAS的应用，加速地铁自动化变革

"工业4.0"战略的推动以及以太网技术的广泛使用，为自动化技术带来了深刻变革。BAS网络也随着工业以太网的发展，逐渐实现由现场总线向工业以太网技术的转变。结合技术的发展，北京地铁16号线为北京市首次采用车站、就地两级全以太网组网模式，突破北京市以往BAS就地级采用总线制式的做法。

BAS采用工业以太网方案对比传统的总线方案具有以下优点：

（1）基于TCP/IP的以太网采用国际通用标准，协议开放。

（2）可实现远程访问，远程诊断。

（3）不同的传输介质可以灵活组合，如同轴电缆、双绞线、光纤等。

（4）网络速度快，可达千兆甚至更快。

（5）支持冗余连接配置，数据可达性强，数据有多条通路抵达目的地。

（6）系统容量几乎无限制，不会因系统增大而出现不可预料的故障，有成熟可靠的系统安全体系。

（7）可降低投资成本。

6.7.1.1　工业以太网在BAS的应用架构

本线路在地下车站两端环控电控室内各设一套冗余的PLC控制器。在车站控制室IBP盘（综合监控系统提供）设置一套非冗余PLC控制器或RI/O及一套应急操作终端与主控制器相连构成车站级BAS。两端PLC通过BAS就地级网络将各类RI/O、具有智能通信口的就地设备和就地小型控制器等设备统一接入，分别对车站两端的暖通空调、电扶梯、低压照明、给水排水等正常和火灾情况下共用的机电设备进行监控管理。车站 BAS 主控制器与车站 FAS 系统存在接口，火灾模式下，FAS 系统向 BAS 下发火灾模式指令，A 端控制器负责向 B 端控制器转发火灾模式指令，控制器按预定工况转入灾害模式，启动相关设备（图 6.7-1）。

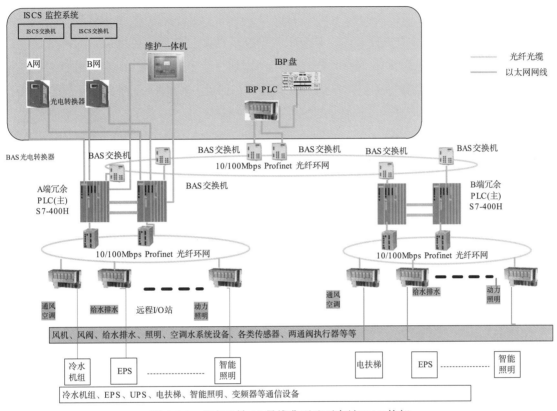

图 6.7-1　北京地铁 16 号线典型地下车站 BAS 构架

在车站的 A 端（靠近车站控制室一端）环控电控室设置一台维护工作站，与控制器连接。

在设备房、公共区、风管、水管等地方设置不同温湿度、二氧化碳浓度等传感器，在空调器出水管设置电动两通调节阀等设备，采集环境等参数以及控制阀门开度等。

两端控制器通过 BAS 就地级网络与环控电控室电控柜、环控机房变频器、冷水机房冷水机组、EPS 等连接，实现对相关设备的监控。

A 端每个 PLC 控制器分别通过 2 个 10M/100M 以太网模块接入属于不同网段的车站综合监控系统（由于综合监控系统提供接口为光口，须采用光缆连接，两端设光电转换器），实现与综合监控系统的冗余连接（要求链路、端口冗余及数据冗余）。A 端控制器通过 BAS 就地级网络与 B 端控制器相连；A 端 PLC 控制器与 FAS 系统冗余相连。

在车站控制室，由 ISCS 统一布设 IBP 盘。BAS 提供 IBP 盘 PLC 或 RI/O，安装在 IBP 盘内，并与应急操作终端连接。

在车站及车站所辖区间（存在由本车站配电水泵的区间）的环控机房、照明配电室、车站各类水泵房或水泵附近、区间水泵房、区间变电所等处设置远程 I/O 模块箱及通信模块，监控就地设备。主从控制器通过 BAS 就地级网络连接远程 I/O 模块箱及通信模块。

第 6 章
设备系统设计关键技术

6.7.1.2 工业以太网组网模式下的 BAS 实际应用效果

随着以太网技术的成熟、交换技术的应用、高速以太网的发展，以太网在工业自动化领域上的应用正迅速增长，几乎所有的现场总线系统最终都可以连接到以太网。随着集成电路的发展，高档的微处理器作为 I/O 处理器和控制器核心的条件逐渐成熟，而在控制器上运行的实时嵌入式操作系统使控制器易于实现 TCP/IP 协议，以太网络更易于接近现场。工业以太网已经成为 BAS 发展的主要方向，具有很大的发展潜力。在近年新建成开通的地铁项目中基于工业以太网的地铁 BAS 网络控制系统已经得到了较多的应用，在实际运营中各线路 BAS 均运行正常，完全满足了运营单位的使用要求。因此，以太网组网模式下的地铁 BAS 本质上是高可靠性、高安全性、高性能的大型网络控制系统。

6.7.1.3 系统架构的安全性、可扩展性、可维护性

工业以太网组网模式下的 BAS 在实际应用中具备较强防灾能力，系统能够防止系统外部人员入侵以及内部人员的非法操作和误操作。

工业以太网组网模式下的 BAS 充分考虑了目前业务需求和今后较长时间内业务发展需要，系统能够方便地升级，并且在采用更新技术的同时，保证原有设备大部分能继续使用。同时，系统具备开放平台特性，网络体系结构与应用系统相独立；采用通用数据通信协议标准，支持多厂商，支持多种终端设备和数据库系统应用；具备与其他网络、应用系统无缝集成能力。

工业以太网组网模式下的地铁 BAS 网络系统便于管理、配置和调整，配有人性化管理接口；在网络系统出现故障时，能提供有效手段，准确、及时定位故障，并提醒管理人员，系统平均修复时间不大于半小时。

6.7.2 吸气式感烟探测器的合理应用，提高火灾报警系统可靠性

在地铁车站、车辆基地，因使用环境和火灾特点的不同而采用点式感温、感烟探测器、缆式线形感温探测器和红外对射式感烟探测器。地铁车站站厅、站台等公共区域受空调及车辆运行影响，空气流动性强，烟雾粒子受气流影响很快稀释，导致点式烟感探测器的报警灵敏度降低。点式烟感探测器安装在结构顶部，受安装位置高且管线遮挡的影响，不便检修和维护。红外对射式感烟探测器需要大量可见烟的遮挡才能报警，无法进行火灾早期探测，对于停车库等高大空间，由于存在热障现象且受建筑物结构变形等影响，红外对射式探测器易误报，其探测效果会大打折扣。

北京地铁 16 号线车站公共区、设备区走廊均采用无吊顶装修方案，净空较高。结合建筑、环境及装修特点，在区域火灾探测手段满足规范要求的前提下，合理考虑运营人员检修、维护的便利性，16 号线在车站公共区及设备区走廊采用吸气式感烟探测器单层布置方案（表 6.7-1）。

表 6.7-1

3 种典型火灾探测器在地铁中的应用对比表

	点型感烟探测器	红外对射感烟探测器	吸气式感烟探测器
探测类型	大量烟雾聚集并淹没探测腔	明火阶段产生的大量烟雾	火灾早期阴燃产生的少量烟雾
探测灵敏度	2%～5% 遮光度，适合普通常规建筑保护	25%～35% 遮光度，适合普通建筑保护	0.005%～0.03% 遮光度，适合生命、财产保护以及建筑保护
报警时间	较迟。火灾规模相当时报警，一般都同时需要启动喷淋等灭火系统	较迟。相当火灾规模时报警，同时需要启动喷淋等灭火系统	早。最早的可比点式报警系统提早 1000 倍，通常无需启动自动灭火系统，可以手提灭火
热胀冷缩影响	基本无	大，需要多层安装克服其影响	基本无
应用环境	按消防规定为层高不超过 12m 的房间	一般为相对高大的空间，要求开阔无阻挡	可使用多种建筑结构和环境，一般多用于重要的房间和区域以及高度超过 12m 的高大空间场所
安装位置	布置在保护空间的顶部	使用在大空间时，探测器需布置在较高的位置	采样点可布置在保护空间的顶部、回风口及管道内或设备里，但探测器可放置在任何便于接触维护的地方
施工调试及测试	线缆等材料较多，施工复杂；测试简单但量大	线缆等材料较多，施工复杂；测试复杂	材料较少，施工简单，测试简便易行
产品生命周期运行成本	较高	较高	较低
分级报警输出	否	否	是
工作模式	被动淹没型，要求大量烟雾聚集	被动等待烟雾大量聚集，探测路径上必须无遮挡	主动抽气，一般具有累加探测，只需少量烟雾
维护难度	高	高	低
环境亮度要求	无要求	中等	无要求

第 6 章
设备系
统设计
关键技
术

　　吸气式感烟探测器是一种基于激光 /LED 光源探测原理和微处理器控制技术的烟雾检测设备，可以很好弥补传统烟雾探测设备的不足，简化了操作并增加了系统的可靠性，可以在火灾发生的初期（过热、闷烧，或气溶胶初步生成等无可见烟雾生成阶段）即发出火灾预警，报警时间比传统的烟雾探测器早，从而可以做到极早探测、极早处置，将火灾的损失降到最小。

6.7.2.1　吸气式感烟探测器在地铁环境应用的主要优势

　　（1）提高地铁的安全性。吸气式感烟探测器具有极高的灵敏度和很宽广的报警阈值调节范围（0.005%～20%obs/m），误报率低，不但可以在火灾发生的初期发现车站内部产生的常规火情，也可以发现由于线路过载造成的电缆绝缘皮软化所产生的微小烟雾颗粒，从而做到极早报警、极早处置，并为乘客的有序疏散提供了宝贵的时间。

　　（2）提供多级报警，提高性能。吸气式感烟探测器采用多级烟雾报警（报警、行动、火警等）模式，可以对低烟雾浓度的火灾初级阶段以及烟雾快速增长的火灾都能够提供早期预警。

　　（3）布置方式美观、灵活，不会破坏装饰效果。吸气式感烟探测器采样管网布置，极其灵活，主管道可以采用隐蔽安装，布置在不会被发觉的闷顶里或无吊顶的走廊及公共区桥架投影区域，而采样孔则可以根据需要通过毛细管道灵活布置在站台，如站厅顶部区域、设备走廊顶部区域、闷顶内、空调回风口及设备机柜内。既可以作到在烟雾运动的轨迹上进行拦截采样，又可以把采样点美观地融入地铁车站的装饰中。由于采用隐蔽探测，所以不易被破坏，而点式探测器很难作到这一点，当遇到局部镂空吊顶时，为了符合消防规范的要求，将不得不在吊顶内和吊顶下方布置双层探测器，如此做法既会增加消防报警系统的造价，又因为需要预留对点式探测器的维护检修口，而影响了站厅及站台区域的整体美观性。

（4）大大降低维护成本。传统点型烟感探测器需要进行定期清洁，以确保探测器能够按厂家标称的灵敏度进行探测。这种探测器的维护间隔很大程度上取决于探测器的安装位置、环境气流特点和环境是否清洁。吸气式感烟探测器安装及维护成本极低，阻燃的 ABS 采样管道不含有任何的电子元器件，因此它对环境的适应性极强，仅需要对采样管网进行定期的气流吹洗就可以完成对系统的维护，而不需要任何拆卸，大大降低了例行维护的成本。

（5）施工简便、经济。空气采样探测器的安装及管路施工非常简单，费用极低。由于采样管道上没有任何的电子元器件，所以既不需要预埋管道也不需要布线，只需要对采样管道进行固定（通常采用管卡或吊杆）即可，耗时短且不会受到环境及施工进度的影响。

6.7.2.2　吸气式感烟探测器在地铁环境应用中存在的不足

比较普遍采用的吸气式感烟探测器有 4 管型、2 管型、单管型，其中 4 管型和 2 管型无法如点型感烟探测器一样报出火灾发生的具体位置，仅能报出吸气式感烟探测器主机所在区域的火灾。有部分产品可以按单管给出报警的地址，但是探测器主机价格昂贵。

吸气式感烟探测器与点型感烟探测器相比，虽然维护成本低，但一次性投资偏高。

吸气式感烟探测器报警时间受火灾位置、管长、处理器处理时间等多重因素影响，需合理设置探测器的位置及 ABS 单管长度。

通过上述对比分析，结合地铁 16 号线无吊顶设计装修方案的应用，可以得出吸气式感烟探测器在地铁环境的适用性结论：

（1）对于无吊顶的设备区走廊，为了方便对设置在顶部的感烟探测器进行检修维护，宜采用吸气式感烟探测器实现防烟分区的火灾探测。

（2）对于无吊顶的公共区，如保证装修的美观性，在点型感烟探测器不被接受的情况下，可选择吸气式感烟探测器实现站厅、站台公共区防烟分区的火灾探测。

（3）对于采用镂空吊顶的车站站厅、站台公共区，宜采用吸气式感烟探测器安装在吊顶内，以降低运营的维修维护难度，节约运维成本。

6.7.3　集中控制型疏散指示系统应用，推动救援疏散智能化

为保证区间隧道内发生火灾工况时安全疏散乘客的要求，区间疏散指示采用集中控制型疏散指示系统。

6.7.3.1　技术方案

本系统主要由区间疏散指示系统主机、中继设备及区间集中控制型疏散标志灯具等组

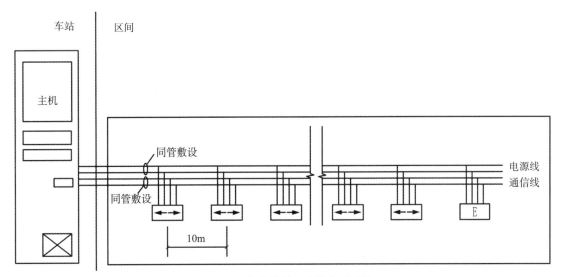

图 6.7-2　集中控制型疏散指示系统

成。每个疏散指示灯具配置一个 IP 地址，通过通信线将每个 IP 地址传送至路由器，再由路由器通过网络传送给控制主机，主机与 FAS 系统进行信号配合，来完成指示灯具具体指向的明灭，以此实现疏散指示方向的作用。

当列车在区间发生火灾时，由 FAS 系统发出指示方向指令信号，并传送给疏散指示系统控制主机，系统控制主机根据 FAS 信号启动相应的疏散指示模式，疏散指示标志灯指向迎风方向。

疏散系统主机具有不间断巡检和故障主报功能，能对系统内每个灯具的工作状态进行实时监控（图 6.7-2）。

为便于疏散，在区间隧道内每隔 50m 设置一处蓄光型安全距离标，辅助疏散。蓄光型安全距离标安装于应急照明灯具下方。区间隧道以车站及联络通道为一个单元，分别标注左向距安全出口距离和右向距安全出口距离。蓄光型安全距离标与疏散指示标志安装在同一侧隧道壁上。

蓄光型安全距离标"安全出口"文字部分固定不变，距离数字"xxm"按蓄光型安全距离标距离安全出口实际距离确定。

6.7.3.2　技术应用

地铁 16 号线采用区间疏散方向与区间火灾模式联动疏散指示模式。当列车头部发生火灾时，火灾报警系统启动相应隧道通风系统火灾模式，列车前方的车站风机进行排风，列车后方的车站风机进行送风，乘客和工作人员须迎着风疏散。FAS 同时联动两相邻车站的疏散系统主机，区间里所有疏散箭头指示标志灯指向车尾方向，地下区间联络通道内疏散箭头指示标志灯指向没有起火的另一区间（图 6.7-3）。

当列车尾部发生火灾时，火灾报警系统启动相应隧道通风系统火灾模式，列车后方的车站风机进行排风，列车前方的车站风机进行送风，乘客和工作人员须迎着风疏散。FAS 同时联动两相邻车站的疏散系统主机，区间里所有疏散箭头指示标志灯指向车头方向，地下区间联络通道内疏散箭头指示标志灯指向没有起火的另一区间（图 6.7-4）。两站之间有 / 无区间中间风井时，区间疏散模式具体做法详见表 6.7-2、表 6.7-3。

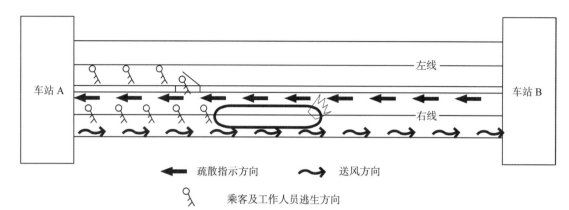

疏散指示方向　　　送风方向

乘客及工作人员逃生方向

图 6.7-3　列车头部发生火灾时乘客疏散方向

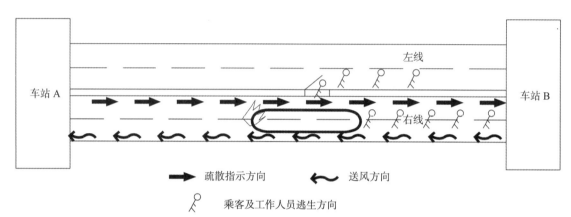

疏散指示方向　　　送风方向

乘客及工作人员逃生方向

图 6.7-4　列车尾部发生火灾时乘客疏散方向

两站之间有区间中间风井时疏散模式　　　　　　表 6.7-2

区间	洞口风机	北安河风机	疏散站	上行区间	下行区间	灯具火灾状态	联络通道安全出口	方案注释
温阳路—区间中间风井	排	送	中间风井	温阳路→中间风井	温阳路→中间风井	指向稻香湖路	下行灭上行亮	温阳路—区间风井上行区间车头火灾模式
	送	排	温阳路	温阳路←中间风井	温阳路←中间风井	指向温阳路	下行灭上行亮	温阳路—区间风井上行区间车尾火灾模式
	送	排	温阳路	温阳路←中间风井	温阳路←中间风井	指向温阳路	下行亮上行灭	温阳路—区间风井下行区间车头火灾模式
	排	送	中间风井	温阳路→中间风井	温阳路→中间风井	指向稻香湖路	下行亮上行灭	温阳路—区间风井下行区间车尾火灾模式
区间中间风井—稻香湖路	排	送	稻香湖路	中间风井→稻香湖路	中间风井→稻香湖路	指向稻香湖路	下行灭上行亮	区间风井—稻香湖路上行区间车头火灾模式
	送	排	中间风井	中间风井←稻香湖路	中间风井←稻香湖路	指向温阳路	下行灭上行亮	区间风井—稻香湖路上行区间车尾火灾模式
	送	排	中间风井	中间风井←稻香湖路	中间风井←稻香湖路	指向温阳路	下行亮上行灭	区间风井—稻香湖路下行区间车头火灾模式
	排	送	稻香湖路	中间风井→稻香湖路	中间风井→稻香湖路	指向稻香湖路	下行亮上行灭	区间风井—稻香湖路下行区间车尾火灾模式

两站之间无区间中间风井时疏散模式   表 6.7-3

区间	洞口风机	北安河风机	疏散站	上行区间	下行区间	灯具火灾状态	联络通道安全出口	方案注释
永丰—永丰南	排	送	永丰南	永丰→永丰南	永丰→永丰南	指向永丰南	下行灭上行亮	永丰站—永丰南站上行区间车头火灾模式
	送	排	永丰	永丰←永丰南	永丰←永丰南	指向永丰	下行灭上行亮	永丰站—永丰南站上行区间车尾火灾模式
	送	排	永丰	永丰←永丰南	永丰←永丰南	指向永丰	下行亮上行灭	永丰站—永丰南站下行区间车头火灾模式
	排	送	永丰南	永丰→永丰南	永丰→永丰南	指向永丰南	下行亮上行灭	永丰站—永丰南站下行区间车尾火灾模式

6.7.4　自动售检票系统布局优化，提升人性化与便捷化运营水平

6.7.4.1　总体布局优化

16 号线站厅公共区长度约 118m，公共区采用标准化布置，设置四组楼扶梯，采用"双扶梯＋一楼一扶＋一楼一扶＋双扶梯"方式。为方便乘坐轮椅乘客及携带大件行李乘客进出站，在车站中部设有一部直升电梯。如何更好地结合客流，综合考虑自动售检票系统与安检设备布置，是设计需要重点研究的难题之一。

根据进出站方式组织不同，可将客流组织分为集中进出站和分散进出站两类。集中进出站方式将乘客组织成进站客流和出站客流两股客流，基本统一进出方向；分散进出站即为在任何一组检票设备均可实现进出站功能。分散进出站在早期线路中较为多见，主要是为方便乘客灵活选择。但鉴于目前北京地铁均采用安检进站方式，集中进出站具有较大优势。集中进出站布置又可以根据布置方案分为集中进站／两端出站方式、集中出站／两端进站、两端进出站三种方式，详见图 6.7-5 ～图 6.7-7。

由图中可以看出，两端进出站方式可以有效诱导出站客流，拉长出站客流的排队长度，充分利用了 8A 编组付费区长的优势；但存在乘客集中在车站两端双扶梯处，非付费区空间

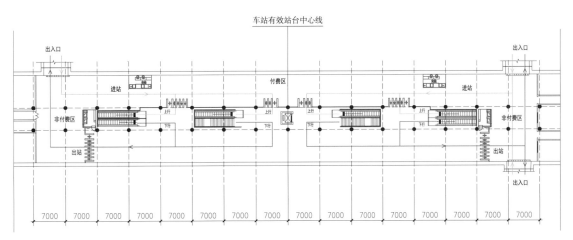

图 6.7-5　集中进站／两端出站方式图（单位：mm）

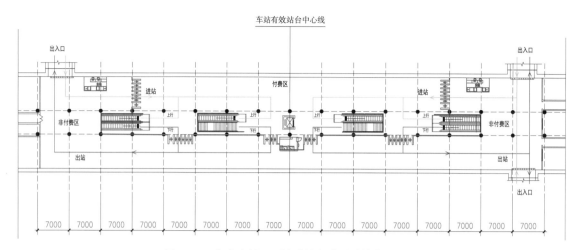

图 6.7-6　集中出站／两端进站方式图（单位：mm）

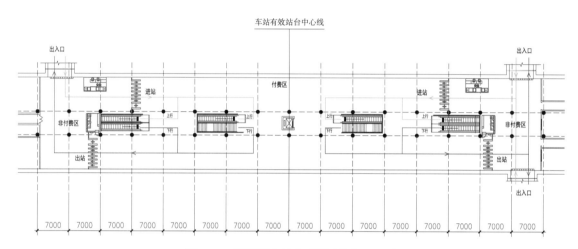

图 6.7-7　两端进出站方式图（单位：mm）

较少，布置安检设备后客流排队空间较少，容易在出入口位置形成拥堵和客流交叉的问题，无法实现乘客过街功能。

集中出站／两端进站方式，可有效将进出站客流分开。但是受乘客的误操作或设备的故障影响可能导致出站闸机处的拥堵，而出站客流以乘坐上行扶梯为主，如发生拥堵存在一定安全风险，同时出站客流的补票作业较为分散。

综合比较后，16 号线标准站布置采用集中进站／两端出站方式，充分缓解出站拥堵造成的排队问题，进站侧可以实现交错排布安检点，诱导乘客从车站中部进站，使得进站客流更为分散。由于出站排队空间较大，有效缓冲了出站压力。同时为避免突发集中出站客流，在车站两组一楼一扶中间位置的进站闸机全部设置为双向，可以灵活应对突发状况。此种布置方式，乘客出站补票时较为集中，且与补票厅布置较近。

6.7.4.2　售补票亭人性化设计

售补票亭是为乘客提供售票服务、补票服务、乘客问询的服务设施，同时也是车站自动售检票设备的集中配电区，票款、现金的集中存储区之一。售补票亭的设计既要满足面向乘客的服务需求，又要兼顾功能性需求，占地面积一般为 4500mm×2700mm，属于公共区极为明显的设施，其设计的好坏直接影响到车站建筑装修的整体效果。

（1）票亭台面的人性化设计

考虑乘坐轮椅的乘客购票需求，需设置低工位售票设施，其高度应不高于地面装修层 850mm，本次设计中将低工位与普通工位整合设置，整合后将传统的三工位（1 低工位 +2 个普通工位）调整为两个综合工位，增加了乘坐轮椅乘客的可选择区域，提高了售票窗口的利用率。

在细节上将综合工位面向乘客的台面设置成两层，下层台面面向乘坐轮椅的乘客，上层台面服务于普通乘客，同时在低层台面上设置凹槽，用于放置雨伞等随身物品，充分体现了"以人为本，服务乘客"的原则。

（2）票亭结构的人性化设计

票亭高度约 2800mm，做通体玻璃时对玻璃强度要求较高，安装、固定、维护较为不利，需分成上下两块玻璃，为保持票亭的整体效果，将分割段设置在 BOM 台面位置，保持了线型的统一。

配电箱柜高度也结合台面高度进行设置，可嵌入在票亭内台面下方，保持了票亭内布置的美观。

（3）票亭内部走线优化设计

票亭内设有空调、门禁、电话、灯具开关、插座等，线缆穿行会影响票亭内美观效果，地铁 16 号线工程设计时利用票亭支撑结构柱进行线缆敷设，避免了明线敷设，有效保证了装修效果（图 6.7-8）。

第6章
设备系
统设计
关键技
术

图 6.7-8 票亭现场照片

（4）票亭台位高度控制

传统票亭设计时，票亭设置于地面装修层上，并在票亭内设防静电地板，考虑防静电地板高度至少 300mm，工作台面高度一般为 700～750mm，完成后的票亭工作面距离装修完成面 1000～1050mm。从乘客使用角度考虑这个台面高度属于高台面，会有不舒适感觉。

本工程设计时尽量降低票亭台位高度，首先在票亭安装范围内不进行地面装修，利用装修层高度空间作为票亭防静电地板下走线空间，有效降低票亭台面净高 150mm，从而使完成的票亭工作面距离装修完成面 850～900mm，乘客使用时更为便捷。

6.7.4.3　系统功能的优化

（1）关站模式

地铁系统是主要能耗大户之一，其系统的节能设计得到行业内的充分重视，无论是节能控制方案、节能型产品、能源监控等新技术都不断在地铁领域得到应用。AFC 系统在站厅设置有很多终端设备，这些设备即使不动作，依然消耗电能，在线路运营结束后，需要通过关闭终端设备减少能耗，故此 16 号线 AFC 系统在 SC 软件功能上增加关站模式。

（2）紧急模式测试方案

为保证系统功能的完善，在线路投入运营后，依然需要对站级进行紧急模式的测试，但运营期间 AFC 系统的任何模式动作都会上传至中心级，紧急模式的测试会对中心级（ACC）造成误报警。16 号线在原有 SC 系统的上传紧急模式信息到线路中心的功能上增加验证功能，在触发紧急模式后，SC 系统通过紧急模式验证模块选择是否上传紧急模式信息到线路中心，有效避免了误报警。

6.8　创新设计，促进施工与运维的便捷性

6.8.1　区间预分支电缆技术应用，解决干线电缆敷设难题

6.8.1.1　必要性分析

目前地铁区间内每隔 100m 设置一面区间动力检修电源箱，每隔 200m 设置一面区间照明分箱，区间检修箱及区间照明分箱进线电缆均采用普通电缆。采用普通电缆需将干线电缆中间断开，并在配电箱处弯折后进出配电箱，进出配电箱的电缆常用规格为 WDZA-YJY23-3×50+2×25、WDZA-YJY23-3×70+2×35，均为大截面，弯曲半径 600～900mm，转弯半径较大，敷设困难。为此区间干线电缆采用预分支电缆，解决了干线多次截断、大截面电缆进配电箱实施困难等问题。

6.8.1.2　技术方案

区间干线电缆采用预分支电缆，在需要连接配电设备的地方预先制作一处"T"接头，"T"接头直接在工厂生产电缆时完成，现场敷设电缆及与设备接线时，直接将支线小截面电缆做为配电设备电源线引入（图 6.8-1、图 6.8-2）。

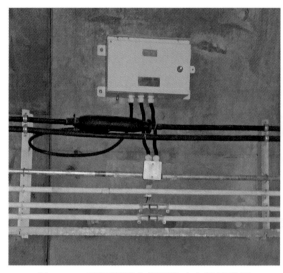

图 6.8-1　区间照明分箱预分支电缆接线图　　　图 6.8-2　区间检修箱预分支电缆接线图

区间照明及区间检修箱干线电缆采用预分支电缆，降低了电缆敷设难度并减少了接头数量，提高了供电可靠性。

6.8.2　快拆防胀限位器应用，提高施工安装与管线更换的便利性

6.8.2.1　必要性分析

地铁区间设备维修是在夜间停运后进行，维修工作开口期短，当区间管线需要更换时，如何快速便捷的拆卸及安装成为影响运营维护的难题。

通常情况下，区间隧道内的消防系统出现管道、管件破损，沙眼或胶圈安装不到位等漏水问题时，需要拆除大量无缺陷的管道、管件、电伴热保温和固定支架等，这种维修不但耗时长、作业难度大、消耗工时多，而且给地铁运营车辆带来安全问题。16 号线区间应用快拆防胀限位器从而提高了地铁运营安全性及维护效率。

6.8.2.2　技术方案

快拆防胀限位器承受介质为水，总长度为 380mm，最大调节伸缩长度为 130mm，承受介质压力不大于 2.5MPa，其压兰密封圈采用优质环保硅胶"O"形圈。该装置在 16 号线区间消防管道安装中大量应用，当承插球墨铸铁管需要快速拆卸时，仅将压兰紧固螺杆拆下，然后将滑动式伸缩器推进 110mm，即可进行维修作业。该装置安全可靠，从应用至今未发生任何问题，并且缩减了管道检修更换的作业时间，进一步提高了区间作业的安全性（图 6.8-3）。

图 6.8-3　快拆防胀限位器现场安装图

6.8.2.3　技术经济分析及推广应用

通过现场试验，使用快拆防胀限位器可节约一个波纹补偿器，并且减少了波纹补偿器因与消防管网材质不同而易产生的扭曲与拉裂、跑水等现象。

快拆防胀限位器应用前景：

（1）实现区间内消防用球墨铸铁承插管的快速拆卸维修，方便更换受损管件、管道、阀门、消火栓等。

（2）使用快拆防胀限位器可以彻底解决管道受力不均等原因造成的拉裂、跑水等问题。

6.8.3　设备区墙面终端标准化布置，提高运营管理标准化

6.8.3.1　必要性分析

目前北京地铁设备区墙面布置的终端主要有照明开关、门禁按钮、多联分体空调室内机控制面板及气灭手自动指示灯等，由于涉及的专业较多，现场实施过程易造成暗埋接线盒及管线冲突，且实施完成后存在高低不一致现象，影响美观性。

6.8.3.2　技术方案

设备区房间及走廊内照明开关、门禁按钮、门禁读卡器、多联分体空调室内机控制面板、气灭手/自动转换开关、气灭紧急启停按钮、FAS手动报警按钮、消防电话插孔及消防电话分机预埋接线盒均为底端距离装修完成地面1.4m；紧急开门按钮及气灭手自动状态指示灯均为底端距离装修完成地面1.6m；声光报警器底端距装修完成地面2.2m；气灭就地控制盘为中心距装修完成地面1.5m。房间内终端以本房间装修完成地板面为参考面，设有防静电地板的房间装修完成地面为防静电地板上表面；设备区走廊内终端以走廊地板面为参考面。

房间内水平方向距离结构门洞由近及远布置顺序为：门禁出门按钮、照明开关、多联分体空调室内机控制面板。门禁出门按钮侧边距离结构门洞300mm，照明开关、门禁出门按钮和多联分体空调室内机控制面板水平间距均为40mm。根据各处位置照明开关数量的不同，多联分体空调室内机控制面板向远离结构门洞方向依次布置。

6.8.3.3　技术经济分析

北京地铁16号线为保证设备区墙面开关、按钮及指示灯等布置的统一、协调性，对各专业墙面终端布置做了统一要求，各专业均按此要求实施，从而避免了各专业暗埋接线盒及管线冲突，保证了各专业设备终端安装后高度一致。

6.9　改进轨道结构设计，提高减振降噪效果

地铁16号线是北京市首条采用8A车辆编组的线路，轴距、定距、轴重等条件发生了较大的变化，对轨道结构强度、稳定性以及平顺性提出了更加严格的要求。此外，北安河车

辆段进行了一体化综合开发，属于北京市"第四代"综合开发车辆基地，上盖物业开发对车辆基地内轨道的减振功能设计提出了新的要求。结合上述工程特点，轨道专业在正线进行了有针对性的轨道方案设计，广泛采用普通长枕、弹性长枕等技术，在满足8A编组车辆安全、平稳运营的前提下，实现了降低环境振动影响的目的，同时有效降低了钢轨异常病害产生，并将技术成果进行汇编，形成了相应的标准图集（包括长轨枕整体道床及配套扣件的标准图集），供后续相关工程参考。正线岔区道床结构设计中对排水方案进行了优化设计，一定程度上解决了地铁工程中普遍存在的道岔转辙机基坑积水问题。关于车辆基地轨道结构设计，国内首次研发设计了库内隔离式减振整体道床结构，经现场测试，上盖本体在未实施上部建筑群体情况下，振动情况已满足国家相关要求。利用库内某股停车线开始了国内首次预制板原位换铺试验，研发可更换式预制板轨道结构，对9种不同减振道床结构进行了现场测试，一定程度上掌握了车辆基地库内行车振动源强、传播特征以及不同减振轨道的减振效果等数据，提供了一种可行的原位测试试验方法，为后续一体化工程开展提供了宝贵的现场测试数据支持。

6.9.1 提高轨道整体性和平顺性的正线道床设计

6.9.1.1 轨枕形式比选

16号线工程是北京市首条8A编组线路，无既有可参考的北京市工程实例，车辆系统参数变化要求提供具备足够强度、稳定性以及动态平顺性的轨道结构体系，需要针对本工程展开具体研究分析。城市轨道交通道床结构形式种类较多，不同城市、不同工程、不同设计主体形成的道床结构形式不尽相同，主要可分为无枕式道床、短枕式道床以及长枕式道床。

无枕式道床结构在国外应用较多，国内主要应用于低高度区域以及部分板式减振道床结构中，轨道建筑高度最低。但施工中控制轨道的几何状态难度较大，对施工技术要求较高，精度不易保证，施工进度较慢。

短枕式道床结构在国内轨道交通中应用较广，短枕式道床具有设计、施工技术成熟，结构简单，造价较低，现场施工作业灵活等特点，应用在桥梁上时可有效降低桥梁恒载。但由于左右股钢轨分别位于两块互相独立的轨枕上，运行中保持轨道几何状态能力略差。另外在运营线路维护中发现，很多短枕式道床线路由于难以保持轨底坡，致使车辆轮对与钢轨间磨耗严重，造成轨顶面上由车轮碾磨形成的光带偏离，钢轨磨耗严重。

长枕式道床结构在国内外轨道交通中也有着大量的应用，例如日本、德国、英国，国内主要在上海、广州地区应用，北京地区新建项目中应用比例显著提高。采用长枕道床，两根钢轨安装在同一根轨枕上，预制轨枕上能够精确设置轨底坡，轨道的整体性和稳定性强。在施工过程中和在列车动力作用下有利于保持轨道几何形位，可以使列车的运行更加平稳、安全，对行车和后期养护维修工作十分有利。

因此16号线工程中全线采用了长枕式整体道床结构。

6.9.1.2 技术方案

目前长枕技术最为成熟、应用最为广泛的是国铁Ⅰ、Ⅱ、Ⅲ型预应力混凝土轨枕,地铁16号线工程在对国铁预应力混凝土轨枕形式尺寸、构造方案、计算设计方法以及现场应用情况调研的基础上,采用经典铁路轨枕设计方法和有限元模拟计算方法,研发设计了满足整体道床应用的J-3型预应力混凝土长轨枕技术。设计过程中考虑到A型车轴重、行车密度、运量以及地铁限界相对有限等因素,在轨枕长度、截面尺寸、预应力钢筋布置等方面进行了相应的设计研究,最终形成的J-3型长轨枕轨底和枕中设计强度值与国铁新Ⅱ型枕相当,尤其加强了枕中抗裂弯矩设计,保证了该种长轨枕技术的适用能力(图6.9-1、图6.9-2)。

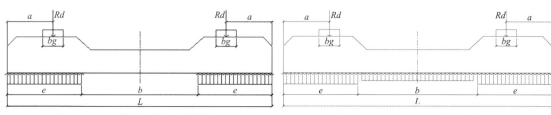

图6.9-1 整体道床长枕计算图示   图6.9-2 碎石道床长枕计算图示

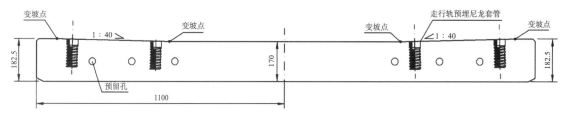

图6.9-3 J-3型混凝土长枕主要尺寸示意图(单位:mm)

轨枕为C60混凝土预制构件,截面配置两排共8根预应力钢筋,采用先张法进行施工;轨枕长度为2.2m;轨枕截面呈"正梯形"形状,枕中截面高度0.17m,轨底截面高度0.176m;轨枕承轨面设置1:40轨底坡,较好地保证了道床轨底坡指标,有助于维持轨道平顺性,保证合理的轮轨接触关系,降低养护维修工作量;为进一步增加轨枕与整体道床混凝土的连接作用,轨枕设计时在轨枕中部设置纵向钢筋预留孔,预留孔设计过程中应

图6.9-4 J-3型混凝土长枕现场道床照片

注意钢筋焊接接头与预留孔的尺寸关系问题,以及预留孔位置与中心水沟间空间位置关系(图6.9-3、图6.9-4)。

6.9.1.3　应用效果

1）16号线工程全线采用长枕式道床结构，有效解决了北京地铁既有线短枕道床技术施工精度控制困难、人为因素影响相对较大的现场施工问题，体现了地铁新线建设道床结构形式发展趋势。

2）长枕式道床结构有效解决了短枕道床、无枕道床轨距、轨底坡等几何尺寸不易保持的问题；从目前实际运营调研情况看，现场使用效果较好，轨道几何形位保持能力强、钢轨光带居中、轨道结构动态平顺性良好，对8A编组车辆运营工况有利，有效降低了养护维修工作量，达到设计目的。

6.9.2　抑制钢轨异常波磨减振轨道设计

6.9.2.1　技术背景

近年来，随着国内经济的高速发展，城市轨道交通建设发展迅速。为满足城市轨道交通工程绿色、环保发展的需求，减少列车运营对沿线环境的振动噪声影响，根据相关环评报告要求，全国各地城市轨道交通应用了一系列的减振轨道结构或产品，促进了轨道交通与周边环境的和谐发展。

城市轨道交通是一项系统工程，轨道减振结构或减振产品在追求减振效果同时，一定程度上不可避免地削弱了轨道系统的整体稳定性，目前工程设计中对轮轨系统适应性方面研究关注不足，钢轨不同程度的钢轨侧磨以及异常波磨等问题时有发生，尤其是钢轨异常波磨问题较为凸显，曾在一定时期内严重影响工程建设和后期运营。

地铁波磨现象在国内各大城市地铁中普遍存在，且难以彻底消除。有时最大的波磨深度可达1mm，列车运行噪声大，颠簸严重。相关振动检测表明，其垂向振动加速度最大值约为87m/s²，约为正常地段的2.5倍。在小半径曲线地段剪切型减振器扣件和普通扣件范围也都存在钢轨异常波磨现象，半径小于600m的地段尤为严重。

部分城市地铁多条线路一经投入使用，几乎没有经过磨合期就承担着巨大的运量，普遍出现了钢轨异常波磨问题。部分线路开通后几个月，钢轨出现异常波磨，导致轨道振动增加，车内噪声与振动增加，并引起轨道扣件松脱、车辆部件损坏等问题，也大大增加了轨道和车辆的养护维修工作量和费用，与常规配备的养护维修设备和人员情况形成较大矛盾。

6.9.2.2　钢轨异常波磨现象

由于轮轨之间为金属硬接触关系，通过车轮与钢轨接触面形成的接触斑产生粘着力实现列车的牵引、制动。上述因素决定了钢轨必然存在磨耗问题，但钢轨异常波磨情况不属于轮轨磨耗的常规范畴，它表现为发展速度快、稳定性差，有连续发展区域，无论是否在曲线地段皆有发生，且打磨后一般重现期较短。研究发现，部分城市地铁钢轨异常波磨主要发生在剪切型减振器扣件地段、部分Vanguard扣件地段、部分梯形轨枕地段、小半径曲线地段等等，其中剪切型减振器扣件地段问题最为突出。

图 6.9-5　国内某条线路直线和缓和曲线处剪切型
减振器扣件波磨

（1）减振器扣件道床钢轨波磨

采用减振器轨道结构的地段，不论直线和曲线均出现连续的波长为 40～80mm 的波磨，钢轨打磨后最短 2 个月波磨现象又会再次出现，其典型波长约为 55mm（图 6.9-5、图 6.9-6）。

（2）梯形轨枕道床钢轨波磨

梯形轨枕道床波磨出现在曲线上，小半径地段磨耗较大，内外轨均有出现，波磨程度有所差异，波长 140～150mm。

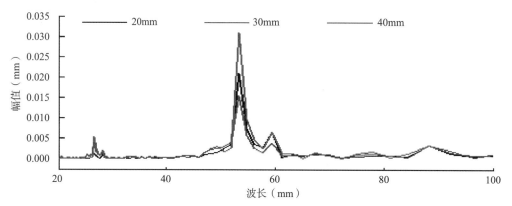

图 6.9-6　剪切型减振器扣件钢轨实测不平顺幅值和典型波长

（3）地下线普通道床钢轨波磨

地下线普通道床地段同样出现波磨现象，但都发生在小半径曲线地段，一般线路曲线半径在 600m 以下，波磨情况出现较为频繁，波长相对离散，打磨后重现期相对较长，属于可控范畴。

（4）小结

1）波磨出现时间早：部分线路开通运营仅 2 个月后即发现波磨现象。

2）波磨出现规模大：不论曲线、直线地段均出现波磨，最多约占线路总长的 20%。

3）波磨情况严重：调查发现，波磨严重地段平均每天扣件失效达 20 组。

4）波磨地段振动及振动诱发噪声增加显著：现场实测表明，在波磨地段，由波磨引起的环境噪声平均增大 15dB（A），严重地段达 17.4dB（A）。

统计表明减振地段钢轨异常波磨情况明显多于普通道床地段，由此可推论轨道减振结构的使用与异常波磨具有一定的联系，是主要研究对象。

6.9.2.3　钢轨异常波磨危害

（1）轨道结构破坏

1）钢轨寿命缩短

部分地铁线路钢轨波磨严重地段，最短 2～3 个月左右打磨 1 次，轨头磨削量不断累加，部分线路钢轨因打磨频繁，已接近磨耗上限，将下道停止使用。

2）扣件伤损

若不及时打磨钢轨，钢轨异常波磨引起的扣件失效、螺母松动、弹条折断等伤损现象就会频繁发生，现场养护维修工作量增加明显。

（2）车辆结构破坏

1）车轮踏面磨耗

部分城市地铁车辆车轮采用LM磨耗型踏面。现场调查发现，T车的踏面上出现大量异常磨损（坡口、阶梯、带槽）。磨损从轮缘反侧起，整体磨损量较大，与设计形状的差异较大。

2）支架裂纹及断裂

现场调查和列检的过程中发现轴端速度传感器支架断裂的现象。

（3）地面环境振动增加

对既有线部分区间未产生钢轨异常波磨的普通道床地段，与产生异常波磨的减振道床地段，开展地面及隧道内振动对比测试。减振地段采用剪切型减振器扣件，且已发生较为明显的钢轨异常波磨病害现象。经过测试对比发现，产生异常波磨后的剪切型减振器扣件轨道结构对应的道床、隧道壁以及地面振动能级皆高于未采取任何措施的非减振地段，即减振轨道在产生钢轨异常波磨病害后，减振性能将大幅度降低，甚至会出现对振动的局部放大情况（图6.9-7）。

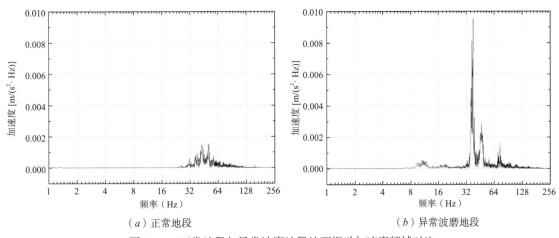

（a）正常地段　　　　　　　　　　　（b）异常波磨地段

图6.9-7　正常地段与异常波磨地段地面振动加速度频域对比

6.9.2.4　钢轨异常波磨成因分析

（1）轮轨关系中的硬度匹配问题

轮轨是一对摩擦副，除了设计合理的轮轨几何形面外，不同运输条件下轮轨硬度的合理匹配对提高轮轨的综合使用寿命具有十分重要的作用。

多年来世界各国的科研工作者就轮轨硬度匹配对轮轨磨耗的影响进行了大量的实验室研究。《铁路车轮、轮箍失效分析及伤损图谱》研究指出，当车轮硬度固定而钢轨/车轮的硬度比<1时，随着钢轨硬度的增大，钢轨的磨耗率减少，而车轮的磨耗率增大，当钢轨的硬

度增大到和车轮的硬度相等时，钢轨和车轮的磨耗率相同。当钢轨 / 车轮硬度比 >1 时，钢轨硬度继续增大，钢轨的磨耗率随着其硬度的增大以更快的速度减少，而车轮的磨耗率保持不变。当钢轨 / 车轮硬度比为 1.1 ~ 1.2 时，车轮的磨耗率大于钢轨的磨耗率，说明钢轨硬度的提高将使车轮磨耗增加。由于其试验采用不同的回火温度来获得不同的硬度，因此与实际轮轨材料的组织状态有所不同。《热处理钢轨的轨 / 轮匹配关系》研究表明，当钢轨 / 车轮的硬度比 HR/HW<0.96 时，钢轨试样磨损明显上升，当 HR/HW>1.0 时，钢轨试样磨损稳定在较低水平，而当 HR/HW>1.25 时，钢轨试样磨耗开始下降；车轮试样的磨损与轨相反，当 HR/HW=1.20 左右时，车轮试样磨损明显增加，当 HR/HW=1.28 时，车轮试样磨损陡然增大了 4 ~ 5 倍。当 HR/HW 在 1.0 附近，轨、轮试样磨损相当，总磨损也最低。由此可见，就减少轮轨材料的磨耗而言，最佳硬度匹配区为 HR/HW 介于 1.0 ~ 1.2。欧洲铁路联盟 UIC 的研究认为，车轮和钢轨材质硬度对于轮轨磨耗的作用，在很大程度上依赖于磨耗模式和硬度等级。他们将磨耗的模式分为：中等、严重和灾难性 3 种。在滚动 – 滑动状态下的实验室试验结果表明：在中等和严重磨耗模式状态下，硬度由 30HRC 增加至 50HRC，会使轮轨磨耗速率成倍地降低；在灾难性磨耗模式状态下，增加同样的硬度可能使磨耗速率降低达到 2 个数量级。从 UIC 的研究结果可以看到，当磨耗严重时，应该提高其硬度，并且磨耗越严重，提高硬度的减磨效果越好。

通过调查资料表明，早期北京地铁采用 50kg/m 钢轨时，车轮更换周期为列车通过钢轨总重量 3.5 亿吨（15 年），20 世纪 80 年代，北京地铁曾对轮轨磨耗进行过研究，主要针对曲线地段钢轨侧磨和轮缘磨损问题，该研究对钢轨侧磨经实测作了大量记录。按行车速度、曲线半径和钢轨磨耗大小，推算钢轨使用寿命见表 6.9-1。

钢轨使用寿命与曲线半径关系   表 6.9-1

曲线半径 R（m）	钢轨使用寿命折减系数
≥ 1000	1
800 ~ 900	0.85
650 ~ 800	0.7
500 ~ 650	0.6
400 ~ 500	0.5
300 ~ 400	0.3
200 ~ 300	0.2
150 ~ 200	0.15

北京地铁通常采用 U71Mn 60kg/m 钢轨，车轮更换周期为列车通过钢轨总重量 4.5 亿 t（23 ~ 25 年）。对于北京地铁 1、2 号线经过多年的运营实践，未曾见有钢轨表面波磨的报道。

为掌握发生波磨的线路钢轨硬度情况，分别在地铁既有线抽取部分样本进行钢轨硬度测试（图 6.9-8）。所有样本的抗拉强度均满足规范要求，平均硬度结果中有两条线路在 281HB 左右，硬度离散性较大，有部分样本都在平均值以下（U71Mn 硬度 260 ~ 300HB）。

北京地铁车辆采用CL60车轮，车轮踏面表面硬度270～341HB，实际车轮硬度靠近上限范围，而钢轨在硬度范围的下限，$HW/HR<1.1$（$HR/HW<0.9$），根据轮轨关系中的硬度匹配研究结果，$HR/HW<0.96$ 时，钢轨磨损明显上升，钢轨硬度偏软是导致波磨的一个诱因。

（2）轨道结构对波磨的影响

北京地铁既有线轨道采用了7种减振措施，其中轨下扣件减振措施有Ⅲ型、Ⅳ型减振器扣件，Vanguard扣件，其余为枕下或道床减振。扣件减振是利用隔断振动向轨下基础及周围建筑传播起到减少振动的效果，几

图 6.9-8　北京地铁三条线路钢轨硬度测试

乎没有吸收振动能量的效果，而轮轨接触产生的振动能量不能凭空消失，只能由车轮传递到车厢内，造成车厢噪声增加、轮轨耦合作用力增加等结果。

从图 6.9-9 中可以看出：在梯形枕轨段，呈以 125Hz 为中心频率的 1 个音阶明显突出，前后逐渐减少；在减振器轨道段，呈 160～315Hz 的 2 个音阶的台地形状，高于 315Hz 高频区域与梯形枕轨道段呈相同的减少趋势，但低于 63Hz 的低频区域为平缓减少形状；弹性短枕轨道，呈 63～125Hz 的 2 个音阶的台地形状，高于 125Hz 逐渐减少；钢弹簧浮置板，在 40～63Hz 呈现一个为峰值，高于此范围呈递减趋势。

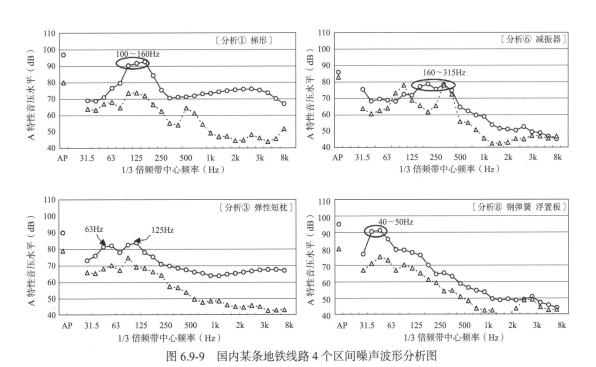

图 6.9-9　国内某条地铁线路 4 个区间噪声波形分析图

进一步选取部分线路典型断面的剪切型减振器扣件和非减振扣件进行了轨道结构模态测试。

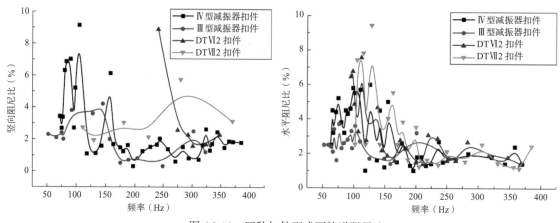

图 6.9-10　四种扣件型式下轨道阻尼比

从图 6.9-10 中可以看出，对于竖向阻尼比，除 DT Ⅶ 2 扣件之外，其他 3 种扣件的低阶阻尼比较高，高阶阻尼比较小，剪切型减振器扣件在 200 ～ 350Hz 频段，竖向阻尼比基本在 2% 以下，而 DT Ⅵ 2 扣件在整个分析频段，阻尼比基本在 2% ～ 4%。对于水平向阻尼比，4 种扣件在 200Hz 以上频段的水平阻尼比在 2% 左右，而 200Hz 以下频段的阻尼比较高。剪切型减振器扣件在 200 ～ 350Hz 频段过低的轨道阻尼，使得轮轨在此频段产生的共振能量无法通过扣件系统的阻尼得到衰减，在地铁列车荷载的激发下可能导致钢轨有脱离扣件系统的约束进行自由振动的趋势，这也是为什么在波磨严重地段发现大量扣件松脱甚至断裂的原因。

减振器扣件与车辆转向架系统动力参数不匹配，引发了轨道与车辆系统共振，致使轮轨接触方式不良，接触应力超过钢轨表面屈服极限，是导致钢轨波磨现象的重要原因。

（3）其他原因影响

其他引起钢轨异常波磨的原因还包括：线路开通即承担巨大运量，轮轨磨合期短；线路开通前，钢轨未经初始打磨及几何形位精调不到位，存在初始不平顺；现有钢轨打磨维修装备不足，未能按实际需要及时彻底进行打磨。

6.9.2.5　技术方案

针对地铁钢轨异常波磨病害现象的系统分析和研究，在后续线路轨道设计中将抑制钢轨异常波磨病害作为轨道设计中重点考虑的一项内容，经过系统的分析、设计和现场实施配合，后续完成的地铁 9 号线、15 号线以及 16 号线工程未出现明显的钢轨异常波磨现象。地铁 16 号线首开段开通运营两年有余，未产生钢轨异常波磨情况，系统设计方案取得了阶段性的成功。

根据上述研究成果，钢轨异常波磨病害现象主要原因，从轨道专业内因分析即为轨道结构刚度、阻尼系统的合理匹配，此外轨道结构动态几何形位保持能力、钢轨硬度、扣件系统性能等也与钢轨异常波磨存在一定联系，也是本线轨道结构设计考虑的必要因素。

（1）轨道结构刚度体系匹配和整体稳定性提高设计

根据既有线设计经验及国内波磨情况调研，钢轨异常波磨主要出现在减振道床区段，且以减振扣件波磨最为严重。因此 16 号线工程中摒弃了减振扣件，中等级别减振道床选择枕下减振措施。

在对铁标中弹性支撑块式道床结构、城市轨道交通弹性短枕道床以及首都机场线和地铁15号线弹性长轨枕应用成果的研究基础上，采用国铁经典预应力混凝土轨枕计算方法和有限元模拟分析方法分别验算，从轨枕结构强度、行车安全性、减振性能以及对异常波磨的影响等多角度进行了适用于本工程中等减振要求的弹性长枕道床设计，最终确定了弹性长轨枕断面形式、轨枕长度、预应力钢筋布置、减振垫参数、套靴公差以及中心

图 6.9-11　弹性长枕轨排及现场成型道床照片

水沟实施方案等主要设计参数，形成了 J-2 型预应力弹性混凝土长轨枕道床技术（文中简称弹性长枕道床）。同时参考地铁 15 号线弹性长枕道床地段轨道动态测试，在工程类比角度，一定程度验证了 16 号线工程弹性长枕道床的减振性能（图 6.9-11）。

工程设计中分别采用经典轨枕设计方法和数值模拟分析方法对轨枕强度、减振性能及抑制钢轨异常波磨病害的性能进行了相应检算。经典计算方法中按照枕中不受力的计算图示进行检算，由于弹性长枕道床结构设置中心水沟的技术特点，轨枕强度重点检算轨底正弯矩设计值，这与工程实际中轨枕两侧橡胶减振垫范围承受正弯矩的工况相符；数值模拟计算中，采用成熟的有限元计算方法，除扣件外皆采用实体建模的方式，进行了相应的强度计算模拟；采用多刚体力学方法对长枕道床动态情况进行计算分析，主要分析了轮轨接触作用相关指标，对异常波磨情况给出了一定的预测分析。计算结果显示，地铁 16 号线工程弹性长轨枕设计方案在经典理论计算方法条件下，能够满足强度检算等相应指标，与国铁新 II 型预应力混凝土轨枕强度相当，强度、疲劳指标满足城市轨道交通运营要求；轨枕质量达到 250kg/ 根，在减振方面提供了充足的参振质量，系统匹配后插入损失值可达 8 ～ 10dB；磨耗功率未出现连续明显的波动趋势，显示出本工程弹性长枕道床对异常波磨的抑制作用（图 6.9-12、图 6.9-13）。

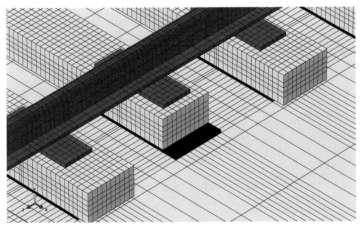

图 6.9-12　轨枕强度计算分析

1）J-2 型弹性长枕具体设计方案

弹性长轨枕由预应力混凝土长轨枕、枕端减振垫（2 块）以及橡胶套靴（2 套）组成。

轨枕为 C60 混凝土预制构件，截面配置两排共 8 根预应力钢筋，采用先张法进行施工；轨枕长度为 2.3m；轨枕截面呈"倒梯形"，枕中截面高度 0.17m，轨底截面高度 0.182m；

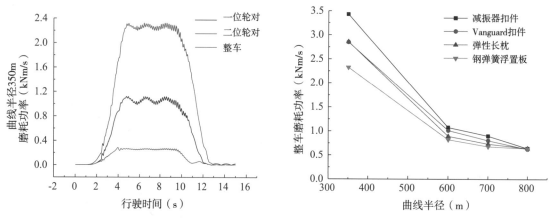

图 6.9-13　曲线线路上弹性长枕道床轮轨磨耗计算结果

轨枕承轨面设置 1：40 轨底坡，较好地保证了道床轨底坡指标，有助于维持轨道平顺性，保证合理的轮轨接触关系，降低养护维修工作量（图 6.9-14）。

组装过程中必须保证套靴与轨枕 3 个侧面的密贴，避免施工过程中混凝土、石子等建筑材料进入轨枕系统影响减振效果。为实现套靴与轨枕的密贴，设计方案中明确了套靴局部开口设计，并采用三道打包带捆绑及密封胶填充等技术措施，有效保证了弹性长枕道床功能的实现（图 6.9-15）。

2）弹性长枕道床结构减振效果

对既有线弹性长枕典型断面进行现场测试，主要针对钢轨垂、横向力、钢轨垂、横向位移、轨枕垂向位移、车体、轨道结构、环境振动加速度进行了测试。测试结果显示弹性长枕

图 6.9-14　J-2 型弹性长枕组装图（单位：mm）

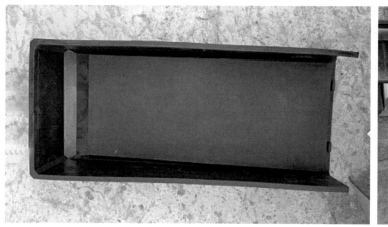

图 6.9-15　橡胶套靴和现场组装工装照片

地段未产生钢轨异常波磨病害情况；弹性长枕道床结构轮轨力指标与非减振地段相似，未出现明显增加的情况；从安全性能角度分析，最大脱轨系数和轮重减载率远小于规范限值，安全储备较高，能够保证列车安全运行；轨道动态变化量相对较小，主要由于长枕结构形成了整体框架结构，增强了道床结构的整体性；从减振角度分析，道床、隧道壁底部、隧道壁 1.2m 处、地面减振百分比分别为 22.58%、23.70%、20.83%、25%。频域分析表明隧道壁底部及隧道壁 1.2m 处弹性长枕可减振 9.35dB、8.44dB，减振效果良好（图 6.9-16）。

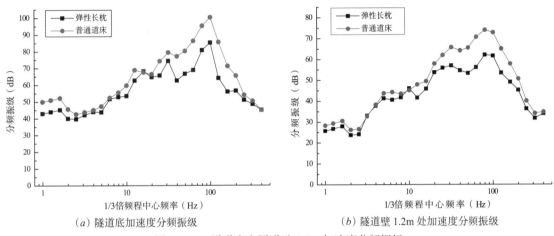

(a) 隧道底加速度分频振级　　　　(b) 隧道壁 1.2m 处加速度分频振级

图 6.9-16　隧道底和隧道壁 1.2m 加速度分频振级

（2）提高轨道结构稳定性的扣件设计

据统计，在异常波磨发生地段无螺栓扣件系统失效情况较为明显，主要表现为无螺栓型扣件弹条折断，严重危及运营安全。原因在于扣件系统自身结构特点与异常波磨产生后轮轨作用机制不相匹配。无螺栓扣件弹条不能调整其扣压力，只有依靠自身的条件来保证扣压。上道使用后扣件经过反复振动，弹条会发生不可逆的疲劳变形，扣压力进一步减小，缩短弹条的使用时间，尤其是在异常波磨地段振动冲击将显著增加，加速扣件弹条的疲劳伤损速度。从目前部分城市地铁的使用情况来看，异常波磨地段扣压力较小的 e 型弹条扣件出现的弹条松脱及断裂现象较多，折断的位置是在弹条的最薄弱处，即弹条的弯折处（图 6.9-17）。弹条跟端圆弧处内侧易产生应力集中，降低了弹条的强度，在反复的荷载作用下造成断裂破坏。

弹条发生瞬间折断，其携带的能量巨大，国内个别城市地铁曾发生过弹条折断飞起将车

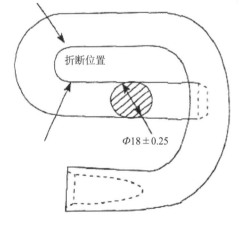

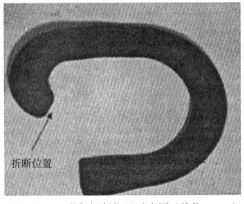

图 6.9-17　弹条折断位置示意图（单位：mm）

图 6.9-18　弹条捆扎铁垫板上　　　　　　　图 6.9-19　弹条 Ⅱ-2 型分开式扣件

站钢化墙砖击碎的情况，国内个别城市地铁也曾发生异常波磨地段扣件弹条折断飞起撞在隧道壁后，反弹击碎列车车窗玻璃的事件。为防止弹条折断崩飞伤人、伤车的事故发生，有些线路不得不用铁丝把弹条捆扎固定在铁垫板上，养护维修工作量较大，且非根治措施（图6.9-18）。

北京地铁 16 号线工程中考虑到扣件系统匹配在异常波磨地段的使用情况，研发了有螺栓型弹条 II-2 型扣件系统，该扣件系统的主要设计参数如下：

该扣件扣压件采用 $\Phi13$ 的 Ⅱ 型弹条。

单个弹条扣压力：≥ 10kN。

防爬阻力：≥ 16kN/ 组。

节点垂向静刚度：30 ～ 50kN/mm。

工作电阻：≥ $10^8 \Omega$。

轨距调整量：+8mm、–12mm。

高低调整量：+25mm。

扣件系统使用有螺栓的 W 形弹条系统，该弹条为国铁 II 型扣件通用弹条，性能指标优良且经过了多年国铁高速列车实际上道经验验证，安全可靠。该扣件系统通过 T 形螺栓和螺母扣压弹条结构形成扣件对钢轨的扣压力，这就使得扣件的扣压力为可调整可控状态，避免了无螺栓扣件扣压力不可调整控制的问题，对于可能产生异常波磨地段或其他线路状态不良地段，避免了因为弹条在连续冲击振动情况下滑动而局部疲劳应力过大产生断裂的风险事件发生。此外，该种扣件系统具备较高的高度及水平调整能力，对线路不均匀沉降、线性不易保持的地段较为适宜，该种扣件已在地铁 16 号线首开段进行了成功应用，运营多年从未发生过扣件弹条断裂或者扣压力明显失效的情况（图 6.9-19）。

另外，既有线扣件刚度设置偏小，在 A 型车更大的列车荷载作用下轨面下沉量会增加，可能引起轨道平顺性降低、列车蛇形运动加剧等问题。从增强轨道结构稳定性及提高轨道平顺性出发，16 号线适当提高了扣件整体刚度，由常用的 20 ～ 40kN/mm 提高到 30 ～ 50kN/mm，在具有适当的弹性同时，保证轨道结构稳定。

（3）提高钢轨耐磨性能

现场调查显示，国内部分地铁早期普通采用 U71Mn 钢轨，小半径曲线地段钢轨侧磨和波磨都很严重，而同样线路条件下的上海地铁、广州地铁，由于采用了 U75V 钢轨，钢轨磨耗周期延长至少3倍以上。在合理范围内应适当增加钢轨硬度，能够有效提高钢轨耐磨性能，对于减少钢轨波磨、侧磨等现象均有利。同时考虑钢轨修复、打磨都比较困难，适当提高钢轨硬度，可减少钢轨打磨维修量。

因此16号线工程全线采用了硬度更高、耐磨性能更好的U75V钢轨，对抑制异常波磨起到了积极作用。

6.9.2.6　应用效果

（1）基础减振全面采用弹性长枕道床，解决了扣件类减振技术可能产生的钢轨异常波磨的问题，为乘客提供舒适安静的乘坐环境；减振效果现场实测在8～10dB的范围，实现了中等减振道床的设计目标；轨距、轨底坡保持能力强，轨道几何形位稳定，保证列车运营平稳性；弹性长枕道床结构关键减振部件具备可更换性，养护维修工作量较少；优化了中心水沟施工技术，有效提高了道床施工进度和精度；技术经济性良好，工程造价明显低于同等级枕下减振技术。

（2）弹条II-2型扣件具有充足的几何形位调整量，适用于整体道床结构形式；采用有螺栓技术，使扣件扣压力可控，避免了异常波磨地段振动冲击造成弹条滑脱；有效减少弹条疲劳断裂情况的发生，提高运营安全性；与耐磨钢轨、弹性长轨枕共同组成了抑制钢轨异常波磨、有效控制轨道几何形位的轨道系统。16号线首开段开通运营两年有余，未产生钢轨异常波磨情况，达到设计目标。

（3）完成了北京市通用图集《弹性长枕》并发布应用，为后续工程减振设计选型提供标准化参数，以降低钢轨异常波磨产生，降低运营维护成本。

6.9.3　正线道岔范围道床排水设计

6.9.3.1　技术背景

城市轨道交通地下工程中道岔区域普遍采用整体道床技术，道床的排水系统要求与岔区两侧正线排水系统相连。由于岔区结构相对复杂以及结构断面净空限制等因素，常规做法是将转辙机坑作为道岔排水系统的一部分，与正线排水系统连接。理论上可以实现排水功能，但现场实施过程中，由于施工误差、结构沉陷、道床减振以及隧道渗漏等因素，转辙机坑可能处于积水状态，严重时影响电务设备正常工作，后期改造难度很大（图6.9-20）。

图6.9-20　某线路转辙机坑积水严重

地铁16号线全线为地下线路，且部分道岔为减振道岔结构，道岔区排水设计方案直接关系到转辙机和线路整体排水系统的正常工作，为此进行专题研究。

图 6.9-21　优化后的地铁 16 号线道岔转辙基坑

6.9.3.2　技术方案

通过充分现场调研，针对非减振道岔转辙机坑积水问题，提出了转辙机坑与线路正线排水系统相隔离的设计思路，从根源上切断转辙机坑可能的进水路径，为道岔机务设备提供了良好的工作环境，显著降低积水对道岔机务设备的影响。正线排水沟与转辙机坑取消连通后，虽避免了正线排水系统进入转辙机坑，但考虑到转辙基坑内部可能由于其他因素导致进水情况（例如冲洗道床作业等），设计方案中将常规的两处转辙机坑合并成一处，并在中心位置预留一处集水坑，用以应对特殊工况下转辙机坑的进水情况。按照此方案实施后，转辙机坑内部避免了积水问题，实现了设计意图，在实际运营中表现良好，得到了运营部门的肯定（图 6.9-21）。

在此基础上，针对减振道岔区域，考虑到板下可能存在少量渗水对减振材料长期使用功能的影响情况（运营期间道床冲洗等），采用道岔外侧道床面水沟和减振道床板下中心水沟的方案。外侧水沟仍然与转辙机坑相互隔离，确保转辙机坑内部无直接进水水源；而板下的中心水沟不与区间排水系统相互连通，作用只是收集减振道岔范围可能的积水，既可以保证减振道岔区域减振垫材料不会长期处于浸泡状态，又可使道岔以外的区间或车站范围预留正常轨道结构高度，节省工程投资、降低工程难度；在道岔下游端部设置一处集水坑与板下中心水沟相连，用于板下积水的储存和清除作业，而转辙机坑内集水坑只用于少量流入转辙机坑的水量的处理。至此，形成了侧向水沟、中心水沟、转辙机坑、转辙基坑内集水坑、道岔端部集水坑的联合减振岔区排水系统（图 6.9-22）。

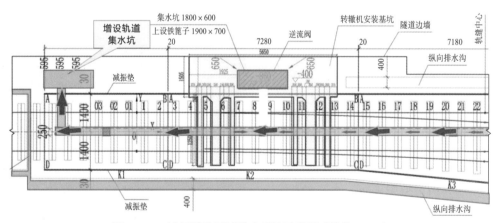

图 6.9-22　减振道岔区域排水系统示意图（单位：mm）

6.9.3.3　应用效果

（1）较好地解决了正线非减振道岔和减振道岔结构范围积水问题。

（2）避免了为实现与减振道岔板下水沟排水顺接，在两侧区间（或车站）很长范围内预留较大的轨道结构高度，节省工程投资，降低了工程实施难度。

6.9.4 快速拆卸式预制板轨道设计及原位换铺试验

6.9.4.1 技术背景

目前国内城市轨道交通减振轨道减振性能的研究主要采用数值模拟分析、实验室实尺模型测试以及工程现场测试等技术手段。数值模拟分析通过与工程实际接近的模型建立边界条件和荷载设置，计算分析不同道床结构的插入损失，用以评价不同减振结构的减振效果。但模拟分析主要是从定性上分析，需要不断通过与现场实际测试对比校验，不断修正和调整参数，作为现场实测的辅助和预测手段。实验室实尺模型测试的轨道结构一般长度较短，种类也相对较少，尤其是没有真实车辆荷载按照一定速度通过的激励，仅通过力锤和激振器进行加载，无法完全真实模拟现场情况。工程现场测试是目前最能够反应轨道结构现场使用效果的测试手段，但现场测试工程条件限制较大，很难找到相同的线路条件、相同的车速、相同的车辆参数的对比断面进行测试分析，故在数据处理中还是要进行类比和修正，一定程度上弱化了现场测试的真正意义。而且减振轨道种类多样，即使是同一种减振形式，减振材料性能也存在差异，若想进行种类较为完备的现场测试则需要较多的现场实际铺设工程作为基础，实现难度较大。加之前述相似类比工况设置较为困难，针对不同种类减振轨道形式和减振材料的测试在实际应用过程会遇到较多困难。此外，由于实际运用工程中需要协调运营部门进行测试，协调和安排工作难度也相对较大，目前无法完全满足多种道床结构快速、精准的测试要求，急需研发一个便于更换，同时具备可控车辆参数、速度参数、线路参数，又能够提供充足测试数据的实验平台和测试方法。结合地铁16号线工程车辆基地上盖开发项目实际工程需求，项目组提出了利用库内某股停车线进行国内首次"预制板轨道结构原位换铺试验"，用以研究车辆基地内部车辆激励源强、振动传播规律以及适用于上盖开发车辆段减振轨道结构的研发验证平台，同时为正线开展原位测试工作奠定必要的工作基础。

6.9.4.2 技术方案

（1）快速拆卸式预制板设计

多种道床结构的原位测试试验关键技术之一为如何实现不同道床结构的快速拆卸、安装并与多种减振材料和扣件体系形成通用的匹配能力，如果不具备快速便捷拆装功能，则无法真正意义实现同一条线路针对不同轨道结构的测试功能，无法克服常规现场测试方法的技术瓶颈。通过充分调研国铁CRTS Ⅰ、Ⅱ、Ⅲ轨道板结构特点以及相应的安装、铺设和限位方式，项目组提出了适用于北安河车辆段停车股道原位测试试验的快速拆卸式预制板结构形式。试验线道床主要由钢轨、扣件、预制混凝土道床板、弹性垫层、底座层、剪力铰、横向限位装置及纵向限位凸台等组成。预制道床板分块设计，每块道床板长4770mm、宽2320mm、厚270mm，板与板之间设置30mm板缝，并采用剪力铰连接，限位装置限位（图6.9-23）。

针对预制板结构采用有限元模拟计算方案和经典力学计算方法分别进行了强度和配筋计算设计。核心点是研发了纵横向可拆装限位装置，实现了道床结构的可拆装功能。纵横向可拆装限位装置包括现浇限位凸台（预埋尼龙套管）、可调整厚度硫化橡胶钢片以及相应的螺栓等连接件，通过增加或减少调整钢板的数量来实现预制板与两侧基础及凸台的密贴和分离。

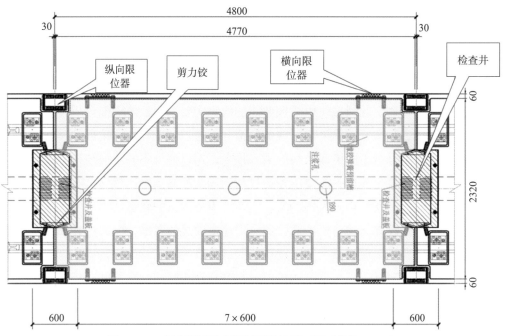

图 6.9-23　原位测试道床预制板结构平面图（单位：mm）

预制板与基底拆分后，可方便地进行吊出作业，方便对下部的减振隔离材料进行更换。减振材料更换完毕后，可直接将预制板落回原位，通过调整限位装置钢垫片数量和紧固螺栓作业，实现预制板结构与基础结构的连接，最终实现了在原有位置完成道床板结构和基础结构的分离和连接的"拆装"功能（图 6.9-24）。

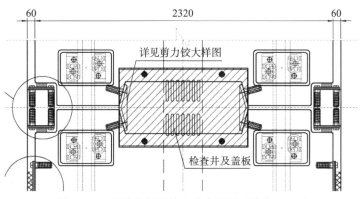

图 6.9-24　限位装置及检查井布置图（单位：mm）

项目组对道床板连接剪力绞和观察孔进行了合并设置，在实现功能基础上进行保证简洁美观。提出了直线地段可装配式预制板轨道基底设计方案，采用高强自密实砂浆作为基底找平层，改变了传统预制板结构现浇自密实混凝土、CA 砂浆等工序，为实现装配功能奠定了基础，同时提出了基底材料性能指标要求，最终利用研发的可更换式预制板轨道结构和本工程车辆段库内停车线实现了国内首次预制板结构原位换铺测试试验（图 6.9-25）。

（2）原位换铺试验

利用库内停车线第 20 股道进行原位换铺试验，此线路与入段线相连，线路线形全部为直线，可提供较为良好的线路条件及测试范围。项目组主要针对减振性能、道床几何形位特性

图 6.9-25　道床板拆装与成型试验线

开展测试工作，主要包括道床结构加速度测试、道床结构垂横向位移测试、上盖结构加速度测试、轨道及上盖结构自身振动特性测试等内容。测试出库速度分别为 15km/h、25km/h，回库速度为 5km/h。试验结合板下不同减振材料与不同铺设形式，以及板上不同扣件系统构成，分别进行 9 种道床形式的测试，包括：

1）橡胶减振垫 A，满铺方式及纵向条状铺设方式。

2）聚氨酯减振垫，满铺方式及纵向条状铺设方式。

3）橡胶减振垫 B，满铺方式及纵向条状铺设方式。

4）普通扣件整体道床。

5）减振扣件 A 整体道床。

6）减振扣件 B 整体道床。

经过近 8 个月现场测试，确定 9 种道床形式减振降噪效果综合排序见图 6.9-26。

图 6.9-26　9 种道床形式减振降噪效果

测试过程验证了原位换铺预制轨道系统的相关性能，更换及安装便捷快速，平均可利用5个工作日完成近400m长轨道线路的道床拆卸和安装工作，实现了原位更换的功能，开拓了现场试验线设置和测试思路，达到了原有的设计目的。

6.9.4.3 应用效果

（1）首创并研发用于城市轨道交通的快速拆卸式预制轨道板，实现道床结构无损、快速安装和拆卸，兼容不同减振材料和扣件系统。

（2）首创并实现了原位测试试验方法，为后续建立车辆基地内轨道减振及结构动态测试平台提供了必要的理论和工程实际经验支持。

（3）本工程通过原位换铺试验，实现了对9种不同道床结构减振能力、道床稳定性、自振频率以及振动和噪声传递特点的测试，基本掌握车辆基地振动源强能级、传播特点以及不同减振措施在车辆基地的实际应用效果等重要信息，为今后车辆段一体化开发采用的轨道减振设计提供了宝贵的现场测试数据支持和设计依据。

（4）根据测试结果，验证了本工程前期选用的橡胶减振垫A满铺方式，选型合理、减振效果优异、性价比突出，可在类似车辆段开发工程中借鉴、应用。

6.10 总结与思考

北京地铁16号线设备系统设计，在提升乘客服务水平、方便运营维护管理上下功夫，结合16号线工程特点，因地制宜、科学合理地制定各系统方案与标准，通过不断的技术创新与设计优化使得16号线设备系统具有绿色节能、智能便捷、安全可靠的特点。同时16号线设备系统的设计不断优化，为后续工程设计提供更高的技术标准与更优的设计服务。

6.10.1 大客流站台设置监察亭，提升运营安全性

为使站务员及时监控列车进出站台、客流量及乘客上下车的安全情况，在换乘站以及首末车站等大客流车站的站台设置监察亭，站务人员可以利用监察亭内视频监控、广播通信设备及时引导乘客上下车，并第一时间应对站台紧急事件，提高紧急情况下的反应速度。

监察亭内涉及多个专业及系统，如信号专业、FAS专业、动照专业、广播系统、视频监视系统、时钟系统、电话系统等。具体设计方案如下：

（1）在线路端头站及换乘车站设置监察亭。站台监察亭的尺寸为3000mm（长）×2000mm（宽）×2600mm（高）。

（2）站台监察亭的门设置带锁玻璃门，玻璃门可自动关门，不安装门禁设备。

（3）监察亭设置格栅吊顶，格栅吊顶上安装照明灯具。

（4）防静电地板距离装修完成面为300mm，设置两步台阶。

（5）站台监察亭内不安装空调。

（6）通信专业和信号专业设备电源使用各自专业专用电源。

首都第一条8A编组地铁

（7）由动照专业提供照明电源、正常功率插座电源、大功率插座电源。

（8）CCTV 能够覆盖站台监察亭区域。

（9）信号专业设置两个发车计时器、两个紧急停车按钮及表示灯。

（10）监察亭丝网印刷样式与站厅 CUC 保持一致。

（11）通信专业设置两个 CCTV 监视器分别显示上下行各四路监视画面，不设置控制终端；设置一个 1 英寸 LED 时钟；设置一个广播控制盒 X-NPMI；设置一部公务电话和一部专用电话。

（12）在监察亭上方设置一个 FAS 烟感报警。

监察亭设备平面布置如图 6.10-1 所示。

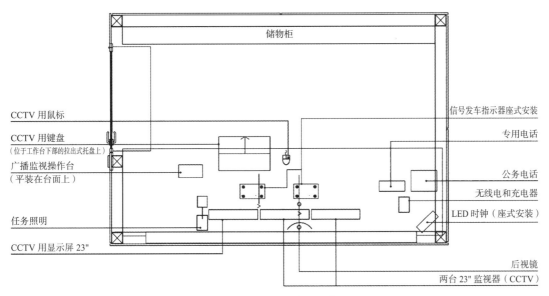

图 6.10-1　监察亭设备平面布置图

站台监察亭是站台工作人员监控客流、处理突发情况的有效手段。其内部所有系统都与列车及调度中心相连。除了向调度实时反馈客流信息，遇到站台起火、淹水等紧急情况时，监察亭里的一个制动按钮可以让隧道中的列车暂停进站。因此可在后续线路中的换乘站和端头站设置站台监察亭，更好地为运营工作人员及乘客服务。

6.10.2　区间联络通道防火门抗风压设计探讨

地铁区间联络通道防火门是一种安装在两条区间隧道间的防火门，其主要作用是防火隔断，并在紧急情况下疏散乘客。其具有受列车运行时往复、持续的活塞风风压作用的特点，易出现变形、撕裂、掉落的现象。

因此在设计中应对区间防火门进行关注，对门体性能提出明确、清晰的要求，对区间活塞风压进行细致研究分析，并加强运营后的运维管理。

（1）区间联络通道防火门被破坏的主要原因是门体受活塞风影响，摆动频率快并且幅度大，为此设计应提出满足区间活塞风压的门体抗风压标准。8A 线路区间防火门要求能够抗风压 4kPa。抗风能力增强、门体自重增大，可以有效地削弱门体摆动的幅度。因此设计要针对不同线路提供区间活塞风压，并以此为基础核算区间防火门抗风压指标。

（2）对区间防火门选择时应选适用于区间联络通道外平开钢质防火门，而不能简单选用外平开钢质防火门。因目前市场提供的区间联络通道外平开钢质防火门，在门扇面板厚度和结构形式上与普通外平开钢质防火门不同，其面板厚度一般为 1.5mm，多采用五层结构形式，即门扇结构＋防火板＋门芯板＋防火板＋镀锌钢板结构形式。

（3）在对防火门制定技术规格书时，应针对其抗风压性能、防火性能、五金配置、产品安装和运营维护等方面提出具体要求。

1）抗风压性能。抗风压防火门的门扇锁长期受风压作用易变形翘曲，合页侧易脱落，因此应对门体提出增加门扇的结构强度，和门扇采用组合式装甲结构和门扇内部增加横竖折弯骨架等措施要求。

2）防火性能要求。抗风压防火门的门扇内部结构设计保证门扇的完整性。通过增加防火隔热材料隔断和减缓骨架的导热，同时门扇内部填充高强度防火珍珠岩防火板来保证抗风压防火门的甲级防火性能。

3）五金配置。抗风压单开防火门通过配置三点逃生推杆锁控制门扇锁侧上端及下端的抗风压要求，增加合页和闭门器的承重能力，以及加强门扇内部结构的抗风压结构设计，同时具备防火性能要求。抗风压双开防火门考虑到地铁隧道的特殊使用环境及紧急情况下逃生的需求，配置双向开启逃生推杆锁。两扇门均由上锁点、下锁点、侧边锁点及另一扇门上的侧锁点，四锁点共同保持对该扇门的锁闭，可以对防火门实现较高的锁闭强度。

门扇采用组合式装甲结构，同时门扇内增加横竖折弯骨架，门框采用双层门框结构，增加了门框、门扇的整体抗风压强度，所有门框、门扇的焊接部位均要涂防锈漆，保证抗风压防火门在复杂环境下依然可以使用，并保持抗风压性能及防火性能。

4）产品安装。抗风压防火门的安装主要采用焊接安装方式，安装牢固。工程施工过程中需要在门洞中预留预埋件，保证抗风压防火门后期安装和使用的牢固度。

5）运营维护。抗风压防火门安装完成后未正常锁闭，处于虚关状态，受外力摔打后，门扇面板和芯板的胶粘开胶，后经活塞风作用出现空鼓。因此在区间抗风压防火门安装完成后及运营期间应保持门扇的正常锁闭。

6.10.3　配电箱柜孔洞封堵

地铁地下空间潮湿，运营初期部分箱柜由上进线线缆凝露，水滴顺线缆及箱柜接口处进入箱柜内，易导致短路。因此设计应从进线方式、开孔封堵方式、柜内柜外线缆敷设要求等进行分析，并制定解决方案。

（1）2015 年 3 月由国家能源局颁布的《电力工程电缆防火封堵施工工艺导则》DL/T 5707—2014，对电缆的防火封堵材料、做法和验收提出了标准做法。该导则的做法适用于地铁车站的电缆进出箱柜时的封堵做法。

（2）各设备专业在车站设备系统施工图图纸说明的图集引用中应加入该导则名称和编号，并在施工注意事项中说明"车站站内电缆进出箱柜的防火封堵的标准构造做法和施工要求详见该导则"。在设计阶段，设计人员在招标文件及施工图纸中明确配电箱柜的防护等级及配电箱柜封堵方式，明确箱柜孔洞封堵措施，规范封堵做法，满足验收标准，减少后续尾工。

（3）在出厂验收阶段，参加验收各方应核查配电箱柜的防护等级是否与合同约定的一致。

（4）在施工现场，施工人员完成配电箱柜的现场安装及电缆接线后，要严格遵守规范的施工工艺及步骤完成防火封堵的施工，确保配电箱封堵严密。

（5）可以选择封堵的方法有：

1）采用耐火隔板和阻火包封堵施工。

2）采用耐火隔板和无机堵料封堵施工。

3）采用耐火隔板和有机堵料封堵施工。

4）采用防火复合板封堵施工。

5）采用防火涂层板封堵施工。

6）采用密封模块封堵施工。

7）采用柔性有机堵料封堵施工。

（6）监理单位加强现场监督、管理工作。

6.10.4　加强管线综合设计实效性措施

为使车站管线综合设计在设计层面真正起到合理规划管线空间、规范管线交叉布置、指导各设备专业设计确定本专业管线路由，减少站内桥架、线槽、管线安装过程中出现的冲突、打架及检修空间不足的情况，应进一步从图纸设计流程、深度、及时安装工序的要求三个层面加强管控。

6.10.4.1　管线综合专业图纸设计流程

建筑专业对全部设计专业进行交底（装修专业交底内容应涉及对设备管线安装限界的控制要求以及特殊车站的装修方案、对管综专业的空间规划要求等）→建筑图纸统一开放（管综提供统一的绘图标准）→各专业以联系单形式提供线槽、管线的初步路由、尺寸、槽内线缆数量以及各设备终端荷载等条件→管综设计依据各专业提供资料开展管线综合设计，并根据荷载数据进行横担受力计算→管综专业在设计过程中对各专业管线路由进行优化调整，调整后的成果会签下发（指导版）指导各专业开展各专业施工图纸设计→专业图纸报出时，再次提供与管综指导版不一致的条件（包含数量、尺寸、路由、高度等变化）→管综专业待其所包含的全部专业均报出并对调整内容重新提资后，修改图纸并正式报出。

具体详见管线综合设计流程图（图6.10-2）。

6.10.4.2　管线综合设计深度要求

（1）图纸应标明横担上线槽定位或控制要求

应确保每层横担最外侧线槽尽可能靠墙安装。避免施工现场出现因最外侧线槽先期没有靠边安装，导致后续线槽无安装位置或检修间距减少的情况发生。

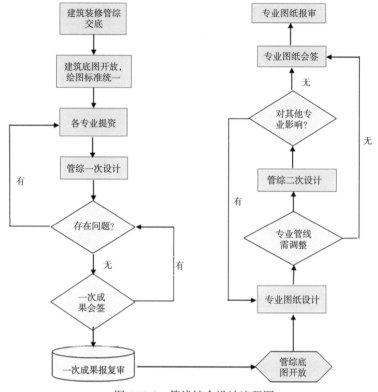

图 6.10-2　管线综合设计流程图

（2）图纸中标注线槽间距

在图纸中清晰标注线槽间距。避免在各专业线槽安装时，因定位不准导致线槽紧贴、接头螺栓位置打架、线槽挤压变形或间距变大占用检修间距的问题发生。

（3）专业图纸中体现线槽在横担上的位置

各专业图纸应增加相关线槽在整个走廊的位置，及包含所有横担及线槽情况，重点突出显示本专业线槽在横担上的层级及在该层横担上的具体位置。避免在各专业管线施工时，因施工图纸上没有其他管线情况，专业管线施工单位了解不到综合桥架整体信息，发生应装在第三层的管线安装到第二层的情况，或者在横担上的安装位置不对的情况。

（4）管综交叉严重区域应增加剖面图及节点详图

车站设备区进入公共区部位，站厅公共区与出入口相连部位，站厅公共区与换乘通道相连部位，车站主体与外挂厅相连部位，设备区走道的连通走廊，强弱电井附近，防静电地板房间等区域，增加剖视图及节点大样图，用以表达清楚该位置的管线实施方案。避免因管线高程发生较大变化，或管线数量种类发生较大变化，或管线路由发生较大变化等导致管线交叉严重的情况出现。

（5）增加地面管综图纸

增加地面管线综合图纸，避免因站厅公共区采用龙门架固定部分末端设备以及 AFC 设备的地面走线需求，站厅公共区地面管线交叉导致垫层内管线敷设不下的现象发生。

（6）明确车站和区间管线综合设计接口与范围

在车站管综和区间管综图中详细明确双方设计内容、范围、接口等信息。车站管线综合与区间管线综合在设计时，应各绘制到对方设计范围 5m 并彼此一致。

（7）气灭管道及冷媒冷凝管道路由纳入管线综合设计范围统一排布，车站管线综合图纸应考虑气灭管道及冷媒冷凝管道敷设路由及要求，提前预留此类管线穿越走廊的位置及空间高程。

（8）人防孔洞问题

在管线综合图中应明确标出人防门预留孔洞所穿越的管线名称，并且管线综合设计时应考虑管线与人防预留孔洞一一对应，避免管线综合设计图中的管线位置与人防门预留管线不一致，现场管线交叉较多且凌乱问题发生。

6.10.4.3　管线综合实施工序

（1）施工牵头单位制定实施工序、管理要求和实施工作计划。

（2）综合支吊架安装完成，监理验收通过后，各专业施工单位按照专业图纸及管综图纸施工。

（3）各专业施工单位应按照从上到下，同层横担由外至内的工序进行安装。

（4）当上序工序未安装，下序单位提前安装时，应告知监理并经上序单位确认，且下序线槽施工时应考虑上序必要的安装空间及满足图纸定位。

（5）上序工序施工完成，下序工序具备进场施工时，监理应及时查验。

（6）下序工序施工单位应严格按照设计定位要求施工，当不满足设计要求时不得继续施工，应告知监理及设计协调解决。

（7）各专业线槽内线缆敷设前，应告知监理，经对其线槽安装正确确认后，方可施工。

6.10.5　重要电气房间内管线综合设计

综控室、APA设备室、通信设备室等设备房间因设备安装需求，地面设置防静电地板。受其影响，房间净空较其他房间低，但房间内管线及设备种类数量较其他房间多且敷设复杂，在施工中房间上部设备、管线安装位置冲突，防静电地板下部空间管线交叉、施工难度大等问题多有发生。为了解决上述问题，对防静电地板设备房间进行管线综合设计。

6.10.5.1　防静电地板房间及防静电地板安装高度要求

设备管理用房防静电房间及防静电地板安装高度见表6.10-1。

设备管理用房防静电房间及防静电地板安装高度　　　　　　　表6.10-1

序号	房间名称	房间归属专业	防静电地板装修完成面距离结构面高度（mm）	备注
1	电源整合室	供电	330	
2	商用通信设备室	通信	330	
3	信号设备室	信号	330	静电地板内的净空要求不大于300mm
4	专用通信设备室	通信	330	
5	公安通信设备室	通信	330	

序号	房间名称	房间归属专业	防静电地板装修完成面距离结构面高度（mm）	备注
6	综控设备室	综控	600	静电地板内的净空要求不少于450mm，装修后顶棚至防静电地板板面之间净空高度不小于3200 mm
7	站长室（兼接待）	综控	600	
8	车站控制室	综控	600	
9	APA 设备室	AFC	330	静电地板内的净空要求不大于300mm
10	人防信号室	人防	330	
11	通号电缆间	通信	330	
12	站台门设备室	站台门	330	
13	综合配线间		330	

6.10.5.2 房间内管线综合设计要求

（1）设有防静电地板的重要房间应进行管线综合设计，主要包含：综控设备室、车站控制室、APA 设备室、电源整合室、商用通信设备室、信号设备室、公安通信设备室、专用通信设备室、站台门设备室。

（2）防静电地板房间管线综合设计的主责设计单位为该房间所归属的设备系统的设计专业。

（3）车站建筑专业配合提供此类房间的平剖面图、静电地板安装大样图（含静电地板排布网格、龙骨节点做法、地坪标高、静电地板完成面标高，龙骨厚度等资料）。

（4）房间内管线综合设计主责单位设计完成房间上部空间设备及主线槽（线缆）管线综合图、房间设备设施布置剖面图、防静电地板下方管线综合图（图6.10-3、图6.10-4）等。

（5）房间内管线综合制图标准（含图例图示）与车站管线综合一致。

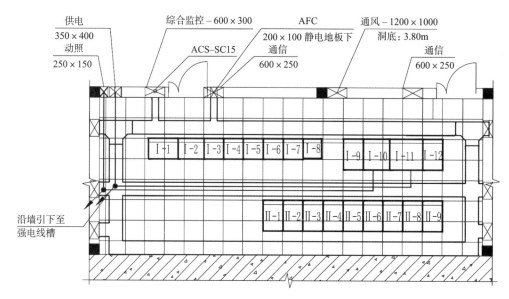

图 6.10-3 通信机房防静电地板下管线综合设计平面图（单位：mm）

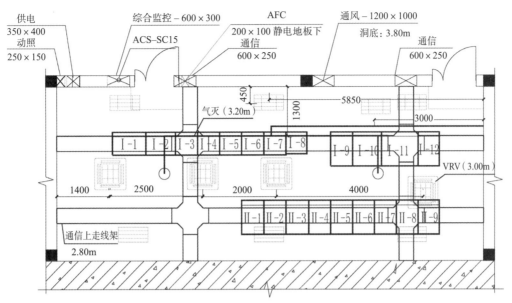

图6.10-4　通信机房上部空间内管线综合设计平面图（单位：mm）

6.10.5.3　房间管线综合设计流程

（1）房间内管线综合设计主责专业将机房内设备平面布置图提资给其他设备专业，规定并下发各专业进入机房的统一原则。

（2）各专业根据机房内机柜布置方案，将各专业设备位置、管线路由及进入房间的位置提资给主责专业。

（3）房间主责专业根据各专业提资，合理规划各专业终端及管线位置，避免各专业设备及管线在机房内发生冲突，并返至各专业确认。

（4）各专业设计确认机房内管线综合布置，无问题后，各专业会签机房平面布置图。

（5）各专业将机房管线综合布置图中本专业设备、终端、线缆路由落实到各自施工图中，并在图纸说明中提示该房间进行管线综合设计，施工单位施工前与相关施工单位配合。

（6）各专业会签时，应对该房间设备管线布置进行互相签认。

（7）当后续相关房间有设备或管线调整时，应及时告知房间主责专业，并经主责专业同意后方可调整，当对其他专业有影响时，主责专业应负责牵头将相关专业召集共同确认后方可调整。

6.10.5.4　防静电地板施工交底注意事项

防静电地板房间设计施工交底时，应重点关注以下内容（不限于以下内容）：

（1）防静电地板施工单位应提前核对现场结构地面高程是否与图纸所示高程一致，当高程不符时，应及时通知建设单位、监理和设计，研究确定后方可实施。

（2）原则上防静电地板装修完成面高程应与图纸所示高程一致，避免房间内预埋线盒等因装修完成面高程变化导致返工。

（3）防静电地板施工前，应提前施画龙骨安装线，核对防静电地板下所敷设的线槽路由是否与龙骨实际安装位置冲突，冲突时可进行微调，当影响较大时应及时与设计沟通。

（4）防静电地板施工单位应结合房间管综图纸，统筹侧墙进入防静电地板下部空间的路由及防静电地板下部空间线槽与管线。

（5）设计在图纸中应强调防静电地板下的线槽哪些是专业线槽，哪些是综合线槽。

（6）施工交底时，防静电地板施工单位、涉及线槽的相关专业施工单位、二次隔墙施工单位、相关监理和该房间管线综合设计（含专业设计）人员参会。

CHAPTER

第 7 章　一体化开发车辆基地技术创新

7.1　地铁车辆基地上盖综合开发历程

地铁车辆基地上盖综合开发经过多年的发展已总结出很多经验，根据北京地区车辆基地上盖综合开发与城市融合程度的不同，分析了四惠车辆段、郭公庄车辆段、五路停车场及平西府车辆段、北安河车辆基地及榆树庄停车场综合开发的特点。四惠车辆段，实现了车辆段＋小汽车停车场＋上盖开发模式，首次大面积采用层间隔振技术；但下部平台结构刚度偏弱，抗振能力偏弱，景观设计不充分，城市界面比较生硬。郭公庄车辆段，提前规划和预留，提前实施轨道减振措施，采用部分框支剪力墙结构，使上盖开发建设高层成为可能；但城市界面同周边融合度不够，交通相对独立、同周边结合程度不够。五路停车场及平西府车辆段，对景观进行重点打造，成为国内在上盖建设高档住宅的范例，实现盖下框架结构＋层间隔振＋盖上剪力墙结构的车辆段上盖开发结构模式；但交通组织相对孤立，上盖区域、汽车坡道等同城市景观缺乏融合度。北安河车辆基地及榆树庄停车场，进行更大范围的业态及城市设计研究，上盖开发界面与城市更加和谐；交通研究范围更大，与城市交通联系更加紧密；更加注重从盖上到盖下整体的竖向衔接，做到无障碍过渡；景观整体打造，更加精细化设计，使景观与结构、功能完美配合。

7.2　地铁车辆基地上盖综合开发的必要性分析

随着全国城乡建设发展，城市轨道交通需求与日俱增，轨道交通是解决大城市公共交通的最佳方式。地铁线路配属的车辆基地数量也越来越多，且占地规模非常大，研究实施上盖综合开发是必不可少的。

首先，地铁车辆基地用地原本为市政设施用地，建筑类型仅为运用库、检修库等，进行上盖综合开发后，充分利用立体空间，建成住宅、商业和办公等建筑类型，达到了集约化利用土地的效果。其次，不考虑上盖综合开发，车辆基地内的工业建（构）筑物群严重割裂城市功能和空间，进行上盖综合开发后，达到完善功能空间，提升城市景观品质的效果。再次，未开发的车辆基地无需靠近地铁车站，进行上盖综合开发后，会以地铁站为交通研究核心，梳理整合整个片区交通系统，达到提高轨道交通利用率，完善片区交通体系的效果。最后，通过上盖综合开发产生的土地一级和二级增值收益可以填补部分轨道交通的建设资金，达到反哺轨道交通投资的效果。

综上所述，从集约化利用土地、提升城市景观品质、完善片区交通体系、反哺轨道交通投资几方面都可以表明地铁车辆基地上盖综合开发是十分必要的（图7.2-1、图7.2-2）。

第7章
一体化
开发车
辆基地
技术创
新

336

图 7.2-1　某地铁车辆基地实景图
（未进行上盖开发）

图 7.2-2　北京地铁 16 号线车辆基地效果图
（进行上盖开发）

7.3 车辆基地建筑规划设计实践与创新

7.3.1 车辆基地建筑规划设计实践

针对地铁车辆基地上盖综合开发的特殊性，总结同类项目的经验，在北安河车辆基地和榆树庄停车场进行了进一步建筑规划设计实践，成果如下：

7.3.1.1 土地集约利用——分层立体开发

项目规划之初就以车辆基地上盖综合开发为目标，首先从开发和地铁工艺统筹的角度，优化、整合车辆基地工艺布置，寻找综合开发和工艺布局的最佳逻辑关系，最大限度缩小项目占地；其次通过合理的技术预留手段实现车辆基地运用库、联检库和咽喉区的上盖综合开发。车辆基地大库屋顶标高以下为市政基础设施用地，屋顶标高以上为多功能开发用地，通过土地立体钉桩与分层出让的方式实现一地两用。原市政用地内，既满足了地铁车辆基地的功能，又充分挖掘用地价值潜力，满足区域生活和工作需求，产生规模效益，实现土地集约利用（图 7.3 -1 ）。

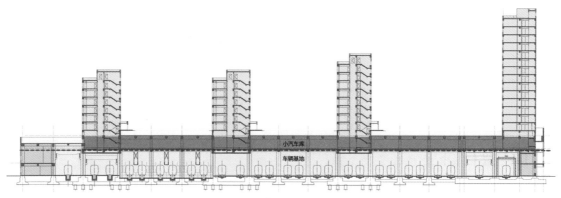

图 7.3-1　立体开发竖向示意图

7.3.1.2 实现城市互联——统筹空间布局

通过精巧的空间布局，构建了一套结合地下、地面和上盖的立体城市交通网络，真正通过车辆基地综合开发实现城市的互联互通。地下部分为16号线地铁车站，通过楼扶梯等垂直交通设施，连通地面及上盖。地面层设有地铁工艺功能，在满足场站独立运营、使用便捷高效的前提下，进行功能布局设计，整合落地区。落地区设置商业开发，通过上盖落地的交通核及连接平台与上盖开发连通，实现轨道交通站点的便捷性。车辆基地综合开发建设，通过统筹空间布局，使整个片区功能实现高质、高效的飞跃，形成整个城市片区的互联互通（图 7.3-2 ）。

7.3.1.3 消解侧壁效应——人性化尺度营造

基于对车辆基地的研究分析，未进行处理的界面往往给人以高墙式的隔绝感和压迫感，16号线场段首先进行城市界面优化，利用落地商业区打造人性化尺度的街区，缓解车辆基

图 7.3-2 竖向功能分区

地上盖对城市界面造成的影响，消解车辆基地巨大建筑体量形成的城市侧壁效应。采用多种设计方法，塑造亲和、绿色、层次丰富的城市公共空间，如侧墙采用绿化阶梯，引入自然通风采光，打造自然生态的景观界面，气氛活跃的沿街商业界面，出入段线区界面采用垂直景观绿化等。通过一系列人性化尺度的营造，减少高墙式的隔绝感和压迫感，消解侧壁效应（图 7.3-3）。

图 7.3-3 侧壁效应消解意向图

7.3.1.4 盖上盖下安全运营——制定特殊消防设计

本着安全适用、技术先进、经济合理的原则，16 号线场段遵从现行国家规范《建筑设计防火规范》GB 50016，采用以消防工程学为基础的消防设计理念和方法，结合建筑特点制定消防方案，以更好地满足消防要求。特殊消防设计措施如下：上盖开发建筑与车辆基地建筑采用上下组合的方式建造，在设计上采用盖上、盖下相对独立的消防策略；分隔楼板等承重构件耐火极限满足地铁及防火规范的相应要求；上盖开发建筑与车辆基地建筑各自独立疏散；上盖开发与车辆基地分别采用独立的消防系统方案；上盖开发与车辆基地分别设置消防车道和消防救援场地。通过采取特殊消防设计的措施，满足地铁库区及上盖开发建筑的消防要求，保证盖上盖下安全运营。

7.3.1.5 打造宜居上盖环境——减振降噪措施构建

噪声与振动的环境保护目标主要为车辆基地范围内的综合开发建筑，包含住宅、办公、幼儿园、机构养老设施等功能。噪声标准限值的确定，大部分保护目标建筑应执行 1 类声环境功能区昼间 55dB、夜间 45dB 的限值要求；车辆基地周边城市道路为城市主干道路和次干道路，道路两侧边线 50m 范围内为 4a 类声环境功能区，保护目标执行昼间 70dB、夜间 55dB 的限值要求。振动标准限值确定上，大部分保护目标建筑执行居住、文教区环境振动标准限值，即昼间 70dB、夜间 67dB。振动环境影响的主要振源来自车辆基地内部，为库内外的线路。根据噪声和振动标准限值要求，应与轨道专业配合，对轨道采取必要的抗振减噪措施，打造宜居的上盖环境。

7.3.2 "消失"的北起点——北安河车辆基地建筑规划创新理念

7.3.2.1 项目概况

（1）概况

北安河车辆基地位于北安河组团东部，西六环西南角，北清路南侧，京密引水渠以西。场地原址为农田，地势较平坦，用地位于北安河组团建设用地边缘，部分为六环路绿化隔离带，西侧紧邻西山鹫峰国家森林公园，总用地面积 31.5hm² （图 7.3-4）。

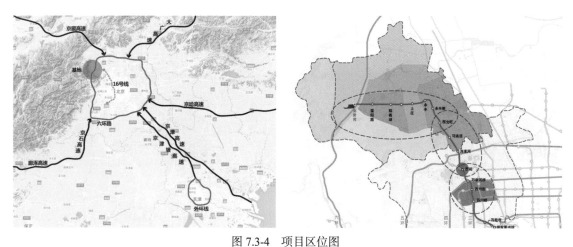

图 7.3-4　项目区位图

（图片来源：北安河车辆段上盖开发国际方案征集 aedas 与上海天华联合体成果文本）

车辆基地定位为车辆段，主要建筑有：运用库、联合检修库、咽喉区、试车线、公安派出所、锅炉房、综合行政楼、综合维修楼、牵引变电所、易燃品库房、材料库，建筑布局相对集中、紧凑。车辆段总建筑面积为 22.87 万 ㎡，运用库、联合检修库及咽喉区上盖综合开发为住宅、小汽车库、配建商业及附属设施，地上总建筑面积约 30 万 m²。

（2）项目愿景

北安河车辆基地在规划之初便明确了统筹考虑地铁建设与上盖综合开发这一主要设计思路，设计过程中全面贯彻节约用地和资源的方针，致力于将北安河车辆基地上盖综合开发建设成为"看不见的车辆段，看得见的城市景观"（图 7.3-5）。

（3）项目定位及开发目标

本项目的定位为联结"山后新区高科技产业带"与"大西山风景区休闲产业带"的中间枢纽，集合生活、休闲、创业于一体的建筑集群。在本项目设计过程中，主要统筹考虑用地、经济、功能、结构四方面内容，争取做到节约用地、降低投资、功能完善、结构合理的开发目标。

图 7.3-5　开发方案效果图

（图片来源：北安河车辆段上盖开发国际方案征集 aedas 与上海天华联合体成果文本）

集约化利用土地：北安河地处海淀西北侧，背靠燕山山脉，有着绝佳的景观资源，无论是房产还是土地价格都高于其他同区位价格。力求发展多功能复合的地铁建设模式，最大化提高土地利用率，最大程度发挥土地价值。

提升综合效益：地铁车辆基地建设的工程投资较大，通过地铁建设与上盖综合开发统筹考虑，上盖综合开发可创造出更多的社会效益及经济收益。社会效益主要体现在上盖综合开发新增的物业功能，可缓解区域用地压力、美化城市景观，为所在区域提供更多的社会服务。经济收益是采用车辆基地上盖开发增加土地经济收益，返还地铁建设，减轻政府财政压力。

紧密的功能联系：本项目段内通过有机整合，使各功能之间的联系更为密切、便捷，车辆基地内工作效率及部分设备设施使用率显著提高，同时车辆基地配建的车站为上盖综合开发物业功能提供更加便捷的交通服务。

合理的结构体系：在统筹设计的过程中，将如此复杂的功能通过合理的结构体系联系在一起，是本项目的一大重点、难点。项目结合用地规模、车辆基地内功能组成、上盖综合开发定位综合分析研究，最终确定高位结构转换的结构体系，这种结构体系能为上盖开发提供更大的灵活性。

7.3.2.2　创新理念

在借鉴同类项目经验的基础上，完成建筑规划设计实践的同时，提出了四大创新理念。

（1）整合城市公共空间——以车站为枢纽统筹公共服务配套

地铁 16 号线北安河站位于项目落地区北侧的城市绿化带内，北安河站是 16 号线的起点站，规划方案将地铁站、城市绿地、车辆基地落地区统筹考虑，定位为区域公共服务中心，以站点为核心，打造地上和地下连贯的步行系统，便捷连通车辆基地上盖居住区和周边社区，在系统中集成商业、社区服务等配套设施，并无缝接入落地区特色商业社区，形成以线带面的一站式服务综合体。

（2）提供灵活发展空间——立体复合功能

本项目根据地块内不同区域的流线、景观、地形和高程特点，结合市场需求分析，设置丰富的物业形态组合，共享交通、创客办公、特色商街、人文工坊、养生休闲、生态居住等业态组团通过立体步行动线有机贯通，立体复合，多元共生，充分发掘地块所在区域的商业、人文和旅游价值。

本项目除打造多元的复合功能外，更加注重各功能空间的灵活性和可变性。由于车辆基地上盖综合开发项目自身的特点，下层地铁功能和上盖开发通常是分期实施的，在轨道运营前必须先期实施必要的上盖开发预留，若考虑不周，将可能降低后续上盖开发的灵活性。本项目通过对后续开发物业可能性的充分研究，将产品模块化处理整合，在可变性和经济性中寻找平衡点，提出具包络性的、成本可控的结构及构造预留方案，为上盖综合开发提供灵活的发展空间。

（3）打造绿色交通体系——缝合盖上盖下空间

由于车辆基地自身工艺需要，分成落地区、咽喉区上盖和大库区上盖三个高程区域，规划方案采用缓坡、退台、连桥等手法将三个高程区域顺畅连通，结合绿化景观在地铁站和各个高程区域间设置多条步行、自行车廊道和环道，使慢行系统充分融合于社区中。此外，项目统筹规划用地周边3km范围内的城市慢行系统，将社区步道接入区域慢行系统，丰富了区域居民"慢生活"的体验。通过对社区内部和周边区域的有效交通组织和引导，实现社区范围内人车分离，提供更为人性化的出行环境，打造绿色交通体系（图7.3-6）。

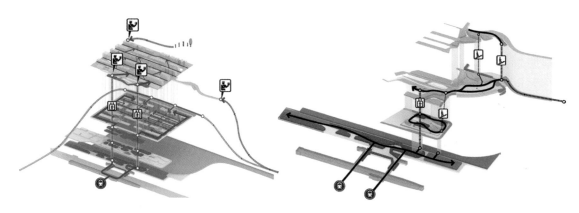

图7.3-6　流线示意

（图片来源：北安河车辆段上盖开发国际方案征集 aedas 与上海天华联合体成果文本）

（4）创造城市生态公园——适度开发，与自然共生

本项目从用地周边3km范围着手，统一规划景观系统和慢行系统，与西山风景区生态系统对接，打造京城西部的微旅游度假基地，营造市民的西山慢生活。上盖居住区的规划遵从适度开发原则，建筑造型取自西山寓意，通过建筑屋顶高低错落呼应远山天际线，规划从景观设计着手，将建筑安插在景观体系中，并在结构可行的前提下，将部分建筑两端围合，形成街坊组团，创造更加宜人的生活场所。建筑尽量提供更多的错落和退台，将绿化充分引入，打造消失在绿化中的住宅（图7.3-7）。

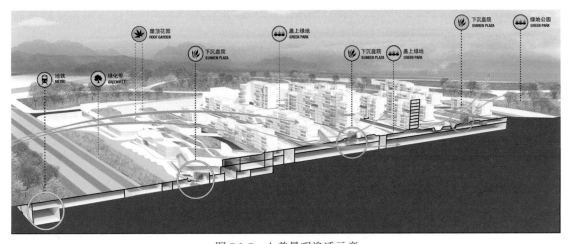

图 7.3-7　上盖景观渗透示意

（图片来源：北安河车辆段上盖开发国际方案征集 aedas 与上海天华联合体成果文本）

7.3.3　创新融合的南端头——榆树庄停车场建筑规划创新理念

7.3.3.1　项目概况

（1）概况

榆树庄停车场位于丰台区榆树庄，用地成东西向，东西长约 1200m，南北宽约 270m，占地面积约 23.3hm²。项目周边路网规划实现比例较低，道路交通受铁路阻隔，基地周边现存大量村庄、厂房和棚户区，缺少绿地和公共活动空间，目前榆树庄村以物流仓储功能为主，有待提升改造，而西侧及北侧丰西铁路和铁路的运用库成为基地噪声源和交通屏障（图 7.3-8）。

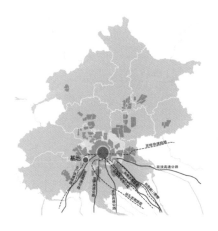

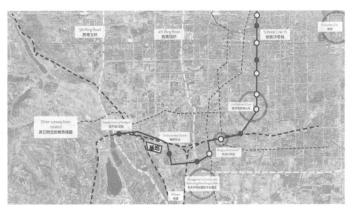

图 7.3-8　项目区位图

项目功能定位为地铁停车场，主要建筑有：运用库（含停车库、列检库、轨道车组合车库、临检库及洗车库）、辅助生产设施有材料库、综合维修楼、食堂公寓楼、混合变电所、锅炉房、公安派出所。停车场总建筑面积 17.2 万 m²，运用库及咽喉区上盖综合开发，为住宅、小汽车库、配建商业及附属设施，总建筑面积 30 万 m²。

图 7.3-9　综合开发鸟瞰效果图

（2）项目愿景

通过本项目的营造，整合周边用地资源，结合周边区域城市设计，为整个榆树庄地区提供城市更新的思维导向。以上盖自身的多标高要求为灵感，构建层次多样、内涵丰富的景观体系，为区域提供文体活动丰富的场所，使之成为整个区域的绿色源泉（图 7.3-9）。

（3）项目定位及开发目标

榆树庄地区规划分为产业、商业、生活三大功能区，为了区域协调和可持续发展，不能忽视有限的自然资源，在功能布局上应兼顾生态发展。结合区域整体功能定位，项目开发定位为区域生活中心，以居住小区及社区配套服务于产业新城。在本项目设计过程中，主要统筹考虑空间、功能、景观、交通四大方面内容，争取做到节约空间、功能复合、景观丰富、交通合理的开发目标。

节约空间：上盖综合开发与地铁功能空间立体利用，通过细致有序的规划设计，最大化集约土地，在提高土地利用率的同时，于有限的城市空间中实现了多重活动的集聚，有效地避免城市空间的浪费。

功能复合：将地铁功能用房、住宅、商业、养老、幼儿园等独立的功能单元，联合成统一的整体，进行有效的功能复合，打造成该区域中集生活起居、娱乐休闲、养生养老、社会服务等功能为一体的场所，改善居住环境，提升娱乐休闲品质，缩短交通时间，强化城市功能。

景观丰富：利用停车场形成的高差关系，通过景观主轴线，串联起各个区域，有开有合、有收有放、化零为整。针对不同年龄段的社会人群，打造多种景观类型，最终形成极具项目特色的、以参与体验型为主的景观体系。

交通合理：以停车场用地为基点，交通研究范围扩展至整个片区，核算整个片区的交通承载力。通过合理的出入口及坡道连廊设计，将机动车及人群顺畅地从市政道路引入综合开发中，并通过合理的流线设计，满足车辆、人行及自行车等交通模式的需求，达到交通合理的目标。

7.3.3.2 创新理念

在借鉴同类项目经验的基础上，分析已完成的北安河车辆基地项目的优缺点，完成建筑规划设计实践的同时，提出了四大创新理念。

（1）串联城市绿谷——强化景观系统

提出绿谷概念，结合周边景观资源打造全新的景观系统，从地块外围到内部公共空间，形成由高到低的景观平台，犹如一条绿色的峡谷串联各个城市街区。结合绿谷社区设计概念，沿榆树庄一号路布置配套服务设施，提升城市功能。新的绿化景观系统将贯穿整个街区，为市民提供娱乐休闲空间，处理上盖开发造成的高差，通过竖向变化，形成丰富且有特色的多层次慢行系统（图7.3-10）。

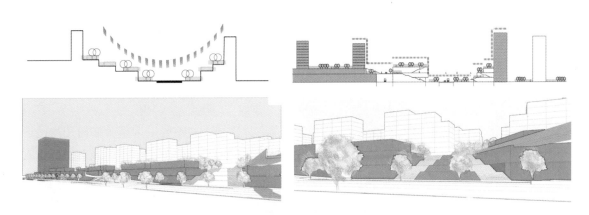

图 7.3-10　慢行连接系统示意图

（2）出行便捷高效——系统性交通规划

综合开发与周边交通的衔接是否便捷高效是影响车辆基地开发品质的重要因素。本项目交通系统规划设计充分发挥项目交通优势资源，实现综合开发内部交通与外部交通的有机衔接，协调好综合开发内部交通空间布局，通过人性化的规划设计，缓解地块大规模开发与周边道路交通承载力之间的矛盾。榆树庄交通系统规划从区域层面、基地层面、交通规划层面、轨道交通接驳、慢行交通系统、停车配建等方面来提高出行效率。

（3）户型可变性——框架体系平面

轨道交通车辆基地上盖综合开发工程，通常以开发周期和功能为界，分为一级开发和二级开发，一级开发包含场站功能建筑、运用库及咽喉区结构预留等，二级开发包含上盖综合开发的住宅及配套公共服务等。一级开发部分随运营地铁线路同步建设，同步开通，二级开发部分则与一级开发之间有若干年的时间差。且住宅使用期间会经历多个使用者，或者单个使用者的多个人生阶段，面对家庭结构变化、生活理念以及习惯变化等因素，住宅产品设计应满足套型系列化、多样化与空间灵活可变的要求。

考虑到项目建设周期对住宅户型灵活性和可变性的要求，以及住宅使用过程中使用者的需求变化，本项目上盖综合开发住宅采用框架结构，其特点是布局灵活多样，随使用者的需求变化而变化。为了满足居住人数和家庭结构的不同需求，基本户型单元可横向组合，重新形成不同的居住模块，以实现户型的多样性（图7.3-11、图7.3-12）。

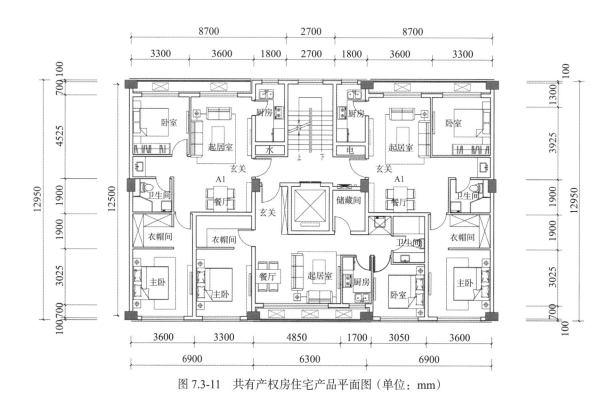

图 7.3-11　共有产权房住宅产品平面图（单位：mm）

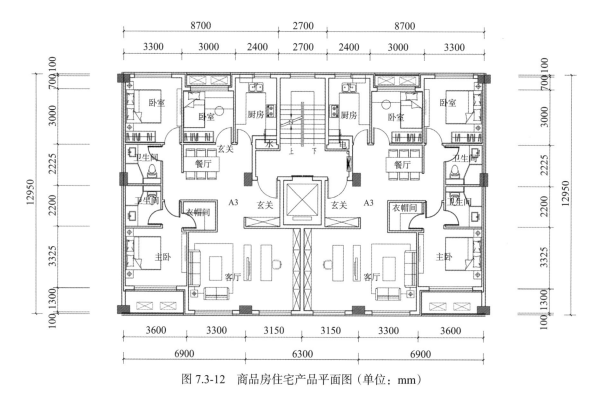

图 7.3-12　商品房住宅产品平面图（单位：mm）

（4）住宅产品工业化——装配式研究

本项目上盖综合开发住宅定位为共有产权房，根据《北京市共有产权住房规划设计宜居建设导则（试行）》要求，共有产权住房采用装配式建筑，推广应用 BIM 技术，应根据建筑高度和层数合理选型装配式建筑体系，并应符合北京市关于装配式建筑的相关要求。

本项目采用框架＋支撑的结构形式，规则的柱网具备采用标准化构件的先天条件。建筑的外立面采用规则化、模块化设计，采用预制外墙板，建筑外饰面、外保温和外门窗与墙体一体成型，统一吊装。建筑的楼梯、阳台、隔墙、空调板等配套构件采用工业化、标准化的产品。同时在内部管线布局时，充分重视住宅套内的管线综合设计，管线统一设置，在预制构件中预留好孔洞、沟槽，竖向的管线采用集中布置。

7.4　综合利用一体化开发项目结构设计探索

车辆基地综合利用工程一体化开发项目结构方案的选型具有复杂性与全面性，需要多因素综合考虑来确定。因此要求结构工程师们在这些既定的限制条件下进行多方案比选计算，综合分析；为了保证工艺建筑各专业功能性的良好实现，需要多专业的密切配合。科学合理地选择结构方案及形式对于整个项目的影响至关重要，不仅关乎结构自身体系的安全可靠与经济合理，更关系到轨道交通工艺功能以及上盖物业功能的实现是否完整统一、科学合理，并且关键对整个项目的造价影响巨大。因此，实践和探索创新车辆基地综合利用工程一体化开发项目结构方案的选型，有着十分重大的意义。

7.4.1　设计实践的基本原则

（1）上盖开发结构方案应综合考虑车辆基地结构形式及建筑功能布局需求，合理布局并选用合适的结构形式以保证盖上盖下两种不同的使用功能安全、合理地实现。结构基础方案应根据场地工程水文地质条件，多方案综合分析比选，并选择最优基础形式。

（2）上盖开发结构按照现行建筑结构设计规范进行设计。结构的设计、施工和维护需使结构在规定的设计使用年限内保证满足规定的各项功能要求，并做到安全可靠、技术先进、经济合理。

（3）结构设计应能承受施工和使用期间可能出现的各种荷载并保持良好的性能；应按承载能力和正常使用极限状态分别进行强度、变形、裂缝宽度等计算，保证建筑物有足够的承载力、刚度和稳定性，并具有足够的耐久性能。

（4）结构设计应采取有效的减振、降噪措施，满足国家及行业标准中关于振动、噪声限值的要求。结构沉降缝、抗振缝、伸缩缝的设置应按相关设计规范及建筑条件综合考虑，宽度满足抗振缝宽度要求。

（5）结构设计采用适当的材料与合理的结构构造措施，并对制作、施工和使用等各个环节明确相应的控制措施。在满足结构受力要求的前提下，尽可能采用新技术、新材料、新工艺。

7.4.2 结构体系选型分析研究

7.4.2.1 转换形式分析研究

车辆基地综合利用一体化开发项目结构方案的柱网布置盖上盖下往往不能统一，在结构上存在抗侧力构件不连续的先天不足，需要做转换处理，转换的实现形式可以分为两种：隔振转换和非隔振转换。

隔振转换，即通过在下部结构与上部结构之间设置由橡胶隔振支座和阻尼装置等部件组成的具有整体复位功能的隔振层，以延长整个结构体系的自振周期，减少输入上部结构的水平地震作用，达到预期的抗振要求。

非隔振转换，即通过与工艺限界等专业配合，对底部大库层轴网以及上部开发层轴网的综合协调和合理布局，使得尽可能多的竖向构件能够保证上下连续贯通，其余少部分采用托柱转换或者托墙转换来实现竖向抗侧力构件的转换。

7.4.2.2 结构形式分析研究

根据已有车辆基地整体开发工程经验，地铁车辆基地工程底部大库层结构方案多受轨道、车辆、工艺、运营组织等多个专业限制，柱网布置需满足各专业使用功能要求，跨度较大，可供调整范围较小，底部大库层结构形式受轨道工艺条件限制基本以框架结构（北京地铁7号线焦化厂车辆段、上海地铁11号线嘉定停车场、北京地铁7号线东延工程张家湾车辆段等）、框架–剪力墙结构（北京地铁9号线郭公庄车辆段、福州地铁1号线新店车辆基地等）为主。

上盖开发结构形式则根据业态功能需求、项目所在地区及开发高度的不同有较多的选择，具体主要包括：框架结构、框架剪力墙结构、框架＋支撑结构、纯剪力墙结构等。

7.4.2.3 北安河车辆基地、榆树庄停车场结构形式创新探索

本工程北端北安河车辆段较榆树庄停车场先期实施，在设计过程中通过对项目特点、开发定位、投资成本、功能组织、实施难度等多方面进行可行性分析，并经过多方论证与经济测算，最终选择了底部框架剪力墙结构＋上盖开发（剪力墙住宅）的结构体系，转换形式最终选用的是高位隔振转换结构体系（图7.4-1）。

本工程南端榆树庄停车场在充分总结和研究以往车辆基地上盖开发即有项目结构形式的基础上，经过大量尝试和探索，以及模型计算对比分析，最终创新性地采用了"底部框架结构＋上盖开发住宅（框架＋支撑结构）"的结构形式。

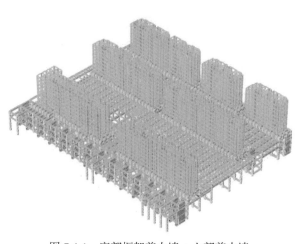

图 7.4-1　底部框架剪力墙＋上部剪力墙结构模型图

并且，转换形式也是选择了非隔振转换，即通过项目组内部多专业配合，综合调整权衡来尽可能地解决轴网布置盖上盖下不能统一、结构抗侧力构件不连续等先天不足的问题。对于上盖物业开发为住宅的业态来说，这种体系和形式的选择不仅是结构专业的尝试和创新，更是对上盖开发建筑功能布局的考验和挑战（图 7.4-2）。

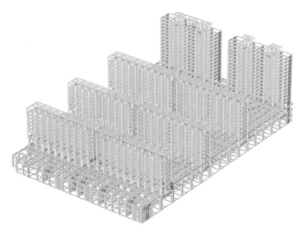

图 7.4-2 底部框架＋（上部框架＋支撑）结构模型图

榆树庄停车场采用的这种结构形式既可以节约成本、方便施工，避免采用隔振转换造成的后期支座维护检修麻烦，又实现了目标开发高度。同时，整体上部开发结构自重轻，竖向刚度变化合理，增加支撑后多一道防线且满足目前装配式建筑的发展需求，是一种值得推广的新型上盖开发结构体系。

7.4.3 小结

上盖开发综合利用项目，结构专业选型计算是否合理对造价影响巨大。建议：车辆基地本身功能性是首要应该满足的，工艺、建筑为主专业，但结构专业应在项目全阶段参与度更高一些，这是车辆基地一体化开发项目的特殊性、复杂性决定的（体系转换超限、分期施工、预留荷载等）。因此，结构专业应该更多地参与到选址布局、轴网平面布置、工艺限界层高确定等前期方案中。溯本求源，在方案初期从宏观层面尽可能为后续具体深入的结构设计预留出更加科学合理的设计条件。

7.5 基于一体化开发下的场段功能特殊设计

7.5.1 总图布置的优化整合

7.5.1.1 工艺优化

北安河车辆基地为北京首个联合检修库库上开发项目，为配合上盖开发同时保证盖下检修作业流程顺畅，对设计方案进行了多次调整，结合京港地铁需求优化调整与功能整合，在满足检修作业的基础上，最大化提供开发空间，同时充分利用开发咽喉区空间，合理增加联合检修库面积，做到检修作业与上盖开发需求的双赢。

最初设计北安河车辆基地时依据《地铁设计规范》（GB 50157）并参考北京地铁运营公司多年经验，采用的车辆检修修程见表 7.5-1。后根据与京港公司配合，对车辆检修修程进行了调整，见表 7.5-2。开发未优化总图详见图 7.5-1，开发优化后总图详见图 7.5-2。

北京地铁运营检修修程   表 7.5-1

序号	检修种类	定检周期（万 km）	库停时间（天）	停修时间（天）
1	大修	150	60	70
2	架修	75	17	24
3	定修	37.5	10	15
4	月修	2	1	1
5	列检	～600km	2 小时	

京港 16 号线检修修程   表 7.5-2

序号	检修种类	定检周期（万 km）	停修时间（天）
1	半寿命修	200	60
2	架修	40	20
3	定修	15	5
4	B 类列检	1.5	1
5	A 类列检	0.5	0.5

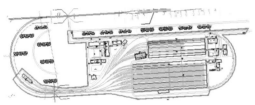
图 7.5-1　北安河开发未优化总图

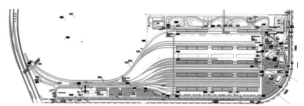
图 7.5-2　北安河开发优化总图

　　经核算停车列检库从初始 22 线前停车后列检的停车列检线，调整为 6 线调试检修线和 16 线停车库线，将调试线集中布置，大大优化了停车库宽度，有效压缩库区宽度，从而节省落地区面积，增加开发空间。

　　考虑北京环境条件，洗车库采用通长围合设计方案，结合上盖开发对线路遮挡需求，将洗车库与运用库同长度设置，既满足上盖开发要求，又解决了冬天环境温度问题。同时因将洗车库 B 股道采用封闭设计，解决了人工重型清洗环境较差的问题，并利用重型清洗区辅跨空置地区设置清洗班组用房，优化了运营使用条件。

　　增加人工重型清洗区后，车辆的清洗效果得到了较大提高，从而取消了吹扫线。将静调作业与调试库线整合，从而取消了静调线，将月修作业调整由 A/B 检修代替，从而取消月修线。这些功能的优化最大化地整合资源，节约了维修设施面积，进一步优化占地。

　　利用原有月修库空间，将内燃机车库、工程车库整合设置，优化总图单体，同时因月修库长 200m，可在月修库库后实现工程车临时检修维护、备件存储，提高了工程车维修效率。

　　材料线设置在盖下，充分利用上盖及柱网的围合形成材料堆放区，减少了材料棚的设置，做到了开发上盖与地铁功能的融合。

北安河车辆基地在工艺总图设计时，充分利用京港车辆检修修程的特点进行了创新的整合、调整，从而使车辆基地单体更为集中，更加适合一体化开发。在空间利用上，充分利用因股道遮挡而建设的咽喉区上盖的盖下空间，有效增加和优化检修工艺空间。结合开发将厂前区功能整合划分，利用有效开口空间设置办公用房，在满足使用需求的前提下，最大化增加开发空间，实现双赢双丰收的结果。

7.5.1.2 站场优化

站场线路设计的目的是利用道岔、交叉渡线的合理布设，将不同功能的库内停车、检修线路及设备与库外线路相连接，实现车辆基地内部列车运营、整备、检修等工艺流程，起到对不同专业的衔接作用。设计过程中需要对各个相关专业进行系统全面分析，兼顾相关专业功能实现。与站场线路相关的主要专业有工艺、信号、排水、轨道以及与综合开发项目相关的建筑结构等土建专业。

（1）一体化开发车辆基地站场布局有所不同。常规车辆基地每跨建筑内部一般包含4～5条线路，站场线路与其连接的模式也相对成熟，基本为4～5条线路为一束与咽喉区出入段线相连接，这样路基形状一般采用每束一个三角形截面路拱形式即可，路拱交界处低点即为咽喉区排水沟位置，技术方案较为成熟。场区进行综合开发后，为适应上盖物业开发建筑结构布置库内跨距变化较大，多采用单跨两股道设计，也包括一定的特殊间距和股道设计，在站场道岔布置以及线路连接时不仅仅要考虑连接功能，同时还应兼顾路基断面形式，合理选择路拱设置位置，避免出现单一坡道布置3条及以上股道的情况，此外，还需考虑排水沟布置需求，尽量避免每跨结构间设置排水沟易造成站场局部积水的情况。北安河车辆段站场设计过程中，多次进行线路方案调整，通过道岔结构设置角度、道岔连接关系以及夹直线、曲线长度等多方面因素的调整设计，满足了各个专业的功能实现和接口配合。

（2）与常规车辆基地比较，咽喉区内部最大的不同即为综合开发上盖的柱网结构对咽喉区的影响。为保证上盖结构的强度和稳定性，需在咽喉区内部布置数量众多的柱体结构，分布情况规律性不强且基础体量相对较大，这就对站场线路布置以及路基结构均匀性产生了不可忽视的影响。设计过程中严格把控各专业的主要设计原则，多专业综合配合，协调设计，通过多次反复调整，最终形成了满足各专业功能需求的方案。例如，线路及道岔布置时注意与柱体结构距离，保证直线曲线地段限界，同时需要预留排水沟的空间；柱体基础尽量避开线路，由于柱体基础为钢筋混凝土结构，刚度相对于路基结构较大，部分存在于路基下方时易造成不均匀沉降等风险，此外，运营整备时轮轨振动易沿柱体向上传播，设计时应尽量保证柱体基础放在路基坡脚以外，若现场条件受限时，需进行柱体基础深度的调整设计，将其设于路基基床底层之下。

（3）咽喉区避免柱网结构对司机瞭望产生影响。站场设计时需增加柱网对视线的影响分析，咽喉区柱网支撑上部结构，加上线束收窄、曲线较多的线路条件，柱网布置不如库内规律，容易遮挡信号机，导致司机瞭望视线受阻。信号专业布置信号机、转辙机是应首要保证的功能，在保障其安装位置基础上再进行布局柱网，且在信号机正前方不设结构柱。站场组织，信号专业、结构专业联动，经过站场线路布置与信号机点位、柱网布局的联合调整，在密集柱网条件下妥当安装了信号机，解决了司机瞭望的问题。

7.5.2　工艺优化达到最大结构空间利用

车辆基地上盖开发目前是平衡轨道交通建设投资压力，实现土地资源最大化利用的有效途径之一。

实现开发效益的最大化，无非是两种途径：（1）最大化压缩作业区功能占地，合理增加落地区开发面积；（2）高度上深度挖掘开发空间。

检修作业均有一定的安全和作业高度要求，在传统厂房设计时充分考虑这些因素制定了目前比较常用的检修库、运用库净空数据。传统设计方案与本工程上盖开发的最大化净空挖掘形成一定矛盾，在设计过程中，对作业需求进行了详细梳理，尽可能压低不必要的空间，实现维修空间的合理性与开发利益的融合。

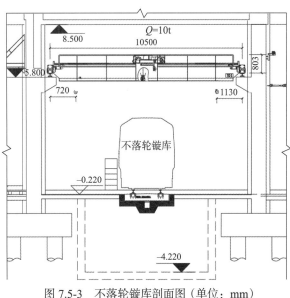

图 7.5-3　不落轮镟库剖面图（单位：mm）

联合检修库作为维修作业集中区，且存在车辆起架作业，在具有起架作业和与起架作业有密切关系的区域，在保证即有安全操作空间的情况下，采用尽量压低风管高程的方案，优化管线布置以实现空间的最大化。在辅助用房区采用上盖物业与盖下办公区融合建设方案，通过建筑隔离设计，在同一层实现双功能转换。

在运用库设计时，为尽量保证运用库上盖空间的平整性，对不落轮镟库的作业流程以及运输设备尺寸条件等进行了详细分析计算，首创地采用了 5.8m 起重机走形轨标高方案，较传统 6.6m 高方案实现了突破性优化（图 7.5-3）。

在工艺与建筑配合时，应尽量将高净空作业区集中放置，低净空作业区集中布置，为开发提供更为合理的上盖条件。

7.5.3　减振设计

7.5.3.1　轨道减振

对车辆基地上盖空间进行开发利用，必须考虑到整个车辆基地正常运营、整备、维修、试车等工艺流程对上部开发空间内建筑物的影响，包括废气、废渣、水、噪声以及振动方面。根据国内外建设经验，振动的影响以及由于振动引起的上盖建筑二次结构噪声影响尤为突出。针对振动问题，目前工程设计中主要采用减振轨道结构进行隔振、减振处理。

（1）应用现状及技术瓶颈

通过对国内部分主要城市已实施开发建设的车辆基地进行调研发现，首先，其内部减振轨道覆盖范围相对较小，主要集中在试车线或者咽喉区靠近库门口的范围，较小的覆盖范围使得可利用的上盖开发范围明显缩小，上盖开发成本相应提高；其次，减振道床结构类型相对单一，库内线主要采用减振扣件，库外线仅在部分地段采用了道砟垫，试车线主要通过无缝线路、减振接头夹板等常规手段进行控制，减振储备量明显不足；最后，关于小曲线半径轮轨噪声的防治仅在减少轮轨啸叫声方面进行了处理，未能够有效降低钢轨自身振动程度。

车辆基地减振轨道设计目前暂无环保部门批复的环境评价报告等文件作为支持，且库内振动源强、传播特点以及预测导则模型尚不完善，给车辆基地减振轨道设计增加了难度和不确定性。

（2）本工程车辆基地减振轨道设计

1）配合完成设计依据等输入条件

本工程减振轨道设计以建设单位委托具备环评资质的第三方环评单位出具的环评报告建议书为依据，在环评建议书编制过程中，设计人员从轨道结构性能、设备选型等多方面给予积极配合，使环评建议书中规划的轨道形式最大程度具备可行性。

2）确定车辆基地内轨道结构设计原则

必须在保证车辆基地列车运营整备基本需求与行车安全、稳定的基本功能前提下，采用成熟可靠技术实现减振降噪功能，最大限度降低地铁运营对一体化开发工程的影响。

3）车辆基地内轮轨冲击及传播特点分析

库外线道岔区集中，有害空间冲击力明显，小曲线半径范围轮轨关系不良。

库内线一般设计为直线形式，线型较好。车辆入库速度相对较低，一般不超过5km/h，但为保证发车密度，列车出库速度相对较高，通过现场计轴实测，列车出库速度一般在25km/h左右，个别情况可能达到28km/h，此速度与正线车站附近列车运营速度相当，且此过程为加速过程，较匀速运营时产生冲击作用更强。

从振动传播途径角度分析，运用库和联合检修库采用钢筋混凝土框架结构，库内轨道结构直接落在结构预留基础内部，而结构预留基础又和地面、柱体相连，即车辆基地上盖开发建筑与轨道结构产生了紧密的联系，尤其是没有土层做阻隔，振动能量无法得到有效的消减，能量传递率相对较高，尤其是在梁与梁之间较薄弱的楼板范围会产生振动能级放大的"鼓面"现象，进一步加大了地铁运营对上盖开发建筑的振动和噪声影响。同理，咽喉区轮轨振动也可通过密布的桩基、承台、柱体传递至上盖开发结构中。

4）相应设计方法

根据环评建议书要求，开发的主体主要分布于运用库和联合检修库上盖结构范围，解决库内线减振轨道设计成为整个车辆基地的技术核心问题。而咽喉区主要解决钢轨轨缝处冲击和增加碎石道床减振效果。通过对比已实施工程实例，扣件类减振结构为车辆基地主要应用的减振技术手段，从正线应用情况分析，扣件类减振产品在保证轨道动态平顺性的前提下，减振插入损失有限，储备量不足，无法满足本工程需求，而轨枕类减振方案无法适应库内相对复杂的检修轨道形式的要求，设计过程中主要将道床类减振作为主要的研究目标。道床类减振从减振效果、道床动态平顺性、车辆行驶安全性方面皆在正线工程得到了经验验证，本工程在设计过程中采用了理论模型计算、现场实尺模型试验以及与成熟工程实例指标对比分析等技术手段，从轨道结构强度、动态稳定性、钢轨病害以及减振能力多方面进行了相应的分析研究，形成了如下轨道结构设计方案。

以库内线轨道结构为例，柱式检查坑道床是库内线轨道结构中最复杂的结构，为保证人员通行，扣件间距达到1.2m，支撑扣件的为柱体结构，相对停车线道床、壁式检查坑道床结构较为薄弱，技术难点为保证轨道动态平顺性、整个道床结构的强度、稳定性以及减振性能。具体设计过程分别对不同形式尺寸的设计方案进行实体建模，充分考虑减振垫、钢轨以及钢筋结构对道床性能的影响，在减振分析过程中采用了目前较为成熟的粘弹性边界作为模型边界，荷载选取方面选择铁路轨道强度计算方法的相应取值方法，结合车辆基地库内列车运行特点进行取值，从轨道结构强度、稳定性、动态几何形位、列车行驶安全性指标以及减振性能方面给予了必要的分析。结果显示，车辆基地轨道结构固有频率可以有效避开段内车辆典型运营速度条件下的特征频率，有效避免轮轨振动效应，证明轨道结构刚度-质量-阻尼体系匹配合理；在1～100Hz频率范围内，柱式检查坑道床计权插入损失可达到19.2dB；停车线道床计权插入损失可达到15.7dB；库外停车线道床计权插入损失可达到14.1dB；库外试车线道床计权插入损失可达到15.9dB。按照正线隧道内实测列车振源源强推算，车辆基地上盖环境振动标准满足居民文教区标准，段内车速相对较慢，且为空车运行，具备充足的减振富余量；钢轨、道床结构垂向位移受减振垫刚度变化影响较大，选取静力基础模量0.02N/mm³时，道床结构稳定性相对较强，且钢轨绝对弯沉值满足规范标准规定；柱式检查坑道床结构强度核算分析中，轨道结构强度满足标准要求且具备较大安全储备，建模过程中未对柱底进行增设腋角处理，造成计算结果应力集中较大，实际工程中已采用腋角和斜拉筋进行加强处理；按照实际运营条件进行了柱式检查坑道床车辆安全性性能分析，脱轨系数小于0.8的限值，满足《铁道机车动力学性能试验鉴定方法及评定标准》TB/T—2360中的安全要求；倾覆系数小于0.8的限值，满足《铁道车辆动力学性能评定和试验鉴定规范》GB 5599中的安全要求；车体竖向振动加速度和车体横向振动加速度均符合标准要求，能够保证车辆运行的舒适性和安全性。同时对现场实尺模型也进行了一定的测试试验，相互佐证相关数据，最终确定了设计方案。

库内线：国内首例采用隔离式减振垫整体道床结构、无缝线路技术作为减振方案。首次将轨道结构的涉及范围扩大至柱体及下部结构，采用混凝土现浇方案进行道床施工。由土建结构施工外部U形槽结构，在土建预留结构内部和侧面铺设安装锥形橡胶隔离垫结构，以此作为轨道结构成型模板，分两次进行道床施工。道床结构从断面上呈U形，采用C60钢筋混凝土结构，柱体间距1.2m，扣件系统采用常规库内扣件系统，轨道结构几何尺寸满足工艺要求，配筋设计满足强度要求，同时在柱体底部进行角隅钢筋加强，在满足强度、稳定性的前提下，利用充足的参振质量与合理的刚度阻尼系统实现减振功能。由于轨道结构板与土建基础的隔离，设计时要充分考虑排水、过轨电缆、轨连线、照明等专业接口的设置（图7.5-4、图7.5-5）。

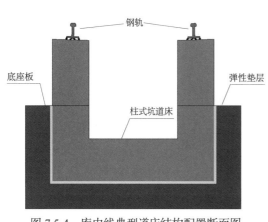

图7.5-4　库内线典型道床结构配置断面图

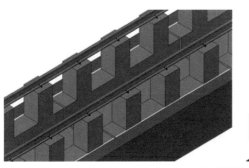

图 7.5-5　轨道结构及车辆模拟分析模型

　　本设计方案考虑了减振扣件的预留高度，可根据实际需要更换减振扣件，进一步增加轨道结构的减振性能，更好地适应上盖开发体系需求。

　　其余范围轨道结构主要设计方案如图 7.5-6 所示。

（a）库内柱式检查坑减振道床　　（b）库内停车线减振道床　　（c）库内平过道减振道床

（d）库内预制板减振道床（跟踪测试用）　　（e）库外线减振碎石道床　　（f）库外线岔区减振碎石道床

（g）库外线道床用迷宫式阻尼钢轨　　（h）库外线道床用减振接头夹板

图 7.5-6　库内外典型减振轨道结构现场照片

①咽喉区：采用隔离式道砟垫配合双层非线性扣件系统，对相应轨道设备进行特殊设计，咽喉区轨缝采用减振接头夹板连接。

②试车线及回转线：采用隔离式道砟垫配合双层非线性扣件系统，在噪声预测超标位置加增迷宫式阻尼钢轨系统。

③特殊功能区：称重设备、不落轮以及洗车线范围采用双层非线性扣件系统，并调整合适刚度，在满足与相应修理调试设备接口要求的前提下，实现减振功能。

④后续跟踪测试

由于本工程分段开通的特殊性，车辆基地建设也相应采用分阶段建设的模式，利用库内第20号股道停车线，本工程进行了国内首次预制板原位换铺试验，分别进行了6种板下减振垫和3种减振扣件的测试，在没有上盖开发主体建筑的情况下，地面振动已满足国家振动标准要求，预计上盖开发主体建成后将会进一步降低环境振动能级，验证了减振设计方案的合理性，进而指导本车辆基地剩余轨道工程设计施工（图7.5-7）。

图7.5-7　原位跟踪测试道床铺设及测试实验

7.5.3.2　起重机减振

16号线车辆段及停车场均采用上盖开发方案，运用库、联检库、咽喉区上部均设楼座，盖下作业时设备设施的运转不可避免地产生振动和噪声，通过结构传至盖上住宅，影响开发品质。

其中，起重机作业是车辆检修作业中比较频繁的设备，而其安装形式又是通过走形轨与结构直接连接，当起重机运行至走形轨变形缝位置时因安装误差会产生振动，根据环评单位的经验论证，要求起重机采取相应减振措施。

针对这一问题设计过程中进行了充分调研分析，提出了表7.5-3所示的4种方案。

起重机减振方案对比分析表　　　　　　　　　　　　表7.5-3

项目	技术方案	技术原理	影响分析
方案一	减振型压轨器	压轨器具有橡胶压舌和下层复合橡胶垫板结构，橡胶压舌和垫板能够减少噪声和振动	这种方式普遍在轨道减振领域应用，目前尚未在地铁起重机领域应用

续表

项目	技术方案	技术原理	影响分析
方案二	HDGY—TD（适用于混凝土吊车梁）轨道压板	轨道与吊车梁之间通长设置弹性复合橡胶垫板，该专用弹性复合橡胶垫板的断面呈中间微凸状，受力合理，垫板上的小矩形凸条使垫板与轨道紧密接触，增大了垫板的弹性，起到了减振作用	带来较大维修困难
方案三	轨道无缝焊接技术	减少轨道接缝产生的冲击振动，周期性冲击对于振动振幅影响度较大	综合效果较好
方案四	新型MC尼龙材质大车行走车轮	MC尼龙是一种新型的工程塑料，强度高，能够长时间承受负荷，具有良好的回弹性和耐磨自润滑性，吸噪声、减振，MC尼龙模量比金属小得多，对振动的衰减大，提供了优于金属防止噪声的实用途径	方式较好，但国内无应用业绩，考虑结构强度等问题，技术成熟度还需进一步论证

综合考虑起重机运营安全性、维修便利度以及减振效果，最终选择方案三为工程应用措施。

7.6 工艺设备选型设计

7.6.1 概述

合理配置车辆维修工艺设备设施，能够提高车辆维修效果，更好地确保车辆运行安全，在车辆工艺设备选择时应结合工程经验进行优化提升。

本工程在设计过程中充分结合运营需求与设备水平发展进行工艺设备优化设计。

7.6.2 自主研发国产称重设备应用

7.6.2.1 背景分析

在地铁设计规范车辆章节中对车辆轴（轮）重差做出了明确要求，如《地铁设计规范》GB 50157—2013 和《地铁车辆通用技术条件》GB/T 7928—2003 中规定，同一动车的每根轴上所测得的轴重与该车各动轴平均轴重之差，不应该超过实际平均轴重的2%。每个车轮的实际轮重与该轴两轮平均轮重之差，不应超过该轴两轮平均轮重的±4%。但以上规范要求均是针对新车的制造要求。

但随着ATO自动驾驶技术在轨道交通领域的普遍应用、轨道减振技术的应用以及工程难度加大、线路小曲线增多等多重因素影响，轨道交通车辆走行部件检修量存在一定的提升。在走行部件检修，车辆重新组装后，必然发生轮重变化，传统轨道交通运营检修中主要依靠维修人员经验对一二系悬挂系统进行调整，检修精确度较难得到保证。称重设备的应用是解决这一问题和能有效改善列车运营状态的有效途径。

7.6.2.2 北安河车辆基地称重设备应用

北安河车辆段功能定位为架修段，也是北京首个8辆A型车线路的架修段，本线路全线贯通运营后长度约为49.83km，远期系统能力配属车辆共计96列，车辆规模较大，且线路穿

图 7.6-1 称重设备基础图

越敏感段较多，线路条件复杂，考虑车辆的检修维护可靠性，在架修线设置称重设备（图 7.1-6）。

北安河车辆段为北京首次采用全国产自主研发称重设备的车辆基地，其称重设备为哈尔滨威克轨道交通技术开发有限公司提供，该设备能够模拟不同轨道扭曲状态，并能在不同轨道扭曲状态下完成试验车辆的轮重测量，同时计算和分析轮重减载率，能够反映车体结构、转向架构架、一系和二系弹簧等部件组装情况以及车辆重心偏移情况，为车辆检修提供依据，通过控制轮重减载率，预防车辆脱轨风险。

设备由计算机控制单元、可编程控制单元、测量平台、安全保护装置及校准装置等构成，可自动完成试验车辆的轮重、轴重、整车重、轮重差、轴重差等数据的测量并计算和分析车辆轮重减载率，自动存储、输出试验数据及测试结果。

7.6.2.3 小结

随着城市规模的发展，轨道交通客流压力逐年增加，车辆运能的提高、行车效率的逐步提升以及频繁的启停作业，都将加剧对车辆走行部的影响，增加称重设备可以从技术上更好地保证车辆的安全性。建议在未来线路建设时，架修段可根据维修规模、线路条件、维修条件等综合因素考虑，设置称重设备，以提高车辆运行安全。

7.6.3 集成化电机设计起重机

起重机是城市轨道交通车辆检修基地设置数量最多、使用频率最高的车辆检修设备之一，是车辆维修中必不可少的设备，起重机配置设计的细节优化能够更好地服务于车辆基地车辆维修。

采用上盖开发方案，对结构净空要求较高，为最大程度提升可开发量，需仔细核算盖下作业区净空，传统的起重机型式，设备自身高度就可达 2000mm，大大增加了盖下净空高度。

本工程设计时采用了一体式集成驱动系统以及全新欧式起重机结构设计（图 7.6-2），有

图 7.6-2 双梁桥式起重机

效且最大限度降低天车净空，在为上盖开发提供空间的同时，采用标准化、模块化、轻量化设计，减少维修作业量、有效降低能耗，并配有双机联锁模式，提高设备运行的安全性及运行效率。

7.6.4 侧卧式电机架车机

本线设计时结合京港地铁运营使用需求，在联合检修库架修股道设置固定式检修高平台，作为车辆车顶检修作业使用。但因为架修作业时需要进行车辆的起架作业，移动式架车机高度与检修平台高度存在一定的高度重合，为保证移动式架车机能够在平台下进行作业，首次采用了侧卧式电机方案，有效降低了架车机净高度，使得两种功能均得以实现（图7.6-3）。

图7.6-3 侧卧式电机架车机现场照片

7.7 区域防洪设计

结合线路走向及区域地块规划性质，北安河车辆段选址位于西山脚下，地势西高东低，东西两侧原始地势高差7m，场地平整难度较大，设计过程中需对土石方平衡工作进行重点考虑。此外，常规车辆基地场坪设计过程中多以周边交通主干道作为参考高程，而北安河车辆段一体化开发配备的周边道路设计进度和深度与本工程进度并不一致，尤其是车辆基地位于山坡脚下，势必考虑天气和地质情况因素，例如夏季暴雨、山洪等，整个场区场坪高程设计需综合考虑土石方工程以及防洪等因素。

首先为了给车辆基地设计提供必要的依据，本工程在车辆基地设计中开展了洪水评价工作。截至本工程建设时间节点，北安河车辆段开展的洪水评价工作是北京市轨道交通工程车辆基地建设中首次开展的，用以评价车辆基地建成后车辆基地与周边地势综合状况以及其对周边水系的影响，同时重点考虑暴雨、山洪等自然灾害情况下车辆基地的防洪能力。通过洪水评价报告可知，北安河地区防洪规划满足20年一遇洪水风险，无法适应本工程100年一遇的设计防洪标准，因此设计过程中需要考虑特殊的围墙（防水墙）或抬高场区地坪高度等措施，以保证其100年一遇防洪安全。

根据洪评报告预测结果，车辆基地防洪设计标高应高于预测洪水水位以上0.5m。由于车辆基地选址位于山坡坡脚，地势变化较为显著，若单独采用场坪垫高的方式，几乎整个场坪区域皆需进行填方处理，最高填方高度将超过8m，填方量非常大，工程实施难度较大，造价也不经济，对工期影响也相对较大。本工程设计过程中综合考虑山地土石方平衡、周边已建成及规划建设路网体系高程、内部与外部排水体系限界等因素，确定场坪标高为55.49m，同时在迎水面设置挡水墙结构，用以抵御100年一遇洪水影响。在设计过程中根据洪水评价中周边洪水分布情况，优化场区大门位置，最终确定在车辆基地西南角非洪水迎水面设置具有

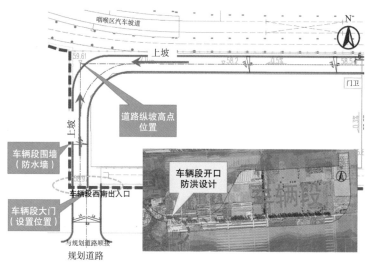

图 7.7-1 车辆基地开口处及内部道路防洪设计示意图

防淹能力的门体结构，此外，对与大门连接的道路进行优化，采用先上坡再下坡的方式进行道路纵断面设计，坡度最大使用到 21.6‰，进一步增加了场区的防洪能力（图 7.7-1）。

7.8 提升收发效率设计

为提高车辆系统收发车作业效率，设计过程中从站场线路方面以及信号机联动设计方面进行了相应的优化设计，实现了库内、场区、出入段线范围各停靠一列车的发车能力模式，在一定程度上有效提高了收发车效率，实现车辆基地内"平行追踪发车"功能。

常规站场设计过程中，咽喉区一般设置两组正对交叉渡线，配合实现库内线连接调度、列车进出段、检修调度等功能，两组交叉渡线间距设置较为自由，视场地条件进行相应调整。例如，已建成的北京地铁 15 号线马泉营车辆段为 64m、北京地铁 14 号线马泉营车辆段为 113m、北京地铁 4 号线马家堡车辆段为 133.5m、在设的北京地铁 7 号线张家湾车辆段为 112m 等。本工程为提高收发车效率，通过与运营部门协商沟通，拟将咽喉区设一处列车整备点，从物理角度实现库内、库外以及出入段线跟踪发车功能，为信号设计提供便利先决条件。根据相关专业配合，最终确定前后两组交叉渡线间距保证 220m，满足本工程 8A 编组车辆长度及相关信号安全性要求（图 7.8-1）。

第 7 章 一体化 开发车 辆基地 技术创 新

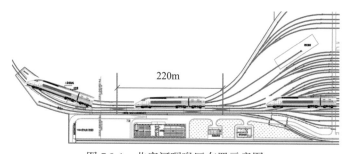

图 7.8-1 北安河咽喉区布置示意图

为保证收发车效率，出段线和入段线连接的库内停车线数量应尽量均等，或者出段线连接的停车线数量略多，但由于设计过程中固定了前后交叉渡线间距，在场地长度一定的情况下，给库内线与咽喉区连接、整备区与检修区连接方面制造了一定的困难。实际工程设计过程中，为弥补库前交叉渡线与库门口距离较短的技术瓶颈，场区增设一条牵出线与停车库部分股道以及检修库相连，同时在该牵出线上增设一组交叉渡线与出入段线相连，使该牵出线成为出入段线的一条补充线，这样既利于常规车辆基地的检修与整备工艺流程，又在物理线路层面实现了"平行追踪发车"功能，为信号专业进一步设计提供了线路基础。

设计方案在满足规范标准要求的前提下，要与具体运营部门的运营理念、运营习惯相互协调，这样才能最大程度地发挥工程设计方案的工作效率，最终，站场平面设计理念的调整同运营部门取得一致意见。

7.9 总结与思考

7.9.1 一体化开发车辆基地重要设计前置条件

一体化开发的车辆基地比无开发需求的车辆基地具有更加复杂、周期长、受轨道交通建设影响大等特点，这决定了其与一、二级开发必须紧密联系，相互配合，在一体化开发的车辆基地进行一级开发时，就应充分考虑二级开发的可行性，为二级开发的各种方案预留条件，但也要充分考虑由于二级开发的不确定性对车辆基地及其一级开发造成的影响。总之，在一体化开发的车辆基地的一级开发过程中应充分考虑二级开发方案的可行性，否则车辆基地上盖将给二级开发留下很多隐患，甚至导致二级开发无法进行。北安河车辆段创新轨道交通一体化实施内容，为提升轨道交通综合服务水平，提高北安河车辆段综合利用项目实施的可行性，在地铁车辆基地盖下工程设计时，提出预留一次到位、实施兼顾二级、理念创新超前的绿色环保、安全稳固、舒适便捷的一体化设计及预留实施要求。首次将一级开发预留与二级开发方案有机整合，在综合开发环评措施、结构超限设计、消防性能化设计及功能需求上实现盖下与盖上的上下联动，并首次在盖下地铁车辆基地设计中纳入二级开发环境影响的减振降噪措施。

由此可见，车辆基地综合开发预留项目需在一级开发阶段工作中将二级开发提前介入；开展并深化二级开发的可行性研究；根据二级开发方案提前研究确定一级开发规划指标等设计前置条件。需重点关注及推动的工作如下：

（1）确定车辆基地代征代建用地的相关批复

因车辆基地一体化开发将对车辆基地用地进行整合与优化，因此应在研究车辆基地一体化综合利用时，落实车辆基地周边是否有代征变电站、公安派出所、消防站、警犬工作站等代征代建工作，并获得批复，以便明确用地指标、建筑功能要求、对外交通需求等。

（2）初步稳定开发方案

稳定、可靠的开发方案可以让车辆基地一体化综合利用项目的一级预留更加准确、方案更加合理；可以准确地制定周边规划条件；可以为后续二级上市做好前期技术服务以及落实二级开发的可实施性。

（3）建筑控制指标

由一级开发建设单位负责组织一级开发预留项目设计单位确定开发用地性质、建筑规模、建筑高度、容积率、绿地率、空地率等建筑控制指标。

（4）业态内容确定

为了后续规划条件的编制、交通承载力的研究以及市政设施规模的确定，应先稳定开发业态。由一级开发建设单位通过商业策划，确定业态内容、小区配套、住宅户型配比、绿地面积、公共服务、配套停车等以及市政基础设施需求。

（5）交通组织研究及路网调整

通过对现状综合调查、交通需求预测及项目周边交通条件研究，初步确定项目内外部交通组织方案，对区域交通承载力进行分析，对交通接驳系统进行研究，完成交评。

为了车辆基地一体化开发项目预留工程的实施，需要对车辆基地开发项目用地边界钉桩，对周边道路定线。当道路需要下穿或上跨车辆基地时，其结构需要与车辆基地一并预留实施，该道路需要完成施工图设计。

（6）市政规划

一体化开发的车辆基地相关市政规划主要涉及雨污水排除规划、给水规划、中水规划、电力规划、电信及有线电视网络及环卫规划、供气工程规划、供热工程规划等规划。其中给水规划、雨污水排除规划、电力规划、电信及有线电视网络及环卫规划、供气工程规划等五项，不仅仅对开发有影响，并且对车辆基地自身建设实施也有很大的影响。因此五项规划必须首先满足车辆基地自身建设实施的时间，需要提前开展工作。

（7）雨洪利用

为保证100年一遇洪水对车辆基地无影响，需要进行洪评，以此确定场区高程和轨面高程。当场区有控高限制时，此项高程对二级开发的控高有较大影响，因此应该通过洪评合理地确定场区高程，为二级开发建筑高度提供基础依据。同时，根据雨洪利用要求，应研究确定外排径流系数、雨水调蓄池尺寸、透水铺装等相关要求。本着车辆基地盖上二级开发对车辆基地盖下影响最小的原则，盖上的雨水系统及雨洪利用宜独立设置，但在规划条件申报时应统一申报。

（8）景观规划研究

在规划方案设计阶段开始，应研究区域及车辆基地用地内公共空间结构和空间形态及重要节点，开展车辆基地上盖及落地区景观规划设计，重点开展侧壁效应消除措施及景观规划设计，兼顾项目人行、车行出入口景观及竖向规划设计，合理制定车辆基地附属设施的设置及消隐措施等景观规划研究，为稳定车辆基地一级开发方案及开展初步设计做好服务。

（9）专项设计

为了确保一级开发预留工程的结构可靠性、消防安全性以及环保措施预留准确性，需要开展超限高层建筑工程抗振设防专项设计与审查、消防性能化设计与审查、环境影响专项设计与审查，以此作为车辆基地预留工程的初步设计评审条件之一以及施工图设计依据。

（10）运营需求确认

因车辆基地进行一体化综合利用，其大库、咽喉区等结构柱网会根据开发方案进行调整，柱距、层高和使用空间也会发生变化，同时由于场地优化和单体建筑部分功能整合，导致一体化开发车辆基地与标准车辆基地功能需求不同，因此需要运营单位对此进行确认。主要确认总平面图、建筑单体平面布置、功能区域划分、工艺流线等。本项工作应在建设单位主持下，运营单位、开发单位、设计单位四方共同参加并形成确认文件。

综上所述，一体化开发车辆基地设计前置条件与不开发车辆段前置条件有较大不同。主要涉及规划条件、市政需求、性能化、环评等前置工作，以及一体化开发车辆基地设计、建设过程中重要程序变化等。设计单位应提前配合建设单位了解并开展相关工作，确保轨道交通车辆基地工程的顺利实施，并为二级开发预留好一级开发条件，真正实现预留一次到位、实施兼顾二级、理念创新超前的绿色环保、安全稳固、舒适便捷的一体化设计及预留实施要求。

7.9.2 一体化开发车辆基地主要接口管理工作

车辆基地专业众多，尤其一体化开发预留工作介入后，非地铁设计内容纳入设计管理工作中，如何确保车辆基地真正实现一体化设计管理，服务好一体化实施，应系统梳理与之相对应的工作内容，并形成泛接口表。部分需重点关注的泛接口如下：

（1）综合开发周边路网与车辆基地报规总图征地范围的接口

在初步设计稳定后、施工图开展前，落实车辆基地开发方案及周边道路规划条件，稳定道路红线，在此基础上落实代征用地范围，稳定用地规模。

（2）二级开发出入口与车辆基地出入口的协调设置

开发方案规划条件与周边道路规划条件同期完成，落实车辆基地出入口及一体化开发出入口的位置，及时与园林、交通管理部门对接，确认开口方案，开口方案随道路同期完成设计。

（3）厨房、燃气、景观专项设计的前期预留

厨房深化图、燃气专项设计、景观专项设计为另行委托时，其设计图纸进度计划应纳入车辆基地图纸总册控制范围；注意专项设计与车辆基地土建设备系统的工程设计接口管理，如厨房燃气灶的集气罩排风量需求与通风专业接口、厨房设备布置调整后与原预留情况的调整、燃气表间设置位置对土建和通风的要求；尽早确定厨房厂家，厨房灶具排气罩设置尺寸不同其排风量不同，影响风管井及风道尺寸。

（4）市政给水、雨污水、燃气报装

车辆基地与综合开发两个阶段的需求应在规划条件中同时考虑，且在车辆基地市政需求配合时，综合开发市政需求应一并提供；报装时双方需求一并提供，尤其是给水、燃气方案设计；市政实施在工期允许前提下尽可能同期施工，防止绿地伐移、临时围挡、破路施工的反复；因一体化开发导致用地范围变化，且落地区在车辆基地工程实施后才可能实施的情况，在前期管线改移方案中应考虑开发后期实施范围，改移应一次到位。

由上可见，泛接口是指不涉及具体的明确的物理接口，但相关事项需要两个或两个以上专业配合协调的接口，设计时应引起重视，避免由此造成设计缺漏或调整。

第 8 章　工程经济总结分析

8.1 影响工程造价的主要因素

8.1.1 车辆编组及类型

8.1.1.1 车站规模

影响地铁车站建造费用的主要因素之一为车站规模，而车辆编组及类型直接影响车站主体建筑规模，北京市各种车辆类型及编组车站主体建筑面积对比见表8.1-1。

北京市各类标准车站规模对比表　　　　　　　　表 8.1-1

车辆编组类型	站厅公共区长度（m）	标准站长度（m）	有效站台长度（m）	车站主体建筑面积（m²）
6B	90	200	118（100%）	8800（100%）
6A	100	220	140（119%）	9700（110%）
8B	105	235	152（129%）	10400（118%）
8A	125	265	186（158%）	11500（130%）

8.1.1.2 区间断面尺寸

北京地铁 16 号线采用国家标准 A 型车，接触网供电，结合本线工程地质和水文地质条件，以及线路条件、环评要求、北京地铁运营要求和盾构工程平均施工水平等多种因素，本工程部分盾构区间管片尺寸为：内径 5800mm、外径 6400mm，较北京市已建成通车线路盾构管片尺寸（内径 5400mm、外径 6000mm）有所增加。

8.1.1.3 设备系统

由于车辆类型及编组发生变化，对设备系统中供电系统以及站内机电设备产生部分影响，供电系统设备容量有所增大，站内机电设备由于车站规模增加，设备容量及终端设备均有所调整。

8.1.1.4 车辆基地规模

本线设车辆段及停车场各一处，随着土地资源的越发稀缺，为充分利用土地资源，本线车辆段及停车场均考虑预留上盖开发条件，另外由于车辆类型及编组的影响，16 号线车辆基地初期建设规模略有增大。

8.1.1.5 车辆购置费

根据行车组织，本线初期、近期配车 64 列（含运用车辆、检修车辆及备用车辆），远期配车 77 列，2min 系统能力 96 列。采用国家标准 A 型车，另考虑北京京港地铁有限公司（以下简称"京港地铁"）运营的需求，车辆防火标准提高，并增加蓄电池牵引等功能，本线车辆购置单价较北京地区普通 B 型车购车单价略有增加。

8.1.2　供电方式

通过比较，集中供电、分散供电及混合供电三种模式均可满足供电系统要求，但由于本线采用 8 辆编组 A 型车，牵引网采用直流 1500V 系统，牵引负荷增加，变电所容量增大。综合考虑电力部门关于整体电网的发展需求及其供电系统统筹协调问题，北京地铁 16 号线采用 10kV 开闭所分散供电方式。

8.1.3　投资建设模式

8.1.3.1　融资模式

为吸引社会资本参与北京市基础设施建设运营，北京市人民政府于 2014 年 11 月启动 16 号线工程公开招标，京港地铁被确定为 16 号线 B 部分特许经营中选人，其于 2015 年初与北京市政府签署了《北京地铁 16 号线特许协议》(以下简称"特许协议")。依照特许协议的规定，市政府授予京港地铁在特许期内相应的权利和义务，其中包括 16 号线 B 部分工程的融资、设计和建设。据此，京港地铁深入参与到 16 号线 B 部分的建设管理活动中，提出涉及站务、乘务、线路、结构、设备、安保、车辆等京港运营需求。

8.1.3.2　运营需求变化对工程的影响

（1）土建工程

主要体现在公共区、设备区按照京港地铁理念进行布局调整，主要包括站厅售补票亭调整、闸机调整、安检点调整、楼扶梯调整；站台端头整合屏调整、楼扶梯三角间的设置方式比选、升降机存储需求、卫生间布置调整、监察亭设计方案和布局调整等，导致车站公共区布局整体调整、相关服务与监控终端整体变更，设备区房间布局、二次隔墙设置位置、预留预埋孔洞套管随之变更，电缆穿线、管线综合走线等也随之发生变化。

（2）车辆基地

检修工艺流程与运营商习惯密切相关，根据京港地铁提出的《京港对 16 号线场段（上盖开发）需求意见》，可以看出京港地铁的检修作业流程与北京地铁运营公司存在较大差异，在设计中为充分适应京港需求，并结合开发需求，进行了工艺设计的合理优化，在保证运营需求的前提下，最大化实现开发与维修的共赢，对工艺总图布局、站场总图布局、建筑总图布局均进行了较大调整，对检修库配置、停车库间距等进行优化，有效压缩柱网跨距。在设计过程中工艺、站场、建筑以及设备专业密切配合，形成最终与传统北京地铁车辆基地布局存在较大变化的车辆基地优化方案。

（3）设备系统

由于土建平面布局设计方案调整引起通风、动照、管综、AFC、电梯、站台门、FAS、BAS、安检、门禁等需要重新计算，其他设备系统随之重新布局等相应工作；因公共区闸机、安检机、售票机等的布置和点位调整，引起公共区监控设备系统终端和系统区域划分调整等。

8.1.3.3 对投资的影响分析

由于京港地铁的进入，对土建工程、设备系统以及车辆基地均提出了不同的需求，由于运营方考虑全过程生命周期的成本，土建及车辆段调整了布局形式，为严格控制由于变更引起的投资增加，设计团队精心组织，对设计方案反复推敲和修改完善，最终工程投资变化不大。

8.1.4 施工环境条件

8.1.4.1 施工条件

由于交通等条件的限制，本线车站较多采用暗挖法施工，暗挖施工占比45%以上。

8.1.4.2 工程地质条件

北京西南部地区普遍处于大粒径卵石地层，本线南段均处于此种地层，造成盾构掘进等费用增加。

8.1.4.3 环境条件

由于本线穿越城区众多敏感地段，轨道需进行减振处理，本项目初步设计批复中全线减振地段 63.95 铺轨公里，其中弹性长枕地段 46.33 铺轨公里，浮置板地段 17.62 铺轨公里，占全线正线铺轨总长度的 59%。

8.1.5 征地拆迁

本线区间涉及征拆数量较少，此部分费用主要集中在北安河车辆段及榆树庄停车场，尤其是榆树庄停车场，涉及大部分村民搬迁。

8.2 投资控制重点

8.2.1 全面把控车站规模

车站土建工程在工程费中占比最大，本工程占比35%，因此，严控车站规模是投资控制的重要环节。16号线设计团队经过5年的研究论证，完成了近50项8A编组的专题研究，并形成了一套完整的适合北京地铁的8A编组技术标准体系。其中，对车站主体和附属建筑制订了一系列标准化设计要求：统一公共区布置，整合设备用房，优化站内布局，附属工程标准化设计并贯穿各个设计阶段，使得车站建筑布局一直比较稳定，车站建筑面积在可研、初设、施工图阶段控制良好。本工程可研批复车站规模 56.5 万 m²，初步设计（同口径不含新增看丹站）批复概算车站规模 57.3 万 m²，施工图面积 58.7 万 m²，从而有效地控制了土建工程投资。采取的主要措施如下：

8.2.1.1 确定 8A 编组车站规模

（1）标准车站长度：265m，标准岛式车站站台宽度：12m，车站总建筑面积力争控制在 1.65 万 m²。

（2）车站在较少外部控制因素的情况下，明挖车站顶覆土约 3.5m。车站施工开挖土方量少，降低施工难度和风险，出入口提升高度小，方便乘客使用，同时大大节省了地下车站的建设投资。

8.2.1.2 车站公共区布置统一，提升乘客服务水平的同时，严格控制规模、节约投资

（1）站厅

1）公共区长度约 125m。两端设置乘客服务中心。每站设置 4 台安检机，全面实现人物同检。

2）公共区设置 4 组楼扶梯，1 部垂梯。

3）自动售票机内嵌设置。

（2）站台

1）公共区设置 4 组楼扶梯，每两节车厢对应一个梯点。

2）标准站中跨柱距压缩至 5m，侧站台净宽增加至 3m，提高了侧站台通行能力。

3）标准站站台层层高 5.25m，明挖车站站厅层装修面至顶板下皮高度不小于 4.9m、暗挖车站站厅层装修面至纵梁下皮高度不小于 4.5m（图 8.2-1）。

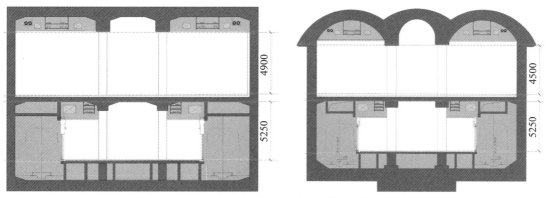

图 8.2-1　标准车站公共区高度示意图（单位：mm）

8.2.1.3 车站附属和地面建筑标准化设计，节省占地面积

（1）16 号线出入口标准直出口外轮廓尺寸统一为 16.8m（长）×7.3m（宽）×4.5m（高），标准侧出口外轮廓尺寸统一为 20.8m（长）×7.3m（宽）×4.5m（高），出入口地面亭尺寸统一，体量规整；地下结构基础和出地面结构基础内边线取齐，减小地面亭的占地面积；比北京地铁已通车线路车站出入口减小占地面积约 20%。

（2）出入口地面亭带后背室外排烟风室的体量和标准出入口地面亭体量一致，标准统一，不再加长，比以往此类地铁出入口节省占地面积约20%。

（3）风亭数量多，在有景观需求地段采用敞口低风亭，降低建筑高度，距地高度1m，分散消隐在周边绿化中，比高风亭地面建筑面积节省约50%。

（4）在车站周边有绿地条件的，设置敞口安全出口或单跑直出形式的安全出口，降低其地面体量存在感并与绿化环境融合。

（5）冷却塔尽量设置在绿地范围内，体量统一，尽量减小占地面积；外表面做金属网包封处理，减小对周边环境景观的影响。

（6）出入口、无障碍电梯和安全出口以及风亭和冷却塔的整合设计，与各自单体分开设计相比，虽然在设计难度上有所提高，但减少了约20%的占地面积，且对周边环境和相邻建筑的影响大大降低。

8.2.2　确保结构设计经济合理

16号线在结构设计方面进行深入研究，确保方案可行、经济合理，主要从以下几个方面进行了设计优化：

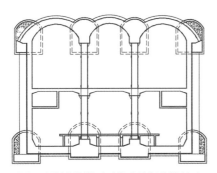

(a) 双层导洞洞桩法暗挖车站标准横断面

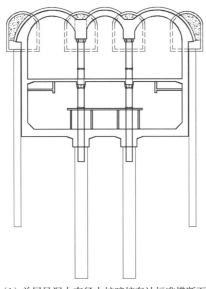

(b) 单层导洞大直径中桩暗挖车站标准横断面
图 8.2-2　暗挖车站标准断面

8.2.2.1　暗挖车站施工导洞

16号线部分双层导洞洞桩法暗挖车站优化为单层导洞大直径中桩暗挖车站，见图8.2-2。与双层导洞洞桩法暗挖车站不同，单层导洞大直径中桩暗挖车站只设上层导洞，边桩、中柱底部无需设条基，通过边桩、中柱下桩基承担竖向荷载。与双层导洞洞桩法暗挖车站相比，单层导洞大直径中桩暗挖车站虽然增加边桩桩长、增设了中桩，但暗挖小导洞数量减少了1倍，同时减少了边导洞内的条基以及素混凝土回填，从整体上单层导洞大直径中桩暗挖车站造价稍低。

8.2.2.2　明挖车站围护结构

（1）对于采用围护桩作为围护结构的基坑，在满足基坑围护结构受力要求的情况下，围护桩根据受力情况分段配筋，如围护桩箍筋根据剪力包络图采用不同的箍筋间距、主筋根据弯矩包络图采用不同的主筋数量，见图8.2-3。同围护桩通长一致性配筋相比，明挖车站节约工程投资较为明显。

（2）对于采用连续墙作为围护结构的基坑，选择合理地下连续墙接头，16号线地下连续墙均采用造价较低的锁口管接头；通过连续墙合理分幅、合理调整钢支撑间距，避免设置钢腰梁；连续墙作为落底式止水帷幕时，根据计算，计算嵌固长度以外的部分仅考虑其止水作用，采用素混凝土，见图 8.2-4。

8.2.2.3 停车线等双线共构大断面暗挖区间施工方法

传统的停车线等双线共构大断面暗挖区间采用双侧壁导坑法施工，该工艺存在结构单跨跨度大、开挖面积大、结构厚度大、开挖步序繁杂、施工速度慢、施工风险高、工程造价高等问题，16 号线针对该情况研究提出了初支联拱二衬独立式新型暗挖结构与施工方法（简称"联独法"），解决上述问题的同时，也降低了工程造价，其中双侧壁导坑法大断面暗挖施工与"联独法"暗挖施工相比，延米造价相差约 1/3，见图 8.2-5。

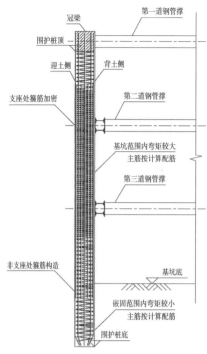

图 8.2-3　围护桩分段配筋示意

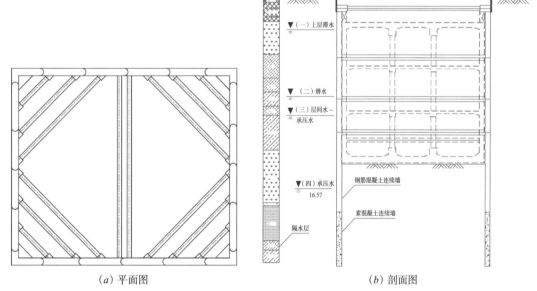

（a）平面图　　　　　　　　（b）剖面图

图 8.2-4　明挖基坑连续墙优化设计示意图

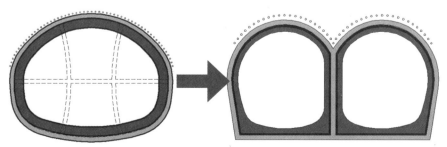

图 8.2-5　停车线等双线共构暗挖断面优化示意图

第 8 章
工程经济总结分析

8.2.2.4　提高全线盾构区间比例

盾构法区间较暗挖法区间有施工速度快、施工风险小、造价低的优点，但需要有盾构始发及接收的条件，若区间两端车站为明挖法车站，可以提供较好的盾构始发及接收条件，若两端车站为暗挖法车站时，盾构始发及接收的条件极差，基于该点考虑，16号线设置了大量的侧始发及侧接收盾构区间（图8.2-6），经设计团队努力，全线盾构法区间占比约70%，涉及侧始发或侧接收区间在全线区间的占比为29%，在全线盾构法区间的占比为41%，接近一半的盾构法区间采用了侧始发或侧接收工艺。

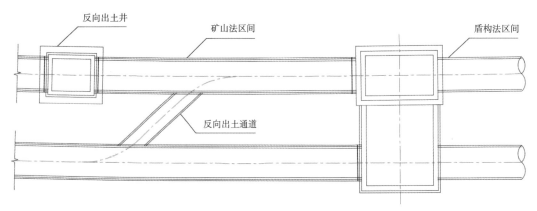

图8.2-6　盾构区间侧始发平面示意图

8.2.2.5　盾构区间端头加固措施

常规盾构端头加固采用高压旋喷桩进行端头加固，对于始发及接收端位于地下水位以上的盾构区间，其端头采用素混凝土桩进行加固。

8.2.2.6　盾构法区间联络通道加固措施

一般情况下盾构法区间联络通道位于地下水位以下，其联络通道进洞加固的措施见图8.2-7。

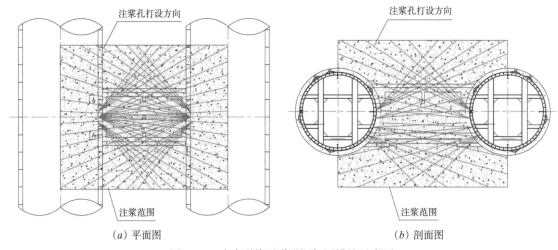

（a）平面图　　　　　　　　（b）剖面图

图8.2-7　有水联络通道进洞加固措施示意图

而位于地下水位以上的 16 号线区间联络通道，其进洞加固范围需优化，16 号线对此类联络通道的加固范围进行了优化，见图 8.2-8。

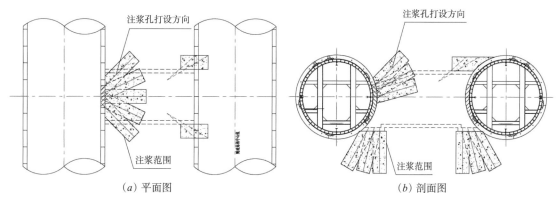

图 8.2-8　无水联络通道进洞加固措施示意图

8.2.3　严控设备系统投资

设备系统投资控制采取的措施如下所述。

8.2.3.1　初步设计阶段严控标准和落实需求

在初设阶段严格把控设备专业的设计标准。通过总结以往工程的经验教训，并通过与运营单位充分沟通运营需求，将关键标准落实在《初步设计技术要求》中。结合初步设计阶段运营专家对《运营安全专篇》评审所提意见，深入调研运营需求，并将需求投资纳入概算。

全部设备专业充分与运营单位沟通需求，在逐条分析讨论需求意见后，将影响投资的内容纳入概算投资，避免后期运营增加需求导致工程费用增大。

通过编制设备系统接口文件，全面梳理设备专业功能接口与接口位置，形成《设备专业接口配合表》，避免设备系统间的功能重复、缺失，避免后期因设备间接口不交圈导致工程费用增长。

8.2.3.2　招标阶段严控用户需求书的落实

严格控制设备间的接口。在各专业的设备技术规格书中，对相关联的每个设备接口进行签字确认，明确接口责任。在实施前进行全面接口测试，及早发现接口问题，避免现场安装后产生变更。

8.2.3.3　施工图设计阶段严控图纸质量和变更

施工图阶段严格按照限额设计标准进行设计，确保不突破设计限额标准。

8.2.4 优化线路设计，控制前期拆改移费用

8.2.4.1 利用沿线工程条件，减少拆迁及管线改移

线路设计充分研究利用沿线的工程条件，尽量减少房屋拆迁和管线改移。较为典型的案例是北安河车辆段选址、北清路段线路以及苏州桥站两端线路。

北安河车辆段规划上有多个可行的选址，结合线路运营条件、城市规划等因素，采用北清路南侧的选址，不但避开了大规模的拆迁，也可以使得北安河站在服务周边安置房的同时，很好服务车辆段上盖开发。

北清路段线路沿北清路东西向地下布置，北侧规划有 60～100m 的绿化带。将线路布置在道路北侧的绿化带内，有效减少了车站施工引起的大量管线改移。

苏州桥段线路位于交通繁忙的三环路，道路中间有三环主路的高架桥，路下有密集的市政管线，采用通常的布置会引起较多的管线改移，而16号线将区间左右线上下叠落布置，避开道路东侧的主要管线，降低管线拆改费用。

8.2.4.2 结合城市改造，降低城市建设综合投资

16号线主要服务中心城地区，沿线经过的地区尤其是丰台地区有较多的非建成区，存在大量的临时房屋，16号线选线设计与城市改造紧密结合，在建设地铁的同时对沿线的城市进行改造，提升城市品质的同时也避免了各自建设带来的成本增加及相互影响等问题。

（1）木樨地至达官营区间沿三里河路南延布置。

三里河路在木樨地以南处于西城区、海淀区以及丰台区的交界处，目前没有实现规划道路，规划红线内有北钢宿舍等平房区，公安大学的围墙也位于规划道路红线以内。线路下穿平房区后按照环评的要求需要对上方的房屋拆迁，对于推动三里河路南延的规划实现有重要意义。

（2）红莲南里至丽泽商务区段进入规划地块内，利用商务区的城市改造，提升车站服务功能的同时避开线路的其他拆迁。

线路调整后穿过三路居村，结合城市改造，通过在线路两侧预留地铁通道，减少地铁对周边建筑的振动影响，而丽泽地区的改造拆迁也可以减少地铁工程的拆迁投资。

（3）榆树庄停车场选址结合棚户区改造以及非首都功能疏散，通过将地铁融入地区城市建设，减少建设用地占地，提升土地价值。

榆树庄地区分布有洪泰庄村以及榆树庄构件厂等，属于城乡接合部地区，而榆树庄构件厂也属于非首都功能的疏解范围，如果停车场在该地区另行选址，要占用现况或者规划绿地的指标，而将榆树庄停车场设置在现况榆树庄构件厂以及物流、村庄用地上，可以结合城市改造，统一拆迁，减少拆迁成本。

8.2.5 统一概算编制原则

初步设计概算是全面反应建设项目投资规模和投资构成的主要文件，反映建设过程所需的全部费用。设计概算经批准后是编制建设项目投资计划、确定和控制投资的重要依据。本

线全长 49.83km，设计由多家工点院完成，工点院分别编制设计范围内的概算；另外由于本项目为 PPP 模式，概算中包括特许协议中的相关内容。为合理确定本线投资，有效控制造价，总体组制定了全线概算编制规定。主要包括：

8.2.5.1 编制范围

概算编制范围包括土建工程、轨道工程、设备系统、车辆基地、工程建设其他费用、预备费、车辆购置费、建设期贷款利息及铺底流动资金。具体划分如下：

第一章　车站；

第二章　区间；

第三章　轨道；

第四章　通信；

第五章　信号；

第六章　供电；

第七章　综合监控；

第八章　防灾报警、环境与设备监控；

第九章　门禁系统；

第十章　通风与空调；

第十一章　给水排水与消防；

第十二章　自动售检票；

第十三章　车站辅助设备；

第十四章　办公自动化；

第十五章　运营控制中心；

第十六章　车辆段与综合基地；

第十七章　安防系统；

第十八章　人防工程；

第十九章　工程建设其他费；

第二十章　预备费（包括基本预备费与涨价预备费）；

第二十一章　专项费用（包括车辆购置费、建设期贷款利息以及铺底流动资金）。

8.2.5.2 采用定额及取费标准

（1）地下车站、地下区间、人防工程、轨道、通信、信号、供电执行北京市建委 2006 年京建市［2006］197 号文颁发的《北京市建设工程概算定额》（第十三册地铁工程）。

（2）房屋建筑工程、通风空调、给水排水、动力照明等执行北京市建委 2004 年京建市［2004］991 号文颁发的《北京市建设工程概算定额》（其他各册）。

（3）在上述定额仍不能满足要求时，参考 2012 年《北京市建设工程计价依据——预算定额》、2011 年《城市轨道交通工程概算定额》及住房和城乡建设部 2009 年《城市轨道交通工程预算定额》以及其他相关定额。

（4）取费依据北京市建委 2004 年京建市［2004］991 号文颁发的《北京市建设工程概算

定额》及北京市建设工程造价管理处京造定［2005］1号文《关于执行2004年〈北京市建设工程概算定额〉的有关规定》、京造定［2008］3号文《关于执行2004年〈北京市建设工程概算定额〉第三次调整系数的通知》、京造定［2009］4号文《关于调整临时设施费费率的通知》、京造定［2012］2号文《关于调整建设工程造价中税金标准的通知》。

8.2.5.3　工、料及设备单价依据

工料价格采用上报期《北京工程造价信息》，设备单价采用市场询价，并考虑设备备品备件费。

关于利润和税金的计取规定：各安装工程中供电系统（不含动力照明）、电梯及自动扶梯、AFC、通信、信号、工艺设备、站台门中的设备不计取利润和税金，在取费中列入工程造价之前，其他安装工程的设备计取利润和税金。

8.2.5.4　工程建设其他费用

（1）建设用地费

包括征占地费用、建筑物迁建补偿费以及管线改移、交通导改、道路破复等费用，上述费用均参考类似项目单价计算。

（2）其他费

主要包括：场地准备费、建设单位管理费、工程监理费、招标代理费、前期工作及咨询费、研究实验费、勘察设计费、施工图纸审查费、引进技术和设备费、生产准备及开办费、工程保险费、扬尘排放等费用，上述费用均依据国家及北京市上报期的相关规定计算。

8.2.5.5　预备费

包括基本预备费及涨价预备费，基本预备费按5%计算，计算基数为工程费与工程建设其他费用之和。依据规定，涨价预备费按0计算。

8.2.5.6　专项费用

包括车辆购置费、建设期贷款利息与铺底流动资金，建设期贷款利息按本项目分年度投资比例计算，铺底流动资金按每辆车10万元计算。

8.2.5.7　相关费用的计算规定

（1）钢支撑计算规定。

（2）明挖基坑中土方的定额套用规定。

（3）钻孔灌注桩泥浆运弃计算方法。

（4）暗挖车站洞内桩及钢管柱的计算方法。

（5）超长大管棚（15m以上）的计算方法。

（6）顶升工艺、绳剧切割、水钻、植筋的单价选取。

（7）土建结构钢筋含量参考范围。

（8）钢筋机械连接数量估算方法。

（9）洞内临时设施（洞内通风、洞内动力照明、洞内临时轨道等）的定额套用问题。

（10）盾构机调头或过站的费用规定。

（11）暗挖工程套用明挖子目的定额调整规定。

（12）卵石层施工费用计算规定。

（13）采用指标估算的费用：包括施工监控量测费（含第三方监测费）、车站装修、地面建筑、站内附属设施（含导向标识、环卫设施等）、站前广场等。

（14）概算编制采用统一的软件。

8.2.5.8　概算编制要求

（1）概算编制执行国家和北京市的有关规定，工点单位应执行总体组下发的概算编制规定。概算编制应根据工程实际情况做到准确合理，不漏项、不冒算，维持定额的严肃性，不可随意更改定额消耗量，不可乱套乱用定额。如有新技术、新工艺和新的施工方法，无定额可循，则应有补充定额，概算编制额应力争控制在批准的可研投资估算范围内。

（2）各编制单位必须严格控制设计限额，不可任意超出控制限额，若超出限额，需提前进行方案优化，并详细说明超限原因。

（3）各编制单元分册文件部分应包括本分册概算数额与投资估算对应部分投资额对比分析的内容，如果概算额超出或低于估算投资额较大，应分析说明原因。

（4）单项（位）工程概算应根据单元概算编制范围和内容，按综合概算章节表的细目进行编制。

（5）综合概算按"综合概算章节表"的顺序进行汇编，没有费用的章，其"章"保留，"节"不留。

（6）总概算根据综合概算分章汇编。没有费用的章，其章号及名称一律保留。

（7）概算信息统计表按本编制规定的对应表格的要求进行汇总。

（8）补充单价分析表按本编制规定的对应表格要求的格式编制。

8.2.5.9　概算文件的组成、内容、格式和编制时间要求

8.2.5.10　附件与附表格式

8.2.6　总体把控全线各工点概算

16号线全线设计单位10余家，为了宏观控制项目总投资，总体组设技经专业副总体，下设技经专业负责人，总体组负责制定全线概算编制原则，全面把控设计工点概算，具体措施如下所述。

8.2.6.1　概算编制的合理性

包括概算与工程的一致性，定额采用是否合理，取费是否正确，指标是否正常。

8.2.6.2 土建工程技术经济合理性

汇总全线土建工程（主要包括车站及区间）主要工程数量，分别按不同的工法及断面形式进行对比分析，找出重大差异，据此分析设计方案的合理性，并根据工程具体情况进行调整。

8.2.6.3 合理确定设备系统投资

通过对比分析已完工程的设备系统投资，根据本线情况，合理确定设备系统投资，做到不高估冒算，不缺项漏项。

8.3 总结与思考

造价控制是个系统工程，贯穿于项目始终，从前期规划到后期结算，上一阶段批复投资应为下一阶段投资控制的红线，从工程规模以及前期拆改移费用上分别进行控制。

线路规划方案阶段是投资控制的重要环节，因此该阶段重点从建设标准、资源共享、减少前期工程费用、国产化率等几个方面充分优化方案，严格控制工程规模。

工程可行性研究估算一经批复，即成为控制后期各阶段的依据，因此，本工程从工程费用、工程建设其他费用（包括征地拆迁、管线迁改、绿化赔偿、交通导改、三通一平等前期工程费用以及其他费用）、专项费用（包括车辆购置费及建设期贷款利息）三个方面合理确定工程投资。

项目进入设计阶段后，采用价值工程理论对可能的方案进行充分的比较分析，综合比较工程费用与拆改移费用，本着经济合理的原则选择建筑方案及施工方案，并对设备系统投资进行把控。施工图阶段投资控制重点为设计变更的控制。

CHAPTER

第 9 章　设计总体总包管理探索

9.1 设计总体总包管理目标

北京地铁 16 号线工程设计管理采用国内轨道交通惯用的设计总体总包管理模式，该模式已经在轨道交通的设计管理中得到成熟应用，但随着轨道交通项目建设水平逐步提高，为了更好地实现 16 号线示范线的作用，北京市市政工程设计研究总院有限公司在既有的设计总体总包管理模式上进行创新，做到技术领先、管理高效。通过对项目整体工作进行策划，包括项目组织、管理职能、管理制度、督导落实、关键控制等五方面切实提高项目的全过程管理、协调和服务，解决在既有开通线路建设管理过程中曾经出现的问题，并在后续项目实践中进行了成功应用。对于总体总包标准化、程序化管理的内容，本章不再赘述。

根据 16 号线的建设背景和项目建设需求，明确了项目的设计总体总包管理定位和目标：

（1）总体总包管理定位：实现高效积极、全过程的设计总体总包管理；实现技术领先、管理高效、服务全面。

（2）项目宏观管理目标：实现高水平的通车标准，获得詹天佑等国家奖项。

（3）项目微观管理目标：专项任务有推进、图纸节点能控制、接口落地促效率。

9.2 设计总体总包管理路线

9.2.1 搭建综合能力强的管理队伍

总体总包组根据建设单位的委托制定项目功能要求、技术标准、投资限额、工期策划、图纸管理和成果审查程序等，经建设单位审批后下发执行。总体总包组负责项目的设计管理、协调与统筹，制定全线统一技术标准，制定管理制度，协助建设单位落实项目进度、质量、安全、投资控制。工点设计单位服从总体总包在全线技术标准、设计进度和投资上的管理，对设计合同段的设计质量、安全、进度和投资全面负责。

要想做好设计管理，必须搭建专业齐全、综合实力强的管理队伍。鉴于 16 号线线路长、工程地质条件复杂、专题专项研究多以及征占地、交通导改和管线改移前期工作协调量大，16 号线的总体总包组人员配备有以下特点：

9.2.1.1 配备双土建副总体

16 号线线路长度约 50km，全线 29 座车站，全线的建筑方案、工期筹划和结构风险控制任务较多，因此从建设初期，总体总包组就按照双土建副总体的方式配备：依据线路里程以木樨地为界，木樨地以北、以南各自配置建筑、结构副总体。采用此种方式，解决了副总体分管范围过大、不能充分了解项目进展和困难，总体审查时效性差的问题，同时，也让副总体承担的总体技术方向更加集中。这种土建双副总体方式在 2016 年年底西苑以北通车运营后改为单人负责。

9.2.1.2 增加前期、管线专项负责人

16号线建设前期，需要配合建设单位进行外部委办局的汇报和产权单位沟通，主要包括管线改移、交通导改和临时占地手续等。因此，总体总包组配备了稳定的前期专项负责人（主要负责交通导改、临时占地以及穿越河道、桥梁的评估手续）和管线迁改专项负责人。管线迁改这项工作需要同自来水公司、排水集团、热力集团、电力、电信、燃气、中水等管线权属单位沟通市政管线的规划线由和因施工产生的现状管线的迁改方案。如无专项负责人，产权单位对地铁设计方案不能充分了解，地铁设计单位对产权单位管线的运营保护了解不充分，在双方配合过程中达不到逐层递进的目标，产权单位将失去对设计单位的信任，不再愿意配合。配备稳定的前期专项负责人就避免了这种现象的发生，前期专项负责人会对工点院相关的汇报材料进行收集整理，不断熟悉产权单位的工作流程和行业标准，对一般地铁车站与管线的情况提前做出预判，沟通和汇报契合管线的建设维护情况；同时阐述清楚地铁土建设计方案必要的布局、功能、占地需求，取得产权单位的理解和支持，加快迁改审批流程，稳定设计方案。

9.2.1.3 增加精装修副总体，提前规划车站公共区空间限界

16号线总体总包设计的单项设计服务包含了全线车站的公共区精装修设计（含出入口及换乘通道内装修）、车站出入口及风亭设计（含贴建的跟随所、区间风井、区间跟随所）、车站导向标识设计（含公共区紧急疏散）以及全线市政交通的衔接和站前广场的设计。该种管理方式使得总体总包组配备精装修副总体变得十分重要，按照棚顶综合管廊和无吊顶的装修设计要求，在方案设计阶段开展同步研究，在初步设计阶段稳定精装修概念设计方案，在土建、设备施工图阶段满足梁上、柱上、侧墙等一次结构上有预留预埋条件落地，从而实现16号线的精装修风格。

9.2.1.4 做好技术支撑，实现总包管理

积极有效的管理一定离不开技术支撑。16号线的总包管理与总体技术紧密配合，没有机械地将两方面进行割裂独立执行，而是进行了联系与融合：

——总包管理要把全线车站、区间的方案摸得很清，对每个子项的进场条件和现场实施进度非常了解，这样制定出的图纸计划才能与现场工期匹配。

——总包管理要了解项目的规划条件和市政需求，整体统筹车站的专项规划条件、设计综合条件与外部市政需求，将给水、排水的规划条件与管线设计综合图纸结合，避免车站、区间后续零星工程的二次报规。

——总包管理要了解设备接口，同时参加设备专业的设计联络和接口谈判等技术接口工作，才能实现设备专业图纸计划督导、相互提资节点控制，才能全方位协助总体做好接口管控，确保设计文件完整、专业之间无缝衔接、减少设计疏漏。

9.2.1.5 总体总包组管理六个"要"

要管理好地铁项目设计，总体总包组首先要提高内部管理水平，做到以下六个"要"：

（1）职责要明确。每位总体总包组成员都应清晰明确自己的职责，做好各自负责的工

作，细化到每个管理任务。例如结构副总体的工作职责包括负责全线结构图纸系统审定及相关协调配合工作；负责全线风险源及专项设计、抗振专项设计、勘察、构筑物调查、管线详查、既有线评估、全线第三方监测以及工程筹划相关协调配合工作；负责全线降水、大铁相关协调配合工作；负责疏散平台专项工作、出入口地面结构等工作。前期专业负责人的工作职责包括配合结构副总体负责人防报审、征地拆迁临时占地（含临时绿化改移）、交通导改、道路恢复工作；配合建设单位落实房屋评估、桥梁评估、园林绿化、拆迁补偿等工作。职责明确了，项目管理工作就没有疏漏。

（2）纪要要及时。有总体总包组参加的专题会，及时完成纪要，记录会议重要信息，传达下阶段专项工作。

（3）督导要滚动。通过专题会纪要，将下阶段的专项工作列入督导表，提醒相关副总体和设计工点共同推进。

（4）任务要落地。总体总包组与工点设计组成专项专题组，将列入督导表中的任务解决、落实。

（5）审图要认真。正式报出的每一册设计施工图纸，副总体均给出审图意见，统一全线标准、控制接口。

（6）现场要带头。现场交底会和施工配合会总体总包组带好头，保证配合质量、及时解决问题。

9.2.2 建立完善的设计管理制度

9.2.2.1 明确项目总体总包管理阶段、完善设计管理内容

设计总体总包管理贯穿于地铁总体方案设计、初步设计、施工图设计、施工配合、设备订货、设备调试、系统联调、竣工验收等各阶段工程的全过程，主要内容包括：提供技术支持和服务，对设计标准、设计方案、设计质量、设计进度、设计接口、设计变更、投资控制、设计协调、设计配合、设计审查、信息管理等提供全面设计管理服务。协助建设单位组织项目与相关政府主管部门的对外协调工作，以及各阶段政府审查和相关手续的报审、报批等工作。实现信息网络化服务：完善软硬件设施，构建信息管理的网络平台，实现设计总体总包工作信息网络化服务。

9.2.2.2 制定项目总体总包管理制度、规范设计过程管理

为了做好设计管理，需要建立总体总包管理制度，对整个项目设计团队的计划、质量、合同、信息、会议等进行管理，主要包括：

（1）进度计划管理制度。

（2）质量管理制度。

（3）投资控制管理制度。

（4）人员管理制度。

（5）合同管理制度。

（6）信息管理制度。

（7）变更设计管理制度。

（8）考核与服务管理制度。

（9）各种会议参会相关要求。

同时，在执行制度的过程中，抓好全过程关键控制，包括：设计质量和技术标准的可靠管理、进度计划的合理动态管控、多设计团队的协同办公、牵头专题研究的全专业管控、组织报建报规、对既有制度的执行和督促、对工点设计单位的设计接口管理和样板站设计管理等。

9.2.3 根据项目不同阶段合理策划设计团队组织模式

设计团队集中办公是指建设单位、总体总包设计单位和工点设计单位的设计人员共同集中在一个办公区域，集中精力、通力合作、统一调度，共同开展和推进项目工作的设计团队组织模式。这种模式在16号线的设计进程中发挥了重要作用。

9.2.3.1 方案和初步设计阶段的集中办公

按照16号线的计划工期，进行全线方案设计和初步设计的时间非常紧迫，同时作为北京市第一条采用8辆编组A型车的地铁线路，在研究系统规模、设计原则、技术标准、土建及设备系统技术创新方面，都有大量的设计专题要研究。因此在方案设计和初步设计阶段采用集中办公方式是多单位协同办公的一个快速磨合的行之有效的措施。集中办公可实现面对面及时沟通，提高效率；实现线路、土建、设备系统的多专业配合与集中办公，同时加强团队意识和凝聚力。

在集中办公期间，为了加快方案决策，控制项目投资和风险，建设单位和设计团队同时建立了高层决策机制和专家决策机制。高层决策机制为周例会形式，每周一上午建设单位高层领导到集中办公区听取项目进展和重大方案汇报，对方案进行快速决策，明确下阶段的工作方向。专家决策机制是在顶层设计、项目研究中遇到的重大问题，邀请国内知名专家来集中办公区，听取汇报，出谋划策，通过外部专家的建议，帮助项目团队做好决策。

9.2.3.2 施工图阶段的小范围集中办公

在施工图设计阶段不适合进行大范围的设计集中，但是在局部单项工作时采用灵活多变的小范围集中是非常有效的。16号线北安河车辆段因为上盖综合利用的国际方案征集和规划指标的确定时间较晚，同时又面临2016年底通车压力，留给设计单位的专业配合和出图时间只有六个月，最早的设计图纸两个月就要到现场。在这种情况下，设计团队采用了北安河车辆段设计团队小集中的形式，将土建、工艺、场站、轨道、供电、接触网、通信、信号、上盖概念设计等五家设计单位多个专业进行了两个月的施工图设计集中，每周小例会调度图纸，协调问题。保障了现场第一批图纸的及时到位。

9.2.4 抓住技术管理和统筹协调重点

地铁16号线因其线路长、设计周期长、周边地质条件复杂，整体协调工作量较多。设计过程需要与市、区发改，规划，交通，环保，文物，消防，人防等多个委办局、行政审批单位对接；涉及给水、排水、电力、电信、热力、燃气等多种市政管线产权单位的管线迁改与保护配合。总体总包组作为设计团队的牵头单位要对设计标准、设计原则、设计进度、设计质量、工程投资和内、外部接口等进行整体控制协调、对接和管理，更要做好总览全局牵头抓总、组织重大技术难题决策研究，统筹协调等重点工作。

9.2.4.1 总体组技术管理要牵总

（1）总体组主要职责

总体组管理涵盖了项目全过程的技术质量体系，重点要做好16号线设计团队的牵头抓总工作、设计标准的制定和应用以及设计全过程的接口控制。主要包括：

1）承担技术管理和技术接口管理工作。

2）组织编制全线总体技术方案和工程实施筹划方案。

3）编制全线设计文件组成内容、深度和质量管理办法，制定设计界面划分和接口管理要求，制定全线统一技术要求。

4）组织编制全线设计标准图纸，规定工程概算编制办法，统一整理并上报。

（2）总体组管理要点

1）做好设计牵头抓总工作

地铁设计贯穿了从项目可行性研究、总体方案设计、初步设计到施工图设计、施工配合、调试验收、运营维护的整个建设阶段。在各个阶段要抓住主要矛盾，如总体方案设计阶段，要把土建结合前期条件、设备系统结合运营方案做深、做透。主要包括以下工作内容：

①确定设计原则和建设标准。

②落实外部拆迁、重大管线条件，稳定线路、站位和车辆基地。

③确定车辆、限界、轨道主要方案。

④确定运营系统规模和管理模式。

⑤确定设备系统构成、功能与国产化程度。

⑥确定车站、区间土建工程规模和工法。

⑦工程单元划分和工程筹划。

⑧投资估算与总量控制。

总体方案设计阶段需要研究的重大技术问题：

①本线路与线网中其他线路的衔接、换乘及资源共享方案。

②行车、运营管理模式分析及比较。

③地铁周边沿线地上（下）空间的连接或利用。

④线路、站位优化方案（设计需要深入现场，结合外部环境条件，减少占地、拆迁、管线改移等前期工作）。

⑤设备系统优化方案。

⑥节能、环保措施专题研究。

⑦全线站前广场、交通衔接与组织方案。

⑧工程建设风险分析及对策。

⑨技术接口的划分与制定。

2）制定全线设计标准

组织建立全线统一的设计原则、技术标准、标准布置、通用图和概算编制原则等，为全线的工点设计单位制定了共同遵守的技术依据和投资标准，打造16号线的8A示范技术标准。主要包括：

①《北京地铁16号线总体设计技术标准及初步设计技术要求》。

②《北京地铁16号线工程施工图设计技术要求》。

③《工程设计技术接口文件》。

④《12m岛式车站公共区布置通用图》《北京地铁16号线工程防水通用图》。

⑤《初步设计总概算编制办法》。

3）全专业设计的接口管理

统筹编制制定接口文件，提出各专业的提资要点和提供阶段，为全线设计人员制定一套接口指导模板，避免由于设计经验不足或者疏漏出现接口问题。通过对接口文件条件相互提供过程的记录，统一接口深度和接口内容（图9.2-1）。

图9.2-1　接口管理流程图

9.2.4.2　总包组统筹调度要落地

（1）总包组的主要职责

1）承担项目管理职责，配合建设单位落实项目设计管控、计划进度管理，实现投资控制创优、质量控制创优和项目管理创优。

2）编制管理制度进行项目设计进度计划管理、质量管理、投资管理、人员管理、合同管理、信息管理、设计变更、考核与服务以及例会管理，以便为建设单位提供满足正确性、完备性、可靠性、经济性要求的设计文件。

3）协助建设单位组织项目设计方案与政府主管部门的对接和汇报工作，以及各阶段政府审查和相关手续的报审、报批等工作。

（2）总包组的管理要点

总包组的设计管理涵盖了合同、进度、质量、投资等多方面的管理和协调，其中专项任务落实、计划统筹和施工图纸进度统筹与项目的高效率运转、有序推进密切相关。

1）督促落实专项任务

将设计任务制定成为设计督导表，定期和持续跟踪、推进、落实与设计有关的专项工作，同时补充新增加的设计任务，滚动推进，重要问题重点督办，整体统筹调度；一般问题按照时间顺序，排序、预警和督办。

2）统筹安排设计计划

有计划才有推进，设计进度计划是贯穿整个地铁设计全过程的重要环节，要根据各阶段的设计工作内容、工作程序、持续时间和前后逻辑关系编制设计工作计划。每年年末编制第二年的全年工作计划，包括规划条件／手续、设计方案、消防／人防／环评手续、专项设计（精装修、地面亭等）、风险管控和施工图纸等各专项进度，通过设计例会和年中检查，将计划工作与项目实际建设推进匹配，指导设计团队及时解决设计前置问题，配合现场施工进展，推进各项手续办理。

3）跟进管控施工图纸

施工图阶段的重点管控专项是设计图纸进度，要有效约束和考核，既不能一刀切地制定不符合实际情况的计划，导致计划与实际总是无法匹配；也不能漫无目标地没有进度计划，导致施工单位现场等图的情况发生。16号线因为项目延续近50km，现场进场条件不一，单项建设进度和设计进度很不一致，这个问题必须统筹解决。建设单位同设计团队和施工单位总结出一个图纸管控方案：

①制定全年总的图纸计划。

②每一季度修订图纸计划，在施工高峰期一月一调度图纸计划。

9.3 设计总体总包管理

9.3.1 PPP 模式下的设计管理特色

北京地铁 16 号线是由北京城市快轨建设管理有限公司（以下简称"快轨公司"）组织设计、施工和监理各方开展项目建设工作。2014 年 11 月经公开招标，北京京港地铁有限公司（以下简称"京港地铁"）被确定为 16 号线 B 部分特许经营中选人，并于 2015 年初与北京市政府签署了《北京地铁 16 号线特许协议》（以下简称"特许协议"）。据此，16 号线的项目投资主体确定为北京市基础设施投资有限公司（以下简称"京投公司"）和京港地铁。16 号线的设计管理模式也发生了较大变化，对设计方案的稳定和运营实现均非常有利。

9.3.1.1 项目双投资主体

按照特许协议，16 号线的建设内容和建设费用分为 A、B 两部分，设计单位接受 A、B 两部分的设计管理。京港地铁作为 PPP 投资方深入参与到 16 号线 B 部分的建设管理活动中，提出涉及站务、乘务、线路、功能布置、设备、安保、培训、车辆等带有京港运营特色的需求，通过快轨公司传达给设计单位，确保项目全阶段运营功能实现，减少尾工（图 9.3-1）。

A 部分：主要包括地铁车站、区间的土建部分，含车站站前广场和 P+R 停车场；车辆基地的土建与机电设备系统。该部分由快轨公司负责建设，京投公司为投资主体。

B 部分：主要包括地铁轨道、通信、信号、供电、通风空调、给水排水及消防、动力照明、综合监控、安防与门禁、自动售检票、电扶梯、屏蔽门等设备系统；车辆基地的工艺维修设备系统。该部分由快轨公司代为建设，京港地铁为投资主体。

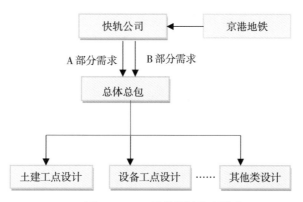

图 9.3-1 16 号线设计管理模式

（注："其他类设计"指外部市政条件的接入和排出设计，如外电源设计，车站外部给水、排水设计等）

9.3.1.2 运营需求明确清晰

京港地铁作为特许经营方，通过正式文件《北京地铁 16 号线京港运营需求汇总表》明确提出了涉及总体、站务、乘务、控制中心、线路、结构、机电专业、供电专业、信号专业、通信专业、AFC 专业、OA 和门禁、综合监控、仓务设施、安保、培训中心、导向标识、非票务收入业务、工程车和车辆段共 20 大类，741 条运营需求。

这些明确清晰的需求以及建设、运营和设计单位对其的共同确认，加速了设备系统方案的稳定和投资控制，也给土建设计配合带来稳定条件。一些有待落实的需求，也会通过进一步的方案比选、投资研究、运营成本核算等方式逐步确认（图 9.3-2）。

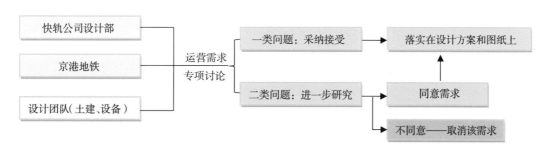

图 9.3-2 京港运营需求的对接流程

9.3.1.3 设计阶段确认运营管理理念

京港地铁虽然仅承担了 B 部分的投资，但作为特许经营方，16 号线建成通车后的运营维护都由京港地铁负责，通过建筑平面图纸的会签是充分实现京港地铁运营理念的重要方式。从 2014 年底开始，京港地铁通过快轨公司对设计单位的车站建筑图纸分批进行了整体研究，将公共区、设备区的设施布置和流向导向按照京港地铁理念进行了布局调整，主要包括站厅售补票亭调整、闸机调整、安检点调整、楼扶梯调整；站台端头整合屏调整、楼扶梯三角间的设置方式比选、升降机存储需求、卫生间布置调整、监察亭设计方案和布局调整等。通过建设、运营和设计对于调整方案进行会签的方式，保障了线路开通时，车站、线路布置与运营单位的管理习惯吻合，使得站务人员快速适应车站布置和对乘客服务设施的配置，满足开通线的高水平服务。

建筑平面布局的方案沟通、调整和确认机制通过 16 号线首开段的实践检验，效果明显，车站在开通运营后基本没有需处理的尾工项。建筑布局的沟通和会签一般分为 4 个阶段，约 3 个月（表 9.3-1）。

建筑平面布局确认程序 表 9.3-1

阶段	项目	主要内容
第一阶段	建筑布局沟通	设计单位汇报，京港地铁充分了解原设计理念
第二阶段	建筑布局确认	根据京港地铁运营需求调整后的建筑布局沟通和确认
第三阶段	京港地铁运营需求的落实确认	结合设备配合和方案优化，对建筑布局、进出站流线和换乘流线确认
第四阶段	车站建筑平面审查会签	快轨、京港和设计单位对三方确认后的文件签字确认，作为后续施工图纸的设计依据

9.3.1.4 增加特许经营方对 B 部分的施工图纸审查

B 部分地铁正线设备系统、车辆基地工艺设备的设计原则、工艺性能、招标采购、安装调整与京港地铁运营维护有直接关系，为了更好地落实运营需求，B 部分的施工图纸在强审前，增加了特许经营方京港地铁对施工图的审查。审查流程如下：

（1）设计单位提供报审图纸至快轨公司设计部转京港地铁相关部门审查。

（2）京港公司以"B 部分图纸审查意见单"等书面方式提供快轨公司设计部图纸审查意见，设计部转给总体组下发工点设计。

（3）工点设计收到审查意见后，涉及之前已经会签、认可的京港运营需求，按照京港审查意见修改后报强审。

通过这种审查方式，可以确保快轨、京港、总体组和工点设计四方会签的建筑图纸成果、设备系统设计联络成果、经快轨和京港领导小组审批认可的会议纪要、741 条中已经批准同意的运营需求条目切实落实在设计施工图纸中。

9.3.2 多设计团队的协同办公控制要素

9.3.2.1 做好项目外部信息收集、甄别和使用是协同办公的基础

提高多单位多设计团队协同办公工作效率的一个重要基础工作是要做好项目的外部信息管理，16 号线全线近 50km，29 座车站、2 座车辆基地，设计历时近 10 年，项目外部信息的收集、传输、共享和存储是总体总包组要做好的一项重要工作。

（1）外部信息收集

轨道交通项目为综合类线性工程，总体总包组会从建设单位那里接收到各个委办局、管线产权单位、地块权属单位、投资公司、运营单位的各类信息，这些信息可以是政策、规划条件、批文、决议、标准、要求等，总体总包组应对这些信息及时收集，辨别有用信息，提炼隐形信息，及时归类，分清用途，用于设计方案的决策和执行（图 9.3-3）。

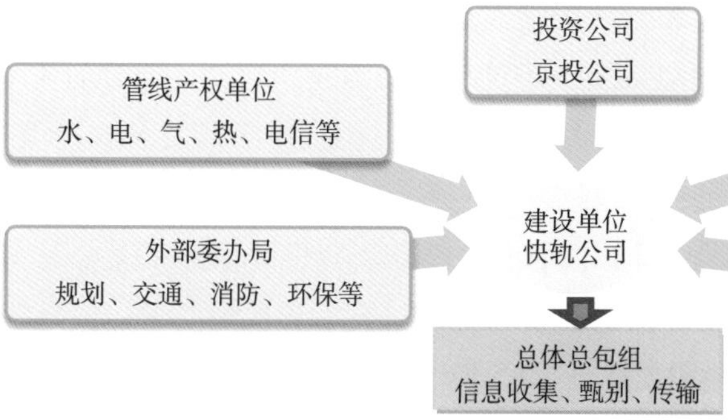

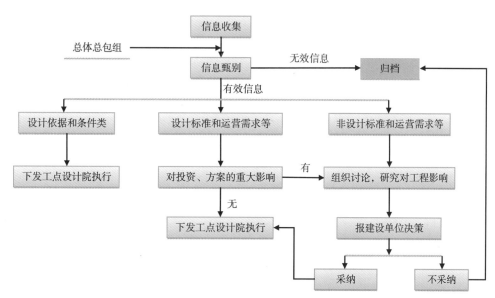

图 9.3-3　外部信息收集图

（2）外部信息甄别和使用

外部信息管理要遵循能够甄别、传输和使用功能，使得总体总包组之外的工点设计能够及时获取有效信息，并研判该部分信息对于设计方案的影响，避免出现闷头搞设计，不满足国家法律法规的情况（图 9.3-4）。比如，建设于河道旁边的车站要取得水务部门的许可，许可中关于河道控制线、河道设防洪水位、河道砌衬保护要求等必须在设计图纸中落实。

图 9.3-4　信息甄别和使用流程图

9.3.2.2　采用例会方式是协同办公的重要手段

由于地铁项目的复杂性和多接口性，使得地铁建设管理具有会议多的特点。为了沟通信息、传达任务、推进进度、解决技术专题，外部委办局、交通委、京投公司、快轨公司、总体组、设计工点、监理单位、施工单位之间都会召开会议。但在实践中发现，会议的盲目性、频繁性、多重交叉使得部分会议的效率低下，造成大量时间和精力的浪费。16 号线通过 3 种大例会，很好地解决了这个问题：16 号线总体设计例会、16 号线土建月度调度会、16 号线设备系统现场配合会。

（1）16号线总体设计例会

1）例会目的和主要内容

建设单位通报近阶段设计工作的情况和下阶段工作目标、要求以及对涉及16号线的重大信息传达。

设计团队（含总体总包组和工点设计）总结上次设计例会设计任务完成情况，安排下阶段的工作重点和目标；核实设计进度和图纸是否满足计划要求和现场需求；提出在设计过程中存在的技术问题、需要配合问题和需要建设单位协调解决的问题等，避免设计工作的延误；了解现场进展以及设计交底及现场配合情况，对重大风险点提出评审要求。

2）参会单位和人员

除了建设单位主管规划、设计的主管领导以及总体总包组、工点设计单位项目负责人外，对于建设单位单独委托的勘察单位、测绘单位、人防设计、市政外管线设计、专项评估等负责人等也根据不同的阶段邀请参加。这些单独委托设计的单位虽然没有与总体总包方有三方合同关系，但是为了更好地统一协调进度、实现信息畅通，16号线总体组采用设计例会的方式邀请这些单位参加，了解设计进度、摸清设计单位对现场调查资料的需求，及时进行补勘或者详查，避免了现场实施后才发现有未调查清楚的隐患存在。

（2）土建月度调度会

土建月度调度会一般由建设单位工程实施部门组织，参会单位与人员主要包括土建施工单位、监理单位以及设计单位总体、设计项目负责人，一般每月召开一次。会议内容是施工单位汇报工程进展和存在问题，存在问题中涉及图纸需求、先期征占地手续和施工现场建议方案调整的需求等。

（3）设备系统现场配合会

设备系统现场配合会一般在地铁设备系统开始安装时进行，由建设单位设备主管部门主持召开，参会人包括设备系统施工单位、监理单位，设计单位设备副总体、总包、设计项目负责人和主要专业负责人参加。

会议按照参会范围和专业分为全专业现场配合会和分专业现场配合会两级。

会议频次根据工程进度和需求安排，全专业现场配合会每4周召开一次，分专业现场配合会根据工程进度和现场需求灵活掌握，至少每2周召开一次。会议内容主要包括施工单位提出对设计单位的图纸需求、现场发现的综合类问题的协调解决需求等。

（4）会议纪要的落实和督办

设计工点的项目负责人根据会议纪要中的工作项目和完成节点完成各自任务，总包组进度负责人进行进度督促，设计副总体进行专项工作任务完成成果的验收和把控，不得出现在下次例会召开前，才处理上次例会纪要的情况。

9.3.2.3　集中办公共享工作平台

为了信息共享和交互，在集中办公区设置了网络服务器，形成一个共同的建设平台，相关会议纪要、规划条件、图纸存档都放置在平台上，根据不同的权限设计人可以登录后查询相关信息，为建设单位、设计单位搭建了一个多层级的资料信息库，支持团队协同办公机制（图9.3-5、图9.3-6）。

图 9.3-5　16 号线集中办公设计平台——首页

图 9.3-6　16 号线集中办公设计平台——专项任务管理

9.3.3　合理动态的进度计划调控方法

在设计管理进程中，对于设计进度和图纸计划要进行追踪落实；同时，随着现场实施进度、进场条件的变化，设计进度和图纸计划也随之调整。进度管控的目标要从两个维度考量：一是建设单位的总体计划目标，这个是设计团队制定设计进度计划的指导线；二是施工单位的施工图需求时间，这个是图纸计划的控制线，不能因为设计图纸的延误影响现场进度。控制在这两条线里的图纸计划，才是合理有效的。

9.3.3.1 计划分类和编制

根据地铁设计阶段不同，分为方案设计阶段、初步设计阶段和施工图及施工配合阶段；方案和初步设计阶段的工期计划目标主要围绕规划和发改审查目标制定；施工图及施工配合阶段工期计划主要根据政府制定的开通目标和建设单位制定的总体工期计划制定（图9.3-7）。

根据年度工作进展和任务分解，计划可以分为年度工作计划、季度工作计划和月度工作计划三大类，根据项目总体工作目标，快轨公司设计部和总体总包组共同制定年度工作计划，每个季度进行修正和督促，完成季度工作计划。通过设计例会，工点设计通报计划完成情况与下阶段计划完成任务，形成月度工作计划，由总包组记录并编制在设计例会纪要中。通过年度工作计划，能让设计团队清晰地了解年度工作重点和工期安排，提前调配人力；通过季度计划可以小阶段追踪进度并预警；月度计划能够追踪督促任务的完成，并将项目临时增加的设计任务补充进入当月完成项目中，保证设计主工作目标的实现，也满足将临时增加的方案、专题研究工作纳入管控。

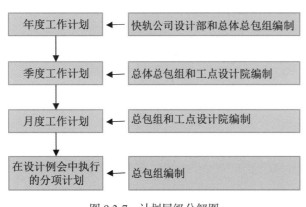

图9.3-7　计划层级分解图

9.3.3.2 施工图计划的考核与指导

施工图纸进度控制一直是建设单位考核总体总包单位和工点设计单位的重要指标，如何才能实现计划与现场匹配，不让施工单位现场等图，也不让设计单位加班完成的图纸无用的情况发生。在16号线，通过图纸调度会这种方式较好地解决了这个问题，已经完成的上千册图纸，没有出现施工单位现场等图的情况。

将图纸调度会上已经确认了图纸节点的项目列为考核计划，没有迫切需求和出图节点时间较远的图纸列为指导，这样，设计单位很清晰地了解施工单位的诉求，针对计划合理组织项目人力，满足现场图纸需求；施工单位也能够根据实际进场情况的不同提出现场图纸的需求，始终保证施工有图可依，符合建设程序。这种施工图计划提前组织和筹划一直贯穿于整个施工图设计阶段，既保障了现场施工进度，又能够切合实际，充分利用设计团队的设计资源（图9.3-8）。

9.3.4 设计质量的可靠管理

设计质量控制是项目质量保证的源头，基本标准是满足国家强制性标准，设计成果合格率100%；终极目标是争创优秀设计奖，在改善交通运输条件的前提下，便于乘客出行，并促进沿线或区域经济社会的发展和资源开发。满足基本标准的项目质量管理岗位职能分工示意图如图9.3-9所示。

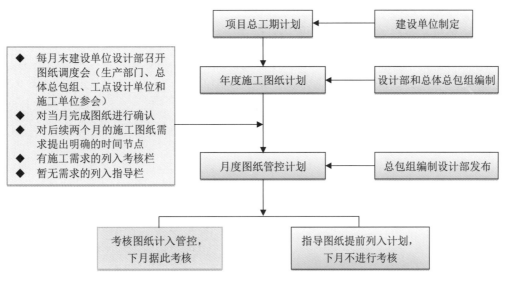

图 9.3-8 施工图纸月度管控计划流程

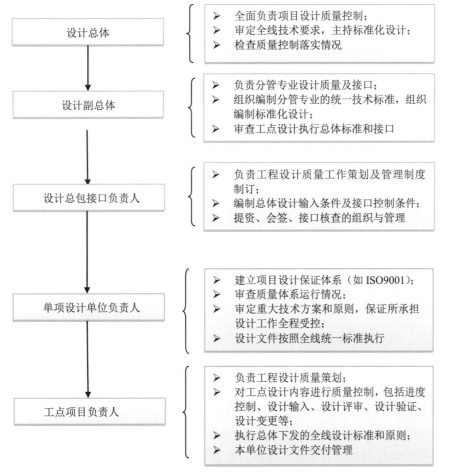

图 9.3-9 质量管理岗位职能分工示意图

实现质量控制的终极目标关键点如下：

（1）全线技术标准和规范阶段性更新与落实

由于轨道交通项目建设持续时间较长，在设计阶段会出现有些国家的设计标准、规范会有更新和修订，与中标时执行的设计规范不一致，对设计图纸和部分设备采购均有影响。如《建筑设计防火规范》《地铁设计规范》《消防给水及消火栓系统技术规范》是从2013、2014年和2015年颁布执行的，在消防、疏散、排烟、节能等方面有更加严格的要求。所以在2011年总体总包组编制完成《北京地铁16号线工程总体设计技术标准及初步设计技术要求》后，于2015年初又修订完成《北京地铁16号线工程施工图设计技术要求》，保障了标准的适用性和先进性。

（2）强审单位的沟通和培训

每半年和一年的设计履约考核中，与强审单位沟通，了解工点设计单位在违反规范（非强条）方面、图纸深度问题和其他类问题上的问题类型和数量，共性问题会在全线设计例会上宣贯，个性问题提示工点设计单位提高图纸质量，加强工点院内部图纸校审，必要时邀请强审单位专家进行沟通和培训。每半年与强审单位共同对项目设计团队的施工图纸质量问题分类总结，在设计总结会上通报，提醒工点单位设计质量体系、设计项目负责人加强质量控制。以2015年16号线设计单位强审情况的统计举例，如表9.3-2所示。

2015年上半年设计单位施工图纸强审情况 表9.3-2

设计单位	送审图册（册）	违反强条（个）	违反规范（个）	设计深度问题（个）	其他问题（个）	总计
设计单位1	27	0	6	59	65	130
设计单位2	21	0	1	28	42	71
设计单位3	19	0	0	38	31	69
设计单位4	18	0	6	85	38	129
...	...	...	...	...	...	...

（3）与人防、消防部门的主动汇报与对接

在2018年之前，由于审批程序的要求，北京市轨道交通的消防和人防正式报建都需要"建设工程规划许可证"。但是由于附属工程占地受管线、用地、拆迁、一体化结合等多种因素影响，规证审批的时间都比较晚。为了后续不因为消防或人防审批过程中发现不合规的做法引起重大方案变更，在没有取得正式规证前，建设单位会提前组织设计单位给以上部门提前汇报和沟通，切实保障方案可行。

自2018年3月，北京市规划和自然资源委员会同市公安消防局、市民防局、市住建委3个委办局联合印发《关于全面推行施工图多审合一改革的实施意见》，将防雷审查、消防审查和人防审查均合并纳入施工图审查范围，由政府认可的一家机构进行整体安全性审查。北京市自2018年5月1日起正式执行。一般标准车站、区间的设计按照该流程进行，但是对于换乘复杂、与一体化深度结合、超大体量的地铁站，需要提前开展特殊消防设计并向规自委申请提前沟通和咨询论证，避免后续施工图阶段出现无法解决的重大消防问题。

（4）严格副总体的图纸审查，减少错漏碰缺

工点设计单位的图纸正式报出前，在完成各院自身管理体系的校审后，必须报相关副总

体审查，审查后的图纸方可报出。副总体重点审查全线技术标准的执行情况、审查设计接口是否按照划分原则落实清楚、审查上一阶段评审意见的执行情况、审查建设单位提出的统一要求的落实情况等。审查意见均以书面方式提出，每年年底，所有副总体审查意见汇集成册，用于问题追溯和考核工点的设计质量。

总体组副总体在审查设计工点的图纸时，对于出现多次的错误或者接口错漏在设计例会上提出，由工点项目负责人传达到工点项目组设计人，不断减少错漏碰缺，提高设计质量。

9.3.5　设计专题滚动推进

对于轨道交通项目的建设，设计专题是贯穿了项目的整个生命周期，在设计的不同阶段，设计专题的形式和推进也有不同的特点。

9.3.5.1　专题研究的职责分工

专题参与各方为相关责任人，轨道交通项目的专题研究依托于设计总体总包管理制度，因此专题团队的组建也应该充分发挥总体总包的管理优势，保证专题的协调运作集中和高效。专题研究团队组建按以下几点规定执行：

（1）对于涉及全线共性问题、接口问题及初步设计阶段的专题研究

1）设计总体为专题研究团队的总负责人，对项目所有专题研究的质量、进度负责，对建设单位负责。

2）专题研究小组由专题主专业的副总体牵头负责并组织管理，保持管理工作的连续性，同时对专题研究的质量负具体责任，并向设计总体负责。

3）专题研究通常涉及多个专业技术和接口方面的配合，专题相关专业负责人做好配合、研究工作，保证专题研究人员的连续性和专题研究的质量。

4）工点设计院为专题研究工作的重要参与者，项目负责人负责协调管理本工点专题研究人员、计划、质量，并对本工点专题研究工作负责。

5）工点设计院专业负责人应参与，并按照专题研究的方案、计划落实研究工作。

6）部分专题综合性较强，投资、风险影响重大，由设计总体牵头负责，并将研究结论及时向建设单位设计管理部门汇报。

7）建设单位设计管理部门牵头组织其公司相关部门审查、确认，并形成会议纪要，用以指导下阶段的工作。

专题研究小组的人员构成及职责划分如图 9.3-10 所示。

（2）对于属于工点设计的自身方案、前期、风险、投资等的专题研究

1）项目负责人为专题研究团队的总负责人，对项目专题研究的质量、进度负责，对建设单位和总体组负责；只涉及自身设计范围内的项目重大方案、难点问题、风险管控和创新策划由各工点设计单位质量体系中的主管部门负责。

2）副总体组织进行该类专题的审查，总包组负责专题进度的督导和协调，并在专题完成后向建设单位设计管理部门提出审查申请。

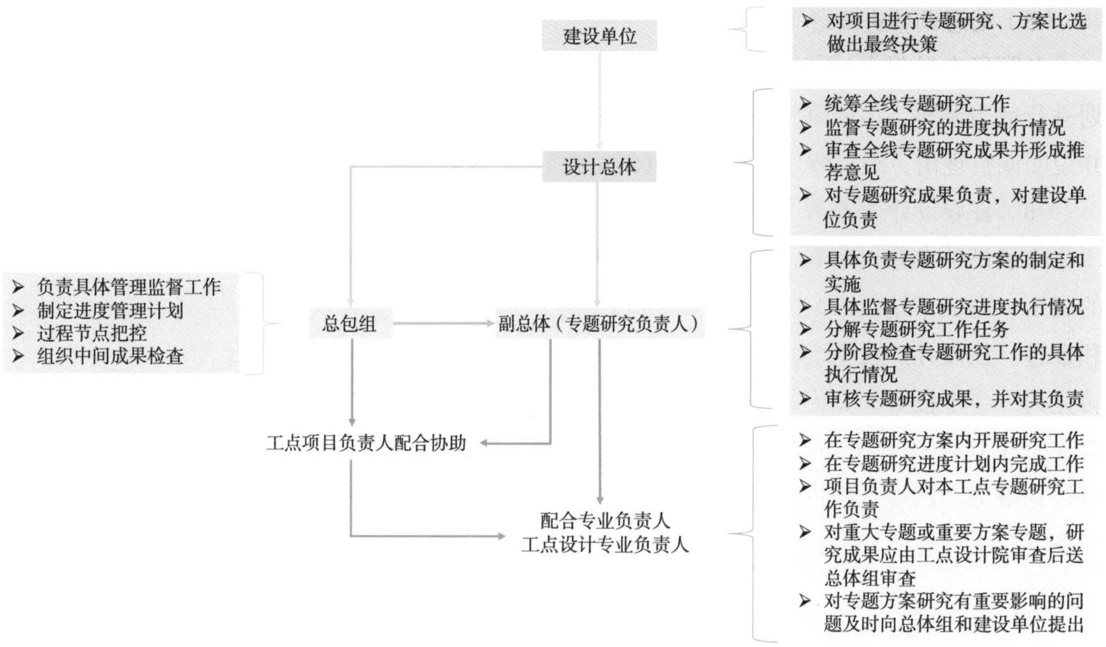

图 9.3-10 专题研究小组的人员构成及职责划分

3）建设单位设计管理部门牵头组织其公司相关部门审查、确认，并形成会议纪要，用以指导下阶段的工作。

9.3.5.2 专题研究的进度管理

专题研究进度管理的目标是：专题研究的进展情况与工程设计进展相匹配，满足工程设计要求。在总体总包计划管理制度的基础上，还应从以下几个方面加强专题研究的计划管理。

（1）细化专题研究工作计划

总包组与专题研究小组需结合工程设计进展情况，制定详细的专题研究工作计划，并报建设单位审批，建设单位审批通过后作为后续考核的依据；将专题进度管理纳入设计总包进度管理中，建立全局计划管理体系。

（2）规范计划管理活动

参照设计总包管理制度，建立专题总进度计划、阶段性进度计划与单项设计工作计划三个层次的计划管理体系，通过控制点、关键点、过程检查点三级控制将计划指标层层落实，通过周进度、月进度和年进度符合性考核，确保设计全过程进度受控。

（3）落实计划管理责任

落实计划管理岗位责任分工，明确具体专题研究计划管理由小组负责人管理，由总包组计划负责人负责专题计划拟定、追踪落实、动态调整等管理控制工作，确保专题研究能够满足工程设计要求。

（4）控制研究进度

通过设计例会、设计巡检、设计督导等方式落实专题进展，加大检查，必要时对计划出现延误的单项设计单位进行考核扣分，及时采取有效措施保证进度。

（5）动态调整进度计划

专题研究过程中，若受外界条件的改变而影响专题研究的，可以根据具体情况对进度计划进行适当调整，但原则上每个季度只作一次调整。计划的调整先由工点设计提出调整申请并说明调整理由，经总体审查并给出具体意见后，报建设单位审批。

（6）督导设计任务

除了设计专题，还有很多设计任务需要设计单位按时保质完成，例如，提供报临时占地的图纸、完成车站报市政外线的给水排水报装资料等，也必须采用有效可靠的方式进行督导和推进。在设计过程中，将建设单位方、总体总包方、各个工点院需要落实的专题和任务都转化为一个个任务，定出每一个任务的工点责任人、总体组责任人、建设单位负责人，制定完成时间节点，每周进行任务的检查和督促，同时将其计入设计履约考核，促进大家按照节点计划推进。已经完成的任务归档，未完成的每周推进进度。根据外部综合信息及时增加新任务，对所有的任务滚动督导，不漏项、不冒进，保证项目进度可靠推进（表9.3-3）。

任务督导表形式   表9.3-3

设计标段	任务类型	站名/项目	工作任务内容	工点责任人	总体组负责人	建设单位负责人	任务主责单位	计划完成时间	检查督促时间	工作进展及问题
××	××	××	××	××	××	××	××	××	××	××

9.3.6 设计团队的履约管理

为保障整体设计工作的顺利进行，确保设计质量和进度，促进各工点设计单位增强履约意识，建立客观公正的履约考评制度，对各设计单位进行履约考评具有十分重要的意义。

9.3.6.1 履约考评重点

（1）施工图计划完成情况

单月单册图纸滞后于节点管控计划，不影响现场，扣5分/册，可多册累计；影响现场，该标段月度考核结果为"不合格"，年度总评分不得高于80分。评分单位为总包组。

（2）施工图强审情况

设计图纸有违反强制性条文情况，该标段月度考核结果为"不合格"，年度总评分不得高于80分。设计标段送审图纸单册出现规范和深度问题10～14个，单册图纸扣2分/册；大于14个，扣5分/册，可多册累计。评分单位为总包组。

（3）总体审查情况

设计图纸质量较差、精细化设计程度没有按照样板站标准执行、未执行总体下发的全线统一技术标准和要求，单册图纸扣2分/册；出现违反消防、疏散、规范以及安全等重大问题时，单册图纸扣5分/册。评分单位为总体组副总体。

（4）设计接口落实情况

设计接口落实情况如表9.3-4所示。

设计接口落实情况		表 9.3-4
扣分项目	扣分值	扣分单位
未按照规定进行设计条件提供	5分/次	总包组
未按照规定进行变更图纸设计条件提供	5分/次	总包组
未按照规定进行图纸会签或者漏缺专业	5分/次	总包组
设备系统设计图纸版本与土建提供版本不一致	5分/次	总体组

（5）专项工作完成情况

专项任务一项未完成，含专项任务的质量和完成节点，扣2分/项。评分单位为总体组副总体、快轨公司专业工程师。专项任务的质量控制指设计单位的一般事务性、进度性汇报材料等，报送总体和建设单位时需要项目负责人完成审核。报送建设单位的重大设计方案、新技术新标准、对京港来文的技术回函、用户需求书的编制文件等需要经工点设计的技术审核人签字后以正式纸质联系单报建设单位设计主管部门。未经审核或者虽审核但仍有质量问题的为不合格。

（6）方案文件的质量控制

方案类文件的质量管理以各个设计工点为主责，一般性方案文件报总体、建设单位前需经工点设计的专业负责人、项目负责人确认；重大方案文件报总体、建设单位前需经工点设计的项目负责人、技术审核人确认。涉及重大投资变化的变更方案需要工点设计单位技术质量体系确认后，提出明确的意见后再报建设单位决策。

（7）现场服务情况

工点设计项目负责人应满足现场需求并至少每两周巡视现场一次，如未去，扣5分/次。评分单位为总包组。

9.3.6.2　设计履约加分规定

（1）工点设计院在设计过程中发现的接口问题，奖励加分+5分/次。

（2）非设计主体责任主动提醒建设单位并积极落实解决项目专项工作的，奖励加分+5分/项。

（3）建设单位布置的重大专项工作的设计研究主责单位，奖励加分+5分/项。

9.3.6.3　设计履约表彰

每设计年度的年中和年末召开设计高层会，对设计团队的各项工作推进进行综合履约考评，年末时依据考核分数，评出优秀设计单位和优秀设计个人，进行表彰和鼓励。

9.3.7　设计管理问题总结与提高

总结在地铁设计管理中经常出现的问题，发现问题后制定对策，以实现在16号线的设计管理过程中不再发生类似问题。

（1）设计工作要依标准

总体组在设计管理的工作中，制定全线统一的技术标准、建立接口制度，已经实现了搭建全线统一设计平台的条件；有了这个平台和标准，如何执行和落实在日常的设计工作中，是总体总包管理的重要内容。在16号线建设中采用专题会宣贯、设计例会宣贯、副总体严格审查图纸和设计标段自查相结合的方式解决。

例如16号线的公共区精装修方案在中跨没有管线，需要在站厅顶板结构中预埋照明和FAS管线；对应无吊顶的精装修方案，站厅边墙的暗装消火栓等设备箱体开槽应开至结构腋角处。类似这样的情况，总体组牵头组织技术宣贯会，由精装修设计、土建设计和设备系统设计共同参加，将统一的预留预埋做法进行宣贯，后续执行。

在设计例会中布置副总体在施工图纸审查过程中发现的全线共性问题：如车站及区间风井设备吊装孔的盖板或封堵设计遗漏的问题；如不同电扶梯设备供应商桁架尺寸不同，引起车站公共区平面布置、三角用房的位置调整以及配电箱和给水排水消火栓开洞等系列调整的情况，在设计例会上向全线设计单位项目负责人提示，并记入设计例会纪要。

（2）方案落地要靠前期

设计方案只有与地铁工程的前期工作紧密结合，具备了可行性才是真正合理的方案，应避免不切实际的设计方案。16号线工程沿线环境复杂，市政桥梁数量多，保护、协调难度大；沿线重要、控制性管线众多，在总体管理中，引入"前期工作超前推"的设计管理理念，在方案阶段和初步设计阶段提前实质性启动重点房屋拆迁调查、重点管线改移咨询、全线交通导改方案审查、桥梁评估咨询、施工难点的超前研究等工作。从设计方案功能、工程进度、施工风险、环境影响、降水条件、综合投资等方面作出技术方案比选，为市政府相关主管部门、建设方在设计方案决策时提供有力依据，以稳定设计方案。

例如，受管线条件和周边用地制约，16号线的部分车站工法由原明挖方案调整为暗挖方案，出入口方案，也发生了多次设计变更。故此，管线条件对线路、车站方案有着重要的影响，尤其是控制性管线，如电力隧道、热力方沟、管径 $D>1000mm$ 的城市主输水干管、高压燃气管线（压力 $P>1.6MPa$）、管径 $D \geqslant 1800mm$ 的城市污水主干管等。这些控制性市政管线，承担了城区企业、居民生产、生活的用电、供水、供热、用气等基本需求，存在规模大、改移难度高、对社会和周边环境有重大影响的特点，一旦无法改移，会对线路的平、纵断面以及车站方案有颠覆性影响的风险。在方案阶段，一方面组织管线勘察单位和工点设计单位，逐站调查现场，落实管线改移的可实施性；另一方面，到各管线产权单位调查征询意见，摸排测绘管线与实际勘察管线的一致性，征求对重大管线的迁改意见。对改移时间长、影响大、费用高的控制型管线，结合方案做综合比选，必要时进行避让。

（3）发生变更要重提资

设计变更都有一整套完备的制度管理手段，包括设计变更的发起方、变更内容、变更依据、变更费用都要经过建设单位的全过程审查，变更设计会依据设计变更通知单进行。设计流程中往往忽略了对后续专业的影响，比如车站出入口因为管线问题，由原先的拱顶暗挖方案调整成平顶直墙后，结构设计遗漏了向设备专业提供变更后的设计资料，出现设备系统的管线布置与现场不一致的情况。

因此16号线在接口管理中，既对变更设计的条件提供做了明确的规定，要求前序变更专业主动进行变更条件的提供（以下简称"提资"），又增加了总包组的变更提资核查。

总包组安排接口负责人定期核查（一个月）设计变更通知单与网上云平台中的提资文件

之间的关系，如发现已经提资部分按照变更单要求进行了设计变更时，报总体组相关副总体核查两者的关系，如影响设备系统也需进行变更时，提醒变更前序单位和专业发起变更提资流程。

设计单位对于收到的每一份设计变更通知单，都要考虑对人防专业或者设备系统或者精装修等后续专业的影响，尤其是车站设备用房房间名称和使用性质的变化、车站出入口或风道的长度、宽度的变化等，对设备系统的设计均有影响。

（4）土建设备要齐控制

在总体总包组的设计管理中，容易出现重土建轻设备的情况，表现在土建方案一般是在工程前期，与拆迁、管线、交通密切相关，建设单位和总体总包组都密切关注。设备系统在完成系统方案制定后，就进行设备招标、设计联络和厂验等阶段，这个阶段，要进行什么样的管理和要求，在16号线也进行了要求和策划，要配合建设单位加强对产品质量进行不同阶段的把控。

1）设备招标（用户需求书编制）

本阶段设计单位核心工作是完成用户需求书的编制，编制过程中重点对如下内容进行质量管控：

①核查技术标准、要求是否满足通用主流产品要求，不应存在排他性条款。

②核查梳理每一个产品的设计规范、节能规范、产品规范、验收规范并注意其版本有效性。

③科学合理地划分产品组成（含自带电气部分）、核心部件。

④对每个产品应从外观质量、设计性能参数、产品应达到的物理功能指标、耐火及耐腐性能标准、应具备的检测报告、检验检测需求、其他应满足地铁使用条件的特殊功能要求（如低温启动、如IP等级、防潮）等方面进行检验。

⑤明确产品设置使用范围及地点。

⑥提出产品需具备的土建、电气、控制、检修等接口要求（泛接口）。

2）设计联络

设计联络阶段设计核心工作为严格落实产品是否满足用户需求书要求，设计单位逐条与供货商确认，供货商应据实反馈，主要包括以下内容：

①第一次设计联络会议

A.有关各方互提基础资料，确认系统方案、设备功能、技术参数。设计单位应对产品性能、规格、参数、接口等全部内容进行确认。

B.针对用户需求书中多选项，由设备供货商进行唯一性确认。

C.设备供货商应针对用户需求书中规定的规范标准等进行确认。当有不符时应明确提出并有义务就两个不同规范进行对比，并对不同点进行阐述，设计对不同点进行功能判断，是否满足设计需求。满足设计需求时（且原则上费用不调整），条款可修改，并纳入会议纪要；当不满足时，供货商应采取必要措施使之满足，如仍不满足，由建设单位进行决策。

D.设备供货商应提出本产品特殊关注事项。如是否有额外配电需求、多结构拼装导致多点接线问题等，设计及时就此问题进行判断是否满足泛接口相关要求，并及时向相关专业反馈情况。

E. 设计对设备供货商提供的方案、措施进行确认。审核供货商产品设计方案及图纸，满足设计要求后应记录于技术规格书中，并要求供货商提供相关泛接口内容。

②第二次设计联络会议

对一联遗留问题进一步澄清：再次对供货商提交的技术文件和图纸进行审查和确认，对第一次设计联络遗留问题进一步澄清，达成一致意见。

3）出厂检验

设计以产品技术规格书、图纸和规范为依据，提出产品出厂验收时的核查事项：

①产品结构是否与技术规格书一致。

②产品接口是否严格按照接口文件执行。

③产品有关消防认证、特种设备认证等资料是否齐全有效。

④产品有关使用性能、参数、规格、标准是否满足技术规格书要求。

⑤其他事项，由监理、设备集成商提供，设计进行确认。

（5）保障功能要控接口

地铁的设备系统在设计过程中往往关注的是设备自身的功能性性能的实现，但是在地铁的开通运营过程中，有一些运营尾工项目更多的是设备的物理接口、工序接口方面的问题，这些问题影响到设备的检修、运营与维护，甚至带来设备运行的隐患等，我们把这些涉及设备物理性多方面接口问题的管理，称之为泛接口管理。

在设计联络中，除了要满足设备自身功能性接口要求，还要满足泛接口要求，提出物理接口技术要求。例如400V开关柜内接线端子与动照专业电缆个别接线端子不匹配就是一个泛接口问题（图9.3-11）。对于类似这样的问题，梳理出泛接口管理表，将设备与土建之间、设备与设备之间、设备与总包单位之间的物理问题在设计联络中解决（表9.3-5）。

图9.3-11 接线端子不匹配的问题照片

泛接口梳理表　　　　　　　　　　　　　　　　　　表9.3-5

事项	接口问题描述	接口性质	解决措施	涉及接口单位/专业	提出方	提出接口内容	接收方	接收方工作内容	解决措施
区间联络通道防火门问题	考虑耐风压要求的防火门门框、门扇的安装方式和要求不明确	物理接口	设计联络	土建总包单位/监理单位/设计单位	区间结构设计	明确区间联络通道防火门的选型、采购、安装应满足耐风压要求	土建总包	根据设计单位的用户需求书，选择满足要求的防火门厂家并进行设计联络	防火门设计联络
电缆接线端子匹配问题	400V开关柜馈线端子与动照电缆接线端子不匹配	物理接口	设计联络	动照设计/供电设计/设备总包方	动照专业	提出电缆截面及对应的电缆端子采用的型号	供电专业	根据电缆截面及电缆端子型号选用匹配的接线端子，并在供电设计联络中落实	400V柜设计联络
…	…	…	…	…	…	…	…	…	…

第9章 设计总体总包管理探索

（6）意见批复要常回顾

设计过程中，总体总包组和设计单位对于各阶段的专家意见非常重视，但是对于可行性研究阶段的一些批复重视程度不够，尤其是环境影响评价、文物评价等行政审批，应在设计的各个阶段，将可研阶段的各项审批整理成册，作为除设计规范和技术标准外，必须执行的设计依据。

对于项目立项来说，环境影响评价是必须要做的一项专题报告，其中涉及声环境、环境振动、地表水环境、地下水环境、生态环境、环境空气、固体废物、公众参与等多种评估。在后续项目的设计过程中，可研阶段的减振降噪要求是建筑、通风、给水排水、轨道专业开展设计的重要依据；在设计阶段综合考虑减振降噪措施并落实到设计图纸中，才能在开通运营后，公众不因超标的噪声、振动进行投诉，才能给后续上马项目创造良好的公众参与环境。

例如，车辆基地的设计中必须执行的环境影响评价指标包括：锅炉的设置数量和排放指标、污废水的排放要求和指标、雨水蓄积、维修噪声控制、废弃物的处置等，设计图纸均需与环评报告中的要求保持一致或者实现更高的环评指标，当条件发生变化时，如增加了上盖综合利用功能时，必须进行补充环评。

车站风亭开口朝向、风亭与敏感点的控制距离、消音器的长度要求、声屏障的设置等在设计图纸中也应与环评报告和批复中的意见落实一致，避免出现环评验收不达标的情况。

（7）提高标准要为运营

地铁工程的最终使用者是运营人员，服务对象是乘客，只有运营需求清晰和稳定了，建设标准和设计标准才能随之稳定和确定。在项目建设前期，就要考虑运营管理和运营安全等内容。

16号线是北京市第一个编制了《运营安全专篇》并进行了专项评审的线路，主要针对近年来已开通线路暴露出的影响线路自身及线网安全运营的设计问题，以评审设计方案的方式确定是否满足线路开通后运营安全和管理需要为主。评审内容主要包括：

1）可行性研究报告评审意见落实情况。

2）规划方案调整情况。

3）客流预测情况。

4）系统能力配置方案（线路运能、配车数量、车辆段维修能力、发车能力、信号供电能力与运能匹配、车站关键节点指标与客流匹配程度）。

5）配线评估（联络线、故障停车线、折返线、出入段线）。

6）车站站台、站厅设备设施的配备能否满足客流组织、突发事件安全疏散能力的评估。

7）车站站台、通道、通道口、楼扶梯、出入口、站前广场发生突发事件后容纳面积及安全疏散能力的评估。

8）车辆基地能力评估（位置、数量、维修能力、试车线功能等）。

9）车站规模评估（包括站台宽度、通道宽度、楼扶梯数量和宽度、出入口、生产及管理用房等）。

10）供电系统能力评估（故障情况下的供电能力）。

11）自动扶梯、电梯配套设备（火灾疏散条件下扶梯的使用）、设施的安全评估（CCTV全覆盖、车站广播、综控室监视等功能）。

12）信号系统功能设计方案的安全评估。

13）设备系统分期或分段开通方案的安全评估。

14）轨道系统的减振形式、轨道选择、道岔选择评估。

15）线路布置方案及外部环境安全评估。

16）车站布置及客运设施配置方案（车站的分类、标准图设计、换乘站的设置）。

17）供电配置方案（轨电位、轨道回流端子布置、外电源供电方式等）。

18）通信（含 PIS）配置方案 [各系统方案；重点设备冗余配置；防雷接地；资源共享；故障情况下的备用方案；接口（TCC、OCC、联络线、换乘站）与传输主通道；典型布置等]。

19）信号系统布置方案 [系统方案；系统配置；选型；运营方式；信号系统的接口（TCC）；维护体制；折返能力；灵活的交路设置；初期的开通水平等]。

20）AFC 配置方案。

21）维护维修能力配置方案。

22）其他（新技术应用、网络化资源共享等）。

16 号线的首开段通车后，涉及运营尾工的项目很少，得益于前期开展的运营安全评估和 741 条运营需求的执行。

（8）图纸设计要保现场

项目进度计划贯穿于项目的整个建设进程中，起到控制关键工期、打通工作之间逻辑关系、整体调度设计团队工作的作用。在方案阶段和初步设计阶段，计划以专项工作推进为主；在施工图设计阶段，就要引入施工图纸动态管理的方式，以满足现场需求为主。

在 16 号线，通过图纸调度会的方式较好地解决了此问题，已经完成的上千册图纸，没有出现施工单位现场等图的情况。解决了图纸的需求，设计与施工现场没有矛盾冲突，设计质量和设计进度均能有效保证。

（9）召开会议要有决议

由于地铁工程的特殊性，相关会议的组织和召开比较频繁，所以提高开会效率、及时形成会议决议是减少无关会议的重要手段，尤其是设计专题会，不能开而无效。

1）加强设计专题会的有序计划和安排

会议召集尽量有计划有组织，包括：议题相近的专题会尽量合并，根据议题讨论时间的情况尽量将一次专题会排满，提前 2 ～ 3 天发布会议通知，以便参会者提前准备上会材料，应避免临时仓促发起会议。

2）会议召集人的要求

会议的召集人发起会议时应明确会议主题、会议讨论方向、会议议题的汇报形式、参会单位的人员和专业等，内容较多时可在会议通知后面附参会说明，杜绝出现会议通知不明确、任务不明确，开会时才介绍会议背景的情况（表9.3-6）。

专题会议参会说明表　　　　　　　　　　　　　　　　　表 9.3-6

会议时间段	会议讨论议题	拟实现目标或解决的问题	汇报人会前准备的材料要求和汇报时间限制	参会讨论单位和人员、专业要求
×××	01	×××	×××	×××
×××	02	×××	×××	×××

3）会议参会人的要求

会议通知和参会说明发到对应单位负责人时，负责人根据会议主题和讨论议题的目标、要求安排相应的专业人员参会，并提前准备汇报材料，汇报材料上会前项目负责人应完成审查和沟通。参会人尽量避免找人代开，参会人或是代参会人应该对会议议题有充分了解并已经形成了初步意见。同时，发现会议召集人的参会专业有疏漏时，应主动提醒会议召集人。

4）及时形成会议决策并发布

避免无决议的会议，会后利用15分钟形成会议纪要和决议，以及下阶段的工作计划和安排，请参会单位、参会人员进行确认并签认。有总体总包组参会的会议，纪要由相关副总体负责完成；没有总体总包组参会的专题会，纪要由工点设计院主责完成。纪要中要有参会人员缺勤或迟到情况、汇报质量情况、会议主要内容和下阶段的设计任务和完成时间。

完成后的会议纪要和签到表（如有）报总包组存档，并指明主送、抄送总体组其他人员和设计工点，所有纪要均抄送设计总体审阅。

9.4 设计总体总包管理创新

在16号线项目设计初期，设计团队就开始研究怎样才能从设计层面把该项目"管理"好，在实现顶层设计标准的同时，保证设计精细化、接口无疏漏，实现运营目标。经过对既有地铁项目总体设计管理制度的分析和总结，提出样板站设备系统设计组织与管理以及施工图阶段接口管理两大设计管理创新理念并应用于实践。

9.4.1 样板站设备系统设计组织与管理创新

16号线全线29座车站，分别由不同的土建设计单位和设备系统设计单位设计，并由不同的施工单位来实施，为了实现全线车站设计和施工的统一标准，通过对以往地铁线的设计经验和施工总结，发现车站管线综合、设备用房管线统筹和二次隔墙的设计、施工管理在既往建设中容易出问题。据此，16号线提出了设备系统从设计到施工共同推进样板站的创新理念，减少专业接口间的缺漏，实现精细化设计和施工，提高项目整体质量。

9.4.1.1 车站管线综合的样板化管理

车站管线综合设计起到管线空间规划、管线交叉评判、指导各专业设计确定专业管线路由的作用，从图纸设计流程及深度、设计范围和界面方面进行样板要求。

（1）对各个设备专业管线综合的设计条件提出范围要求（图9.4-1）。

（2）对样板站的管线综合设计范围和成果提出要求，主要包括：

1）车站站厅和站台公共区管线综合设计。

2）车站站厅层地面管线综合设计。

3）车站站台层轨行区侧走道管线综合设计。

4）车站站台板下管线综合设计。

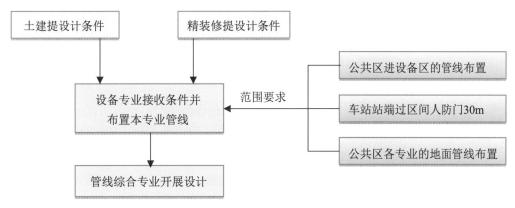

图 9.4-1　车站管线综合专业的条件要求

5）车站出入口管线综合设计。

6）车站风道内管线综合设计。

7）车站设备区走道管线综合设计。

其中车站站厅层地面管线综合设计主要解决票亭静电地板下的 AFC 线槽与门禁、PIS、FAS、视频、通信及动照等专业管线之间的平面和竖向关系以及站厅层出入口区域 AFC 通往自动售检票闸机的线槽与动照、通信之间的平面和竖向布置。

9.4.1.2　车站管线综合的样板化施工现场管理

16 号线采用的综合横担方案将车站公共区和设备区走廊顶部的线槽、风管、水管及末端设备等整合成一体，综合横担一方面起到承载管线作用，另一方面也成为装饰面层，管线的设计排布和施工工序均有更高的要求，需要进行施工样板化管理。

（1）综合横担的实施范围

综合横担一般用于管线众多、空间局促的位置，主要包括：

1）车站站厅层及站台层公共区

2）车站站厅层及设备层设备管理用房区的走廊

3）车站站台层轨行区侧走道

（2）综合横担施工单位与土建施工单位的配合表（表 9.4-1）。

综合横担施工单位与土建施工单位的配合表　　　　　　表 9.4-1

配合项	土建单位	综合支吊架施工单位
工期工序	提供主体结构及二次结构的施工计划，提供给综合支吊架单位施工完成时间及交接部位	按照土建单位提供的进场区域及计划提前进行支吊架排产
现场误差	提供施工完成区域与设计图纸的误差值（包含轨顶风道、顶板、纵梁等）	根据土建单位给出的误差值进行复测，根据偏差研究处理措施
施工基准	现场需贴明轴号线、基标线等	严格按照建筑轴号线及基标线进行施工

（3）综合横担施工工序

为方便管线的安装和后期运营维护，增强施工的统一协调性，减少施工过程拆改，增强综合横担安装的外观质量、安全性、可靠性，施工现场进行严谨的样板式工序管理：

1）施工前进行设计交底及图纸会审。

2）制定公共区综合横担施工工序。

3）制定设备区标准断面综合横担施工工序。

4）制定设备区 L 形交叉断面、T 形交叉断面施工工序。

5）制定公共区各专业管线由综合横担引至出入口的施工原则。

6）制定设备区各专业管线由综合横担引出至设备房间或设备终端的施工原则。

（4）综合横担的现场问题处理和验收制度

制定现场问题的处理原则，并在综合横担的桥架施工完成时，由监理单位组织，增加中间验收环节，桥架安装完成但未验收前严禁进行穿缆施工。

9.4.1.3　车站二次隔墙样板化设计流程管理

地铁车站的二次隔墙设计和实施与设备管线的开洞条件息息相关，如果不进行管控，一方面会在现场产生一些剔凿，破坏墙体的结构受力；另一方面，管线穿越后墙体孔洞周边缝隙过大，不能有效防火封堵，影响消防安全。样板站一方面需要解决孔洞资料的准确性，一方面需要解决墙体孔洞的封堵问题。

（1）孔洞位置与设备房间管线综合之间的关系

孔洞的位置与设备区综合横担上管线进入各设备用房的平面位置和高程均有关，尤其在车站的综控室、APA 设备室、通信设备室等设备房间，因设备安装需求地面设置防静电地板，受其影响，房间净空较其他房间低，且房间内管线及设备种类、数量较其他房间多且敷设复杂，在施工中会发生房间内管线、设备、配电箱柜的安装位置冲突，孔洞位置不稳定情况；且防静电地板下部空间管线交叉，也存在施工难度大的问题。为了解决上述问题，在样板站管理中提出部分防静电地板设备房间进行管线综合要求。

（2）设备用房内进行管线综合设计的范围和主责设计单位

16 号线在设有防静电地板的重要房间进行管线综合设计，主要包含：综控设备室、车站控制室、APA 设备室、电源整合室、商用通信设备室、信号设备室、公安通信设备室、专用通信设备室以及屏蔽门设备室。

设备用房内管线综合设计的主责设计单位为该房间内设备系统的主设计专业。

（3）设备用房内管线综合设计流程

1）车站建筑专业提供此类房间的平、剖面图与静电地板安装大样图（含静电地板排布网格、龙骨节点做法、地坪标高、静电地板完成面标高、龙骨厚度等资料）。

2）房间内管线综合设计主责单位（简称"主责设计"）设计完成房间上部空间设备及主线槽（线缆）管线综合图、房间立面设备设施布置立面图、防静电地板下方管线综合图等。

3）主责设计将机房内设备平面布置图提供给其他设备专业，并规划各专业进入该房间的统一设计原则。

4）各专业根据机房内机柜布置方案，将各专业设备、终端位置、管线路由及进入房间位置提条件给主责设计。

5）主责设计根据各专业提资，合理规划各专业终端及管线，避免机房内空间各专业设备及管线发生冲突，并再次发至各专业设计确认；无问题时，进行机房平面布置图会签。

6）各专业将机房管线综合布置图中本专业设备、终端、线缆路由落实到各自施工图中，并在图纸说明中提示该房间进行了管线综合设计，施工单位施工前应与相关施工单位配合。

（4）二次隔墙上孔洞的确认

根据设备用房内的管线综合图纸和设备区走廊的管线综合图纸，各个设备系统可以准确地提供二次隔墙上开孔的位置和数量，并提供二次隔墙的建筑设计，进行孔洞的预留预埋。

（5）二次隔墙上孔洞的封堵设计

1）根据封堵的区域、位置和性质，如防火、防烟或防水等不同封堵需求，采取不同的封堵措施。

2）标准孔洞按照《16BGJZ1 车站孔洞封堵轨道交通通用图集》上的做法执行。

3）对于复杂开洞，如 2、3 个小孔洞叠落或错位组合的多专业孔洞，全线制定了 6 种典型复杂孔洞布置封堵做法图，由土建设计绘制车站建筑设备区二次隔墙孔洞施工图，保证施工单位施工有图可依。

9.4.1.4 样板化流程

设备专业施工图纸采用四级联审制，提出样板站模板，全线执行（图 9.4-2）。

设计自审	专业间联审	总体总包组会审	建设施工监理联合审查
执行全线设计标准、接口协议、京港地铁运营需求	核查专业间的接口配合与落实情况	对全线技术标准执行情况、接口、质量和深度审查	通过四方联审，审查图纸满足施工需求和后期计量

图 9.4-2　施工图纸四级联审制示意图

9.4.2　施工图阶段控制接口管理

在地铁的施工图设计管理中，接口管理是设计团队重点管控的内容，是确保设计文件完整、专业之间无缝衔接、减少设计疏漏的关键手段。16 号线通过全专业全过程的接口管理，并着重抓住设备系统的接口管理，大大减少了接口管理中的疏漏。

9.4.2.1　与设计图纸有关的设备系统接口分类

按照地铁工程与城市外部条件的关系将地铁设备系统设计接口分为外部市政接口和内部设计接口，外部市政接口是指地铁工程中的水、电、气、热、通信需求与城市外部市政条件的接口关系，内部设计接口是指地铁内部各设备系统间的接口关系以及设备设施与装修、土建形成的物理接口关系等。

地铁设备系统内部设计接口按照设计阶段来看：

（1）在方案和初步设计阶段，设计接口重在划分设计标段、设计专业间的设计范围和投资分界、明确相互之间需要提供的设计条件。

（2）在设备系统设计联络阶段，设计接口重在确定设备之间的接口位置和实现的功能要求：含接口特性、接口介质和传输要求。

（3）在施工图设计阶段，设计接口管理重点是保证各个专业接口范围、位置与全线接口规定一致；核对土建设计输入条件对设备系统的检修、维护需求的符合性，如设备荷载、设备检修空间、预留孔洞位置等；确认设备系统专业设计之间的设备接口协议，实现全线设计的统一性和完整性。

（4）在施工配合过程中，接口管理重点是协调设计与施工的关系，配合建设单位落实施工接口，控制变更设计中的接口管理。

9.4.2.2　设备系统外部市政接口控制管理关键

（1）与地铁车站设备系统有关的外部市政接口关系

与设备系统设计图纸有关的外部市政接口主要包括外部市政条件的引入、接出等条件。一方面这些条件对设计方案的稳定有着重要影响，也是线路开通运营时必须实现的运营条件；另一方面这些项目设计单位并不是地铁设计单位，在接口控制过程中应及早确认并落实（表9.4-2）。

地铁外部接口表（设备部分）　　　　　　　　　　　　　　表9.4-2

地铁接口 需求	外部接口 单位	接口关系	接口在图纸中的 体现	施工接口影响	验收接口	备注
车站给水 条件	市自来水 集团	车站的水源 条件	给水排水车站总 图设计	影响站前广场实施	消防验收 卫生检疫 运营验收	外水设计非地铁 设计单位
车站排水 条件	市排水集团	车站雨水、废 水、污水排放	给水排水车站总 图设计	影响站前广场实施	环评验收 运营验收	外水设计非地铁 设计单位
区间排水 条件	市排水集团	区间雨水、废 水排放	给水排水区间总 图设计	影响区间地面广场 实施	环评验收 运营验收	外水设计非地铁 设计单位
车辆基地 给水条件	市自来水 集团	车辆基地的水 源条件	车辆基地管线总 图设计	影响到车辆基地场 区道路和管综	消防验收 卫生检疫 运营验收	外水设计非地铁 设计单位
车辆基地 排水条件	市排水集团	车辆基地雨水、 污水排放	车辆基地管线总 图设计	影响到车辆基地场 区道路和管综	环评验收 运营验收	外水设计非地铁 设计单位
车辆基地 燃气条件	市燃气集团	车辆基地燃气 引入	车辆基地管线总 图设计	影响到车辆基地场 区道路和管综	燃气集团验 收；运营验收	燃气入户设计非 地铁设计单位
外电源 引入	市电力公司	车站、车辆基 地外电源引入	供电专业车站总 图；车辆基地管 线总图设计	影响到站前广场和 车辆基地场区道路 和管综	电力公司验 收；运营验收	外电源设计非地 铁设计单位
线路周边 环境变化	市环保局	线路周边建设 环境变化	轨道减振设计	轨道减振施工	环评验收	发生变化需做补 充环评

（2）与设备系统施工图设计有关的外部市政接口管控重点

由于与设备系统有关的外部市政接口设计一般非地铁设计单位，是由建设单位另行招标或者委托设计，所以其管理并没有纳入总体总包的设计管理范围，容易与地铁设计之间发生接口问题，需要重点关注以下方面：

1）地铁设计单位重点关注

车站给水方案对消防设计的影响。16号线的给水排水及消防系统设计单位在方案和初步设计阶段即结合车站周边既有和规划管线情况，提前考虑引入外部水源条件，根据进水条件考虑是否设置消防水池，并将方案和投资纳入初步设计概算中。在施工图设计阶段，将外水报建落实的给水条件和排水条件落实到施工图纸的总平面图纸中，结合地铁站前广场的设计，提出自来水表井和化粪池的建议位置，且不超出地铁的用地红线范围，给后续运营管理带来便利。

区间线路条件发生竖向变化，导致增加雨水泵房或废水泵房时，地铁给水排水设计需要及时关注区间排水的外部需求变化，及时反馈市政排水设计单位，避免遗漏。

在消防验收前应再次与施工单位核查消防水源的实施情况，确保报建材料与实施情况一致，不能出现消防水源只是规划、没有落地的情况。

车站的外电源引入点和位置明确后，供电设计应提醒土建设计将不需要的原风井预留外电源入户预留孔洞提前封堵，避免因孔洞封堵遗漏导致外水进入，带来运营安全隐患。

因地铁项目的建设周期普遍较长，而环评报告的编制阶段一般是可行性研究阶段。在后续的建设过程中线路周边环境敏感点会随着城市整体规划、拆迁和建设发生变化，轨道设计在开展施工图设计前，应阶段性进行现场调研，及时发现环境和敏感点的变化，提醒建设单位委托补充环评，保证环评验收与环评报告的一致性。

2）地铁建设单位重点关注

在地铁给水排水设计开展施工图纸前，应组织车站外部市政条件的报装，获取确切的进水和排水条件，并组织地铁设计单位与外部市政设计单位的对接，给水接口位置在水表井位置，排水接口位置在地铁污水、废水、雨水出车站主体后的第一个压力检修井。同时做好外部市政接管资料的移交，保证项目移交运营单位的资料完整、齐全。

为车辆基地食堂提供热源的燃气管线在进入车辆基地用地红线后，如果有发生穿越地铁线路、停车线、出入段线、咽喉区的情况，应提醒和核查燃气外线设计单位在穿越处预留预埋套管，不能出现地铁线路轨道直接占压在燃气管线上的情况。

9.4.2.3 设备系统内部接口管理控制

地铁工程涉及的主要设备系统已达20种，接口管理一直是项目管控的重要方面。尤其16号线作为北京地区首条采用8辆编组A型车的线路，车站建筑规模较6B系统有增加，且本条线路采用了棚顶综合管廊，将装修外皮与管线横担有效结合，这种装修手段和表现手法对设计接口管理提出了新的要求。因此，16号线的设备接口管理提出了施工图设备系统接口管理全过程的思路，通过加强施工图阶段接口控制实现设计无疏漏、高水平开通的建设目标。

施工图全过程接口管理主要分为8个步骤，贯穿了从施工图开展到现场配合的全过程，各个步骤都有相应的控制对象和内容，并制定制度，做到有制度有执行。具体详见施工图全过程管理流程表（表9.4-3）。

施工图全过程管理流程表　　　　　　　　　　　　　　表 9.4-3

流程编号	①	②	③	④	⑤	⑥	⑦	⑧
接口管理	接口提出	接口实现	接口确认	接口检查	运营接口功能核查	施工接口检查	接口交底	接口疏漏与变更
设计内容	专业之间互提设计条件	设计图纸绘制	设计会签	总体审查	京港审查	施工单位预审	设计交底	现场配合
接口核查人	各个设计专业	设计条件接收专业	设计条件提出专业	副总体、接口负责人	京港专业工程师	施工单位工程师	全专业	全专业

（1）接口提出

1）设计接口

16号线设计团队在项目开展设计初期，共同完成了项目全建设周期、全系统、全专业的设计接口一览表，规范各专业之间互提条件的深度和内容，形成大到建筑、结构，小到自动机具、公安亭的接口专业要求和互提条件要点文件，保障互提条件的全面性和准确性，规范会签专业和会签管理。

接口专业包括：线路、限界、车辆、运营及行车组织、轨道、建筑、结构、市政管线综合、人防、交通接驳和站前广场、控制中心、导向标识、动力照明、PIS、门禁、安检、AFC系统、ISCS系统、FAS、BAS、通信、信号、供电、给水排水、气灭、通风空调、站台门、装修、站内综合管线、扶梯、直升电梯、动态疏散指示、车辆基地、广告、商铺、自助机具和公安亭等。接口文件包括562个，为不同层次的设计人提供一套接口指导模板，避免由于设计经验不足出现接口问题，解决接口配合不全和提资深度不足问题。

2）土建设计对设备系统开放施工图资料流程

对于16号线工程，土建设计出图较早，设备系统在土建完成施工图纸后1～2年才会报出施工图纸；且土建正式报出施工图纸之后，因现场条件变化、预留预埋孔洞的增减、新标准新规范和运营服务水平提高都会引起设备需求的变化等，导致土建施工图纸有调整和变化，对设备系统和精装修专业开展施工图纸设计产生影响。16号线总体总包管理重点对土建的提资阶段和范围做出规定（图9.4-3）。

土建设计对设备系统开放施工图纸资料主要包含地铁车站主体、附属和区间的建筑和结构图纸。提条件方：土建工点项目组应在提条件时保证建筑、结构专业内部设计图纸的一致性，对提供的设计条件质量和完整性、准确性负责。提条件时应以正式联系单和光盘提供，注明条件图纸的提供范围和注意事项（如图纸资料中不稳定以及可能发生变化的子项）。当土建图纸在提条件前发生多次变更时，土建设计单位应将相关变更整合到一套图纸中进行提资，不得让设备专业自行整合正常报出图纸和变更图纸的内容。

3）精装修设计对设备系统开放施工图资料流程

公共区精装修设计主要针对设备终端布置进行设计条件提供（含地铁车站公共区的灯具灯位、FAS探头和摄像头、有源疏散标识的布置等）。提条件方：精装修工点项目组应在提条件时保证文件质量，对设计文件的完整性、准确性负责。提条件时应以正式联系单和光盘提供，除了对设备终端位置进行说明外，对于设备终端在公共区的布置要求也应明确：如连接终端的线缆的明暗装要求等、灯具甩线长度要求等（图9.4-4）。

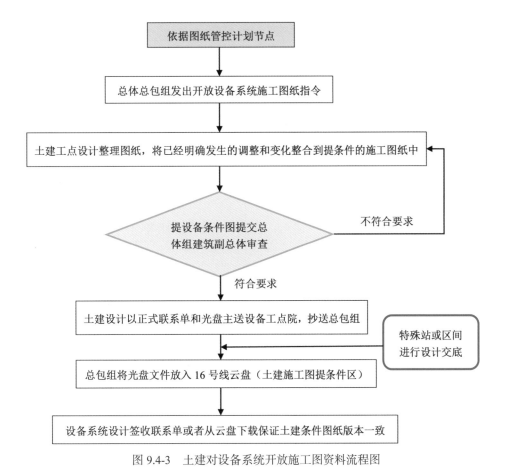

图 9.4-3　土建对设备系统开放施工图资料流程图

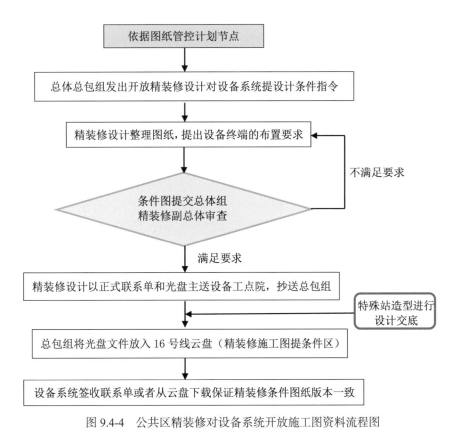

图 9.4-4　公共区精装修对设备系统开放施工图资料流程图

4）土建、精装修设计发生变更对设备系统开放施工图资料流程

在土建、精装修工点设计已经完成给设备系统的设计条件提供后，因某些原因发生变更设计，原提供的设计条件可能会发生变化，应核查对设备专业的影响，尤其是涉及方案、规模、房间布置、设备终端位置和数量调整时，需要重新发起提条件流程（图9.4-5）。

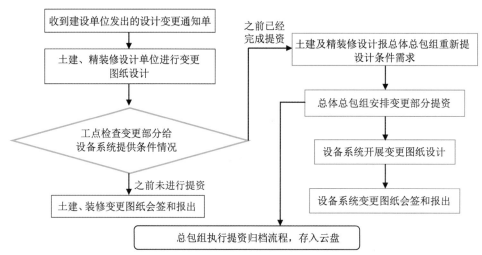

图9.4-5　土建、精装修设计变更后对设备系统的条件提供管理流程图

（2）接口实现

各设计专业在编制本专业的施工图纸以及设计说明时，一方面要保证自身专业功能实现，另一方面要落实其他专业提供的设计条件，落实关联专业接口实现。

（3）接口确认

设计会签是进行专业之间设计接口确认的重要手段，是减少设计疏漏的关键控制点，在地铁项目中是最重要但又容易受设计人的经验、责任心影响，需要在总体总包管理中增加客观有效的制度约束、提高会签质量。16号线通过设计接口矩阵表和施工图会签专业表，从总体管理上指导会签的专业和会签内容。从总包管理上用制度提出了清晰的要求，在实践中也有很好的应用。主要包括：

1）会签阶段控制

在强审的初审阶段会签，会签意见应在施工图纸报初审阶段时提出，如初审无意见且强审意见未对会签专业设计产生影响，报审图纸可以不再重新出图。解决会签专业在初审阶段不认真核对图纸、在图纸正式报出时提出若干意见影响图纸进度。

2）会签时间控制

需要会签的图纸，会签发起单位须至少提前4天将图纸的电子文档发给相关专业核图，并电话通知参与会签各标段的项目负责人，告知需会签图纸的内容和专业。参与会签各标段项目的负责人应组织本标段会签专业核图并在正式会签图纸之前与会签发起方沟通完毕，应至少提前2天反馈意见。

3）会签组织控制

需要会签的图纸须至少提前2天告知总包组，并明确需要参加本图纸会签的专业，以便总包组统一组织，发出会签通知，明确会签的主要内容、时间、地点、专业（表9.4-4）。

会签通知   表 9.4-4

发起单位	车站	图纸	会签专业	会签时间	地点	完成情况	会签单存档	参会会签人	会签发起人
设计××标	××站	A口、D口附属建筑专业施工图纸	通信、通风、给水排水、动照、综控、电扶梯	4月28日	××××				××××

4）会签图纸要求

会签时图纸签署栏中的设计单位三级审查必须逐页签署齐全，且由需要会签图纸的专业负责人带图参加会签，便于沟通交流相关意见。会签方应由专业负责人及以上人员进行，签署人不能代签其他非本专业设计范围的图纸内容。

5）复审会签要求

报复审的施工图进行会签时，会签发起单位应携带初审时的会签意见表。会签发起单位应提前核对好初审时提出的会签意见是否已修改到位，并与对方沟通完毕，原则上报复审的图纸不允许再有会签意见。报强审复审的图纸如有改动并影响到会签专业，应在复审图纸电子档中进行重点标示，提醒参与会签各方重点关注。

6）会签争议解决办法

会签发起单位对会签意见应积极落实，当发生争议时应立刻告知相关主管副总体，由副总体做出处理意见，在会签意见旁批注并签名；如果会签双方对处理意见还有不同意见，副总体报告总体专题解决。

7）会签考核

会签完毕后，会签发起单位向总包组负责人汇报会签情况，并将会签单复印存档；会签情况同期纳入总体总包组的工作考核。如相关单位未提前申请安排会签，导致会签无效，图纸进度滞后后果自负；如会签专业接到会签通知却未及时安排设计人核图并反馈意见，造成会签无效，在设计例会上进行通报并计入考核。

（4）接口检查

总体总包组的接口检查一般在进行系统签字时进行，目的在于对图纸会签阶段的要点信息再次把关。主要包括：

1）各工点设计单位准备报出的施工图纸均需总体组对口专业副总体提前审查，审查依据和重点：全线统一技术标准、全线标准图、重点问题清单、多专业的接口表等。

2）各专业副总体在相关专业未在报出的图纸上签字确认且未见到相关会签单时，副总体不得签署系统审定。

3）总包组对图纸的会签专业和签字情况依据设计接口矩阵表和会签专业表进行抽查，抽查到有不合格项时，如丢失会签专业或应签未签的情况，重新启动会签，并报总体设计例会上提出批评，计入设计履约考核。

（5）运营接口功能核查

16号线B部分的施工图纸在完成各设计单位院内的校审后，分别提供给京港地铁和设备系统施工单位，提前进行白图预审。京港地铁公司作为特许经营单位，重点审查运营接口功能，审查依据为：京港地铁公司、快轨公司和设计单位会签的建筑图纸成果；16号线设备系统设计联络成果；京港地铁公司提出的运营需求；与快轨公司和设计单位签字共同确认后的会议纪要。

审查意见以书面形式提交，设计单位收到审查意见后，必须修改以满足设备系统的工艺性能和接口条件。

（6）施工接口检查

施工单位收到预审图纸后，重点核查施工接口有无不清晰的情况，如：公共区精装修灯具的供货、安装与走线同机电系统施工单位埋线埋管之间的接口、设备区走廊的地面接线盒需在图纸上注明由土建施工单位还是设备施工单位来实施，区间线路集水坑上面的篦子确定由轨道施工单位实施等。

（7）接口交底

16号线在设计交底中安排了两个重要的交底环节，比一般的设计交底多了"专业全、重接口"的交底特征：

1）在车站站厅中板实施前，进行土建设计和全专业设备系统设计的大交底，本次交底重点对各个专业在站厅层中板开洞的尺寸、数量、位置、技术要求进行提醒和论述，对于个别位置或者数量有调整的孔洞，也在本次交底中提前给施工单位进行交底。

2）在车站管线综合实施前，进行设备系统全专业设计和精装修设计、全专业设备系统施工和监理单位都参加的大交底。本次交底重点为：

①对综合管线横担第一层的指明和确定，左右方向的指明和确定，各位置管线层数、分支做法、线槽定位要求，对各种水管、气灭管、冷媒管敷设要求进行交底。

②明确车站管线综合与区间管线综合、公共区票亭的进出线管线接口等。

③各管线专业设计对管线在桥架上的位置和技术要求进行交底。

④精装修设计对车站公共区的精装修造型进行介绍，对墙、顶、地的各专业管线进行精装修限界交底。

⑤向施工单位明确测量、安装精度等要求。

⑥施工单位提前看图，重点核对本专业管线路由、尺寸、数量与管综图是否一致；核对本专业负责的设备房间内相关管线高程是否满足要求。

3）设计交底后均形成正式的交底记录，经建设、设计、监理及施工单位分别签章、留存。

4）对设计交底记录上需进行设计图纸修改的，由原设计单位按照建设公司发布的《工程变更、洽商管理办法》发起，进行变更处理。

（8）接口疏漏与变更

作为接口管理的最后一环，设计人员应积极去现场，以便发现问题能及时解决。在发现多专业的接口问题时，召开现场专题会，建设单位主管工程师、监理、相关设计和施工单位共同参加，现场了解情况，会议确定解决方案，现场形成会议纪要。当会议中遇到不能当时处理的问题，需确定解决原则，进一步现场落实时原则不应超过24小时。

参考文献

[1] 任泽平，熊柴.控不住的人口：从国际经验看北京上海等超大城市人口发展趋势.泽平宏观公众号.

[2] 北京交通发展研究中心.北京地铁 16 号线客流预报告.2011.

[3] 毛保华.城市轨道交通规划与设计 [M].第二版.北京：人民交通出版社，2011.

[4] 张晓兰，朱秋.东京都市圈演化与发展机制研究 [J].现代日本经济，2013（2）：66-72.

[5] 高辛财，孟伟，余乐.大粒径卵石地层新型洞桩法暗挖车站技术分析与探讨 [J].特种结构，2016，33（2）：51-59.

[6] 高辛财，吴林林.北京暗挖地铁车站设计与施工调研分析 [J].现代隧道技术，2008（增刊）：67-74.

[7] 高辛财，李铁生.不对称基坑支护结构设计方法探讨 [J].特种结构，2010，27（4）：26-32.

[8] 高辛财.大粒径卵石地层地铁车站明挖深基坑降止水设计探讨 [J].特种结构，2014，31（3）：40-44.

[9] 高辛财.北京地铁 16 号线盾构工程技术实践.北京：第三届中国盾构工程技术学术研讨会暨地下空间综合管廊施工技术论坛，2016.

[10] 刘力，高辛财."洞桩法"暗挖车站施工阶段钢管混凝土柱承载力计算 [J].隧道建设，2019，37（7）：1152-1157.

[11] 袁扬，刘维宁，丁德云，高辛财，马蒙.洞桩法施工地铁车站导洞开挖方案优化分析 [J].地下空间与工程学报，2011，7（增 2）：1692-1696.

[12] 高辛财，惠丽萍，邹彪，闫朝涛，赵德平.初支联拱二衬独立式暗挖地铁区间结构及施工方法：中国，ZL201410031097.2[P].2016-05-18.

[13] 高辛财，惠丽萍，邹彪，吕亮，赵德平，李名淦.深厚回填土内桩基式暗挖隧道：中国，ZL201720791922.8[P].2018-01-23.

[14] 高辛财，吕亮，惠丽萍，易建伟，鲍凯，乔峰，邱婧.一种导洞内机械辅助止水暗挖车站结构：中国，ZL201720939665.8[P].2018-03-02.

[15] 刘国彬，王卫东.基坑工程手册 [M].第 2 版.北京：中国建筑工业出版社，2009.

[16] 咬合式排桩技术标准 JGJ/T 396—2018[S].北京：中国建筑工业出版社，2018.

[17] 姜涛.地下连续墙施工过程中的变形控制研究 [D].南京：东南大学，2015.

[18] 张喜刚，龚维明.超长群桩基础承载机理研究 [M].北京：人民交通出版社，2010.

[19] 史佩栋.桩基工程手册 [M].北京：人民交通出版社股份有限公司，2015.

[20] 贺长俊，蒋中庸，崔志杰，刘昌用.城市地下工程施工中的马头门开挖技术 [J].市政技术，2012，3：17-21.

[21] 钢管混凝土结构技术规程 CECS 28—2012 [S].北京：中国计划出版社，2012.

[22] 钢结构设计规范 GB 50017—2003 [S].北京：中国建筑工业出版社，2003.

[23] 铁路工程设计技术手册 桥涵地基和基础 [M].北京：中国铁道出版社，2002.

[24] 建筑桩基技术规范 JGJ 94—2008 [S].北京：中华人民共和国住房和城乡建设部发布，2008.

[25] 王龙.谈城市轨道交通地下区间疏散指示标志设计方案 [J].电气化铁道.2011，5.

[26] 李翔宇，苏效杰，张继菁.综合开发的车辆基地交通流线设计策略探析——以平台模式车辆基地上盖开发为例 [J].建筑学报，2016，15（S2）：120-124.

[27] 卢源，纪诚，金山.轨道交通综合体的模式演进与设计创新——以北京地铁车辆段综合开发实践为例 [J].建筑学报，2015（4）：92-97.

[28] 苏效杰.居住主导型地铁车辆基地上盖开发设计研究 [D].北京：北京工业大学，2016.

主要勘察、设计单位一览表

序号	勘察、设计内容		单位名称
1	总体总包	全线总体设计、总体协调、单项设计（含线路、限界、交通衔接、出入口等地面亭、AFC设计、安检系统等）和总包管理等	北京市市政工程设计研究总院有限公司
2	土建工点设计	地铁车站和区间土建设计	北京市市政工程设计研究总院有限公司
			北京市建筑设计研究院有限公司
			中铁第五勘察设计院集团有限公司
			中铁第六勘察设计院集团有限公司
			北京城建设计发展集团股份有限公司
			中国铁路设计集团有限公司
3	车辆基地工点设计	北安河车辆段	北京市市政工程设计研究总院有限公司
			北京市建筑设计研究院有限公司
		榆树庄停车场	北京市市政工程设计研究总院有限公司
4	设备系统设计	全线供电、机电及综合监控设备系统	天津中铁电气化设计研究院有限公司
		全线通信、信号设备系统	中铁通信信号勘测设计院有限公司
		轨道系统	北京市市政工程设计研究总院有限公司
5	精装修设计	概念设计与施工图设计	北京市市政工程设计研究总院有限公司
			中央美术学院
			北京建工建筑设计研究院
6	人防设计	全线车站、区间人防设计	中国建筑标准设计研究院有限公司
			中国人民解放军火箭军工程设计研究院
			中国人民解放军军事科学院国防工程研究院
7	降水设计	全线降水设计	北京城建勘测设计研究院有限责任公司
			北京市地质工程勘察院
8	工程勘察、环境调查	全线勘察	北京市勘察设计研究院有限公司
			北京城建勘测设计研究院有限责任公司
			中航勘察设计研究院有限公司
		建（构）筑物调查、管线详查、地形补测	北京城建勘测设计研究院有限责任公司

大 事 记

1. 2008 年 2 月，北京市政府基于《北京市城市快速轨道交通建设规划（2004—2015）调整方案》中 2020 年线网中 16 号线的线位组织开展规划方案研究。

2. 2009 年 12 月，北京地铁海淀山后线和 16 号线的走向基本稳定，贯通服务于海淀山后地区、中关村西区、三里河政务区、丽泽商务区及晓月苑。

3. 2010 年 6 月，市京投公司委托北京市政总院开展北京地铁 16 号线规划方案研究。

4. 2010 年 7 月，市规划委组织完成北京地铁 16 号线工程规划方案专家评审。

5. 2010 年 11 月，市规划委下发工作函启动北京地铁海淀山线和 16 号线前期工作。

6. 2011 年 1 月，市规划委批复了北京地铁 16 号线二期工程（原海淀山后线）（北安河至苏州街）规划方案。

7. 2011 年 2 月，北京快轨公司完成勘察、设计招标，确定了 16 号线勘察、设计单位。

8. 2011 年 3 月，市规划委批复了北京地铁 16 号线工程（苏州街站至榆树庄站）规划方案。

9. 2011 年 4 月，市规划委组织完成了北京地铁 16 号线工程总体设计方案专家预评审。

10. 2011 年 6 月，市规划委组织完成了北京地铁 16 号线工程初步设计专家预评审。

11. 2011 年 7 月，市海淀区政府领导成立了北京地铁海淀山后线一体化工作组。

12. 2011 年 8 月，市京投公司明确北京地铁 16 号线按 A 型车开展相关研究工作。

13. 2011 年 8 月，北京地铁海淀山后线工程总体设计方案得到市政府的批复。

14. 2011 年 9 月，市规划委对北京地铁 16 号线工程规划方案进行了补充批复，同意 16 号线南端点由榆树庄站向西延伸至宛平城。

15. 2012 年 11 月，国家发改委批复了北京城市轨道交通近期建设规划调整（2007—2016）方案，其中包括北京地铁 16 号线和海淀山后线。

16. 2012 年 12 月，北京快轨公司完成 16 号线部分工程施工、监理招标。

17. 2013 年 3 月，北京地铁 16 号线现场启动施工围挡，标志着工程建设进入现场实施阶段。

18. 2013 年 4～5 月，在市规划委官方网站和北京市规划展览馆展示 16 号线的车站设计方案，广泛征求公众意见（北京首次）。

19. 2013 年 8 月，北京地铁 16 号线工程实质性开工。

20. 2013 年 9 月，市政府会议纪要同意丰台区增加看丹站。

21. 2013 年 10 月，市轨指中心组织完成了北京地铁 16 号线工程的初步设计运营安全专篇评审（北京首次）。

22. 2013 年 10 月，市规划委组织完成了 16 号线北安河站—屯佃段高架线路调整为地下线路初步设计补充评审。

23. 2013 年 11 月，国家发改委批复了北京地铁 16 号线工程（苏州街—宛平城段）可行性研究报告。

24. 2014 年 9 月，市发改委批复了北京地铁 16 号线二期工程（原海淀山后线）可行性研究报告。

25. 2015 年 2 月，市政府与北京京港地铁有限公司签订了北京地铁 16 号线特许经营协议，确定京港公司为 16 号线运营单位。

26. 2015 年 3 月，市政府批复了北安河车辆段上盖开发方案。

27. 2015 年 6 月，16 号线车站不吊顶、裸露结构的概念装修方案确定。

28. 2015 年 7 月，北京市电力公司确定 16 号线外电源采用 10kV 分散供电方案。

29. 2016 年 2 月，市政府确定北京地铁 16 号线北安河—西苑段 2016 年底开通试运营目标。

30. 2016 年 12 月底，北京地铁 16 号线北安河—西苑段（除农大南路站）开通试运营。

31. 2017 年 10 月，与国铁丰台火车站一体化设计的 16 号线丰台站方案确定，并通过市规划委组织的初步设计补充评审。

32. 2017 年 12 月底，北京地铁 16 号线农大南路站开通运营。

33. 2018 年 3 月，市规土委和市发改委联合批复了北京地铁 16 号线工程初步设计及概算。

34. 2018 年 8 月，市规土委组织完成北京地铁 16 号线部分车站、区间不降水（少降水）初步设计变更评审。

35. 2018 年 10 月，市规土委批复了榆树庄停车场综合利用规划条件，同意榆树庄停车场北侧增设 1 座车站。

36. 2018 年 11 月，市规土委组织完成北京地铁 16 号线榆树庄停车场及综合利用结构预留工程变更初步设计评审。

37. 2019 年 3 月，市政府批示 2020 年底开通 16 号线西苑站—甘家口站区段。

38. 2019 年 8 月，北京地铁 16 号线二期工程（原海淀山后线工程）获 2019 年北京市优秀工程勘察设计综合一等奖。

39. 2019 年 12 月，北京地铁 16 号线二期工程（原海淀山后线工程）获 2019 年度行业优秀勘察设计一等奖。

后　记

2016 年底，北京地铁 16 号线北安河—西苑段 19.7km 线路开通试运营，8A 编组地铁第一次进入了首都群众的生活。这条线路的开通，加强了海淀山后地区与中心城区的联系，缓解了海淀山后地区至中心城区的交通压力，提升了城市品质，推动了北京向和谐宜居之都迈进，令人鼓舞和欣慰。

静心回顾，北京市政府于 2008 年初启动 16 号线规划方案研究；时至今日，16 号线西苑以南 30.13km 工程仍在如火如荼的建设中，工程建设难度和复杂性可想而知。古有王安石千锤百炼为一绿，今有设计千思万虑为"石榴"。2011 年 2 月，在建设单位的带领下，16 号线设计团队开始方案研究。历经 9 年的日夜奋战，线路经历了分分合合、延长与绕行、高架与地下；车站经历了减少与增加、明挖与暗挖、端厅与通厅；区间经历了平行与叠落、盾构与暗挖、降水与止水；政府审批环节经历了增加与减少、分审与合审、办理与取消；设计单位经历了发展与扩大、更名与上市、合并与重组。面对诸多变化和挑战，16 号线设计团队始终不忘初心，保持攻坚克难、穷尽方案、精益求精的劲头，为把 16 号线建设成北京地铁精品工程而奋力拼搏和无私奉献。也许多年后，可能没有人能记起我们，但历史终将铭记我们曾经孕育过的 16 号线。

在《北京城市总体规划（2016 年—2035 年）》中，要求 2035 年北京城市轨道交通总里程不低于 2500km，而目前北京已建成通车城市轨道交通里程仅 699.3km，在建城市轨道交通里程约 277km，"北京市轨道交通线网规划（2017—2035）"正在研究编制中。由此可见，未来北京城市轨道交通工程建设任务仍十分艰巨。工程建设、设计先行，城市轨道交通设计团队在北京施展才华空间广阔，同时责任也重大。身经百战的 16 号线设计团队将继续精诚合作、砥砺前行，与时俱进、改革创新，勇于探索实践、善于总结经验，使我们设计的每一条新线路不断提高质量且充满活力，继续为首都城市轨道交通工程建设发挥更大的作用，创造更加辉煌的成就。

本书对北京地铁 16 号线工程设计及其总体总包管理进行系统总结分析，提炼关键技术和设计创新，记录设计经验与教训，希望可为北京 8A 编组地铁工程建设和国内地铁工程设计提供新思路与新方法，促进城市轨道交通行业技术进步。本书在成稿过程中参考了 16 号线相关规划资料、客流预测报告、勘察资料、车辆基地及车站一体化设计方案、设计团队参与的科研成果报告、专题研究报告与设计成果文件，16 号线施工单位、监理单位、安全评估单位、第三方监测单位、设备厂家及运营单位提供的部分数据以及相关专业书籍、规范、论文及专利资料。篇幅所限，有些书中并未全部具体对应说明，在此一并表示衷心的感谢。

最后，借此机会向支持北京地铁 16 号线规划、设计及建设的相关政府部门领导，全体参建者及其家属，以及支持北京地铁 16 号线工程建设的首都市民表示深深的感谢。

作　者

2019 年 12 月于北京